KB108815

강신주의
감정수업

강신주의
감정수업

스피노자와
함께 배우는
인간의
48가지 얼굴

강신주

민음사

우리는 언제 사진을 찍게 될까요. 아마 우리에게 기쁨과 설렘을 선사하는 풍경이나 사람을 만났을 때일 겁니다. 그러니 기쁨이나 설렘이라는 감정이 먼저이지요. 만일 우리에게 이런 핑크빛 감정이 생기지 않았다면, 우리는 카메라나 스마트폰을 꺼내는 일도 없었을 겁니다. 그래서 어쩌면 우리가 진짜로 찍은 것은 풍경이나 사람이 아니라, 내 마음의 기쁨과 설렘이라고 할 수 있습니다. 사진에 사로잡힌 풍경이나 사람은 단지 나의 기쁨이나 설렘을 실어 나르는 매체에 불과한 것이니까요. 잘 찍은 사진이 전달하는 것이 풍경이나 사람이 아니라 그것과 마주쳤을 때의 감정인 것도 이런 이유에서입니다. 물론 그때의 감정이 기쁨과 설렘이 아니어도 상관없습니다. 경탄, 환희의 감정일 수도 있지만 회한이나 분노의 감정일 수도 있으니까요.

무엇보다도 감정이 먼저 움직여야만 합니다. 그래야 어떤 사람, 어떤 사물, 그리고 어떤 사건이 우리 시선에 의미 있는 것으로 들어올 수 있으니까요. 감정이 움직이지 않았다면, 우리는 어떤 것에도 관심을 기울이지 않을 겁니다. 그렇기 때문에 어떤 감정도 느끼지 못한 채 만났던 것들은 우리의 기억에 별로 남아 있지 않습니다. 행복했거나 불행했던 유년시절이 자신도 모르게 떠오르는 것은 무슨 이유에서일까요? 그건 어린 시절 우리의 감정은 정말로 호수를 뛰어오르는 송어처럼 살아 있었기 때문입니다. 기쁨, 슬픔, 동경, 절망 등 다채로운 감정들이 나의 마음을 강하게 사로잡고 있었기에, 그 시절의 노을, 흰 구름, 친구, 선생님, 그리고 가족의 면면들이 내 마음속 깊이 들어와 자리를 차지하고 있는 겁니다. 마치 빛바랜 사진들처럼 말입니다.

어른이 된다는 것, 그것은 감정을 억누르거나 죽이는 기술을 얻었다는 것 아닐까요? 매사에 일희일비하면 너무나 피곤해지는 것, 혹은 감정을 솔직히 표현하면 불이익을 받기 쉬운 것이 사회생활이자 가정생활이니까요. 그래서인지, 어른이 된 다음부터는 별로 기억나는 추억이 없는 것 같습니다. 감정이 움직여야 기억나는 것도 있을 테니 말입니다. 그냥 모든 것을 무감각이나 무감동의 상태로 흘려보내 버린 겁니다. 얼마나 무서운 일입니까, 더 나이가 들어 오늘을 되돌아보았을 때 기억나는 것이 하나도 없는 삶이 말입니다. 억압되다 못해 이제는 거의 박제가 되어 버린 감정을 회복해야 하는 것도 이런 이유에서입니다. 한 번뿐인 삶을 제대로 영위하기 위해서지요.

감정이란 얼마나 소중한 것입니까! 감정이 없다면 삶의 희열도, 삶의 추억도, 그리고 삶의 설렘도 없을 테니까요. 지금 이 순간 자신의 감정을 충분히 살릴 수만 있다면, 이 세상을 떠나면서도 우리는 수많은 색깔로 덧칠해진 추억을 꺼내 들며 행복한 미소를 보낼 수 있을 겁니다. 자, 이제 수많은 얼굴과 색깔을 가진 감정들을 되찾는 수업을 조심스럽게, 그렇지만 단호하게 시작하고자 합니다. 그렇다고 너무 외로워하지는 마세요. 죽었다고 생각하는 감정들을 되살려 줄 수 있는 마흔여덟 명의 작가들과 그들의 작품들이 우리의 든든한 동반자가 되어 줄 겁니다. 또 감정의 철학자 스피노자와 인문 저자인 제가 있으니까 말입니다. 자, 이제 시작해 보도록 하지요. 다시 반복되지 않는 소중한 삶을 위한 감정수업을.

2013년 11월 4일
낡은 온풍기가
정겨운 소음을 내는 깊은 밤,
광화문 집필실에서

머리말

차례

프롤로그

이성은 감각들의 증거를 날조하도록 만드는 원인이다.
감각들이 생성, 소멸, 변화를 보여 줄 때,
그것들은 결코 거짓말을 하지 않는다.
—프리드리히 니체

I

군복무 시절, 휴가만큼 달콤했던 것이 또 있었을까. 특히 첫 번째 휴가는 그야말로 지옥에서 천국으로 가는 것처럼 행복한 기억으로 남아 있다. 물론 귀대하던 날은 그 반대로 천길 벼랑으로 다시 떨어지는 참담한 느낌이 들었던 순간으로 기억되지만 말이다. 친구들이나 부모님도 첫 휴가를 나온 나를 보면서 당혹감을 털어놓곤 했다. "군기가 바짝 들었는데?" 나는 너무나 각이 져 있고, 무언가에 주눅이 든 것처럼 경직되어 있었던 것이다. 하긴 첫 번째 휴가 기간 동안에도 기상 시간에 벌떡 일어나는 내 모습에 나 자신도 얼마나 쓴웃음을 지었는지. 휴가 동안 나는 친구들을 만나 술을 마시고 수다를 떨려고 학교 근처로 가거나, 아니면 혼자 있을 때면 영화관에 가거나 종로에 있던 대형 서점에 들르곤 했다. 가급적 군대에서는 할 수 없었던 다른 경험을 하고 싶었기 때문이다. 돌아보면 휴가 기간에 내가 했던 모든 것은 군대에서 억압할 수밖에 없었던 나의 감정들을 되살려 내는 일들이었다.

군대는 나를 로봇으로 만들었던 것이다. 감정을 가지지 않고 기계적으로 움직이는 로봇 말이다. 상명하복만이 군대 생활을 잘 보내는 유일한 규칙이었다. 고참의 거친 말처럼 '까라면 까야 하는' 곳, 그곳이 바로 군대였던 것이다. 인간이면 누구나 가지는 소중한 감정들은 '까라면 까야만 하는' 군대에서는 사치이거나 장해물일 수밖에 없었다. 부당하고 심지어 황당하기까지 했던 고참들의 명령, 개인의 자존감을 짓뭉개는 그들의 행동들, 이 모든 것을 견디기 위해서 나는 우선 내 감정과 거기에 따르는 판단을 모조리 유보해야만 했다. 하물며 그들은 사적인 슬픔마저도 아무렇지도 않게 짓밟았고, 비웃었다. "졸병은 인간이 아니다."라는 말과 함께 말이다. 제대한 지 이미 20년이나 지났지만, 변기를 혀로 핥던 그때의 모멸감은 아직도 나의 뇌리에 그대로 남아 있다. 어떤 분노도 모멸감도 사라져야만 변기를 핥을 수 있다. 아니, 정확히 말해 변기를 핥기 위해서 나는 분노나 모멸감과 같은 내 감정을 억압해야만 했던 것이다.

바로 이것이다, 억압이란 본질적으로 감정의 억압일 수밖에 없다. 인간이라면 누구나 가지게 되는 감정들을 있는 그대로 표현하지 못할 때, 억압이 작동하는 중이라고 할 수 있다. 군대만 그럴까? 직장 상사 앞에서, 학교 선생님이나 교수들 앞에서, 시부모 앞에서, 경찰이나 검찰 앞에서, 조직 폭력배 앞에서, 아니면 사회 통념이나 정치권력 앞에서 우리는 자신의 감정을 제대로 표현하지 않으려고 하고, 그렇게 할 수도 없다. 그 감정이 분노나 웃음일 수도, 냉소나 절망일 수도, 미움이나 동정, 아니면 사랑일 수도 있다. 그것이 무엇이든지 간에 내 마음을 채우고 있는 감정을 표현하는 순간, 엄청난 불이익이 나의 신상에 몰려올 것이라는 사실을 우리는 본능적으로 알고 있지 않은가. 그래서 주체할 수 없는 감정이 가슴속에 들끓는 것, 또 그것이 간혹 자신도 모르게 안색이나 행동으로 삐져나오는 것은 너무 위험한 일이다. 이런 위험을 피하기 위해 감정들을 미리 교살하는 것이 좋고, 그것도 여의찮다면 감정이 얼굴빛이나 행동에 나타나지 않도록 숙련해야만 한다.

감정을 죽이는 것, 혹은 감정을 누르는 것은 불행일 수밖에 없다. 살아 있으면서 죽은 척하는 것이 어떻게 행복이겠는가. 그러니 다시 감정을 살려내야만 한다. 이것은 삶의 본능이자 삶의 의무이기 때문이다. 그래서 우리는 영화관에 들른다. 아니면 홍대나 신사동 가로수길 근처의 탱고바에 갈 수도 있다. CD플레이어에서 슈베르트의 아르페지오 소나타를 들으려고 할지도 모른다. 아니면 소설이나 시집을 사려고 서점을 방문할 수도 있다. 모두 억압되었던 감정을 다시 살려내지 않으면, 살아도 사는 것이 아니라는 것을 본능직으로 알기 때문이다. 이것도 저것도 아니라면, 여행을 떠날지도 모른다. 아무도 나를 모르니 누군가 나의 감정을 억압하려야 할 수도 없는 곳, 직장 상사도 없고 엄한 시부모도 없고 나를 질식시키던 사회 통념도 미치지 않는 곳, 우리는 그곳으로 여행을 떠난다. 새로운 풍경과 사람들을 만나면, 그동안 잊고 지냈던 모든 감정들이 불꽃놀이처럼 터져 나오기 쉽기 때문이다.

우리 시대의 삶은 과거보다 더 팍팍해졌다. 그만큼 우리에게서 행복은 멀어질 수밖에 없다. 삶의 조건이 악화된 만큼, 우리는 자신의 감정을 억압하기 쉬우니까. 그렇지만 행복하게 산다는 것, 그것은 감정의 자연스럽고 자유스러운 분출이 가능하냐의 여부에 달린 것 아닌가. 떨어지는 벚꽃을 보며 슬픔을, 쏟아지는 은하수에서 환희를, 친구의 행복에 기쁨을, 말러의 5번 교향곡 4악장에서 비애를, 멋진 사람을 만나서 사랑을, 시부모의 무례한 행동에 분노를, 주변 사람들의 평판에 치욕을, 번지점프에서 뛰어내리면서 불안을. 이 모든 감정들의 분출로 우리는 자신이 살아 있다는 것을 느끼게 된다. 원하는 감정일 수도 있고, 결코 원하지 않던 감정일 수도 있다. 그렇지만 어떤 감정이든지 간에 그것이 내 안에서 발생하고, 또 나 자신을 감정들의 고유한 색깔로 물들일 수 있다면, 우리는 살아 있는 것이다. 슬픔, 비애, 질투 등의 감정도 우리에게 소중한 이유가 여기에 있다. 지금 불쾌한 감정에 사로잡혀 있기에, 내일을 더 희망차게 기다릴 수 있으니까. 장차 내게 행복한 감정이 생길 수도 있다는 설렘, 이것이 어쩌면 우리가 계속 살아갈 수 있는 힘이 아닐지.

2

『롤리타』라는 소설을 읽어 본 적이 있는가? 나보코프의 작품으로 10대 소녀 롤리타를 사랑했던 어느 중년 남자의 이야기가 때로는 비극적으로, 때로는 너무나 아름답게 펼쳐진다. 하지만 사회적 통념은 나보코프의 작품을 불온한 것으로 단죄하려고 했다. 딸 나이의 소녀를 중년 남자가 사랑한다는 것 자체가 일종의 근친상간이라도 되는 것처럼 거북하게 다가왔으니까. 그래서 그런지 아예 '롤리타신드롬'이라는 용어가 생겼을 정도다. 아동에 대해 성욕을 느끼는 정신 질환이라는 것이다. 그렇지만 남자 주인공 험버트의 고백, "롤리타, 내 삶의 빛이요, 내 생명의 불꽃, 나의 죄"라는 소설의 첫 구절은 우리의 가슴을 울리고 있지 않은가? 물론 사랑의 열병을 제대로 앓아 본 사람만이 험버트의 사랑에 공감할 테지만 말이다.

모든 사람의 저주를 감당하면서도 사랑이라는 감정에 충실했던 주인공의 마음은 어떠했을까? 분명 처음에 주인공은 자신의 감정을 이성의 힘으로 억누르려고 했을 것이다. 롤리타에 대한 사랑이 자신이나 그녀의 삶에 미칠 악영향을 계산하면서 말이다. 그렇지만 감정은 용수철과 같다. 누르면 누를수록 더 큰 반발력을 갖기 마련이니까. 어느 순간 감정은 마치 자신이 혁명가라도 된 것처럼 자기 위에 군림하려던 이성을 자기 발아래 굴복시키게 된다. 이것이 비극의 순간일까? 아니다. 모든 사회적 통념에 맞서 당당하게 자신의 감정을 지키겠다는 결단은, 주인공을 통념의 노예가 아니라 삶의 주체로 만드는 것이니까. 사랑을 부정하면 자신을 부정하게 되고, 반대로 사랑을 긍정하면 자신을 긍정하게 된다. 마침내 주인공은 알게 된 것이다. 롤리타에 대한 감정 그 자체가 바로 자기 자신이었다는 사실을 말이다.

인간은 본질적으로 이성적인 존재일까? 이것은 감정의 강력함에 직면했던 인간의 절망스러운 소망에 지나지 않을 것이다. 한 번이라도 자신과 타인을 제대로 응시했다면, 누구나 인간이 이성적이기보다는 감정적이라는 사실을 쉽게 알 수 있다. 사실 이성이 감정보다 먼저 일어나는 경우는 거의 없다. 심지어 이성은 감정을 통제하기 위해 발명된 것이라고도 할 수 있다. 그렇지만 이성이 감정을 적대시한다면 언젠가 감정의 참혹한 복수 앞에서 자신의 무기력을 인정할 수밖에 없을 것이다. 여기서 우리는 감정에 무조건적으로 적대적이었던 칸트(Immanuel Kant)의 이성과는 다른 종류의 이성이 필요하다는 것을 직감하게 된다. 감정의 쓰나미를 무모하게 막아서는 이성이 아니라, 감정을 긍정하고 지혜롭게 발휘하는 스피노자(Baruch de Spinoza)의 이성 말이다.

철학자들 중 거의 유일하게 스피노자만은 '이성의 윤리학'이 아니라 개개인의 감정에 주목한 '감정의 윤리학'을 옹호했다. 스피노자가 피력했던 감정의 윤리학은 아주 단순한 사실, 즉 타자를 만날 때 우리는 기쁨과 슬픔 중 어느 하나의 감정에 사로잡힌다는 사실로부터 시작한다.

> 우리들은 정신이 큰 변화를 받아서 때로는 한층 큰 완전성으로, 때로는 한층 작은 완전성으로 이행할 수 있다는 것을 안다. 이 정념(passiones)은 우리에게 기쁨(laetitia)과 슬픔(tristitia)의 감정을 설명해 준다.
> ─ 스피노자, 『에티카』에서

그렇다. 어떤 사람과 만났을 때, 우리는 자신이 더 완전해졌다는 느낌을 받는 경우가 있다. 바로 이 느낌이 기쁨이라는 감정이다. 그렇다면 그 사람과 헤어지려고 할 때, 우리는 자신의 삶이 쪼그라지는 것처럼 느낄 것이다. 그러니 기쁨을 주는 사람과의 헤어짐은 언제나 우리의 가슴을 아리게 하는 법이다. 반대로 이것과는 완전히 다른 만남도 있다. 어떤 사람을 만났을 때, 우리는 자신이 불완전해졌다는 느낌을 받을 수도 있기 때문이다. 바로 슬픔의 감정이다. 같이 있을 때 무기력해지고, 그와 헤어지려고 하면 즐거워지는 불행한 감정 상태인 셈이다. 스피노자는 우리에게 충고한다. 슬픔과 기쁨이라는 상이한 상태에 직면한다면, 슬픔을 주는 관계를 제거하고 기쁨을 주는 관계를 지키라고 말이다. 스피노자가 제안한 '감정의 윤리학'이 '기쁨의 윤리학'으로 불리는 것도 이런 이유에서다.

　　스피노자의 도움으로 마침내 우리는 롤리타를 사랑했던 주인공의 속내, 그 복잡한 감정 상태를 가늠할 수 있게 되었다. 험버트는 롤리타를 만났을 때 기쁨을 느꼈고, 반대로 그녀와 헤어질 때 슬픔을 느꼈던 것이다. 스피노자의 표현을 빌리자면 그는 롤리타를 사랑하면서 자신의 삶이 완전해진다는 것을 느꼈던 것이다. 하지만 평범한 사람들은 롤리타에 대한 그의 사랑을 부정하고 저주하려고 했다. 여기서 그는 선택의 기로에 서게 되었던 것이다. 자신이 완전해지는 기회를 선택할 것인가, 아니면 포기할 것인가? 기쁨의 감정을 선택할 것인가, 아니면 차가운 이성을 선택할 것인가? 다행스럽게도 험버트는 사회적 통념과 이성의 손가락질을 담담히 감당하면서 스피노자의 가르침을 따르게 된 것이다. 그에게 롤리타는 자신의 삶을 환히 비추어 주는 "빛이요, 생명의 불꽃"이었기 때문이다. 그러기에 그에게 '죄'라는 꼬리표는 기꺼이 감당할 수 있는 작은 그림자에 불과했던 것이다.

3

감정은 그것이 어떤 것이든지 간에 신적이다. 왜냐하면 감정은 평범한 삶을 뿌리에서부터 뒤흔들 수 있는 힘을 지닌 데다, 한 개인이 의식적으로 선택할 수 없는 것이기 때문이다. 그러니 '인간적'이라기보다는 '신적'일 수밖에. 그래서일까, 고대 그리스와 로마 사람들은 모든 인간의 감정들에 그것을 주관하는 신을 배속했던 것이다. 불만의 감정과 관련된 모모스(Momus), 불화의 감정과 관련된 에리스(Eris), 그리고 사랑과 열정의 감정과 관련된 에로스(Eros)가 그 대표적인 예다. 고대 그리스 사람들은 자기 의지와 무관하게 빠져들게 되는 감정을 모두 신의 장난으로 돌렸다. 그들은 우리보다 감정에 대해 더 잘 알고 있었던 셈이다. 감정은 나의 미래의 삶을 결정하는 신탁과도 같다는 점에서, 고대 그리스 사람들이 감정을 신적이라고 생각한 것은 전적으로 옳았다. 누군가를 만나서 기쁨을 느낀다면, 우리는 그와 함께하는 삶을 꿈꾸고 그것을 실현하려고 노력할 테니까 말이다. 반대로 만남을 통해 슬픔을 느낀다면, 내가 떠나든가 아니면 상대방이 나를 떠나는 것을 의식적이든 무의식적이든 소망하게 될 것이다.

드넓은 대양이 수많은 파도를 품고 있는 것처럼, 우리의 마음속에는 너무나 다채로운 감정들이 숨어 있다. 문제는 지금 나를 사로잡고 있는 감정이 무슨 감정인지 명확히 알기가 매우 어렵다는 것이다. 겉보기에는 혹은 처음에는 기쁨의 감정인 줄 알았는데 실제로는 혹은 나중에는 슬픔의 감정으로 판명될 수도 있기 때문이다. 예를 들어 연민이란 감정은 사랑과 마찬가지로 기쁨의 감정에 속하는 것처럼 보이지만, 사실 남의 불행을 먹고사는 슬픔의 감정이다. 그러니까 연민의 대상과 함께해서는 안 된다. 처음에는 기쁨의 관계인 것처럼 보이지만, 얼마 지나지 않아 서로를 좀먹는 슬픔의 관계라는 사실에 봉착하게 될 테니까. 연민으로 상대방을 만나는 사람은 내심 상대방의 불행에 기대면서 산다는 것, 극단적으로 남의 불행을 자양분으로 삶을 영위하는 흡혈귀와 다를 바 없다. 상대방이 행복해지는 순간, 이제 자신은 불필요하다는 느낌에 슬픔을 느끼게 될 테니까 말이다.

연민으로 만난 두 사람이 어떻게 행복할 수 있겠는가? 두 사람이 어떻게 기쁨의 관계에 속할 수 있다는 말인가? "그는 불행한 남자야. 내가 필요해." 이것이 연민의 공식이다. 그렇지만 이때 연민에 빠진 여자가 원하는 것은 그 남자의 기쁨이나 행복이 아니다. 그녀가 진정으로 원하는 것은 불행한 사람을 돌보고 있다는 우월감, 혹은 내가 그 사람보다 행복하다는 느낌일 뿐이다. 목마른 사람에게 해갈될 정도로 충분한 물을 주어서는 안 된다. 그래야 그 사람은 물을 구걸하며 내 곁을 떠나지 않을 테니까 말이다. 그렇지만 언젠가 갈증이 완전히 해소되는 순간, 그 사람은 내 목을 조를 것이다. 자신의 불행을 이용했고 그것을 조장했던 것이 바로 나라는 사실을 알고 있으니까. 연민은 얼마나 잔인한 감정인가. 그런데도 우리는 이 감정을 사랑이라는 가장 따사로운 감정과 혼동하곤 한다. 그 결과는 치명적이다. 상대방이나 나나 모두 철저히 망가져 버릴 테니까 말이다. 그래서 우리에게는 감정을 정확히 식별할 수 있는 안목이 필요한 것이다. 지금 어떤 감정이 자신을 휘감고 있는지 헷갈린다면, 그 감정이 '기쁨'의 계열에 속하는 감정인지 '슬픔'의 계열에 속하는 감정인지 확인해야 한다.

너무나 오랫동안 우리는 자신의 감정들을 부당하게 억압했고, 동시에 그것을 표현하는 데 인색했다. 그러니 우리는 자신을 휘감는 감정들에 너무나 미숙하고 서툴 수밖에 없다. 심지어 자기 내면에서 발생하는 감정들에 두려움마저 느낀다. "어머, 이게 사랑인가?" "정말 내가 그 사람을 미워하고 있나?" 감정과 관련해서 우리는 어린아이보다도 더 젬병이다. 차라리 어린아이라면 자신의 감정에 솔직하고 당당하게 몸을 던질 텐데, 우리는 자기 감정을 불신하고 게다가 위험하다고 생각하고 있으니까. 그렇지만 "앞으로 당신은 이렇게 될 거예요."라고 속삭이는 감정들의 소리를 듣지 못한다면, 우리가 과연 행복한 미래를 꿈꿀 수 있을까? 이제 진정한 '수업'을 시작하자. 사회가 원하는 영어 자격증이나 전문 지식을 얻으려는 수업이 아니라, 바로 나 자신을 위한 수업 말이다. 이제 우리에게 발생했던, 발생하고 있는, 혹은 발생할 수 있는 감정들을 하나하나 제대로 연습하자. 그래서 감정 하나하나가 우리에게 어떤 신탁을 내리고 무엇을 명령하는지 명확하게 구분하도록 하자.

다행스럽게도 우리의 감정수업은 외롭지만은 않을 것이다. 우리에게는 우리의 수업을 도와줄 든든한 동반자, 인문학이라는 등대가 있으니까. 역사상 인간 감정에 대해 가장 깊은 애정과 이해를 보여 준 스피노자라는 철학자가 있다는 것은 너무나 행복한 일이다. 그는 인간의 다양한 감정들을 48가지로 나누어 그 각각의 본질을 명확히 규정했던 전대미문의 철학자였다. 더불어 각각의 감정들이 어떻게 인간의 삶을 굴곡지게 하는지 걸작으로 보여준 수많은 문학가들도 있다. 존 파울즈, 카뮈, 푸엔테스, 에밀 졸라, 톨스토이, 조지 오웰, 투르게네프, 피츠제럴드…… 굵직굵직한 작가들과 그들의 작품들은 우리의 감정수업에 너무나 많은 도움을 줄 것이다. 이렇게 이야기해도 되겠다, 거장들의 작품들은 각각 하나의 감정을 다채롭게 분석하는 데 할애되어 있다고 말이다. 예를 들어 존 파울즈의 『프랑스 중위의 여자』는 '욕망'이라는 감정을 다양한 등장인물과 스토리 전개로 파고들어 가는 작품인 것이다. 결국 우리의 감정수업은 스피노자의 시선으로 문학 작품들을 깊게 독해하는 방식으로 이루어질 것이다.

48가지 감정들은 네 개의 부로 나뉘어 배치되었다. 물론 그렇다고 해서 네 개의 부를 절대적인 분류라고 오해하지는 말자. 48가지 감정들을 쭉 나열하다 보면 집중도가 떨어질 우려가 있어서 만든 편의상의 구분이니까. 대략 네 개의 부는 인간의 상상력을 네 가지 물질적 상상력으로 설명했던 가스통 바슐라르를 따라 구성된다. 땅, 물, 불, 그리고 바람이다. 작고 귀여운, 그리고 기초적인 감정들은 대지에 피는 새싹과도 같고, 변덕스럽지만 때로는 격정적이기도 한 감정들은 굴곡과 고도 차에 따라 다양한 모양과 소리를 만드는 시냇물을 닮았으며, 화려하지만 곧 쇠락하기 쉬운 감정들은 모닥불의 가녀린 떨림을 연상시키고, 마지막으로 차갑고 허허로운 감정들은 들리지 않는 차가운 바람 소리를 연상시킬 것이다. 48가지 감정들을 다루는 각 챕터의 마지막 부분에 '철학자의 어드바이스'라는 코너를 마련했다. 스피노자와 대문호에 의지해 감정수업을 받다 보면, 그 감정이 구체적으로는 우리 삶에서 어떻게 작동하고 기능하는지를 놓치기 쉽다는 노파심 때문이다. 그러니까 '철학자의 어드바이스'는 감정수업의 응용편이자 실전편이라고 할 수 있겠다. 자, 이제 돛을 펼치고 넓고 깊은 감정의 바다로 항해할 준비가 되었는가? 48명의 세이렌(Siren)의 노랫소리를 마음껏 즐겨라. 하지만 어느 한 감정에만 매혹되어서는 안 된다. 우리는 반드시 모든 감정을 통과해야만 한다. 집으로 돌아가야만 하는 오디세우스처럼, 지금 우리는 나 자신만의 감정에 이르려는 항해를 떠나는 것이니까. Bon Voyage!

1부

땅의
속삭임

이 완벽한 자궁 안에서 그림자는 더 이상 떨리지 않으니,
생동감 넘치는 빛으로도 동요되지 않는다.
완벽한 자궁은 닫혀 있는 한 세계로서,
어둠의 질료들이 상호 작용하는 우주적 동굴이다.
― 가스통 바슐라르, 『대지 그리고 휴식의 몽상』에서

비루함
ABJECTIO

삶의 주인이
되기 위해
극복해야 할
노예의식

『무무』,
이반 투르게네프

노예는 사랑을 할 자격이 없다. 인간의 가장 소중한 감정인 사랑은 오직 자유인에게만 허락되니까 말이다. 게라심은 온몸으로 그것을 느꼈다, 그것도 두 번이나. 나이 든 여지주는 노예가 사랑에 빠지는 것이 얼마나 위험한지를 본능적으로 알고 있다. 사랑하는 사람이 생기는 순간, 노예는 그 사람을 지키기 위해 주인의 명령을 거부할 수도 있기 때문이다. 그러니 노예나 다름없었던 농노는 자신의 감정을 부정해야만 한다. 만일 부정하지 않는다면, 그것을 부정하도록 만들어야만 한다.

비록 벙어리이지만 누구보다도 힘이 장사였던 게라심이 같은 처지에 있던 타티야나에게 연심을 품었을 때, 여지주는 위기가 닥친 것을 직감한다. 자신의 감정을 소중히 지키려는 순간, 충직했던 게라심은 당당한 주체로 거듭나게 될 테니까. 이건 노예를 가진 주인 입장에서는 여간 위험한 일이 아닐 수 없다. 여지주가 서둘러 타티야나를 다른 농노에게 시집보낸 것도 이런 이유에서다.

처음으로 소중한 것을 빼앗긴 게라심은 슬픔과 당혹감에 젖어들었지만, 금방 체념하고 만다. 그래, 농노에게 사랑은 사치일 뿐. 게라심은 이렇게 자조했을 것이다. 여지주의 첫 번째 시도는 멋지게 성공한 셈이다. 그러나 아무리 순박한 농노일지라도, 자신의 감정을 부정당하는 불쾌한 느낌을 어떻게 쉽게 잊겠는가. 이렇게 상심에 빠져 있을 때, 게라심은 우연히 강가 진흙 펄에 빠져 버둥거리는 강아지를 구하게 된다. 강아지가 버둥대는 모습에서 농노로 살고 있는 자신의 모습을 보았던 것일까? 게라심은 불쌍한 강아지를 숙소로 데려와 정성을 다해 기르는 것이다. 타티야나라는 여자를, 그러니까 사랑을 상실한 슬픔을 달래기 위해서였는지 게라심은 강아지에게 '무무'라는 이름을 붙이며 온갖 애정을 쏟는다. 아마 인간이 아닌 동물을 사랑한다면, 여지주도 뭐라 불만을 토로하지 않을 것이라는 무의식적인 판단도 한몫 했을 것이다.

그렇지만 여지주는 이번 경우에도 예외를 두지 않았다. 여지주의 본능적인 주인 의식은 위기를 놓치는 법이 없었던 것이다. 어쨌든 농노는 감정의 주인이어서는 안 되기 때문이다. 게라심이 방심한 것이다. 아니, 너무나 순진했다. 주인은 노예가 자기만의 감정을 갖는 것 자체를 부정하는 존재라는 진실, 그래서 그 대상이 인간이 아니라 동물일지라도 예외가 없다는 걸 이해하지 못했던 것이다. 타티야나를 다른 남자에게 시집을 보냈던 것과는 달리 여지주는 무무를 아예 죽이려고 든다. 농노라는 이유로 타티야나의 운명을 마음대로 쥐락펴락 하는 지주에게 하물며 무무와 같은 말 못하는 짐승을 죽이는 일쯤이야 어찌 삼갈 일이겠는가. 무무를 너무나 아꼈던 게라심은 무무가 여지주의 손에 죽도록 방치할 수는 없었다. 그렇다고 농노의 신분으로 무무를 지켜낼 수도 없는 노릇이다. 게라심을 마음대로 휘두를 수 있는 지주라면 그의 소유까지도 자기 마음대로 처분할 수 있는 법이니까.

마침내 게라심은 본인이 직접 무무를 죽이기로 결심한다. 그것이 자신을 그렇게도 따르던 무무를 위한 마지막 사랑이라고 생각했기 때문이다. 미워하는 사람보다는 사랑하는 사람의 손에 죽는 것이 차라리 나은 법이라고 생각했던 것이다. 투르게네프의 단편소설『무무(Mumu)』(『첫사랑』에 수록, 민음사)에서 가장 서글픈 장면이 이렇게 펼쳐진다. 무무가 좋아했던 음식, 그러니까 고기가 가득 담긴 양배춧국에 마른 빵을 부스러뜨려 넣은 음식을 먹이는 게라심의 마음은 어떠했을까? 게라심은 무무에게 마지막 만찬을 근사하게 차려 주며, 흐르는 눈물을 멈출 수가 없었다. 만찬이 끝난 뒤 그는 무무를 배에 태우고 노를 저어 강 중심부에 이른다.

마침내 게라심은 몸을 쭉 펴고는 어떤 병적인 분노의 표정을 지은 채 자기가 가져온 벽돌을 노끈으로 서둘러 묶고는, 올가미를 만들어서 무무의 목에 걸고 무무를 물 위로 들어 올렸다. 그는 마지막으로 무무를 바라보았다. (……) 무무는 무서워하지 않고 신뢰의 눈빛으로 게라심을 바라보며 작은 꼬리를 살짝 흔들었다. 게라심은 얼굴을 돌리고 나서 실눈을 뜨고는 두 손을 폈다. 게라심은 물에 떨어지면서 무무가 낸 날카로운 비명 소리도, '철썩' 하고 튀어 오른 둔탁한 물소리도, 다른 아무 소리도 듣지 못했다. 그에게는 가장 소란스러웠던 하루가 아무 소리도 없이 조용하게 지나간 것이다. 마치 가장 고요한 어떤 밤이 우리에게는 전혀 고요하지 않을 수 있듯이.

표면적으로 게라심은 여지주의 압력에 굴복한 것처럼 보인다. 그렇지만 잊지 말아야 할 것은, 여지주는 결코 게라심에게 무무를 죽이라고 명령하지 않았다는 사실이다. 그러니까 게라심의 행위는 소극적이나마 주체적인 결단, 다시 말해 여지주에 대한 소극적인 저항이라는 성격을 띠고 있다. 비록 적극적으로 무무를 지키지는 못했지만, 게라심은 소극적이나마 여지주가 무무를 죽일 수 없도록 만들었기 때문이다. 바로 이 부분이 중요한 것 아닐까? 무무를 강물 속에 던지는 순간, 게라심은 농노로서 가지고 있던 비루함도 함께 버리고 있었던 것이다. 철저하게 여지주의 말에 순종하는 존재였다면, 여지주의 손에서 무무를 빼앗아 자신의 손으로 무무의 생명을 앗으려는 결단은 불가능했을 것이다. 마침내 게라심은 자신을 지배하던 비루함을 극복하기 시작한 것이다. 스피노자도 말하지 않았던가.

> 비루함(abjectio)이란 슬픔 때문에 자기에 대해 정당한 것 이하로 느끼는 것이다.
>
> ── 스피노자, 『에티카』에서

'슬픔'은 어떤 타자가 나의 삶의 의지를 꺾으려고 할 때 발생하는 감정이다. 여지주가 주인으로서의 삶을 부정할 때, 게라심이 느꼈던 것도 바로 이 슬픔이다. 이런 슬픔이 반복되면 누구나 비루함에 빠져들게 될 것이나. 그렇시만 어떤 이유에서든, 게라심은 자신이 사랑하는 무무의 목숨을 스스로 거둔다. 여기서 중요한 것은 '스스로'라는 말일 것이다. 게라심의 행위는 제한적이나마

나름대로 자신의 역량을 발휘했던 능동적인 결단이었으니까. 타티야나를 빼앗겼을 때 철저하게 순응적이기만 했던 모습과는 달리 게라심의 마음은 조금씩 비루함에서 벗어나고 있었다. 비록 개일지라도 무무에 대한 애정이 그를 조금씩 주인으로 만들고 있었던 것이다. 이것이 바로 사랑의 기적 아닐까? 사랑이 가져다주는 기쁨의 감정은 우리에게 항상 조용히, 그렇지만 강력하게 요구하기 때문이다. 당신은 사랑의 기쁨을 지킬 수 있는 주인으로 살고 있는가?

타티야나이든 무무이든 간에 사랑하는 대상이 나타나지 않았다면, 게라심은 계속 여주인이 가장 신뢰하는 농노로서만 삶을 영위했을지도 모른다. 그렇지만 자신이 사랑하는 것, 자신에게 기쁨을 주는 것을 빼앗기자, 게라심의 심경에도 커다란 변화가 찾아왔다. 노예가 아니라 주인이 되지 않는다면 사랑도 지킬 수 없다는 진실을 뼈저리게 자각하기 시작한 것이다. 이것이 무무를 죽인 뒤, 게라심이 여지주로부터 도망을 결심할 수 있었던 이유다. 비루함에 젖어 자신의 신세를 체념하고 있었다면 결코 할 수 없는 결단이다. 투르게네프는 여지주의 손아귀에서 벗어난 게라심이 "이후로는 절대로 여자들과 어울리지 않았고, 심지어 여자들을 쳐다보지도 않았으며, 자기 집에서 한 마리의 개도 기르지 않았다."라고 묘사하면서 이야기를 마무리한다. 그렇지만 이것을 사랑을 잃어버린 사람의 트라우마로 독해하지는 말자. 게라심은 결심하고 있었던 것 아닐까? 자신의 삶에 완전한 주인이 될 때까지는 그 누구도 사랑하지 않으리라고. 이렇게 해석하고 싶다. 아니, 이렇게 해석해야만 한다. 슬픈 무무의 영혼을 위해서라도 말이다.

투르게네프
Ivan S. Turgenev
1818-1883

투르게네프는 베를린 대학으로 유학 갔을 때 셸링, 헤겔, 그리고 독일 문학에 매료되었다. 관료 생활을 접고 작가의 길을 택하고 나서는 나머지 인생을 유럽, 특히 파리에서 지내면서 주로 휴머니즘과 사랑의 메시지를 담은 소설들을 썼다. "사랑은 죽음보다도, 죽음의 공포보다도 강하다. 우리는 오직 사랑에 의해서만 인생을 버텨 나가며 전진을 계속하는 것이다."

『무무』(1854)는 존 골즈워디가 19세기 세계 문학 가운데 가장 감동적인 소설이라고 극찬한 작품이며, 황제 알렉산드로 2세가 농노제 폐지를 결심하는 데 큰 영향을 준 소설로도 유명하다. 소설 속 여지주의 실제 모델이 작가 자신의 어머니라고 한다. 어릴 적부터 자비심 없는 어머니의 모습 속에서 농노제의 불합리함을 느꼈던 투르게네프는 이 짧은 이야기에서 게라심을 위엄 있는 농부로 묘사함으로써 노동과 자유의 가치를 옹호하고 있다.

게라심은 가장 성실한 농노로 알려져 있었다. 놀라운 힘을 가진 게라심은 네 사람분의 일을 거뜬히 해냈다. 게라심은 모든 일을 손쉽게 해치웠다. 쟁기질을 하면서 커다란 손바닥으로 쟁기를 잡고 말의 도움 없이도 혼자서 탄력 있는 흙을 갈아엎을 때나, 성 베드로 축제 즈음에 어린 자작나무도 뿌리째 날려버릴 만큼 힘차게 큰 낫을 휘두를 때나, 민첩하고 끊임없이 2미터가 넘는 도리깨질을 하고 있을 때 그를 바라보는 것은 즐거운 일이었다. 언제나 말이 없는 게라심의 모습은 지칠 줄 모르는 그의 노동에 장엄한 위엄을 부여했다. 게라심은 훌륭한 농부였다. 그의 불행만 아니었다면, 어떤 여자든 흔쾌히 그에게 시집갔을 것이다. 그런데 여주인이 바로 이 게라심을 모스크바로 데려와서 그에게 장화를 사 주고, 여름용 카프탄과 겨울용 모피 외투를 지어 주고, 그의 손에 빗자루와 삽을 쥐어주고는 그를 마당쇠로 만들었다.

비루함

철학자의
어드바이스

자신을 비하하는 감정보다 우리 삶에 더 치명적인 것도 없다. 스스로 비하하니 누구를 사랑할 수 있겠는가. 사랑이라는 감정은 강한 자존감 없이는 쉽게 지킬 수 있는 욕망이 아니기 때문이다. 그래서 '비루한 삶'은 결코 살 만한 삶이라고 할 수 없다. 비루함의 감정, 혹은 그런 정조를 강하게 띠도록 만드는 결정적인 계기는 대부분 유년 시절의 경험에서 찾을 수 있다. 스피노자가 비루함을 "슬픔 때문에 자기에 대해 정당한 것 이하로 느끼는" 감정이라고 정의한 것도 다 이유가 있었던 셈이다. 여기서 '슬픔'에 주목해야 한다. 어린 시절 부모가 칭찬보다는 비난과 험담을 일삼았다면, 우리는 성장해서도 항상 슬픔의 감정에 사로잡히게 된다. 다른 부모를 만났다면 충분히 칭찬받고도 남을 일을 했는데도 자신의 부모는 매정하게 그것을 폄하하곤 했다면 말이다. "공부는 잘해서 뭐하니, 인간이 되어야지." "너는 엄마를 닮아서 구제불능이야, 피가 어디 가겠니." 이런 이야기를 습관적으로 들었던 사람이 어떻게 자신에 대해 당당함을 유지할 수 있겠는가. 아무리 잘해도 비난을 받는다면, 누구나 자신의 행위를, 심지어 자신의 존재마저 무가치하다고 느낄 수밖에 없다. 그러니 슬픔의 정조에 사로잡히는 것이다. 유년 시절에 만들어진 슬픔이 하나의 습관처럼 내면화될 때, 우리는 자신을 항상 비하하는 감정, 즉 비루함에 젖어들게 된다. 습관화된 슬픔, 혹은 숙명처럼 받아들이는 슬픔, 그것이 비루함이라는 감정의 실체. 그만큼 비루함은 벗어던지기 힘든 감정이다. 그렇지만 지속적인 애정과 칭찬이 있다면, 비루함도 조금씩 사라질 수는 있다. 자신을 쉽게 비하하는 경향이 있는 사람에게 오랜 시절 만들어진 습관화된 슬픔을 그만큼 시간을 들여서 치유해 줄 수 있는 사람, 즉 봄 햇살이 겨울 내내 쌓였던 눈을 녹이는 것처럼 그렇게 비루함이라는 고질적인 슬픔을 천천히 치유해 줄 사람이 필요한 이유도 바로 여기에 있다. 사랑만이 비루함에서 우리를 구원할 수 있는 법이니까.

자긍심
ACQUIESCENTIA
IN SE IPSO

사랑이 만드는
아름다운 기적

『정체성』
밀란 쿤데라

이렇게 일이 커질 줄 몰랐다. 장마르크는 자신의 작은 행동이 거대한 폭풍우를 낳게 되는 나비의 날갯짓이 될 줄은 꿈에도 생각지 못했다. 동거하고 있던 연상의 연인 샹탈이 어느 날 애잔하게 토로했던 슬픔이 사건의 시작이다. "남자들이 더 이상 나를 돌아보지 않더라." 함께 살고 있는 남자에게는 너무나 무례한 이야기일 수 있다. 나는 그럼 남자가 아니라는 말인가! 그렇지만 장마르크는 아직도 샹탈을 사랑하고 있었나 보다. 애써 치미는 질투의 감정을 삭이고 나서 그는 샹탈의 슬픔을 이해하려고 노력했다. 그리고 장마르크는 고민 끝에 한 가지 결론에 이른다. "모든 여자는 노화의 정도를 남자들이 자기에게 표출하는 관심, 혹은 무관심을 척도로 가늠한다."라고. 그래서 장마르크는 스스로 미지의 스토커가 되기로 작정한다.

물론 그렇다고 장마르크가 직접 샹탈을 스토킹할 수도 없는 일이었다. 좌우지간 샹탈을 짝사랑한다는 가상의 인물은 신원 불명이어야만이 그녀에게 스토커로서 각인시킬 수 있다. 그래서 그는 샹탈에게 편지를, 그러니까 그녀를 항상 주시하고 있다는 편지를 보내게 된다. "나는 당신을 스파이처럼 따라다닙니다. 당신은 너무, 너무 아름답습니다." 마침내 나비의 날갯짓이 시작된 것이다. 이때까지만 해도 장마르크는 짐작조차 할 수 없었다. 자신의 편지가 샹탈의 삶, 나아가 둘 사이의 관계에 얼마나 커다란 파문을 불러일으키게 될지를. 쿤데라의 소설 『정체성(L'Identité)』(민음사)은 바로 이렇게 시작된다.

다른 편지들도 속속 들이닥쳤고 샹탈은 그것을 점점 무시할 수 없게 되었다. 편지는 지적이며 점잖고 조롱기나 장난기도 전혀 없었다. (……) 그것은 유혹이 아닌 숭배의 편지였다. 혹시 거기에 유혹이 있었다면 장기적 안목으로 계획된 것이다. 하지만 그녀가 방금 받은 편지는 보다 대담했다. "사흘 동안 당신을 보지 못했습니다. 당신을 다시 보았을 때 너무도 가뿐하게 위로 떠오르고자 갈망하는 당신의 모습에 나는 경탄하고 말았습니다. 당신은 존재하기 위해서는 춤을 추며 위로 솟구쳐야만 하는 불꽃을 닮았습니다. 그 어느 때보다도 늘씬한 몸매로 당신은 경쾌하고, 디오니소스적이고, 도취한 듯한 야만적인 불꽃, 그 불꽃에 둘러싸여 있더군요. 당신을 생각하며 나는 당신의 알몸 위에 불꽃으로 엮은 외투를 던졌습니다. 당신의 하얀 육체를 추기경의 주홍색 외투로 가렸습니다. 이렇게 가린 당신의 몸, 빨간 방, 빨간 침대, 빨간 추기경 외투, 그리고 당신. 아름다운 빨간 당신이 눈에 선합니다!" 며칠 후 그녀는 빨간 잠옷을 샀다.

자신의 편지를 받은 샹탈의 변화에 장마르크는 당혹스럽기만 하다. 누군가가 보고 있다는 것만으로, 혹은 누군가가 찬양하고 숭배하고 있다는 것만으로 샹탈은 변하고 있기 때문이다. 편지에 진주목걸이가 아름답다고 쓰자 장마르크의 선물이지만 너무 화려하다며 자주 착용하지 않았던 진주목걸이를 자랑스럽게 걸고 외출하는 것이다. 빨간 옷을 언급했더니 샹탈은 빨간 잠옷을 입고 그전에는 느끼지 못했던 새로운 여자로 변신한다. 지금 샹탈은 자신의 '정체성'마저 바꾸고 있는 것처럼 보인다. 그녀는 진주목걸이를 싫어하던 여자에서 좋아하는 여자로, 붉은색 옷을 경멸하던 여자에서 붉은색을 좋아하는 여자로 변하고 있었으니까. 그렇다고 해서 샹탈을 찬양하는 스토커의 편지 내용이 전적으로 그녀와 무관한 것은 아니다. 찬양과 숭배의 편지를 쓰기 위해 장마르크는 예전보다 훨씬 더 치밀하게 샹탈을 관찰했기 때문이다.

스토커의 편지, 그러니까 장마르크의 편지는 샹탈로 하여금 망각하고 있던 자신의 매력에 스포트라이트를 비춘 것에 지나지 않는다. 그렇지만 이 스포트라이트가 샹탈에게 엄청난 자기만족, 혹은 자긍심이라는 감정을 부여한 것이다. 자신에게 얼마나 많은 보석이 있는지를 알았을 때, 그녀가 어떻게 자신의 삶에 자긍심을 갖지 않을 수 있겠는가.

자긍심(acquiescentia in se ipso)이란 인간이 자기 자신과 자기의 활동 능력을 고찰하는 데서 생기는 기쁨이다.
— 스피노자, 『에티카』에서

스피노자의 말대로 자긍심은 "자기 자신과 자기의 활동 능력을 고찰하는 데서 생기는 기쁨"이다. 명시적으로 말하진 않았지만, 되돌아본 자신의 모습이 긍정적일 때에만 우리는 기쁨을 느끼는 법이다. 자신이 얼마나 매력적인지, 그리고 자신이 얼마나 아름다운지 확인할 때, 샹탈이 아닌 다른 누구라도 기쁨을 느끼기 마련이다. 자긍심은 얼마나 매력적인 감정인가. 길거리를 걸을 때도 우리의 걸음걸이는 레드카펫을 걷는 여배우처럼 당당하고 아름다울 것이고, 낯선 사람과 대화할 때도 우리의 말과 행동은 거칠 것 없는 아우라를 뿜을 테니 말이다. 그렇지만 평범한 사람들로서는 자기 자신이 진정으로 가치 있는 존재라는 걸 자각하고, 그래서 자긍심이라는 감정에 사로잡히는 놀라운 경험을 하게 되는 경우는 그리 흔치 않다. 우리는 대개의 경우 모종의 피해의식에 사로잡혀 위축되어 있기 때문이다. 그래서 샹탈이 받은 스토커의 편지가 중요한 이유도 바로 여기에 있다. 당신이 얼마나 많은 보물을 가지고 있는 사람인지를 알려 주는 숭배자가 없다면, 자긍심을 갖기란 너무나 힘든 법이니까.

그렇다, 장마르크는 제대로 오판한 것이다. 연상의 동거녀 샹탈이 자신의 노화를 걱정했던 것은 아니다. 샹탈의 우울과 슬픔은 사실 자신의 삶에 대한 자긍심이라는 감정이 연기처럼 빠져나가고 있다는 자각에서 비롯된 것이다. 하긴, 아무도 자신을 거들떠보지 않는 늙은이로 전락하는 순간이 바로 자긍심을 잃는 시점일 것이다. 물론 그녀의 자긍심을 뺏은 주범은 동거남 장마르크 본인이 아니었던가. 애인이라고 생각하는 남자가 자신의 일거수일투족에 스포트라이트를 비추지 않을 때, 그녀로서는 자긍심을

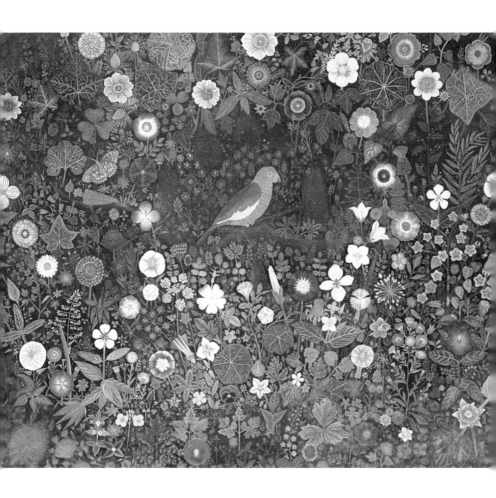

누군가 나를 사랑한다는 단순한 사실 하나만으로 우리
는 금방 자긍심을 회복할 수 있다. 내 자신이 충분히 소
중하고 매력적인 존재가 아니고서는, 어떻게 타인이 나
를 사랑하는 기적 같은 일이 일어나겠는가.

유지하는 것이 쉽지 않았을 것이다. 그래서 장마르크가 보낸 스토커의 편지가 의미심장하다. 비록 동정심과 연민에서 출발한 것이지만, 스토커의 편지는 샹탈에게 잃어버린 자긍심을 되찾아 주었기 때문이다.

흥미로운 것은 그 연애편지가 샹탈만이 아니라 장마르크의 '정체성'도 변화시킨다는 점이다. 편지를 쓰기 위해서는 장마르크가 샹탈의 매력을 주시할 수밖에 없다. 이 과정에서 장마르크는 샹탈을 숭배했고 사랑했던 자신의 모습을 되찾을 수 있었던 것이다. 더 정확히 말해, 여러 모로 많이 변모한 샹탈을 새롭게 사랑하게 된 남자로 변한 것이라고 말해도 좋다. 스토커로서 편지를 쓰기 위해 장마르크는 지금까지 무관심 속에 방치되었던 샹탈을 자세히 관찰하기 시작한 것이다. 이 과정에서 그는 지금까지 간과하고 있었던 연인의 매력, 그리고 시간이 지난 뒤 그녀가 얻게 된 새로운 변화들에 주목할 수밖에 없었다. 이렇게 새롭게 찾아낸 샹탈의 모습에서 장마르크는 자신의 가슴에 사랑이, 과거와는 다른 색깔의 사랑이 또다시 차오르는 것을 느낀 것이다.

스토커의 편지가 장마르크가 보낸 것이라는 사실이 들통 나자, 화를 참지 못한 샹탈은 순간적이나마 그를 떠나 버린다. 같이 있던 사람이 나에게 어떤 존재였는지는 그 사람이 내 곁을 떠났을 때에야 뒤늦게 자각하기 마련이다. 이것은 샹탈과 장마르크에게도 마찬가지였다. 두 남녀는 헤어지고 나서야 자신들이 서로에게 얼마나 소중한 사람인지 깨닫게 된다. 그러니 두 연인이 다시 런던에서 재회하는 것은 어쩌면 당연한 귀결이겠다. 우여곡절 끝에 화해를 한 두 사람은 잠자리를 함께할 때 마침내 알게 된다. 사랑

자긍심

은 서로를 주목하는 것이라는 사실을, 나아가 서로를 숭배하면서 자긍심을 심어 주는 것이라는 걸. 그래서 소설 『정체성』의 마지막 장면은 우리에게 애잔하지만 깊은 감동을 준다.

그녀는 말했다. "나는 더 이상 당신으로부터 눈길을 떼지 않을 거야. 쉴 새 없이 당신을 바라보겠어." 그리고 말을 멈추었다가 이렇게 이었다. "내 눈이 깜박거리면 두려워. 내 시선이 꺼진 그 순간 당신 대신 뱀, 쥐, 다른 어떤 남자가 끼어들까 하는 두려움."

그는 몸을 조금 일으켜 입술을 그녀에게 대려고 했다. 그녀는 고개를 내저었다. "아니, 그냥 당신을 보기만 할 거야." 그러더니 다시 말했다. "밤새도록 스탠드를 켜 놓을 거야. 매일 밤마다."

밀란 쿤데라

Milan Kundera

1929-

쿤데라는 조국 체코에서 '인간의 얼굴을 한 사회주의' 운동을 주도했으나 '프라하의 봄'은 좌절되고 가르치는 일과 출판도 모두 금지당하여 프랑스에서 작품을 발표하기 시작했다. "나는 프랑스를 작가로서의 조국으로 선택한 것이다. 나의 책들이 먼저 나온 곳은 파리였고 나에게는 그 상징적 의미가 매우 소중하다." 그 가운데 『참을 수 없는 존재의 가벼움』은 《타임》이 선정한 '1980년대 소설 베스트 10'에 꼽힌다.

『정체성』(1997)에서 장마르크는 자신이 늙었다고 소심해진 연인이 안쓰러워 그녀에게 '시라노'라는 가명으로 편지를 쓰게 된다.

그녀를 사랑하고 아름답다고 생각한다는 말을 아무리 해 주어도 소용없고 사랑에 가득한 시선도 그녀에겐 위로가 될 수 없을 것이다. 사랑의 시선은 외톨이로 만드는 시선이기 때문이다. 장마르크는 다른 사람들에게는 투명하게 변한 두 늙은이의 사랑스러운 고독에 대해 생각했다. 그것은 죽음을 예고하는 슬픈 고독이다. 아니다. 그녀에게 필요한 것은 사랑의 시선이 아니라 천박하고 음탕한 익명의 시선, 호감이나 취사선택에 의한 것이 아니고 사랑도 예의도 없이 필연적으로, 숙명적으로 그녀 육체로 쏟아지는 시선이다. 이런 시선들이 그녀를 인간 사회에 머무르게 하고 사랑의 시선은 그녀를 사회로부터 유리한다.

시라노는 에드몽 로스탕의 희곡 『시라노 드 베르주라크』(1897)의 주인공인데, 친구가 사랑하는 여인을 자신도 사랑함에도 불구하고 친구를 위해 대신 연애편지를 써 주는 문장가다. 장마르크는 바로 이 '시라노'가 되어 자신이 사랑하는 여인을 향해 가상의 남자를 위한 편지를 쓰지만, 아이러니하게도 그 존재하지 않는 남자로 인해 묘한 질투를 느끼게 된다.

자긍심

철학자의
어드바이스

우리는 평생 내 뒷모습을 본 적이 없다. 그렇지만 타자는 너무나 쉽게 내 뒷모습을 볼 수 있다. 나를 사랑하는 사람이라면, 그는 간혹 이렇게 말할 것이다. "머리에 뭐가 묻었네요. 이리 와서 돌아봐요, 제가 털어 줄게요." 물론 그 반대의 경우도 마찬가지다. 그의 상의가 바지에서 빠져나와 있으면 나는 어김 없이 그에게 그 사실을 일러 준다. 이건 뒷모습에만 해당되는 것은 아니다. 우리의 모든 면을 타자는 마치 거울처럼 비추어 주기 때문이다. 사실 거울보다 수백 배나 더 좋은 요술 거울이 바로 타자라고 할 수 있다. 거울이 현재의 시각적인 모습만 비추어 준다면, 타인은 과거의 모습이나 미래의 모습도 보여 줄 수 있고, 심지어 나의 내면마저 드러내 주기 때문이다. 내가 모르던 장점을 보여 준다면, 나는 행복을 느끼게 될 것이다. 반대로 나의 단점을 보여 준다면, 나는 우울해질 것이다. 그래서일까, 우리는 나를 사랑해 주는 사람과 함께 있으려고 한다. 사랑에 빠진 사람은 상대방의 단점보다 장점을 발견하는 놀라운 재주가 있으니까. 사랑하는 사람은 경탄하는 사람이기도 하니까. 그러니 어떻게 내가 가진 치명적인 단점이 그의 눈에 들어올 리 있겠는가. 그래서 애인은 우리에게 다른 타인이 결코 줄 수 없는 자긍심을 되찾아줄 수 있는 것이다. 반대로 나의 모든 면에 무관심하거나 혹은 장점과 단점을 동시에 보는 사람이 있다면, 그는 나를 사랑하는 사람이 아닐 것이다. 좋은 친구 혹은 좋은 동료일 수는 있어도 말이다. 자신에 대해 자긍심이 떨어진 사람에게 유일한 치료약은 애인이 생기는 것이다. 누군가 나를 사랑한다는 단순한 사실 하나만으로 우리는 금방 자긍심을 회복할 수 있기 때문이다. 내 자신이 충분히 소중하고 매력적인 존재가 아니고서는, 어떻게 타인이 나를 사랑한다는 기적 같은 일이 일어나겠는가.

3

경탄
ADMIRATIO

사랑이라는
감정의
바로미터

『오래오래』,
에릭 오르세나

이 얼마나 기적 같은 일인가? 누군가 나의 삶에 핑크빛 가득한 기쁨을 선사할 수 있다는 사실이. 남녀노소 할 것 없이 누구나 사랑을 꿈꾸는 이유도 바로 여기에 있는 것 아닌가? 평범하고, 심지어는 권태롭기까지 하던 잿빛 삶이 핑크빛을 띠게 되는 기적을 그 누가 바라지 않겠는가? 이런 기적과도 같은 기쁨을 선사하는 사람이 여신 혹은 신처럼 느껴지는 것은 어쩌면 당연한 반응일지도 모른다. 그, 혹은 그녀가 아니었다면 결코 나에게 찾아오리라고는 기대할 수 없었던 감정이기 때문이다. 이처럼 사랑에 빠진다는 것은 자신이 그, 혹은 그녀의 고귀함에 비해 너무나 보잘것없을 정도로 열등하다고 느끼는 것에 다름 아니라고도 할 수 있다. 따라서 사랑은 경탄과 함께 시작되고, 경탄과 함께 유지되는 법이다. 결국 내 마음속에 애인에 대한 경탄이 없어졌다면, 사랑은 이미 덧없는 옛이야기가 되었다고 해도 과언이 아니다.

어떻게 하면 우리의 사랑을 '오래오래' 지속할 수 있을까?

현대 프랑스 소설가 에릭 오르세나가 『오래오래(Longtemps)』(열린책들)에서 파고들었던 주제는 바로 이것이다. 소설은 40년 동안 끈질기게 지속되는 두 사람, 그러니까 엘리자베트와 가브리엘 사이의 사랑을 다루고 있다. 좀 더 정확히 말하면 기묘할 정도로 오래 지속된 두 남녀 사이의 불륜을 다루고 있다. 보통 불륜은 금지된 것을 욕망하는 일시적인 감정, 혹은 성적인 관계가 반복되면 얼마 지나지 않아 시드는 감정이기 쉽다. 그렇지만 두 사람 사이의 불륜에는 오묘한 구석이 있다. 정상적인 애인이나 부부 관계보다도 서로에 대한 사랑이 더 '오래오래' 지속되고 있으니까 말이다. 사랑에 빠진 다른 사람들과 마찬가지로 가브리엘이 엘리자베트로부터 처음 느꼈던 감정은 바로 '경탄'이었다. 그의 이야기를 잠시 들어 보자.

그녀의 검은 눈에서 금빛 광채가 반짝거렸다. 희로애락의 그 어떤 감정으로도 결코 꺼뜨리지 못할 장난기였다. 가브리엘은 전율을 느꼈다. 그는 여자를 잘 몰랐다. 아내가 있긴 하지만, 누구나 아는 바와 같이 아내라는 존재는 청혼에 응하는 그 운명적인 순간부터 여자라는 종에서 벗어나 별도의 잡종이 된다. 요컨대 가브리엘은 40년을 살도록 아직 이렇게 장난기 가득한 여왕 스타일은 만나 본 적이 없다.

엘리자베트도 마찬가지이지만 가브리엘에게도 배우자가 있었다. 많은 사람들이 착각하고 있지만, 아내나 남편은 서로에게 배우자일 뿐 결코 애인은 될 수 없다. 어느 사회이든 인간은 가족

경탄

성원으로 존재하다가 타인을 만나서 새로운 가족을 구성하기 마련이다. 쉽게 말해 부모를 떠나 낯선 남자나 여자를 만나 새로운 관계를 만든다는 것이다. 이렇게 새로운 관계를 모색하도록 만드는 동력이 바로 사랑이다. 그러니까 기존 가족 관계에 따르면 사랑은 일종의 배신 행위라고도 할 수 있다. 부모와 함께 있기보다는 새로 만난 사람과 함께 있으려고 하기 때문이다. 그래서 사랑의 본질은 기본적으로 '불륜(不倫)'이다. 기존에 속해 있던 '무리[倫]'를 '부정하도록[不]' 만드는 감정이 사랑이니까 말이다. 그래서 가브리엘의 말, "아내라는 존재는 청혼에 응하는 그 운명적인 순간부터 여자라는 종에서 벗어나 별도의 잡종이 된다."라는 선언은 매우 의미심장하다.

가브리엘의 말대로 청혼이란 새로운 무리를 만들자는 요구가 이루어지는 '운명적인 순간'이다. 사랑에 빠진 뒤 청혼이 이루어질 때까지 두 사람은 자신의 가족에 속해 있으면서도 부단히 그곳에서 벗어나려는 상태에 있었다. 일종의 불륜 상태인 셈이다. 그렇지만 청혼이 이루어지는 순간, 두 사람은 새로운 가족, 새로운 무리로 묶이게 된다. 바로 이때가 불륜 관계가 해체되는 시점, 즉 사랑이란 감정이 사라지는 순간이다. 이제 가브리엘의 여자는 아내가 되어 버린 것이다. 아내는 더 이상 불륜의 상대가 아니다. 물론 아내는 불륜이라는 찬란했던 과거를 공유한 여자이지만, 동시에 지금은 나와 같은 무리에 속한 사람이기도 하다. 그러니 가브리엘에게 아내는 '별도의 잡종'으로 생각되는 것이다. 기억 속에서는 불륜, 즉 사랑의 대상이지만, 현실 속에서 그녀는 그저 아내의 역할을 수행하는 가족 구성원에 지나지 않기 때문이다.

잊지 말아야 할 것은, 결혼하기 전에는 가브리엘의 아내도 지금 만나고 있는 엘리자베트와 마찬가지로 그에게는 경탄을 자아내는 여자였다는 점이다. 한 번도 부정할 수 없었던 성스러운 가족 관계에서 거리를 두게 하고, 심지어 자신을 기존의 모든 관계로부터 벗어나도록 만드는 여자가 어떻게 경탄스럽지 않겠는가. 가브리엘의 감정을 더 면밀히 음미하려면 스피노자의 도움을 빌리는 것이 좋겠다.

> 경탄(admiratio)이란 어떤 사물에 대한 관념으로, 이 특수한 관념은 다른 관념과는 아무런 연결도 갖지 않기 때문에 정신은 그 관념 안에서 확고하게 머문다.
> ― 스피노자, 『에티카』에서

다른 관념과 아무런 연결도 갖지 않는 특수한 관념, 그것은 한마디로 말해서 다른 것과 비교 불가능한 관념을 말한다. 지금까지 실물로 본 적이 없는 거대한 폭포 앞에 서는 순간, 우리는 입만 바보처럼 벌리고 경탄하게 된다. 다른 것과 비교할 수 없을 정도로 압도적인 풍경이기 때문이다. 칸트라는 철학자가 말한 '숭고'의 감정이 바로 경탄의 감정에 다름 아니다. 가브리엘에게는 엘리자베트가 이렇게 압도적인 폭포처럼 경탄을 자아내는 존재였다. 이런 여자 앞에서 어떻게 무릎을 꿇지 않을 수 있겠는가. 그녀는 여왕이고, 나는 단지 여왕의 은총만을 바라는 시종이 된 격이다. 그래서 그는 자신의 느낌을 "40년을 살도록 아직 이렇게 장난기 가득한 여왕 스타일을 만나 본 적이 없다."라고 묘사한 것이다.

압도적인 위엄을 가진 여왕처럼 느껴지는 여자, 자신을 하염없이 평범하게 만드는 여자, 당연히 자신을 가지고 장난을 칠 수 있는 여자…… 엘리자베트는 가브리엘의 "마음속 깊은 곳에 들어앉은 태양" 같은 존재였다. 엘리자베트는 얼마나 현명한가! 그녀는 가브리엘에게 항상 지지 않는 태양으로, 그러니까 경탄의 대상으로 남아 있기를 원했다. 오직 그럴 때에만 사랑이 지속될 수 있다는 것을 너무나 잘 알고 있으니까. 현실적으로 그녀는 어느 무리에 속하지만 동시에 그곳에서 벗어나려는 불륜 상태를 유지하려고 했다. 그것이 바로 사랑의 본질이니까 말이다. 그래서일까, 소설을 읽다 보면 우리는 엘리자베트가 작가의 대변인이라는 사실을 알게 된다. 그녀의 입을 빌려 오르세나는 사랑의 비밀, 혹은 사랑을 '오래오래' 지속시킬 수 있는 비법을 우리에게 넌지시 알려 준다.

"혼외의 사랑은 결혼 생활과 달라요. 게으르게 마냥 똑같은 모습으로 남아 있을 수가 없죠. 끊임없이 온갖 것을 파악해서 범상함을 초월해야 해요. 아니면 차츰차츰 너절한 타성에 빠져들어 그저 생리적인 욕구나 채우려고 만나는 관계가 되는 거예요."

엘리자베트의 말처럼 관계가 "범상함을 초월하려는" 노력이 사라지는 순간, 다시 말해 "너절한 타성에 빠져 그저 생리적인 욕구나 채우려고 만나는 관계"가 되는 순간, 우리는 더 이상 서로에 대해 경탄의 존재로 남을 수 없게 된다. 어쩌면 애인이나 부부 관계보다 불륜이 사랑을 유지하는 데 더 유리한 조건인지도 모를 일이다. 정상적이라고 인정된 남녀관계는 "게으르게 마냥 똑같은 모습으로 남아 있을" 가능성이 많을 테니까. 어쨌든 범상함을 초월하려고 노력한다면, 경탄의 감정을 계속 유지할 수 있을 것이다. 그만큼 우리의 사랑도 '오래오래' 지속될 수 있는 것 아닐까?

경탄

엘리자베트는 가브리엘의 "마음속 깊은 곳에 들어앉은
태양" 같은 존재였다. 그렇게 가브리엘에게 항상 '경탄'
의 대상으로 남아 있기 위해, 현명한 엘리자베트는 '범
상한 관계'를 초월하려고 노력했다. 오직 그럴 때에만
사랑은 지속될 수 있으니까.

에릭 오르세나
Erik Orsenna
1947-

재치 있는 사랑 이야기에 풍부한 외국 문화 경험을 담은 작품들로 인기를 누리고 있는 프랑스 소설가. 고등사범학교에서 국제금융을 가르쳤고, 미테랑 대통령의 문화보좌관 겸 연설문 초안 작성자, 최고행정재판소 심의관, 국립고등조경학교 학장 등 주요 공직을 두루 거쳤다. 십 대 때 꿈을 이루기 위해 매일 새벽 두 시간씩 집필에 전념하여 『식민지 박람』으로 '공쿠르 상'을 받았고, 영화 「인도차이나」의 시나리오를 썼다.

『오래오래』(1998)는 여든이 된 정원사 가브리엘이 젊은 시절 첫눈에 반한 유부녀 엘리자베트와 평생의 '불륜' 관계를 어떻게 사랑으로 꽃피워 뒤늦게나마 함께하게 되었는지를 매우 익살스럽게 들려주는 소설이다. 색빌웨스트 부부의 시싱허스트 정원에서부터 청나라 황실 정원이었던 원명원까지 세계 각국 정원의 상징성을 통해 사랑의 속성을 암시하고 있다. 작가는 사랑을 유지하기 위한 노력을 끊임없이 인공적으로 꽃을 피우고 아름답게 가꿔야 하는 정원의 속성에 비유하고 있는 것이다.

옛날에 해럴드 니콜슨이라는 남자와 비타 색빌웨스트라는 여자가 살고 있었어요. 남자는 정치가이자 외교관이었고, 여자는 문인이었죠. 그들은 1930년에 폐허 상태로 있던 영지 하나를 사들였어요. 그 뒤로 30년 동안 남자는 설계를 하고 여자는 풀과 나무를 심었대요. 그는 여자보다 남자를 더 좋아했고 그녀는 남자보다 여자를 더 좋아했어요. 그렇게 서로 어긋나는 성적 취향을 지녔음에도 그들은 전혀 고통을 받지 않았대요. (……) 무슨 이야기를 하든 결론은 매번 비슷했다. 우리 서로를 인정하자. 제발, 서로를 있는 그대로 받아들이자. 해럴드와 비타는 그런 슬기를 지니고 있었다. 그들의 결혼은 하나의 본보기이고 이 정원은 그들이 함께 만든 자식이다. 그들이 슬기롭게 처신했기에 이런 걸작이 나오지 않았는가.

항상 떠날 준비를 하라! 상대방에 대해 항상 자유로워라! 이것만큼 상대방이 나에게 무관심해지거나 심드렁해지지 않도록 만드는 확실한 방법도 없다. 떠날 수도 있고 머물 수도 있는 사람만이 누군가의 곁에 머물 수가 있다. 이런 주인으로서의 당당한 자유를 가슴에 품고 있을 때에만 상대방도 우리를 주인으로 대우할 것이다. 모든 경우에서처럼 주인은 관심을 받고, 노예는 무관심에 방치되는 법이니까. "당신이 없다면 나는 살 수가 없어요!" 이것은 사랑에 빠진 사람의 레토릭이지, 결코 사실을 묘사하는 말이어서는 안 된다. 사랑에 빠진다는 것이 상대방에게 철저하게 노예가 된다는 것을 의미하는 것은 아니다. 여기서 상대방의 뜻에 기꺼이 따르려고 하는 노예의 제스처는 글자 그대로 상대방도 그 의미를 알고 있는 제스처일 뿐이다. 다시 말해 상대방은 자신에 대한 나의 헌신이 나의 자유에서 가능하다는 것을 알고 있다는 것이다. 그러니까 언제든지 나는 상대방의 뜻을 따르지 않을 수 있는 자유를 가지고 있어야만 하고, 또 상대방이 그런 사실을 잊지 않도록 만들어야 한다. 그럴 때에만 상대방은 나를 함부로 대하지 않을 것이고, 동시에 정말로 나를 사랑한다면 내게 기쁨을 주려고 노력할 것이다. 어떻게 대우해도 떠날 수 없는 사람에게 기쁨을 줄 필요는 없는 것 아닌가. 미워해도 나의 바짓가랑이를 잡을 것이고, 밀쳐내도 내게 안길 사람이라면 말이다. 상대방에게 철저하게 헌신하는 것으로 사랑이 지속되지는 않는다. 오히려 역효과만 생길 뿐이다. 내가 모든 것을 자기 뜻대로 한다고 상대방이 생각하는 순간, 그는 더 이상 나의 내면을 섬세하게 읽으려는 노력을 접을 것이고, 그만큼 나에 대한 사랑도 식을 테니까 말이다.

4

경쟁심
AEMULATIO

서글프기만 한
사랑의 변주곡

『술라』,
토니 모리슨

아이에게 처음으로 친구가 생겼다. 놀이방에서 만난 친구다. 아이의 엄마는 신기하기만 하다. 아이에게 가족이 아닌 사람 중에 처음으로 좋아하는 이가 생긴 것이다. 아이나 어른 모두 인간이라면 좋아하는 사람에게 기쁨을 주려고 한다. 그가 나에게서 기쁨을 얻는다면, 내 곁을 떠날 일이 없을 테니까 말이다. 일단 아이는 자신이 가장 좋아하는 장난감을 친구에게 건네준다. 엄마에게 선물로 받았을 때 자신이 느꼈던 기쁨을 생각하면서. 그런데 부엌에서 일하고 있던 아이의 엄마는 깜짝 놀란다. 방에서 친구와 다정하게 놀던 아이로부터 서러운 울음소리가 터져 나왔기 때문이다. 무슨 일일까? 아이는 자신의 장난감을 부여잡고 서럽게 울고 있었다. 옆에 있는 친구도 영문을 모른 채 같이 눈물 흘리며 아이를 당혹스럽게 바라보고만 있다.

도대체 아이는 왜 친구에게 주었던 장난감을 다시 빼앗아 품에 안고 절망스럽게 울고 있는 것일까? 아이가 진짜 원했던 것을 생각해 보면, 이런 의문은 쉽게 풀린다. 아이는 친구가 자신을 좋아하기를 갈망했다. 그렇지만 친구가 자신이 건네준 장난감에 온 신경을 쏟게 되자, 아이는 절망하게 된 것이다. 친구는 자신이 아닌 장난감을 좋아하고 있다는 느낌 때문이다. 이 순간 아이는 장난감과 묘한 경쟁 관계에 들어선 것이다. 내가 좋아? 아니면 장난감이 좋아? 하지만 장난감은 바로 자기 것 아닌가, 그러니 다시 장난감을 빼앗을 수밖에. 불행히도 그 순간은 친구에게서 기쁨을 빼앗는 것이기도 하다. 얼마나 당혹스러운 일인가. 원래 친구를 기쁘게 하려고 장난감을 준 것이니 말이다.

토니 모리슨이 소설 『술라(Sula)』(들녘)에서 술라와 넬, 두 흑인 여성들의 사랑을 통해 고민하려고 했던 것도 바로 이것이다. 어렸을 적 은밀한 경험까지 공유하던 단짝 친구 술라가 마을에 다시 돌아오자 일이 벌어졌다. 넬은 술라가 자신의 남편 주드와 침대에서 사랑을 나누는 장면을 목격한 것이다. 자신의 행동이 부끄러웠는지 남편 주드는 넬을 두고 마을을 떠나 버린다. 상처 받은 넬은 술라를 몹시도 미워한다. 10년 전 자신의 결혼식을 진심으로 축하하며 기꺼이 들러리가 되어 주었던 술라. 그녀가 어떻게 가장 친한 친구의 남편과 섹스를 나눌 수 있단 말인가? 그렇지만 술라가 병에 걸려 세상을 떠난 뒤, 넬은 마침내 자신이 사랑했던 사람은 주드도 다른 사람도 아닌 술라였다는 사실을 깨닫게 된다.

"그 모든 시간 동안, 그동안 내내, 난 떠나간 주드를 그리워했다고 생각했어." 그리고 그 상실감이 넬의 가슴에 밀려와 목구멍까지 차올랐다. "우린 둘 다 소녀였지." 넬은 마치 무엇을 설명하려는 듯이 그렇게 말했다. "오 하나님, 술라야." 그녀는 울부짖었다. "이 계집애야, 이 계집애야, 이 계집애야!" 그것은 크고 긴, 한바탕 멋진 울음이었다. 그러나 그 울음은 밑도 끝도 없는 그저 슬픔의 둥근 원, 원들이었다.

지금 읽은 부분은 소설의 마지막 장면에서 넬이 자신의 곁을 영원히 떠나 버린 술라를 그리워하며 절규하는 대목이다. 넬의 눈물, 넬의 슬픔이 중요하다. 아주 때늦게 넬은 술라가 떠나서 생긴 빈자리를 의식하게 된 것이다. 이제 그 빈자리가 다시는 채워지지 않을 것이다. 타자가 부재할 때, 심장이 찢어지는 것처럼 고통이 찾아올 때가 있다. 이것이 바로 사랑이라는 감정 아닌가. 불행한 것은 술라를 사랑하고 있었던 자신의 마음을 넬이 너무나 늦게 확인했다는 점이다. 그렇지만 항상 이렇게 사후적으로만 제대로 확인되고 음미될 수 있는 것이 사랑의 감정 아닌가.

내가 저 사람을 얼마만큼 사랑하는지 알고 싶다면, 그와 헤어져 있을 필요가 있다. 그렇게 해서, 헤어져 있다는 게 생각만 해도 힘들다면 나는 그만큼 그 사람을 사랑하고 있는 것이다. 숲 안에서는 숲의 전체 모양을 제대로 파악하기 힘든 것과 마찬가지다. 숲 밖에서 숲을 조망하듯, 그 사람으로부터 어느 정도 거리를 둘 때에만 그 사람이 나에게 어떤 의미가 있었는지 알게 된다. 반대의 경우도 가능하다. 만약 그 사람이 내 곁을 떠난다면 정말 견딜 수 없이 괴로울 것이라고 생각한다. 그런데 막상 정말로 그가 내 곁에 없게 되었을 때 생각했던 만큼 괴롭지 않아서 당혹스러운 경우도 있다. 그래서 비극으로 끝날지 축복이 될지 모르겠지만, 자기 사랑의 감정이 어떤 수위에 있는지 확인하기 위해서는 사랑하는 사람으로부터 잠시 떠나 있을 필요가 있다.

맑은 호수에 떨어진 돌멩이는 파문을 만들고, 그 파문은 퍼져 갈수록 더 커지게 되는 법이다. "슬픔의 둥근 원, 원들"이라고 하는, 더 깊어지고 높아지는 슬픔의 파문 속에서 넬은 너무나 뒤늦게, 자신이 진짜 아끼던 사람이 누구였는지를 자각하게 된다. 결국 주드라는 남자를 놓고 경쟁이 벌어졌던 한 편의 비극은 서로를 갈망하는 두 흑인 여성 사이의 애정 때문이었던 셈이다. 그러니까 중요한 것은 주드가 전혀 아니었던 셈이다. 주드는 단지 넬과 술라라는 두 꼬맹이 사이에 놓여 있는 근사한 장난감에 지나지 않았던 것이다. 스피노자는 경쟁심을 다음과 같이 정의했던 적이 있다.

> 경쟁심(aemulatio)이란 타인이 어떤 사물에 대해 욕망을 가진다고 우리가 생각할 때, 우리 내면에 생기는 동일한 사물에 대한 욕망이다.
>
> —— 스피노자, 『에티카』에서

그렇지만 여기서의 타인은 단순한 타인이 아니다. 그것은 내가 충분히 좋아하는 타인일 수밖에 없다. 자신이 혐오하는 사람이 욕망하는 대상을 똑같이 욕망한다는 것은 있을 수 없는 일이니까. 어쩌면 이것은 사랑에 빠져 본 사람이라면 누구나 경험하는 것 아닌가? 누군가를 사랑한다면, 우리는 그가 욕망하는 것을 갖추려고 노력할 것이다. 그가 상큼한 단발머리를 원한다면 나는 기꺼이 긴 머리를 자를 것이다. 그가 브람스를 좋아한다면 내 MP3에서

언뜻 보면, 소꿉친구 넬과 술라는 주드라는 남자를 놓고
경쟁하는 것처럼 보인다. 그렇지만 그들은 모든 것을 공
유하는 친구 사이였다. "즉 한 남자아이와 둘 다 입맞춤
을 해보고는 한 사람에겐 어떤 식으로 했고 다른 사람
에겐 어떤 식으로 했는지 하는 걸 비교했다."

브람스가 흘러나올 가능성은 커질 것이다. 사랑의 감정이 우리를 변화시킨다는 말의 의미는 바로 여기에 있다.

사랑이 아니어도 우정의 관계에서도 경쟁심은 필수적이다. 두 친구가 농구를 하고 있다고 하자. 서로 잘하기 위해 농구공을 뺏고, 드리블 하고, 끝내 친구의 골대에 과감하게 골을 넣는다. 그렇지만 여기서 승부에서 이기는 것은 전혀 중요한 것은 아니다. 오히려 누가 먼저인지는 모르지만, 서로 농구를 잘하는 친구가 되어서 상대방에게 인정받으려는 욕망이 두 사람의 마음속에 자리 잡고 있기 때문이다. 만일 두 사람 중 한 명이 농구를 싫어한다면, 애초에 게임을 하지도 않았을 것이다. 그러니까 이 경우 "너, 오늘 훨훨 날아다니네."라는 인정을 받으려고 열심히 코트를 뛰고 있는 것이다. 불행히도 서로 인정받고자 시작했던 농구 게임이 과열되어 승부에 연연하면서 다투는 경우도 벌어진다. 그렇지만 다툼이 생기자마자 두 사람은 무엇인가 잘못되었다는 것을 직감할 것이다. 우정을 위한 경쟁이 도를 넘어서 우정에 금이 가게 했으니 말이다.

언뜻 보면, 소꿉친구 넬과 술라는 주드라는 남자를 놓고 경쟁하는 것처럼 보인다. 그렇지만 그들은 모든 것을 공유하는 친구 사이였다. "즉 한 남자아이와 둘 다 입맞춤을 해보고는 한 사람에겐 어떤 식으로 했고 다른 사람에겐 어떤 식으로 했는지 하는 걸 비교했다." 주드는 두 사람에게 잘해야 장난감과 같은 존재였던 셈이다. 이 사실을 먼저 알고 있었던 쪽이 술라였다면, 넬은 주드가 떠나고 또 술라마저 이 세상을 등질 때 비로소 알게 된다. 하지만 넬도 자신이 진정으로 사랑했던 사람이 누구인지를 이제라도 알았으니 다행이다. 내면의 진실이 아주 때늦게 찾아왔다는 것, 이것이 넬에게는 비극이라면 비극일 것이다. 그렇지만 어떤 점에서 넬은 행복한 사람 아니었을까? 우리 대부분은 자신의 감정이 어디로 향해 있는지조차 자각하지 못한 채 살고 있으니까. 이것이야말로 진정한 비극 아닐까?

토니 모리슨
Toni Morrison
1931-

미국 코넬 대학교에서 버지니아 울프와 윌리엄 포크너 연구로 석사학위를 받았으며, 랜덤하우스 출판사에서 편집자로 일할 때 소설을 쓰기 시작하였다.

『술라』(1973)에서는 '사회적 자아'를 갖고 있지 않은 술라를 통해 전형적인 흑인 여성상을 타파하고 독창적이고 독립적인 인물을 창조했다. "그들은 이미 수년 전에 백인도, 남자도 아닌 자신들에게는 자유와 승리가 금지되어 있다는 사실을 알고 있었기 때문에, 자기가 아닌 어떤 다른 존재가 되도록 창조하는 일을 일찌감치 시작할 수 있었다." 이 소설은 우정을 통해 진짜 나의 모습을 찾아 나가는 여성들의 성장소설이다.

마치 백내장을 제거한 후 시력을 되찾은 것과 같았다. 그녀의 옛 친구가 다시 고향으로 돌아왔다. 술라가. 그녀를 웃게 하고, 그녀로 하여금 옛것들을 새로운 눈으로 보게 만들었고, 함께 있으면 그녀 자신이 영리하고 온유하고 약간은 천박하다고 느끼게 해 주는 그런 여인. 과거를 속속들이 함께 살았고, 그녀와 함께하는 현재에는 끊임없이 느낌을 함께 나누어 갖게 해 주는 술라. 술라에게 말을 건네는 것은 곧 자기 자신과 대화하는 것이었다. 술라 앞에서는 자신이 결코 바보스럽지 않았는데, 그렇게 해 주는 사람이 또 있었던가? 그녀의 관점에서 적절하지 못하다는 것은 단순히 특이한 점, 즉 결함이라기보다 개성이 아니었던가? 그와 같은 재미와 공범 의식의 감미로움을 남겨 준 사람이 또 있었던가? 술라는 결코 경쟁하지 않았고, 그저 사람들이 자기 스스로를 명확하게 드러내도록 도와주었을 뿐이다.

1993년에 노벨 문학상을 받은 최초의 흑인 여성 작가가 된 모리슨은 무엇보다도 "작품은 정치적이어야 한다."고 주장한다.

경쟁심

철학자의
어드바이스

보통 우정은 동성끼리, 그리고 사랑은 이성끼리 이루어 진다고 말한다. 그렇지만 이것은 우정과 사랑에 대한 피상적인 견해에 불과하다. 그렇다면 우정과 사랑의 감정을 우리는 어떻게 구분할 수 있을까? 우선 확인해야 할 것이 하나 있다. 우정과 사랑은 모두 어떤 타인과의 만남에서 기쁨을 느끼는 감정, 그러니까 자신이 과거보다 더 완전해졌다는 뿌듯함이 드는 감정이라는 점에서 공통점을 갖는다. 기쁨을 주던 사람과 헤어지게 될 때, 우리는 그제야 우정과 사랑을 구분할 수 있다. 헤어져 있을 때, 우리의 슬픔이 어떤 강도로 발생하는지에 따라 우정과 사랑은 구분된다. 슬픔이 너무나 크다면, 아무리 우정이라고 우겨도 그것은 사랑이다. 반면 슬픔이 생각보다 작다면, 표면적으로는 사랑의 관계라 해도 그것은 우정에 불과한 것이다. 결국 우정과 사랑은 질적인 차이가 있는 감정이 아니라, 양적인 차이, 혹은 정도상의 차이만 있는 감정이라고 할 수 있다. 여기서 중요한 것은 우리에게 기쁨과 슬픔을 가져다주는 타자가 무어냐는 전혀 중요한 것이 아니다. 그것은 이성일 수도, 동성일 수도, 개나 고양이일 수도, 혹은 슈베르트의 음악일 수도 있다. 우정이든 사랑이든, 경쟁심은 반드시 개입되기 마련이다. 우정이나 사랑의 감정에 빠지면 우리는 상대방이 욕망하는 것을 나도 욕망하는 과정을 꼭 겪을 수밖에 없으니까. 그러니 이렇게 자신의 감정을 점검하면 좋을 것 같다. 싫어하지 않는 어떤 사람과 묘한 경쟁 관계에 들어갈 때, 여러분들은 우정, 혹은 심하면 사랑의 관계에 들어서고 있는 건 아닐까. 여기서 '싫어하지 않는 사람'이라는 단서가 중요하다. 하긴 미워하는 사람과 경쟁 관계에 들어간다는 것은 있을 수도 없는 일이지만.

5

야심
AMBITIO

인간적인,
너무나
인간적인 약점

『벨아미』,
기 드 모파상

노인은 어안이 벙벙해서 신문기자가 술에 취한 거라고 생각했다.
"그만두게, 잠꼬대는."

"천만에요. 저는 지금 라로슈 마티외가 내 아내와 간통하는 현장을 붙잡고 왔습니다. 경찰관이 사실을 확인했습니다. 장관은 이제 끝입니다."

발테르가 몹시 놀라 안경을 이마 위로 추켜올리고 물었다.
"나를 놀리는 건 아니겠지?"

"천만에요. 전 지금부터 그것을 기사로 쓰려고 합니다."

"그래서 어쩔 작정인가?"

"그 사기꾼을, 악당을, 사회의 독충을 매장하는 거죠."

뒤루아는 모자를 의자 위에 놓고 덧붙였다.

"제 앞길에서 거치적거리는 놈은 처치해야 해요. 절대로 용서하지 않을 테니까요."

사장은 그래도 이해할 수 없는 모양으로 중얼거렸다. "그러나…… 자네 부인은?"

"날이 새면 곧 이혼소송을 제기하겠습니다. 그 여잔 죽은 포레스티에[사별한 전 남편]에게 되돌려 주겠어요."

"헤어질 텐가?"

"물론이죠. 전 여태까지 세상 사람들의 웃음거리가 되어 왔습니다만 현장을 잡기 위해서 모르는 척했습니다. 계획대로 잘되었지요. 이제부터는 모든 것이 제 손안에 있으니까요."

왈테르 씨는 벌린 입을 다물지 못하고 겁먹은 눈으로 뒤루아를 쳐다보면서 생각했다. '정말, 이놈을 잘 키우면 써먹을 만하겠는걸.' 왈테르 영감은 안경을 이마에 올려 걸치고는 눈을 드러낸 채 여전히 그를 바라보며 마음속으로 생각했다. '응, 이 녀석은 출세하겠어, 이 악당은.'

방금 읽은 장면은 모파상의 장편소설 『벨아미(Bel Ami)』(민음사)에서 하이라이트에 해당하는 부분이다. 출세에 목마른 뒤루아가 지금까지 자신의 기자 생활에 물심양면으로 애를 써 주었던 아내 마들렌을 간통죄로 고소하여 내치고는 새로운 도약을 꿈꾸고 있는 것이다. 마들렌의 치마폭은 지금까지 그의 성장을 도와주었던 인큐베이터 역할을 해 왔지만, 이제는 오히려 자신의 명예에 먹칠을 하는 장애물이라고 판단했기 때문이다. 뒤루아로서는 마들렌을 제거하는 건 식은 죽 먹기였다. 지금껏 자신이 묵인했던 관계, 즉 아내와 외무장관 라로슈 마티외의 밀애를 폭로하는 것만으로 그의 목적은 쉽게 달성되는 것이었으니까. 그렇지만 자신의 성공과 출세를 위한 새로운 제물을 발견하지 않았다면, 뒤루아는 결코 아내를 버리지 못했을 것이다.

　새로운 먹잇감은 누구인가? 파리 정계를 쥐락펴락하던 영향력 강한 신문《라 비 프랑세즈》의 사장인 왈테르 영감의 딸 쉬잔이었다. 그러나 이 새로운 목표물을 손에 넣는 것도 뒤루아에게는 어려운 일이 아니다. 신은 그에게 윤리적 성품이나 냉정한 지성을 허락하진 않았지만, 파리의 거의 모든 여성들을 홀릴 만한 매혹적인 외모와 화술을 주었기 때문이다. 뒤루아의 별명이 '벨아미', 그러니까 '아름다운 애인'인 것도 이런 이유에서다. 어느 여자가 뒤루아의 매력에 빠지지 않을 수 있겠는가? 시골뜨기에 불과했던 뒤루아가 능력 있는 미모의 기자 마들렌과 결혼한 것도, 심지어 왈테르의 부인이자 쉬잔의 어머니인 비르지니마저 자신의 정부로 만들 수 있었던 것도, 모두 그의 잘생긴 외모 덕이었다. 모파상의 소설『벨아미』는 19세기 최고의 도시 파리에서 외모지상주의에 빠진 여성들과 성공에만 눈이 먼 남성들이 펼치는 화려하지만 덧없는 군무를 묘사한 작품이다. 여기서 순수한 사랑이란 인간사를 이해하지 못한 철없는 사람들이나 추구하는 것으로 전락하게 된다.

　뒤루아가 여성들의 지위와 신분을 이용하려는 것이나, 뒤루아에게 매혹된 여성들이 그와 팔짱을 끼고 산보나 파티에 참여하고 싶었던 것도 모두 사랑이라는 순수한 감정과는 무관한 욕망, 즉 야심 때문이었다. 이런 명예욕은 둘 이외에 제3자를 전제하고 있는, 다시 말해 타인이 나에게 부러워하는 시선을 보내 주기를 바라는 사회적인 감정이다. 그러니까 잘생긴 남자나 높은 지위를 가진 여자를 소유하려는 욕망의 이면에는 희소성을 추구하는 사회학적 원리가 이미 작동하고 있는 셈이다. 다시 말해 잘생긴 남자를 애인으로 두는 순간 다른 여성들의 시샘을, 또한 높은 지위를 가진 여자를 애인으로 두는 순간 다른 남자들의 부러움을 받을 수 있다는 것이다. 그렇다면 순수한 사랑, 그러니까 일체의 야심이 개입되지 않은 사랑이란 과연 존재할까? 스피노자라면, 그것이 가능하긴 하지만 너무나 힘들고 그만큼 희소한 감정이라고 말할지도 모르겠다. 어쨌든 스피노자에게 사랑은 분명 우리가 가질 수 있는 정서 중 하나이기 때문이다.

> 야심(ambitio)이란 모든 감정을 키우며 강화하는 욕망이다. 그러므로 이 정서는 거의 정복될 수 없다. 왜냐하면 인간이 어떤 욕망에 묶여 있는 동안에는 필연적으로 야심에 동시에 묶이기 때문이다. 키케로는 이렇게 말했다. "가장 고상한 사람들도 명예욕에 지배된다. 특히 철학자들까지도 명예를 경멸해야 한다고 쓴 책에 자신의 이름을 써 넣는다."
> ── 스피노자, 『에티카』에서

스피노자의 말대로 야심은 모든 감정을 키우며 강화하는 욕망이다. 자신의 정의가 이해되기 어려울 수 있다는 자각에서일까, 스피노자는 이어서 키케로가 말한 '명예욕'을 언급하면서 야심에 대해 부연 설명을 해 준다. 그러니까 야심이란 둘 사이의 관계 혹은 나와 사물이나 사건 사이의 관계에서 발생하는 자연스러운 감정이나 욕망과는 다른 것이다. 이 양자의 관계 바깥에 있는 제3자로부터 관심과 존경을 받으려는 것이 바로 야심이기 때문이다. 예를 들어 어떤 여자가 어떤 남자와 사랑에 빠졌는데 동료들이 어떻게 그 남자를 만나게 되었냐며 관심을 보이거나 혹은 "그 남자 정말 멋지던데!"라고 말해 줄 때가 있다. 이런 찬탄과 부러움의 대상이 될 때, 그 남자에 대한 그녀의 사랑은 더 커지고 강화될 수 있다. 이것이 바로 야심이다. 스피노자의 말대로 야심은 사랑만이 아니라 모든 감정이나 욕망에도 그대로 작동하고 있다.

문제는 이런 야심이 때로는 원래 들었던 감정이나 욕망을 압도할 수 있다는 데 있다. 그냥 그 남자를 만나서 사랑의 감정이 싹텄지만, 어느 사이엔가 멋진 커플이라는 평가를 받으려는 야심이 조금씩 사랑의 감정을 잠식할 수 있다. 그래서 자기도 모르게 남자친구의 옷차림이나 연봉에 시시콜콜 참견하는 것이다. 자신을 만난 뒤 남자친구가 더 훌륭해져야, 좋은 여자친구를 두었다는 평가를 들을 테니까. 심지어 남자친구가 보내 준 사적인 편지마저 동료들에게 자랑 삼아 공개할 수도 있다. 자신이 얼마나 멋진 남자에게서 사랑을 받고 있는지 과시하기 위해서다. 이러는 사이에 조금씩 조금씩 사랑이라는 사적인 감정, 두 사람만이 공유하는 여린 감정은 숨 쉴 공간을 찾지 못하고 질식해 간다. 그리고 마침내 상대방은 내 삶을 과시하는 일종의 장식품처럼 전락하고 말 것이다.

"인간이 어떤 욕망에 묶여 있는 동안에는 필연적으로 야심에 동시에 묶일 수밖에 없다." 스피노자의 이 씁쓸한 당부를 읽는 순간, 우리는 서글퍼지지 않을 수 없다. 아, 사랑에도 이미 야심은 그림자처럼 따라다니고 있구나! 그래서일까? 사랑에 빠지는 순간, 우리는 사랑의 행복을 의식적이든 무의식적이든 주변 사람들에게 알리고자 한다. 이것이 우리의 남루한 자화상 아닐까? 자신의 행복을 알려 모든 사람들로부터 주목받고 싶기 때문이다. 사실 대부분 사람들은 항상 행복한 상태에 있지 않으니, 행복한 사람은 그만큼 주목받기에 충분하다. 이 순간 우리는 사랑하는 사람보다는 오히려 제3자들을 더 의식하고 있는 것이 된다. 어떻게 이런 상태를 사랑이라고 할 수 있겠는가.

외모를 미끼로 여성을 유혹하여 그녀의 지위를 발판으로 출세하려는 뒤루아, 그리고 잘생긴 외모를 가진 남자를 얻어 자신의 행복을 과시하려는 여성들. 『벨아미』에 등장하는 모든 군상들은 기본적으로 야심의 화신들이다. 물론 이런 다양한 군상들도 처음에는 사랑의 감정에 빠져 설렜던 적이 분명 있을 것이다. 그렇지만 어느 사이엔가 야심이 그들의 사랑을 조금씩 갉아먹다가 끝내는 그것을 교살해 버리고 만 것이다. 그렇기 때문에 사랑은 아무나 감당하지 못하는 법이다. 우리는 너무 쉽게 사랑을 야심의 먹이로 만들곤 하니까. 이런 인간적인, 너무나 인간적인 모습들을 묘사하면서 모파상이 우리에게 보여 주고 싶었던 것은 무엇일까? 사랑에서조차 야심을 완전히 제거할 수는 없겠지만, 그것을 통제하면 할수록 순수한 사랑이 가능해진다는 것, 바로 그것 아닐까?

야심

사랑에도 이미 야심은 그림자처럼 따라다니고 있다. 사
랑에 빠지는 순간, 우리는 사랑의 행복을 의식적이든 무
의식적이든 주변 사람들에게 알리고자 한다. 자신의 행
복을 알려 모든 사람들로부터 주목받고 싶기 때문이다.

기 드 모파상

Guy de Maupassant

1850-1893

모파상은 프로이센–프랑스 전쟁에 참전한 경험으로 인해 전쟁을 혐오하게 되면서 소설가가 되기로 결심했다. 어머니의 어릴 적 친구였던 플로베르에게 직접 문학 지도를 받았고, 에밀 졸라의 도움으로 『비곗덩어리』를 발표하게 되었다. 모파상의 대표작 『여자의 일생』은 플로베르의 『마담 보바리』와 함께 19세기 프랑스 사실주의 문학의 걸작으로 꼽힌다.

『벨아미』(1885)의 주인공 뒤루아는 자신을 사랑하는 여자를 포함하여 모든 사람을 출세에 이용하는 야심의 화신이다. 그러나 뒤루아가 귀족 행세를 하며 승승장구할 수 있었던 배경에는 가식적이고 부패한 귀족 사회와 돈 많은 사교계 여인들의 문란한 생활, 언론과 정치가 영합하는 부패한 사회가 있었다.

가슴을 찌르는 듯한 기괴한 질투. 거기에 갑자기 마들렌에 대한 증오가 끼어들었다. 전남편을 속였다면 난들 어떻게 이 여자를 믿을 수 있겠는가! 그 뒤 차차 마음이 진정되자, 뒤루아는 고통을 누르며 생각했다. '여자란 모두 매춘부다. 이용해 먹는 거라면 상관없지만 진짜로 마음을 주어선 안 된다.' 마음속 고민이 경멸과 혐오로 말이 되어서 입술에 올라왔다. 그러나 뒤루아는 그것을 입 밖에 내지 않고, 가슴속에서만 이렇게 되풀이했다. '세상은 강한 자의 것이다. 강해져야 한다. 모든 사람들 위에 서지 않으면 안 된다!'

작가는 뒤루아를 이렇게 묘사하면서 슬픈 통찰을 보인다. "스스로는 그것을 깨닫지 못했지만 거리의 부랑자와 매우 흡사한, 이른바 사교계의 부랑자였다."

야심

야심은 유명해지고 싶은 욕망이다. 인간이라면 누구나 불특정 다수들로부터 시기와 관심, 그리고 찬양과 찬탄을 받으려고 한다. 나를 찬양하는 사람이 누구인지는 중요하지 않다. 나를 찬양하기만 하면, 우리는 쓰레기와 같은 사람도 보석으로 둔갑시킬 수 있으니까 말이다. 학창 시절을 한번 돌아보자. 다음과 같은 경험은 누구나 해보았을 것이다. 첫 강의를 듣자마자 우리는 직관적으로 교수의 강의가 보잘것없다는 것, 심지어는 강의 준비도 제대로 하지 않았다는 것을 알게 된다. 그런데 리포트를 제출하고 중간고사를 보았는데 교수가 상당히 높은 점수를 주었다고 가정하자. 그러면 얼마 지나지 않아 우리는 그 교수가 훌륭한 분이라고 생각할 것이다. 더 정확히 말하면 나를 제대로 인정해 준 사람이 이만큼 훌륭한 사람이어야만 한다는 논리가 심리적으로 작동하는 것이다. 그렇기에 야심이 강한 사람은 너무나 취약한 영혼이라고 할 수 있다. 칭찬해 주면 사족을 못 쓰는 아기와도 같다. 그러니까 강해 보여도 야심에 사로잡힌 사람은 나약하기 그지없는 존재다. 귀에 거슬리는 이야기도 듣지 않으려고 하고, 당연히 자신이 어떤 상태에 있는지 객관적으로 자각하지도 못하기 때문이다. 인생을 전쟁이라고 할 때, 이렇게 '지피지기(知彼知己)'를 못 하는 사람이 어떻게 삶이나마 제대로 보존할 수 있겠는가. 직급이 높아질수록 우리의 야심은 더 커져만 간다. 그러면 진짜 위기가 다가오는 것이다. 더 위험한 것은 야심이 커질수록 너무나 다양한 감정들, 우리의 삶을 풍성하게 만들어 주는 감정들이 모조리 고사될 수 있다는 점이다. 그래서 야심은 아카시아나무와도 같다. 너무나 생명력이 강하고 뿌리가 깊어서 주변의 다른 나무들을 모조리 파괴하는 아카시아나무 말이다. 그렇지만 아카시아 꽃향기는 어찌나 매혹적인지! 야심은, 적절히 통제해야만 한다. 그럴 때에만 우리의 마음속에 다른 수많은 감정들도 자기 결을 따라 제대로 자라날 수 있고, 그러면 우리는 그만큼 더 행복에 다가갈 수 있을 테니 말이다.

6

사랑
AMOR

자신을
머리끝에서 발끝까지
변화시킬 수 있는 힘

「동풍 서풍」,
펄 벅

"당신 뜻대로 하겠어요." 이런 마음이 들었던 적 있는가? 이런 경험이 없다면 불행히도 한 번도 사랑이라는 감정을 느낀 적이 없다고 고백해야 할 것이다. 사랑의 감정에 포로가 되는 순간 황소고집도 자신의 뜻을 꺾고는 오히려 그것을 기쁨으로 여기게 된다. 자신이 먹고 싶은 것은 카페라테인데도 상대방이 먹고 싶은 아메리카노를 함께 마실 때 오히려 더 큰 기쁨을 느끼는 것이다. 물론 그 상대방은 내가 사랑하는 사람일 때이다. 이것이 바로 사랑의 감정이 가진 신비한 힘 아닌가. 자신의 뜻보다 상대방의 뜻에 따라 사는데도 기쁨을 느낄 수 있다는 것, 이것은 오직 사랑에 빠질 때만 가능해진다. 대개의 경우 우리는 자신의 뜻이 좌절될 때 기쁨은커녕 깊은 슬픔과 좌절을 맛보기 때문이다. 자신의 뜻대로 사는 것이 주인의 삶이고, 타인의 뜻대로 사는 것이 노예의 삶이다. 어느 누가 노예의 상태에서 기쁨을 느낄 수 있겠는가 말이다.

한마디로 사랑에 빠진 사람은 자신이 소중하다고 생각하는 것, 그러니까 평소의 소신이나 가치관, 심지어 종교마저 기꺼이 내던져 버린다. 이것만큼 우리가 사랑에 빠져 있다는 것을 잘 보여 주는 증표가 또 있을까? 자발적인 노예 상태에 빠지는 것, 이것이 바로 사랑이다. 그래서 사랑보다 위대한 감정은 없다고 말하는 이들도 있다. 의지, 지성, 신념처럼 인간이 자랑스럽게 여기며 쉽게 포기하지 않는 것들도 사랑 앞에서는 전혀 힘을 쓰지 못하기 때문이다. 노예가 어떻게 자신의 의지를 주장할 수 있겠는가. 도대체 어떻게 이런 자발적인 포기가 가능할까? 스피노자의 통찰이 절실히 필요한 대목이다.

> 사랑(amor)이란 외부의 원인에 대한 생각을 수반하는 기쁨이다.
> ― 스피노자, 『에티카』에서

바로 이것이다. 사랑이란 무엇보다도 먼저 기쁨의 감정이라고 할 수 있다. 스피노자는 기쁨의 감정은 "인간이 더욱 작은 완전성에서 더욱 큰 완전성으로 이행할 때" 발생하는 감정이라고 말한다. 그러니까 무엇인가 결여되는 것이 아니라 자신이 더욱 충만해진다는 감정이 바로 기쁨이다. 기쁨이라는 감정과 사랑이라는 감정을 구분하는 가장 중요한 척도는, 사랑에는 외부 원인이 있다는 데서 찾을 수 있다. 다시 말해 사랑이라는 감정은 특정한 외부 대상을 전제로 하는 기쁨인 것이다. 구체적으로 말해 볼까. 누군가를 만나 과거보다 더 완전한 인간이 되었다는 기쁨을 느낄 때, 우리는 그와 사랑에 빠진 것이다. 우리는 자신에게 기쁨을 주는 사람을 떠날 수도 없거니와 그가 떠나는 것을 방치할 수도 없

사랑

다. 그가 떠나는 순간, 우리는 완전한 존재가 아니라 불완전한 존재로 전락하기 때문이다.

　이제야 알겠다, 사랑에 빠진 사람의 표어가 '당신 뜻대로'인 이유를 말이다. 상대방을 붙잡아 두기 위해 우리는 그가 원하는 것을 가급적 해 주려고 하는 것이다. 자신이 원하는 것을 해 주는 사람을 어떻게 떠날 수 있겠는가. 상대방의 입장에서 자신이 원하는 것을 해 주는 사람이야말로 기쁨의 대상일 테니까 말이다. 그렇다고 해서 사랑은 헌신적인 것이라고 섣부른 오해는 하지 말자. 상대방의 뜻을 존중하는 것은 상대방을 내 곁에 머물도록 하기 위함이다. 상대방이 내 곁에 있어야 행복을 느낄 수 있기 때문이다. 그러니까 '당신 뜻대로'는 일종의 유혹, 내 곁에 있으면 당신은 나라는 사람을 노예로 두고 영원히 존중받을 수 있다는 치명적인 유혹인 셈이다. 어느 누가 이런 매력적인 유혹을 거부할 수 있을까.

　펄 벅의 소설 『동풍 서풍(East Wind, West Wind)』(길산)의 주인공 퀘이란이 동양 여인으로서 자신이 가지고 있던 전통적인 신념과 아울러 그토록 소중히 여기던 전족(纏足)을 버린 이유도 다른 데 있는 것이 아니다. 그녀가 사랑하는 남편이 자신에게 원하는 것은 신여성으로 사는 아내였던 것이다. 남편은 서양 의학을 배운 계몽된 지식인이었기 때문이다. 서풍을 껴안기 위해 동풍을 버리는 결단이 어떻게 쉬운 일이겠는가. 동풍에 익숙했던 사람이 낯선 서풍을 맞으며 산다는 것은 생각만큼 녹록한 일은 아니다. 그것은 한마디로 자신을 머리끝에서부터 발끝까지 모조리 바꾸어야만 가능한 일이니까. 그래서 소설 속에서 퀘이란이 전족을 벗는 사건은 매우 상징적이다. 퀘이란도 잘 알고 있지 않은가, 어린 시절부터 줄곧 자기 발을 감싸고 있는 전족을 벗는 순간 말할 수 없는 물리적 고통으로 괴로우리라는 사실을. 그렇지만 궤이란은 이미 피부가 되어 버린 전족을 기꺼이 벗어던진다. 피부를 억지로 몸에서 떼어내는 고통을 감내하면서까지 말이다. 사랑 때문이다.

　　　신기하게도 내 외적인 아름다움은 남편의 마음을 돌릴 수 없었건만, 내 고통은 그의 마음을 움직였어요. 그는 나를 어린아이 달래듯 위로하려고 했어요. 나는 고통에 못 이겨 그가 누구인지, 그의 직업이 뭔지도 잊어버린 채 종종 그에게 매달렸어요. "궤이란, 우리는 이 고통을 함께 견뎌 낼 것이오." 남편은 이렇게 말해 주었어요. "그토록 고통스러워하는 모습을 차마 보기 힘들지만, 이건 단지 우리 둘뿐만이 아니라 다른 사람들을 위한 것이기도 하다는 걸 생각해 보오. 사악한 구습에 대항한다고 말이오." "싫어요." 나는 흐느끼며 말했어요. "나는 오직 당신을 위해 참는 거예요. 당신을 위해 신식 여성이 될 거예요." 남편은 웃음을 터뜨렸어요. 그러자 그 얼굴도 류 부인에게 이야기를 건넬 때처럼 약간 밝아졌어요. 그것이야말로 바로 내 고통에 대한 보상이었어요. 또 이후로는 이만큼 어려운 일도 없을 것 같았죠.

　　아! 그러나 궤이란의 사랑에는 어딘지 모르게 서러운 구석이 있다. 그녀는 남편의 사랑을 얻기 위해 그가 원하는 것을 기꺼이 감행하고 있지만, 남편은 단지 아내가 신여성이 되기만을 바라고 있기 때문이다. 사랑에 빠진 사람은 상대방의 존재를 마냥 갈망하게 된다. '나'와 '너'를 제외한 일체의 다른 것들은 눈에 들어

사랑에 빠진 사람은 가급적 상대가 원하는 것을 해 주
려고 노력한다. 그렇다고 해서 사랑은 헌신적인 것이라
고 섣부른 오해는 하지 말자. 그의 뜻을 존중하는 건 나
의 행복을 위해 그를 내 곁에 머물도록 하기 위함이다.
그러니까 '당신 뜻대로'는 일종의 유혹, 내 곁에 있으면
당신은 나라는 사람을 노예로 두고 영원히 존중받을 수
있다는 치명적인 유혹인 셈이다.

오지도 않으니까. 그러나 남편은 과연 퀘이란을 사랑하고 있기는 한 것일까? 이런 의문이 드는 것은, 그가 얼굴에 쌀가루를 곱게 바르고 자신을 기다리고 있는 아내에게 "제발 나를 위해 이런 식으로 얼굴에 떡칠 하지 마오. 나는 자연스러운 모습이 더 좋소."라고 냉소적으로 반응하기 때문이다. 그녀의 남편은 퀘이란 자체보다는 그녀의 외양에 더 관심을 가지고 있었던 것이다. 자신이 원하는 모습을 하고 있으면 관심을 주고 그렇지 않을 땐 무관심하다면, 이것이 어떻게 사랑하는 사람의 마음이겠는가.

그렇게 건성으로 말하고 눈길조차 주지 않던 남편이 갑자기 퀘이란에게 관심을 보이기 시작한 건, 오로지 그녀가 전족을 풀겠다고 결심했을 때부터다. 평생 "달라지고 싶다고 꿈꿔 본 적"도 없는 퀘이란이 위대한 사랑의 감정에 깊이 몸을 담그기로 결심한 반면, 남편의 관심은 여전히 퀘이란 그녀가 아니라 의학적으로 왜곡된 그녀의 발, 낡은 관습을 상징하는 그녀의 발을 향하고만 있었던 것이다. 지금 남편은 아내를 일종의 계몽의 대상으로, 다시 말해 인류애라는 감정에서만 바라보고 있는 것 아닌가? 지금 남편은 전족으로 상징되는 동풍에 아직도 젖어 있는 아내에게 측은지심을 품고 있을 뿐이다. 그래서 그는 신여성 류 부인에게 지어 보였던 똑같은 미소를 퀘이란에게도 던질 수 있었던 것이다. 마침내 자신의 뜻대로 퀘이란도 미개한 풍속을 버리고 개화의 길을 따랐으니까.

그렇지만 그녀의 남편은 알고 있을까? 진정 불행한 사람은 퀘이란보다는 바로 자신이라는 사실을. 전족을 벗는 순간 퀘이란은 자신을 송두리째 바꿀 수밖에 없는 사랑에 몸을 던지고 있지만, 그에게는 자신이 타고 있는 서풍을 버리고 동풍에 몸을 맡길 만큼 강렬한 사랑의 감정이 존재하지 않기 때문이다. 여기서 우리는 궤이란과 남편 사이에 건널 수 없는 심연이 존재한다는 것을 직감하게 된다. 그것은 비극이다. 한 사람은 제대로 사랑에 빠져 자신을 상대방이 원하는 모습으로 바꾸려고 하고, 다른 한 사람은 그저 상대방을 자기한테 걸맞는 아내인지의 여부에만 신경을 쓰고 있다. 두 사람 사이에 동풍도 아니고 서풍도 아닌 더 격렬한 폭풍우가 찾아올 수도 있다는 불길한 느낌이 드는 이유가 여기에 있다.

펄 벅
Pearl S. Buck
1892-1973

선교사 부모님을 따라 중국에서 성장했으며, 정신지체아인 큰딸로 인해 글을 쓰기 시작했다. 첫 소설 『동풍 서풍』(1930)이 예상 밖으로 성공하자 『대지』를 발표하여 퓰리처상을 탔고(작가의 큰딸이 『대지』에서 왕룽의 딸로 그려졌다.) 후속편인 『아들들』, 『분열된 일가』를 출간했다. 1938년에 "방대한 중국 농민의 삶에 대한 자전적이고 진심어린 묘사"를 인정받아 미국 여성 작가로서는 처음으로 노벨 문학상을 수상했다. 미국에 돌아온 후에는 자신의 소설들을 출간했던 제이데이 출판사 사장과 재혼하였고, 펄벅재단을 설립하고 양자녀를 아홉 명이나 두는 등 휴머니즘 사상을 실천에 옮겼다.

『동풍 서풍』은 짧지만 신구와 동서 갈등이 응축된 소설이다. 궤이란의 어머니는 "네 또래 중에 너처럼 작은 발을 가진 아이를 본 적이 없단다."라며 딸의 전족을 자랑스러워한다. 반면 아들의 약혼녀가 사서를 배웠다는 말에 "학문은 미모와 양립할 수 없는 것"이라며 걱정한다. 이 소설은 '전족'을 둘러싼 에피소드를 통해 가치관의 차이로 인한 충격을 잘 묘사하고 있다.

남편은 살짝 미소를 지으며 나를 다정하게 쳐다보았어요. 하지만 나는 의자 밑에 있는 발을 급히 끌어당겼죠. 그의 말에 충격을 받은 거예요. 전족이 아름답지 않다고? 지금까지 나는 내 작은 발에 항상 자부심을 느꼈어요. 어린 시절 내내 어머니는 직접 내 발을 더운 물에 담그고 매일같이 붕대를 점점 더 단단하게 감아 주셨지요. 내가 고통으로 눈물을 흘리면, 언젠가 내 남편이 내 발을 아름답다고 칭찬하리라는 걸 상기시켜 주시면서 말이죠.

사랑

사랑에 빠지면 두 사람은 서로를 통해 주인공이 된다. 두 사람을 제외한 모든 것들은 조연으로 물러난다는 것을 뜻한다. 그것은 가족이나 친구와 같은 사람들일 수도 있고, 아니면 종교와 정치적 신념 같은 관념들일 수도 있다. 주인공으로 살아갈 때 우리의 삶은 기쁨으로 충만할 수밖에 없고, 반대로 조연일 때 우리의 삶은 우울할 수밖에 없다. 어떻게 자신의 꿈과 의지를 관철시키지 못하는 조연의 삶이 행복할 수 있다는 말인가. 그래서 우리는 사랑에 목숨을 거는 것이다. "자유가 아니면 죽음을 달라!"라는 표어는 사랑에도 그대로 관철된다. "주인공이 아니면 죽음을 달라!" 사랑의 위기나 비극은 모두 사랑의 정의로부터 설명된다. 우선 사랑에 빠진 두 사람이 서로 동등한 주인공이 아닐 때, 사랑은 비틀거리게 된다. 여자는 남자를 남자주인공으로 만들고, 남자는 여자를 여자주인공으로 만들어야 한다. 그렇지만 어느 순간 여자는 남자를 주인공으로 만들려고 계속 노력하는데 남자는 더 이상 여자를 주인공으로 만들려는 노력을 하지 않을 수 있다. 물론 그 반대도 가능하다. 이 순간 사랑은 위태로워진다. 또 다른 위기는 두 사람 이외에 제3의 것들이 조연의 자리가 아닌 주연의 자리로 떠오를 때 발생한다. 시부모가 무대를 휘두른다든가, 남녀 중 어느 한 사람의 종교나 정치적 신념이 중심이 되는 순간, 두 사람은 자신도 모르게 조연으로 강등되고 동시에 사랑의 기쁨도 조금씩 사라지게 되는 것이다. 이 두 가지 위기를 지혜롭게 그리고 단호하게 극복할 수 있겠는가? 이것이 바로 사랑에 빠진 모든 사람들이 고민해야 할 유일한 문제일 것이다.

7

대담함
AUDACIA

나약한 사람을
용사로 만드는
비밀

「1984」
조지 오웰

당당한 사람만이 사랑을 해야 한다. 그렇지만 불행히도 비겁하고 나약한 사람이 간혹 사랑에 빠지기도 한다. 비극은 이렇게 시작한다. 예를 하나 들어 볼까. 아무도 없는 골목길에서 홀로 사나운 불량배들에게 포위되었다고 하자. 그들은 무릎을 꿇어 복종을 표시하라고 요구한다. 충분히 나약하고 비겁하다면, 한마디로 당당하지 못하다면, 우리는 쉽게 무릎을 꿇고 그 자리를 모면하려고 할 것이다. 그렇지만 이것은 홀로 있을 경우에만 해당된다. 만일 이런 난처한 사태를 겪을 때 사랑하는 사람이 함께 있다면 나약한 사람이라도 쉽게 무릎을 꿇기는 쉽지 않을 것이다. 사랑하는 사람 앞에서 불의한 타인의 명령에 복종하여 무릎을 꿇는다는 것은 사랑하는 사람을 지키기는커녕 사랑하는 사람을 불의한 타인에게 기꺼이 넘겨주겠다는 것을 의미하니까. 어떻게 노예가 주인 앞에서 자신이 가진 소중한 것의 소유권을 주장할 수 있겠는가 말이다.

간혹 사랑의 기적이 일어나는 경우도 있다. 사랑은 나약하고 비겁한 사람을 용사로 만들기도 하니까. 사랑하는 사람이 곁에 있다면 비겁한 사람이라도 사자처럼 용감하게 압도적인 상대와 싸울 수도 있다. 사랑하는 사람에게 비겁함을 보여 주느니 차라리 맞아 죽겠다는 각오를 하게 되기 때문이다. 당당한 사람만이 사랑을 해야 하지만, 사랑을 하면 당당해지는 이유가 바로 여기에 있다. 이것은 이성간의 사랑에만 국한된 일이 아니다. 무엇인가 사랑하는 것이 있는 사람이라면 누구나 홀로 있을 때는 생각하지 못했던 대담함이 자신에게서 나오는 것을 경험했을 것이다. 아이들을 지키기 위해 힘으로는 상대가 안 되는 적군들에게도 악귀처럼 달려들어 싸우는 어머니의 모습을 생각해 보라. 바로 이것이다. 사랑이 우리에게 선사하는 대담함이라는 감정에 대해 스피노자는 어떻게 생각하고 있었을까?

> 대담함(audacia)이란 동료가 맞서기 두려워하는 위험을 무릅쓰고 어떤 일을 하도록 자극되는 욕망이다.
>
> — 스피노자, 『에티카』에서

스피노자의 정의는 지나치게 평범하다. 다른 사람들이라면 맞서기 두려워하는 위험을 기꺼이 무릅쓰는 것이 대담함이라는 것을 모르는 사람이 있을까? 그렇지만 대담함을 일종의 욕망이라고 이야기하는 대목에서 우리는 스피노자의 비범함에 다시 한 번 탄복하게 된다. 스피노자에게 욕망이란 기본적으로 기쁨의 증진을 도모하는 작용이기 때문이다. 사랑만큼 살아가는 힘과 기쁨을 증폭시키는 경험이 또 있을까? 조지 오웰이 『1984』(민음사)라는 소설에서 모색했던 것도 바로 사랑의 파괴력, 그러니까 압도적인 힘 앞에서도 주눅 들지 않는 대담함이라는 감정이었다. 소설의 주인공 윈스턴 스미스는 "빅브라더는 당신을 보고 있다.(BIG BROTHER IS WATCHING YOU)"는 슬로건이 도처에 적혀 있는 전체주의 사회에서 살고 있다.

그렇지만 평범한 소시민 윈스턴은 체제에 도전하는 대담함을 키우게 된다. 무엇이 그에게 대담함의 감정을 선사했던 것일까? 바로 줄리아와의 사랑이었다. 빅브라더가 가장 꺼림칙하게 생각했던 일이 벌어진 것이다. 사랑을 하게 되면 약자도 용사가 될 수 있다는 것, 그리고 약자들도 사랑이라는 이름으로 강력하게 연대할 수 있다는 것, 아주 강고한 전체주의 체제를 만드는 데 성공한 빅브라더가 이것을 모를 리가 없다. 그래서 빅브라더는 남녀 사이의 자유로운 만남을 극히 경계했고, 그것을 방지하는 여러 가지 제도와 절차, 그리고 감시 체계를 발명했던 것이다.

하긴 한 줌도 안 되는 권력이 다수의 사람들을 지배할 수 있는 유일한 방법은 다수 사람들의 연대와 유대를 끊어 놓는 것밖에 없다. 회사 부장이 부서 직원들에게 "다 덤벼!"라고 외치는 것은 무모한 일이다. 그냥 자기 방에 한 사람씩 불러서 이간질시키는 것이 많은 직원들을 통제하는 가장 좋은 방법이기 때문이다. 그럼에도 불구하고 빅브라더는 인간에게서 사랑의 감정을 완전히 제거할 수 없다. 아무리 전체주의 사회에 살고 있을지라도, 인간은 인간이기 때문이다.

『1984』는 빅브라더가 가장 두려워했던 사랑에 빠진 두 사람의 비극적인 이야기를 담고 있다. 과연 두 사람은 압도적인 권력 앞에서 자신들의 사랑을 지킬 수 있을까? 하지만 그들은 자신한다. 자신들을 힘으로 굴복시킬 수는 있어도 자기들의 내면에서 자라난 사랑까지 제거할 수는 없을 거라고. 만일 빅브라더의 하수인들이 자신들을 죽일지라도 자기들의 사랑을 없애지는 못할 거라고. 그래서 두 사람 사이의 다음 대화는 너무나 비장하기만 하다.

"나는 자백을 말하려는 게 아니야. 자백은 배신이 아니지. 자백을 하든 안 하든 그런 건 중요하지 않아. 중요한 건 감정이야. 예컨대 그들 때문에 내가 당신을 사랑하지 않게 된다면, 그게 진짜 배신이란 얘기지."

줄리아는 그의 말에 곰곰이 생각하는 표정을 지었다.

"그렇게 할 수 없을걸요." 줄리아가 단호하게 말했다. "그들이 할 수 없는 일이 한 가지 있어요. 그들은 당신이 무엇이든 말하게끔 할 수는 있지만 믿게는 할 수 없어요. 당신의 속마음까지 지배할 수는 없으니까요."

"그래, 당신 말이 맞아. 사람의 속마음까지 지배할 수는 없지. 만약 인간으로서 살아가는 게 가치 있는 일이라고 확신할 수 있다면, 비록 대단한 성과를 얻지는 못하더라도 그들을 패배시키는 셈은 되는 거야."

줄리아나 윈스턴은 언젠가 자신들이 빅브라더의 감시망에 걸려 온갖 고초를 겪으리라는 걸 예감하고 있다. 그렇지만 두 사람은 당당하기만 하다. 둘 중 누군가 먼저 잡혀서 상대방을 고발

할지도 모른다. 혹독한 고문에 견딜 수 있는 사람은 흔치 않다. 그렇지만 이 둘은 자신한다. 그럼에도 불구하고 둘이 공유했던 사랑만큼은 빅브라더도 어쩌지 못하리라는 사실을 말이다. 아니나 다를까, 두 사람은 얼마 지나지 않아 모두 빅브라더의 하수인들에게 잡히고 만다. 그리고 서로 격리된 채 온갖 고문을 당하지만, 그들은 살아 있을 수 있었다. 왜냐고? 그들은 서로에 대한 사랑을 버리지 않기 때문이다. 결국 빅브라더의 하수인들이 선택할 수 있는 것은 그들에게 서로에 대한 사랑의 감정을 제거하는 일이었다. 그러지 않고는 그들을 진정으로 굴복시킬 수 없을 테니까 말이다.

불행히도 소설 『1984』는 비극적으로 끝난다. 윈스턴이 줄리아에 대한 사랑을 포기하고 빅브라더에 대한 존경을 회복하기 때문이다. 그는 사랑을 배신하고 전체주의에 완전히 투항한 것이다. 한마디로 그는 주인임을 포기하고 노예가 되어 버린 것이다. 그래서 소설의 마지막 구절은 극적이기까지 하다. "모든 것은 잘되었다. 투쟁은 끝이 났다. 그는 자신과의 투쟁에서 승리했다. 그는 빅브라더를 사랑했다." 이렇게 줄리아에 대한 사랑을 배신하는 순간, 빅브라더의 하수인이 쏜 총알은 회심의 불빛을 빛내며 윈스턴의 머리를 관통한다. 빅브라더는 기다렸던 것이다. 아직 사랑을 품고 있는 윈스턴을 죽이는 일은 자신들의 절대 권력에 비하면 너무 하찮은 일이었다. 정말로 아이의 손을 비트는 일처럼 쉬운 일이다. 그렇지만 이런 식으로 윈스턴을 죽인다는 것은 자신의 권력이 미치지 못하는 영역이 있다는 것을 빅브라더 스스로 인정하는 꼴이 된다. 그러니까 기다렸던 것이다. 윈스턴이 스스로 사랑을 배신하고 교살할 때까지.

빅브라더에게 완전히 투항했는데도 윈스턴을 죽여야 하느냐고 투정부리지는 말자. 어차피 사랑을 배신한 바로 그 순간, 윈스턴은 죽은 것에 다름없으니까 말이다. 그러니 진정한 비극은 그의 머리에 발사된 총알에 있었던 것이 아니라 줄리아를 배신하고 "빅브라더를 사랑한다."고 인정하는 그의 체념에 있었다고 할 수 있다. 그렇다, 사랑이 죽으면 대담함이라는 감정, 온갖 불의와 억압에도 당당할 수 있었던 가장 인간적인 감정도 맥없이 사라지기 마련이다. 이것이 바로 『1984』에서 작가가 우리에게 말하고자 했던 것 아닌가. 사랑을 지켜라, 그러지 못하면 인간의 모든 고귀한 가치들, 그리고 인간으로서의 자긍심도 무기력해질 테니까.

대담함을 욕망이라고 말하는 대목에서 스피노자의 비
범함을 발견하게 된다. 욕망이란 기본적으로 기쁨의 증
진을 도모하는 작용이기 때문이다. 사랑만큼 살아갈 힘
과 기쁨을 증폭시키는 경험이 또 있을까? 조지 오웰이
『1984』에서 모색했던 것도 바로 사랑의 파괴력, 그러
니까 압도적인 힘 앞에서 주눅 들지 않는 대담함이라는
감정이었다.

조지 오웰
George Orwell
1903-1950

조지 오웰은 영국의 경찰 간부로서 식민지 버마(미얀마)에서 근무했지만 "고약한 양심의 가책"을 느껴 사직하고는 파리와 런던의 하층민 세계에 뛰어들었다. 또 스페인 내전 때는 공화국 민병대 소속으로 참전하여 자전적 소설 『카탈로니아 찬가』를 펴냈다. 고도의 정보사회의 위험성을 경고한 『1984』(제목은 집필 연도 1948에서 끝 두 자리를 뒤바꿔 1984로 지은 것이다.)는 절대 권력과 인간성 말살의 관계를 성찰한 무거운 정치소설이지만, 명료한 주제의식으로 독자들에게 쉽게 다가선다.

윈스턴과는 달리 줄리아는 당이 성적 순결을 강조하는 이유를 나름대로 파악하고 있었다. 그녀의 말에 의하면 성 본능은 당의 통제를 벗어나 그 자체의 세계를 구축하므로 당은 무슨 수를 써서든 그것을 파괴하려 한다는 것이었다. 그리고 더욱 중요한 것은 성욕을 박탈하면 히스테리를 유발하기 때문에 당의 입장에서는 이를 전투열과 지도자 숭배로 전환시키는 것이 바람직하다고 했다. "섹스를 하면 힘이 빠지고, 그 다음엔 행복감에 젖어서 무엇에게든 욕을 하거나 저주하고 싶은 마음이 들지 않게 되는데, 그들은 그런 상태를 용납할 수 없다는 거예요. 그들은 사람들이 언제나 정력으로 똘똘 뭉쳐 있기를 원해요. 행진을 하고, 함성을 지르고, 깃발을 흔드는 것들은 모두 섹스의 변종일 뿐이에요. 행복감을 느끼면 뭣 하러 '빅브라더'나 '3개년 계획'이나 '2분 증오'나 그 밖의 썩어빠진 의식들에 그처럼 열을 올리겠어요?"

펑크 패션의 여왕 비비언 웨스트우드도 조지 오웰의 애독자다. "『1984』 같은 소설을 읽다 보면 과거 사람들이 사물을 보는 방식들을 연구하게 되고, 그러면 지금 내가 살고 있는 세계를 이해하기가 훨씬 쉬워진다."

철학자의
어드바이스

대담한 사람은 용기가 있는 사람이기도 하다. 그렇지만 용기라는 것이 실체로 존재하는 것은 아니다. "너는 정말 용기가 있어." 이런 표현 때문에 누군가의 내면에 용기라는 것이 마치 실체처럼 있다는 착각이 벌어진다. 번지점프대에 올라갔다고 하자. 쉽게 점프대 난간에서 한 걸음 떼는 사람은 별로 없을 것이다. 바로 이 지점이 중요하다. 이런 번지점프대와 같은 위기 상황, 그러니까 그 점프대 제일 끝에 서 있을 때, 결단의 순간이 찾아온다. 앞으로 한 걸음 내딛어 창공에 몸을 던질 수도 있고, 뒤로 한 걸음 빼서 안전함을 도모할 수도 있다. 대담하게 몸을 창공에 던지는 경우 우리는 '용기'나 '대담성'을 가진 사람이라고 이야기하고. 그러지 못하고 뒤로 물러날 때 '비겁'이나 '우유부단함'을 가진 사람이라고들 말한다. 그러나 용기가 있어서 뛰어내린 것이 아니라 뛰어내리는 것 자체가 용기일 뿐이고, 비겁해서 뒤로 물러난 것이 아니라 물러난 것 자체가 바로 비겁일 뿐이다. 그러니까 이렇게 말해도 좋을 것 같다. 위기 상황에서 그는 번지점프를 하는 것처럼 몸을 던졌다면, 지금까지 그는 용기가 있었다고 할 수 있다. 그렇지만 새로운 위기 상황, 바로 지금 이 순간에 과감하지 못하다면, 과거의 용기란 아무런 의미도 없는 것이다. 바로 이 점이 중요하다. 용기와 비겁은 불변하는 성격과도 같은 것이 아니다. 그러니까 나는 원래 비겁하거나 원래 대담하다는 것은 있을 수 없다. 오직 위기를 감내하려고 할 때에만 용기와 대담함은 빛을 발하기 때문이다. 그러니 아무도 모를 일이다. 내가 번지점프대에 서는 것과 같은 위기 상황에서 앞으로 발을 내딛을지, 뒤로 물러날지 말이다. 분명한 것은 사랑하는 사람이 있다면 앞으로 발을 내딛을 가능성이 더 커진다는 사실뿐이다.

8

탐욕
AVARITIA

사랑마저
집어삼키는
괴물

『위대한 개츠비』,
F. 스콧 피츠제럴드

"금? 귀중하고 반짝거리는 순금? 아니, 신들이여! 헛되이 내가 그 것을 기원하는 것은 아니라네. 이만큼만 있으면, 검은 것을 희게, 추한 것을 아름답게 만든다네. 나쁜 것을 좋게, 늙은 것을 젊게, 비천한 것을 고귀하게 만든다네. (……) 문둥병을 사랑스러워 보이게도 하고, 도둑을 영광스러운 자리에도 앉힌다네. 그리고 원로원 회의에서 도둑에게 작위와 궤배와 권세까지 부여한다네. 이것은 늙어 빠진 과부에게 청혼자를 데리고 온다네. 양로원에서 상처로 인해 심하게 곪고 있던 그 과부가, 매스꺼움을 떨쳐 버리고, 향수를 뒤집어쓰고 젊어져 오월의 청춘이 되어 청혼한 남자에게 간다네."

셰익스피어의 『아테네의 티몬』에서 4막 3장에 등장하는 대목이다. 산업자본주의가 발달하기 이전에도 인간은 돈에 집요하게 집착하고 있었나 보다. 그러니까 돈에 대한 탐욕은 19세기 산업혁명 이후 우리 삶을 지배하게 된 자본주의 시대에만 국한되는 건 아니었다.

셰익스피어의 탄식처럼 부유함은 모든 것을 좋고, 젊고, 고
귀하고, 심지어 사랑스럽게 만들 수 있는 마력을 가지고 있다. 그
렇지만 그의 탄식 이면에는, 그래도 검은 것은 검은 것이고 나쁜
것은 나쁜 것이며 추한 것은 추한 것이라는 역설, 반대로 흰 것은
흰 것이고 좋은 것은 좋은 것이며 아름다운 것은 아름다운 것이라
는 낭만주의적 확신이 깔려 있다. 그렇지만 19세기 이후 산업자본
주의 시대가 본격적으로 열리면서 인간은 그나마 그때까지는 비
록 명목상으로라도 유지했던 낭만적인 외투마저 과감히 벗어 버
리게 된다. 이제 돈으로 매매할 수 없는 것들은 고귀한 가치를 가
진 것이 아니라 가치가 없는 것으로 전락하게 되었다. 돈으로 거
의 모든 것을 구매할 수 있게 되면서, 동시에 탐욕은 인간의 욕망
중 가장 지고한 권좌에 오르게 된 것이다. 그렇다면 감정의 철학
자 스피노자는 탐욕을 어떻게 이해하고 있었을까 궁금해진다.

탐욕(avaritia)이란 부에 대한 무절제한 욕망이자 사랑이다.
— 스피노자, 『에티카』에서

스피노자의 말처럼 '무절제하게' 부를 욕망하고 사랑하는
것이 바로 탐욕이라는 감정의 실체다. 그러니까 탐욕에는 중용이
있을 수가 없다. 탐욕의 상태는 목이 말라서 바닷물을 마신 상태
에 비유할 수 있기 때문이다. 바닷물을 마시면 잠시 동안 갈증은
해소된다. 그렇지만 얼마 지나지 않아 과거보다 더 강한 갈증이
찾아오게 된다. 불교에서는 '갈애(渴愛)'라는 말이 있다. '목이 마

탐욕

르는 애착'이라는 뜻이다. 마실수록 더 마시게 되는, 밑도 끝도 없이 치명적으로 중독적인 욕망이 바로 갈애이자 탐욕인 셈이다. 이제 충분히 돈을 벌었으니 지금부터는 삶을 영위하도록 하자. 바로 이런 절제력이 탐욕에서는 거의 불가능하다. 법적으로나 사회적으로나 최저생계비는 정해질 수 있지만, 최대생계비는 정할 수 없다는 것, 이것만큼 자본주의 시대에 사는 사람들의 욕망을 규정하는 것도 없을 것이다.

연봉이 3000만 원인 사람은 5000만 원으로 오르기를 원한다. 소원이 이루어졌을 때, 그는 이것으로 만족할까? 아니다. 그는 1억 원의 연봉을 원하게 된다. 돈은 죽은 뒤의 천국과도 같은 막연한 행복을 약속하는 것이 아니다. 살아 있는 바로 이 순간, 돈은 우리에게 지상의 쾌락을 약속하기 때문이다. 일확천금의 돈이 갑자기 들어왔을 때, 행복에 대한 우리의 상상력은 극도로 커지게 된다. "크루즈 여행을 가야지. 그리고 람보르기니를 살 거야. 음, 그리고 애인도 바꿔야 하지 않을까. 그 애는 이 돈에 어울리지 않아. 어쩌면 내 돈을 함께 쓰려고 덤벼들 거야." 얼마나 행복한 현실인가. 그래서 이렇게 말해도 좋을 것 같다, 3000만 원어치의 꿈도 있고 1억 원어치의 꿈도 있다고 말이다. 그러니 100억 원의 꿈을 꿀 수 있는 사람은 얼마나 행복하겠는가. 지금 눈에 보이는 것뿐만 아니라 미래의 집, 미래의 음식, 그리고 미래의 연인을 모두 돈으로 살 수 있다고 믿고 있는데, 어떻게 우리가 돈에 대한 탐욕에서 쉽게 벗어날 수 있겠는가 말이다. 끝내 그 무절제함으로 인해 탐욕은 우리의 삶을 파괴하고 말 것이다.

20세기 위대한 작가 F. 스콧 피츠제럴드가 『위대한 개츠비

(The Great Gatsby)』(민음사)에서 포착하고자 했던 것도 바로 이것 아니겠는가.

　　개츠비가 딱딱하게 굳은 표정으로 나를 돌아보았다. "이 집에서는 아무 말도 할 수 없어요, 형씨."
　　"데이지의 목소리에는 신중함이 없어요. 그 애의 목소리에는 뭔가 가득……." 나는 머뭇거렸다.
　　"데이지의 목소리는 돈으로 가득 차 있어요." 갑자기 개츠비가 말했다.
　　바로 그것이었다. 전에는 그걸 미처 깨닫지 못했던 것이다. 데이지의 목소리는 돈으로 가득 차 있었다. 그 안에서 높아졌다 낮아졌다 하는 끝없는 매력, 그 딸랑거리는 소리, 그 심벌즈 같은 노랫소리…… 하얀 궁전 속 저 높은 곳에 공주님이, 그 황금의 아가씨가……."

　　지금 방금 우리는 『위대한 개츠비』에서 탐욕과 관련하여 셰익스피어의 대사와 함께 영원히 기억될 만큼 가장 인상적인 구절을 읽었다. 표면적으로 소설의 줄거리는 사랑과 결혼을 둘러싼 진부한 멜로드라마처럼 진행되고 있다. 그렇지만 이 소설에서 부와 관련된 인간의 탐욕을 파악하지 못한다면, 우리는 피츠제럴드의 소설을 읽어도 읽었다고 할 수 없을 것이다. 『위대한 개츠비』의 주인공은 네 명으로 압축된다. '닉'이라고 불리는 소설의 화자 '나', 5년 동안 엄청난 부를 축적하고 옛 여인을 찾아온 개츠비, 개츠비의 옛 애인이자 지금은 남편을 가진 아직도 매혹적인 여인

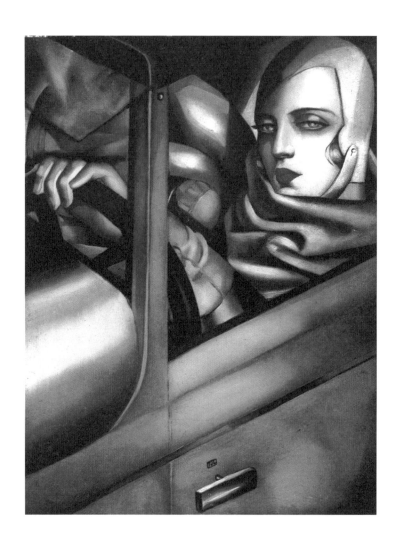

결국 개츠비의 사랑도 탐욕에서 출발했던 셈이다. 그러
니 진정으로 위대한 것은 개츠비, 데이지, 그리고 톰을
가로지르고 있는 '탐욕' 그 자체가 아니었을까.

데이지, 그리고 마지막으로 엄청난 재산을 무기로 데이지의 남편으로 낙점받는 데 성공한 톰. 그런데 개츠비가 다시 등장하면서 데이지의 마음은 톰과 개츠비 사이에서 갈등하고 고민하게 된다.

사실 데이지에게 톰이나 개츠비는 모두 꼭두각시에 불과하다. 누가 더 많은 돈을 가지고 있느냐에 따라 배역의 중요성이 결정되는 꼭두각시 말이다. 현재 자신의 남편 '톰'도 그래서 매력적인 사람이다. 과거의 가난을 떨쳐 버리고 엄청난 부자가 된 개츠비가 돌아오기 전까지는 말이다. 심지어 데이지는 톰과의 결별까지 심각하게 고민할 정도였다. 하긴 톰을 통해서, 아니 정확히 말해 톰의 돈을 통해서 꿈꿀 수 있는 것보다 개츠비를 통해 꿈꿀 수 있는 설레는 미래의 삶이 훨씬 더 매력적이었을 테니까. 그렇게 데이지라는 '황금의 아가씨'는 개츠비의 돈으로 새로운 꿈을 꾸면서 행복해한다. "높아졌다 낮아졌다 하는 끝없는 매력, 그 딸랑거리는 소리, 그 심벌즈 같은 노랫소리"는 데이지의 마음이자 동시에 그녀를 사로잡고 있는 돈의 노래이기도 하다.

소설 전편을 통해 톰과 개츠비 사이에서 왔다 갔다 하는 데이지의 고뇌는 만족을 모르는 그녀 자신의 탐욕을 개츠비가 충족시켜 줄 수 있으리라 생각했기 때문에 발생한 것이다. 사랑의 고뇌 이면에는 탐욕의 고뇌가 똬리를 틀고 있었던 것이다. 데이지의 마음이 흔들리고 있을 때 이것을 눈치 챈 톰은 개츠비의 재산 형성 과정이 불법적이어서 그의 부유함은 언제 무너질지 모르는 사상누각과도 같다고 폭로한다. 그래서 바로 이 순간이 데이지가 개츠비가 아니라 다시 톰을 선택하는 결정적인 계기가 된다. 참으로 흥미롭기 그지없다. 개츠비가 데이지의 탐욕을 간파했던 것처럼,

톰도 아내의 본성을 정확히 간파하고 있었으니 말이다.

　그런데 실은, 5년 전 가난한 장교 신분으로 개츠비가 데이지를 사랑했던 것도 바로 그녀의 부유함이 뿜어내는 환상 때문이었다는 점을 놓쳐서는 안 된다. 당시 개츠비는 데이지를 얻으면 그녀의 부유함이 가져다주는 달콤한 결실을 모두 가질 수 있으리라 생각했던 것이다.

　　데이지는 그가 난생처음으로 알게 된 '우아한' 여자였다. 그는 온갖 숨겨진 능력을 발휘해 그런 부류의 사람들과 만나긴 했지만 그들과의 사이에는 언제나 눈에 보이지 않는 가시철조망이 가로놓여 있었다. 그는 그녀가 몹시도 탐났다.

　결국 개츠비의 사랑도 탐욕에서 출발했던 셈이다. 그러니 사실 위대했던 것은 개츠비가 아닐 수 있다. 진정으로 위대한 것은 개츠비, 데이지, 그리고 톰을 가로지르고 있는 '탐욕' 그 자체가 아니었을까. 그래서 소설의 진정한 주인공은 이 세 사람이 아니라 '돈'이었던 것이다.

F. 스콧 피츠제럴드
F. Scott Fitzgerald
1896-1940

피츠제럴드의 소설들에는 화려한 사교계에 대한 동경과 '젤더'를 곁에 두기 위해 돈을 벌어야 한다는 강박관념 속에 살았던 작가 자신의 이야기가 녹아 있다. 『낙원의 이쪽』과 『위대한 개츠비』(1925)의 성공으로 부와 인기를 얻은 피츠제럴드는, 주제가 너무 한정된 게 아니냐는 질문에 이렇게 대답했다고 한다. "맙소사, 그럼 돈 말고 또 다른 주제가 있을 수 있단 말인가?"

그렇게 아름다운 집에 들어가 보기는 처음이었다. 그러나 그 집에서 숨 막힐 정도로 강렬한 분위기를 느낀 것은 바로 데이지가 그 집에 살고 있다는 사실 때문이었다. (……) 그 집 주위에는 무르익은 신비스러움이 감돌고 있었다. 위층에는 어떤 침실보다도 아름답고 서늘한 침실이 있을 것만 같았고, 복도마다 화려하고 신바람 나는 일들이 일어나고 있을 것만 같았으며, 라벤더 속에 처박아 놓은 곰팡내 나는 로맨스가 아니라 금년에 출시된 번쩍거리는 최신형 자동차처럼 신선하고 생기 넘치는 로맨스가 있을 것만 같았고, 시들지 않는 꽃처럼 무도회가 열릴 것만 같았다. 지금까지 이미 많은 사내들이 데이지를 사랑했다는 사실 또한 그의 가슴을 더욱 설레게 했다. 그럴수록 그의 눈에는 그녀가 더욱 가치 있어 보였다.

『위대한 개츠비』의 화자 닉은 이러한 '동경'의 순수성을 깨닫는다. 톰과 데이지가 겉모습과는 달리 실은 타락한 인간들인 반면, 수상한 방법으로 부자가 되긴 했어도 개츠비의 꿈만은 오히려 순수했다는 것을. "그래, 결국 개츠비는 옳았다. 내가 잠시나마 인간의 속절없는 슬픔과 숨 가쁜 환희에 흥미를 잃어버렸던 것은 개츠비를 희생물로 삼은 것들, 개츠비의 꿈이 지나간 자리에 떠도는 더러운 먼지들 때문이었다." 그러나 할리우드 시나리오 작업이 연이어 실패하고 젤더마저 병에 걸리자 절망에 빠진 피츠제럴드는 술을 끊지 못하고 마흔네 살에 심장마비로 생을 마감했다.

돈에 대한 갈망은 집요한 것이다. 더군다나 자본주의 사회는 돈이 없으면 아무것도 할 수 없는 사회체제 아닌가. 이제 돈은 원하는 것을 구하기 위한 단순한 결제 수단이 아니라 절대적인 수단이 된 것이다. 절대적인 수단은 동시에 절대적인 목적이기도 하다. 돈 없이는 아무것도 할 수 없다면, 이미 돈은 하나의 숭고한 목적으로 승격될 수밖에 없다. 그러니 우리가 어떻게 돈을 갈망하지 않을 수 있겠는가. 사실 돌아보면 우리가 대학교와 전공을 정하는 것도, 취업에 혈안이 되어 있는 것도 모두 궁극적으로는 돈을 벌기 위한 것 아닌가. 돈만 있으면 여행도, 물건도, 행복도, 사랑도, 심지어는 애인마저도 쉽게 구할 수 있을 것만 같다. 그렇기에 레스토랑의 지배인이, 친구가, 애인이 내게 친절한 건 내게 돈이 있기 때문일 수도 있다. 그들도 나처럼 돈을 신처럼 숭배한다면 말이다. 결국 돈이 없다면 친구든 애인이든 모두 나의 곁을 언제든지 떠날 수 있다. 이것을 피하기 위해 우리는 돈을 모으고 또 모은다. 아이러니하게도 관심과 애정을 받기 위해 돈을 벌려고 했지만, 돈에 대한 갈망이 커질수록 우리는 인간과 인간이 만나는 직접적인 관계에서 멀어질 수밖에 없다. 마치 신에게 헌신하느라 가족과 이웃은 돌아보지도 않는 어느 우매한 아주머니처럼 말이다. 이런 딜레마, 돈에 대한 갈망에서 빠져나올 방법은 있을까? 그것은 나름대로 최적생계비를 생각하며 돈을 버는 것이다. 돈을 목적의 자리가 아니라 원래 자리, 그러니까 수단의 자리로 만들려면 이 방법밖에 없다. 돈은 여행을 가려고, 맛난 음식을 먹으려고, 혹은 멋진 옷을 사기 위한 수단이다. 그리고 돈은 또한 사랑하는 사람들 사이의 관계를 부드럽게 해주는 윤활유다. 바로 이것이다. 돈에 대한 갈망에서 벗어나는 유일한 방법은 있다. 최적생계비를 계산하고, 그것을 삶에 관철하는 것이다. "됐어. 이 정도면 됐어. 이제 삶과 사랑을 향유해야지." 갈망에서 자유로워지는 첫걸음은 이렇게 내딛는 것이다.

9

반감
AVERSIO

아픈 상처가
만들어 낸
세상에 대한
저주

『풀잎은 노래한다』,
도리스 레싱

아내를, 심지어 자신이 낳은 아이에게 폭력을 행사하는 남자가 있다. 물론 사랑하는, 혹은 보호해야 하는 여린 그들에게 폭력을 행사하기 위해서는 술의 힘을 빌려야만 한다. 어떻게 멀쩡한 정신으로 자신의 가족들에게 폭력을 행사할 수 있다는 말인가. 물론 이런 폭력으로 그는 자신이 받은 스트레스와 분노를 해소하는 데 성공할 것이다. 그렇지만 그 대가로 그의 가족들은 그가 안고 있던 스트레스와 분노를 고스란히 물려받을 수밖에 없다. 대부분의 경우 폭력적인 남자는 술에서 깨어나 아내와 자식 앞에서 눈물을 보이며 연약함을 드러내곤 한다. "내가 미쳤나 봐. 미안해, 잘못했어." 이런 약한 모습 때문에 남은 가족들은 그로부터 벗어나기 힘들고, 계속 반복되는 폭력의 희생양이 될 것이다. 차라리 술을 마시든 마시지 않든 연약한 아내와 어린 자식들에게 일관적인 폭력을 행사한다면, 오히려 사정은 더 나을 수도 있다. 경제적 능력이 없어서 폭력적인 사람을 떠날 수 없다는 것은 불행한 일이지만,

아내와 자식들은 폭력을 행사하는 그 남자를 정말로 제대로 미워할 수는 있으니까 말이다.

가족 폭력의 메커니즘은 자식들에게 치명적인 트라우마, 평생 동안 해소하기 불가능한 깊은 상처를 남기게 된다. 특히 딸인 경우에는 그 트라우마가 더 심각한 흔적을 남기기 마련이다. 폭력적인 아버지의 두 얼굴이 중요하다. 술에 취해 마치 자신을 벌레라도 되는 것처럼 함부로 대했던 아버지와 술에 깨서 자책하는 가련한 아버지. 전자가 악마라면, 후자는 천사로 각인된다. 바로 이것이 딸에게는, 아무리 성숙했을지라도 집요하게 따라다니는 트라우마의 실체다. 자신을 아끼는 천사라고 받아들여도 악마가 따라오니, 그녀에게 어떻게 제대로 된 애인이 생길 수 있겠는가. 그녀에게 천사와 같은 애인은 항상 악마와 같은 폭력성을 아우라로 숨기고 있을 테니까 말이다. 어쩌면 그런 악마성 때문에 애인의 보잘것없는 친절이 천사처럼 보였던 것일 수도 있다. 그래서일까, 폭력적인 아버지를 유년시절에 겪었던 모든 딸들은 제대로 된 연애나 행복한 결혼 생활에 성공하기 어려운 법이다.

어린 시절의 트라우마는 떨쳐내기 힘든 유령처럼 혹은 자신이 죽어야 끝나는 환각처럼 우리를 끈질기게 따라다닌다. 마침내 우리가 죽어야, 트라우마와 그 영향력은 비로소 안식에 들게 될 것이다. 도리스 레싱의 소설 『풀잎은 노래한다(The Grass Is Singing)』(민음사)가 서럽게 읽히는 것도 이런 이유에서다. 남아프리카를 배경으로 하고 있는 이 소설을 통해 작가는 불우한 유년시절을 보낸 메리라는 여인이 어떻게 사랑에 실패하고 또 어떻게 파괴되어 가는지 서글프게 묘사하고 있으니까. 메리의 아버지는

"아무리 하찮은 말단 관직의 관리라 할지라도 '선생님'이라고 부르면서 깍듯이 받들어 모셨고, 자기보다 낮은 신분의 흑인 원주민들에게는 고래고래 고함을 질러 댔다. 자신은 기관차에서 펌프질하는 신분이면서도 말이다." 주목해야 할 것은 메리의 아버지가 가족들에게 가한 폭력은 가장으로서의 무기력과 가난에서 비롯되었다는 점이다.

가난 때문인지, 아니면 피해의식 때문인지, 메리의 아버지는 강자에게는 한없이 비굴하고 약자에게는 한없이 폭력적인 사람이었다. 이 두 가지 측면은 나약하고 소시민적인 사람에게서 흔히 볼 수 있는 특징이다. 강자에게 당하는 억압을 눌러 두었다가 약자에게 해소하는 정신적 메커니즘이 바로 나약한 인간의 특징이니까 말이다. 자전적 경험을 토대로 쓴 소설이기에 작가는 아버지의 폭력성보다는 아버지의 소시민성을 강조하고 있다. 그렇지만 이것은 이제 지적으로 상황을 분석하게 된 지성인의 사후적 해석일 뿐이다. 소시민적인 아버지가 어떻게 메리나 그녀의 어머니에게 폭력적이지 않을 수 있었겠는가. 그에게는 약한 아내와 딸은 함부로 대해도 되는 존재로 느껴졌을 테니까 말이다. 그나마 다행스러웠던 점은 아버지의 폭력이 물리적이지는 않았다는 것 정도였다.

메리가 10대 후반에 가족을 떠나서 홀로 도시 생활을 시작하게 된 것도 아버지의 무기력과 소시민성이 싫어서였고, 자신도 어머니처럼 그런 아버지의 무기력과 가난에 순응하는 삶을 살까 봐 두려워서였다. 이미 가장 가까운 가족에게서조차 사랑받지 못하고 자란 그녀가 선택한 것은 타자, 속기, 그리고 부기에 집중하는 삶이었다. 결혼은 언감생심이었다. 메리는 부모의 결혼 생활을 통해 이미 가정을 꾸린다는 것에 대해 환멸을 느끼고 있었기 때문이다. 아버지와 어머니와 관련된 자신의 상처를 완전히 극복하지 못한다면, 결혼해서도 그녀는 행복할 리 없다. 그런데 주변 사람들은 서른 살이 넘도록 애인 하나 없는 노처녀 메리에게 앞에서는 친절했지만, 뒤에서는 험담을 하기 시작했다. 이런 헐뜯는 말들에 더 이상 상처받지 않기 위해 메리는 변변찮은 농장을 운영하고 있는 리처드와 결혼하여 그의 농장의 안주인으로 들어간다. 애정 결핍을 겪고 있었기에 메리는 남의 험담을 견디지 못하고 너무나 성급하게 결혼을 결정한 것이다.

리처드는 자신이 지금까지 살아온 이야기를 계속해서 들려주었다. 그리고 이야기를 듣는 동안, 메리는 자신이 보기에는 가슴 아프고 쓰라리게 여겨지는 경험들을 리처드 본인은 고난을 딛고 일어선 성공담처럼 스스럼없이 이야기하고 있다는 사실을 깨달았으며, 자신이 지금 앉아 있는 곳은 이 집이 아니고 자신이 함께 있는 사람은 남편이 아니라는 생각이 서서히 들기 시작했다. 메리는 자신이 옛날로 돌아가서 어머니와 함께 앉아 있으며, 어머니가 살림을 꾸려 나가기 위해 발버둥치는 모습을 지켜보고 있는 것만 같았다. 그러다가 마침내는 더 이상 참을 수가 없어서 자리를 박차고 일어섰다. 메리의 아버지가 마치 무덤 속에서 농간이라도 부려 지금 자기 딸이 옛날 그녀의 어머니처럼 비참한 생활을 하도록 손을 쓰고 있는 것과도 같은 생각이 불현듯 뇌리를 스치고 지나갔기 때문이다.

비극은 마침내 시작된 것이다. 농장에 도착한 메리는 암울한 현실을 직감했다. 메리에게 리처드는 제2의 아버지였고, 자신은 제2의 어머니로서 삶을 시작하게 되었다는 어두운 비전을 말이다. 농장 생활이 시작되자마자 메리가 리처드에게 반감을 갖게 된 것은 자연스러운 귀결이었다. 리처드의 나약함과 소시민성이 언젠가 자신의 삶에 견디기 힘든 삶의 무게와 우울함을 가져다주리라는 것을 예감했기 때문이다. 어쩌면 메리가 결혼 전에 리처드를 매력적인 사람으로 본 것은 그의 소시민성을 친절로 해석했기 때문인지도 모른다. 그런데 이제 메리는 그것이 단지 자신의 삶을 궁핍하고 무겁게 만드는 그의 나약하고 우유부단한 성격의 다른 측면이라는 사실을 확인하게 되었다. 아버지가 남겨 준 삶의 칙칙함을 피하려고 홀로 생활하다가 끝내는 아버지와 같은 사람, 자신을 엄청난 삶의 무게로 짓누르게 될 제2의 아버지를 만나게 된 것이다. 그러니 어떻게 리처드에게 반감이 없을 수 있겠는가.

> 반감(aversio)이란 우연적으로 슬픔의 원인인 어떤 사물의 관념을 동반하는 슬픔이다.
> — 스피노자, 『에티카』에서

스피노자의 정의에서 '우연적'이라는 말에 주목해야 한다. 누군가와 함께 있을 때 슬픔을 느낀다면, 우리는 그 사람을 미워하게 된다. 그 사람은 나의 삶을 우울하고 무겁게 만들기 때문이다. 이 경우 내가 느끼는 슬픔과 미움은 '필연적인' 것이다. 분명 나와 있는 그 사람과의 관계에서 나오는 직접적인 슬픔과 미움이니 말이다. 반면 어떤 사람을 보았을 때 과거에 미워했던 다른 사람이 떠올라서 슬픈 감정이 들 수도 있다. 이런 경우가 되면 우리는 어쩔 수 없이 지금 보고 있는 그 사람을 미워하게 된다. 그렇지만 이 미움은 '필연적'이지 않고 '우연적'인 것이다. 바로 이것이 '반감'이라는 감정이다. 지금 메리는 리처드를 보면 자신이 미워했던 아버지가 떠오른다. 그러니까 메리는 리처드를 미워했던 것, 이제 정확히 말하면 리처드에게 반감을 가지게 된 것이다. 반감은 반감을 낳는 법. 마침내 반감은 메리와 리처드의 삶을 서서히 파괴할 뿐만 아니라, 농장에서 일하던 흑인 원주민들에게도 미치게 된다. 그중 한 사람인 모세가 메리를 죽이게 되는 것도 흑사병처럼 퍼져나간 반감의 작용이었다. 너무나 섬뜩한 일 아닌가. 메리를 죽여 그녀를 트라우마와 반감으로부터 해방시킨 역할을 한 흑인 하인의 이름이 가나안 땅을 약속했던 모세라는 사실이.

"서른 살 노처녀 메리, 그녀가 지금 완전히 균형을 잃어
버리고 휘청거렸다. 자신에 대해서 아는 것이 너무나도
없었기에, 남 얘기 하기 좋아하는 여자들이 그녀가 결
혼을 해야만 된다고 말했다는 단순한 이유 때문에 마구
휘청거렸던 것이다."

도리스 레싱
Doris Lessing
1919-2013

영국 식민지였던 남로디지아(지금의 짐바브웨)에서 자랐다. 열다섯 살에 집을 떠나 타이피스트, 전화교환원, 두 번의 이혼 등 힘든 시기를 보냈으나 소설가가 되기로 결심하고는 서른 살에 영국으로 가서 『풀잎은 노래한다』(1950)를 출간했다. 페미니즘과 인종차별 문제를 다룬 소설들로 영국 문학계에 떠오르는 작가가 되었으며, 2007년에 "여성의 경험을 바탕으로 의혹과 열정, 그리고 상상의 힘으로 분열된 문명을 통찰한 서사시인"이라는 찬사를 받으며 노벨 문학상을 받았다.

『풀잎은 노래한다』의 소재는 작가 자신이 살던 남아프리카 어느 시골 마을에서 일어난 실제 살인 사건이다. 메리는 자신이 속한 사회에서 능력 있는 타이피스트로 성공한 커리어우먼이다. 하지만 타인의 시선 때문에 중대한 미래를 성급히 결정할 만큼 메리의 자아는 연약했고 그녀의 만족은 사상누각에 불과했다.

'훌륭한' 국립학교 교육을 받았고 문화인으로서 극히 안락한 생활을 부끄럽지 않게 향유해 왔으며 저속한 소설책만을 읽은 덕택에 알아야 할 것은 전부 알고 있었던 서른 살 노처녀 메리. 그녀가 지금 완전히 균형을 잃어버리고 휘청거렸다. 자신에 대해서 아는 것이 너무나도 없었기에, 남 얘기 하기 좋아하는 여자들이 그녀가 결혼을 해야만 된다고 말했다는 단순한 이유 때문에 마구 휘청거렸던 것이다.

독학으로 작가가 된 레싱은 독자들에게 책을 훑어보고 지루하면 과감하게 읽기를 포기하라고 권한다. 의무감에서 읽거나 베스트셀러라서 읽는 것을 경계하는 것이다. 20대 혹은 30대 때 읽히지 않던 소설일지라도, 마흔 살 혹은 쉰 살이 되어서 다시 펼쳤을 때 그 작품이 내게 전혀 새로운 세계로 다가올 수 있기 때문이다.

정말 헤어져야 하는데 남편과 이혼하지 못하는 여인이 있다. 경제적인 이유가 가장 크다. 폭력적인 남편과 함께 사는 일은 너무나 힘든 일이지만, 집을 떠나서는 먹고살 길이 막막한 것이다. 그렇게 체념해도 자신을 벌레처럼 보는 남편의 싸늘한 눈빛을 보면, 그가 자신을 당장이라도 해칠 것 같은 공포감에 그녀는 사로잡히게 된다. 남편이 밉다. 그렇지만 또 그런 남편으로부터 떠나지 못하는 나약한 자신도 밉다. 더 심각한 것은 그녀가 자신의 아들까지 점점 미워하게 된다는 점이다. 아들이 성장할수록 아버지의 정신적이고 육체적인 특징들을 고스란히 드러내기 시작했기 때문이다. 설거지를 하다 그릇이라도 깨면, 아들은 마치 남편처럼 혀를 끌끌 차며 자신에게 싸늘한 눈빛을 보내기도 한다. 그러니 어떻게 그녀가 아들에게 반감을 가지지 않을 수 있겠는가. 자신이 낳은 자식에게 반감을 갖는 자신의 모습을 발견하는 순간, 어머니로서 그녀의 자괴감은 또 얼마나 클까. 반감이라는 감정은 이런 식으로 작동한다. 자신이 싫어했던 사람의 모습을 새로 만난 다른 사람에게서 다시 발견하게 되는 것은 섬뜩한 일이다. 이 경우 우리는 그 새로 만난 사람을 싫어할 수밖에 없다. 그에게는 안된 일이지만, 그래도 반감이 생기는 건 어쩔 도리가 없다. 안타까운 것은, 첫 만남에서 반감을 느꼈을지라도 그가 사실 나와 좋은 관계를 맺을 수 있는 내면을 갖춘 사람일 수도 있고, 심지어 행복하게 만들어 줄 사람일 수도 있었다는 점이다. 그렇지만 과거 자신에게 엄청난 상처를 주었던 사람을 연상시키는 사람과 어떻게 함께 있을 수 있겠는가. 이처럼 반감에 쉽게 사로잡히는 사람들은 과거 망령에 사로잡혀 살아가는 사람이라고 할 수 있다. 현재의 행복과 미래의 행복을 모두 기대한다면, 비록 쉽지 않은 일이겠지만 이 망령을 쫓아내야만 하지 않을까? 그러나 이것이 어디 그렇게 말처럼 쉬운 일인가.

10

박애

BENEVOLENTIA

공동체 의식을
가능하게 만드는
원동력

『레 미제라블』,
빅토르 위고

1789년을 기억하는가. 바로 프랑스혁명이 일어난 해다. 왕만이 주인이고 나머지는 모두 노예일 수밖에 없었던 왕조 체제가 쓸쓸히 역사의 뒤안길로 물러나면서 드디어 시민사회가 도래한 것이다. 그렇지만 이것은 프랑스에만 국한된 역사적 사건이 아니라 우리 사회를 포함한 모든 곳에서 진행되었고, 아직도 진행되고 있는 현재적 사건이기도 하다. 왕정이든 독재든 시민을 주인이 아니라 노예로 만들려는 모든 권력자가 가장 두려워하는 것이 바로 당시 파리를 뒤덮었던 혁명 이념, 그러니까 자유(Liberté), 평등(Égalité), 박애(Fraternité)였다. 소망 가득한 사회를 꿈꾸는 모든 사람들이 아직도 자유, 평등, 박애를 외치는 데는 다 이유가 있었던 셈이다. 그 이념들은 바로 모든 사람들이 저마다 동등하게 주인이 되는 사회를 꿈꾸는 이들의 슬로건이었기 때문이다. 그렇지만 프랑스혁명의 3대 이념에 너무 취하지는 말자. 여기서 자유는 사적 소유의 자유이고, 평등은 법 앞에서 평등이었으니까.

20세기가 자본주의 진영과 사회주의 진영으로 양분된 것도 사실 자유와 평등 중 어느 가치를 우선시하느냐의 여부로 결정된 것이다. 이런 와중에 망각된 이념이 박애 아니었을까? 만일 박애가 지나친 사적 소유를 억제할 수 있었다면, 자본주의의 폐해는 거의 사라졌을지도 모른다. 동시에 박애가 획일적인 평등주의를 억제할 수 있었다면, 사회주의의 반인간주의도 모습을 보기 힘들었을 것이다. 그러면 당연히 자본주의와 사회주의 사이에 치열한 갈등도 사라졌을 것이고, 우리 사회에도 분단이라는 참담한 현실이 남겨지지 않았을 것이다. 아직도 우리가 1862년에 출간된 빅토르 위고의 대작『레 미제라블(Les Misérables)』(민음사)을 읽는 것도 이런 이유에서이다. 이 소설을 통해 우리는 인간의 내면을 획일적으로 재단하는 과도한 평등주의나 타인의 영역을 침해할 정도로 모든 것을 자신의 소유물로 만들려는 과도한 자유주의를 넘어서려면 박애, 그러니까 사랑의 원리가 필요하다는 것을 직감할 수 있기 때문이다.

"코제트에게 내가 무엇이오? 그저 지나가는 한 사람이오. 10년 전에 나는 코제트라는 존재가 있다는 것조차 모르고 있었소. 내가 코제트를 사랑한다는 것, 그것은 사실이오. 사람이 어린 소녀를 봤을 때, 그 사람 자신은 이미 늙었으니까, 그는 그 아이를 사랑하는 것이오. 사람이 늙었을 때에는 모든 어린아이들에 대해 스스로를 할아버지라고 느끼오. 나에게도 평범한 사람들이 품는 마음이 있다는 것쯤은 당신도 헤아릴 수 있을 게요. 코제트는 고아였소. 아버지도 어머니도 없었소. 코제트는 내가 필요했소. 그런 까닭에 나는 그 아이를 사랑하기 시작한 것이오. 어린아이들은 아주 연약하므로 아무라도, 심지어 나 같은 사람이라도 그들의 보호자가 될 수 있는 것이오. 나는 코제트에 대해 그런 의무를 행한 것이오. 이렇게도 하찮은 일을 정말 선행이라고 부를 수 있으리라고는 생각지 않지만, 만일 그것이 선행이라면, 그래요, 내가 그것을 행했다고 해 두시오."

방금 읽은 대사는 고아 소녀 코제트를 거두어들인 장 발장이 자신의 속내를 술회하는 대목이다. 매몰찬 사회에서 절망하던 장 발장은 이미 미리엘 신부의 박애에서 희망을 발견한 적이 있었다. 굶주리고 있는 일곱 조카들을 위해 빵 한 조각을 훔친 죄로 19년간 옥살이를 했던 장 발장의 마음은 사회와 사람들에 대한 분노로 얼음처럼 싸늘해져 있었다. 하룻밤 묵을 곳을 제공해 준 미리엘 신부의 은식기를 훔쳐가지고 나온 것도 이처럼 마음이 냉담해져 있었기에 가능한 일이었다. 그렇지만 장 발장의 차갑게 얼어붙은 마음은 미리엘 신부의 사랑 앞에서 속절없이 녹아 버린다. 남루한 몰골에 은식기를 가지고 있는 것을 수상하게 여긴 경찰이 그를 미리엘 신부 앞에 데려와 대질시켰을 때의 일이다. 미리엘 신부는 경찰들 앞에서 은식기는 자신이 준 선물이라며 은촛대마저 장 발장에게 내주었던 것이다. 악을 선으로 갚은 것이다. 바로 이것이 장 발장의 마음을 다시 살아나게 만든 힘이었다. 결국 사람의 마음을 냉담하게 만드는 것도 사람이지만, 동시에 얼어붙은 마음을 녹이는 것도 사람이었던 셈이다.

이날을 계기로 장 발장은 점점 박애의 화신으로 성장하더니 박애의 대상이 아니라 박애의 주체로 거듭나게 된다. 장 발장이 말한 박애의 감정을 철학적으로 더 명료화하기 위해 잠시 스피노자의 『에티카』을 넘겨 보도록 하자.

> 박애(benevolentia)란 우리가 불쌍하게 생각하는 사람에게 친절하려고 하는 욕망이다.
> ── 스피노자, 『에티카』에서

명료한 지적이지만, 무엇인가 부족하다는 느낌도 든다. 스피노자의 정의를 따르면, 누군가를 불쌍하게 여기지 않는다면 박애의 감정은 생길 여지도 없을 테니 말이다. 그렇다면 누군가를 불쌍히 여긴다는 것이 어떻게 가능한 것인지를 이해하는 것이 중요하겠다. 다행히 스피노자는 우리의 이런 궁금증을 미리 짐작하고 있었다. "자신과 유사한 어떤 것이 어떤 정서에 자극되는 것을 생각한다면 우리는 그것과 유사한 정서에 의해 자극된다."라고 그는 말하고 있기 때문이다. 바로 이것이다. 사회적으로 천대받아 얼어 가던 과거를 간직하고 있는 장 발장에게 부모를 잃고 오갈 데가 없어진 코제트는 '자신과 유사한' 존재였다. 그러니 코제트의 비참은 바로 장 발장의 내면에 트라우마로 각인되어 있던 비참의 느낌을 불러일으켰던 것이다.

배고픔을 겪어 본 사람만이 자신과 유사한 고통을 겪고 있는 사람에게 자기 밥을 나누어줄 수 있고, 가혹한 추위 속에서 생사의 기로에 서 있던 사람만이 같은 고통을 겪고 있는 사람에게 옷을 벗어 줄 수 있는 법이다. 반대로 배고픔도 추위도 경험하지

박애

사랑의 원리는 무소유의 원리를 토대로 한다. 겨울 찬바
람에 사랑하는 사람이 떨고 있다면 기꺼이 추위를 무릅
쓰고 자신의 옷을 벗어 줄 것이다. 이럴 때 두 사람은 최
소한 하나의 공동체를 형성하게 된다. 이렇게 공동체의
범위는 자신이 가진 것을 어디까지 나누어주느냐에 의
해 측정될 수 있다.

못했던 사람은 노숙자를 불쌍하게 여기기보다는 자신과는 다른 사람이라고 회피하거나, 아니면 경멸할 수밖에 없을 것이다. 이제야 작가가 왜 자신의 소설에 '레 미제라블(Les Misérables)', 그러니까 '비참한 사람들'이라는 제목을 붙였는지 이해가 된다. 내 삶이 가장 비참해질 때, 인생이 바닥까지 떨어질 때, 그만큼 모든 사람을 품어 줄 수 있는 역량을 기르고 있는 것인지도 모른다. 좌절하지 말고 그 바닥을 차고 올라오는 데 성공한다면 우리는 마침내 박애의 감수성을 배우게 되니까 말이다.

　작가가 강조했던 박애를 '노블레스 오블리주(noblesse oblige)'와 혼동해서는 안 된다. 비참한 사람들을 도와야 하는 상류층 사람들의 도덕적 의무가 바로 '노블리스 오블리주'다. 그렇지만 그들은 비참한 사람들을 위해서가 아니라 자신들을 위해, 정확히 말해 자신들의 사회적 위신을 위해 선행을 베푸는 것이다. 그러니까 그들은 자신들이 비참한 사람들이 아니라 상류층이라는 것을 과시하기 위해서, 동시에 가난한 사람들을 도왔다는 사회적 평판을 얻기 위해서 자신들이 가진 일부를 나누어주는 것이다. 그래서 경기가 좋지 않을 때, 그들은 아무 일도 아니라는 듯이 '노블리스 오블리주'를 헌신짝처럼 버리곤 한다. 만일 그들이 사회적 위신이나 자신의 기득권마저도 과감하게 내려놓고 비참한 사람들을 돕는다면, 오직 그 경우에만 '노블리스 오블리주'는 박애라는 숭고한 가치로 비상하게 될 것이다.

　자신이 가진 전부를 내어줄 수 있을 때 박애라는 감정은 그 빛을 발하게 된다. 그렇지만 이 순간 박애의 주체는 동시에 비참한 신세로 전락하게 되겠지만, 동시에 제대로 사랑했다는 행복감을 만끽하게 될 것이다. '자발적인 가난', 이것이 바로 박애가 드러나는 행동 양식이다. 비참한 사람들보다 더 비참해지려는 결의, 그들보다 더 피곤하려는 결의, 그들보다 더 가난해지려는 결의다. 그래서 한 번이라도 비참한 삶을 경험했던 사람이 박애의 감정을 갖기 더 용이한 법이다. 물론 비참함이라는 삶의 바닥을 박차고 일어나는 경험은 불가피하지만 말이다. 비참한 삶을 겪어내는 사람은 마침내 박애라는 숭고한 정신을 배울 수 있지만, 그런 경험이 전혀 없는 사람에게 박애는 막연한 미사여구에 지나지 않을 수 있다.

빅토르 위고
Victor Hugo
1802-1885

"샤토브리앙이 되거나, 안 그러면 아무것도 되지 않겠다."라고 선언한 문학청년 위고는 이십 대 후반에 『파리의 노트르담』을 출간하여 프랑스 낭만주의를 대표하는 소설가가 된다. (뮤지컬 「노트르담 드 파리」는 프랑스 뮤지컬 붐을 일으킨 인기 작품이다.) 성공한 작가, 재능 있는 화가, 잘나가는 정치가, 위대한 사상가, 그리고 바람둥이였던 위고는 부, 명예, 사랑 모든 것을 거머쥔 '세기의 전설'이었다. 그러나 1848년 혁명을 계기로 왕당파에서 공화주의자로 변신한 위고는 나폴레옹과 대립하여 20여 년 동안 고달픈 망명생활을 하게 되는데, 딸의 죽음, 우울증, 투옥 등 여러 시련을 겪고 나서 집필한 대작 『레 미제라블』(1862)로 불멸의 명성을 얻게 된다. (감동적인 뮤지컬 「레 미제라블」은 세계 4대 뮤지컬로 꼽힌다.) 1830년 7월혁명은 루이 필리프를 '시민왕'으로 만들지만 그는 시대의 흐름을 읽지 못하고 '늙은 독재자'로 변하여 1848년 2월혁명으로 쫓겨난다. 소설의 시대 배경은 이 사이에 일어난 1832년 실패한 6월항쟁이다. "'평등'은 민사적으로는 모든 능력들이 동등한 기회를 갖는 것이고, 정치적으로는 모든 투표들이 동등한 무게를 갖는 것이고, 종교적으로는 모든 양심들이 동등한 권리를 갖는 것이오. (……) 여러분, 19세기는 위대하지만, 20세기는 행복할 것이오."

이 소설은 불합리한 사회에 희생되어 낙오자가 된 장 발장이라는 평범한 노동자가 어떻게 존경 받는 인물로 변신하여 인간애를 발휘하게 되는가를 중심으로 프랑스 혁명기의 정치, 문화, 사회, 그리고 민중의 삶에 대한 세밀화가 펼쳐진다. "그는 이제 장 발장이 아니었고 24601호였다. 도합 19년. 1815년 10월에 그는 석방되었다. 그는 유리창을 부수고 빵 한 조각을 훔친 죄로 1796년에 형무소에 들어갔던 것이다. 장 발장은 흐느끼고 떨면서 감옥에 들어갔고, 무감정한 사람이 되어서 거기서 나왔다. 그는 거기에 절망해서 들어갔고, 거기서 침울해져서 나왔다. 이 사람의 영혼 속에서 무슨 일이 일어났었을까?"

박애

철학자의
어드바이스

　　　　　　　우리 사회에서 사랑은 커플이나 가족 내부의 문제로만 다루어지고 있다. 그러니까 사랑은 사적인 문제라는 것이다. 그렇지만 오랜 시간 동안 사랑은 사회적 차원의 문제에서 다루어져 왔다. 예수의 사랑도 그렇고, 싯다르타의 자비도 그렇고, 공자의 인(仁)도 마찬가지다. 사유재산 제도가 관철되면서 사랑도 사적인 영역으로, 결혼 제도와 일정 정도 관계가 있는 것으로 다루어지게 된 것이다. 그렇지만 사적인 차원에 국한되어 있든 공적인 차원으로 확장하든 간에, 사랑의 원리는 소유의 원리와 달리 무소유의 원리를 토대로 한다는 것만은 확실하다. 겨울의 찬바람에 애인이 떨고 있다면, 누구나 기꺼이 추위를 무릅쓰더라도 자신의 옷을 벗어 줄 것이다. 이럴 때 두 사람은 최소한 하나의 공동체를 형성하게 된다. 이렇게 공동체의 범위는 우리가 자신이 가진 것을 어디까지 나누어주느냐에 의해 측정될 수 있다. 아무리 같은 마을이나 아파트 단지, 같은 도시나 같은 국가에 살고 있다고 할지라도, 그것만으로는 공동체가 저절로 이루어지지 않는다. 사랑의 원리가 관철되지 않는다면, 공동체라는 것은 아무런 의미도 없기 때문이다. 그렇지만 지금은 커플 사이에도 무소유의 원칙, 사랑의 원리가 희석되고 있는 불행한 시대다. 합리적인 것처럼 쿨하게 더치페이를 외치고, 여자도 남자와 동등하게 일을 해야 한다고 주장하지만, 그 바닥에는 자기 것을 지키겠다는 강한 소유 의지가 깔려 있기 때문이다. 커플이나 부부 사이에도 사랑의 원리가 훼손되어 있는데, 지역이나 국가 공동체의 경우는 어떻겠는가? 이런 시대에 전체 인류로 확장되는 사랑의 원리, 즉 박애의 정신이 어떻게 제대로 평가될 수 있겠는가. 연애에서부터라도 차근차근 사랑 연습을 하자. 상대방에게 아낌없이 자신이 가진 가장 소중한 것을 나누어주는 것, 이것도 연습이 필요한 시대니까.

II

연민
COMMISERATIO

타인에게
사랑이라는 착각을
만들 수도 있는
치명적인 함정

『초조한 마음』,
슈테판 츠바이크

당혹스러운 일이다. 스물다섯의 남자, 장차 부대원을 지휘하는 장교가 될 사람이었지만 성숙하려면 아직도 더 많은 시간이 필요한 호프밀러 소위에게 감당하기 힘든 사건이 발생했다. 오스트리아와 헝가리 접경 지역 주둔지에 근무하던 호프밀러 소위는 지역 유지의 딸 에디트에게 강한 연민을 느끼게 되었다. 어릴 때 멋진 댄서를 꿈꾸었지만 불의의 사고로 걸을 수 없게 된 아름다운 그녀에게 어떻게 연민의 마음이 들지 않을 수 있겠는가. 다행스럽게도 호프밀러의 연민은 에디트를 불쾌하게 만들기는커녕 그녀의 삶에 새로운 활력을 가져다주었다. 누군가에게 자신이 도움이 되고 있다는 기쁨 또한 얼마나 유쾌한 감정인가. 그래서 호프밀러는 더 자주 에디트의 집을 방문하게 되었다. 그런데 이것이 화근이 될지 그는 꿈에도 생각하지 못했다.

측은한 마음을 가득 담아 에디트의 이마에 키스하려는 순간, 그녀는 양손을 거칠게 들어 그의 얼굴을 부여잡고 격렬하게 키스를 했기 때문이다. 에디트는 호프밀러를 사랑하고 있었던 것이다.

　　잠시 후 에디트는 내게 등을 돌리더니 피곤한 기색이 역력한 수줍은 목소리로 속삭였다. "이제 가 보세요. 이 바보 같은 사람. 가세요." 나는 비틀거리며 밖으로 나왔다. 어두운 복도에 나오는 순간 온몸의 힘이 풀려 버렸고 현기증이 나서 벽을 붙잡아야만 했다. 이거였구나! 이거였어! 뒤늦게 밝혀진 에디트의 비밀, 그녀의 불안감과 나에 대한 이해할 수 없는 공격성을 설명해 주는 비밀은 바로 이거였다! 내가 받은 충격은 이루 말할 수 없었다. 아무것도 모른 채 꽃 향기를 맡다가 갑자기 독사에게 물린 기분이었다. 에디트가 나를 때렸거나 욕했거나 내게 침을 뱉었더라면 차라리 놀라지 않았을 것이다. 예민하고 변덕이 심한 에디트의 성격을 잘 알고 있었기에 나는 모두 각오하고 있었다. 그러나 이것만은, 몸이 아픈 그녀가, 만신창이인 그녀가 사랑을 할 수 있고 사랑받고 싶어 한다는 것, 이것만은 전혀 예상하지 못했다. 이 어린아이가, 아직 성숙하지 못한 힘없는 소녀가 감히 진정한 여인의 감각적이고 의식적인 사랑을 갈망한다는 사실을 나로서는 상상조차 해보지 못했던 것이다. 다른 모든 것은 예상했어도 운명의 저주를 받아 자신의 몸조차 가눌 힘 없는 소녀가 남자를 사랑하고 사랑받고 싶어 한다는 사실, 단순히 연민 때문에 이곳에 오는 나를 그토록 끔찍하게 오해했다는 사실만큼은 전혀 예상하지 못했다.

　　슈테판 츠바이크의 소설 『초조한 마음(Ungeduld des Herzens)』(문학과지성사)은 두 남녀 사이의 엇갈린 감정, 그래서 불가피하게 발생할 수밖에 없는 비극을 섬세하게 다루고 있다. 남자는 불구의 여자에게 연민의 감정을 품고 있지만, 여자는 남자에게서 사랑의 감정을 키우고 있다. 이미 이것만으로도 비극의 전조로는 충분하다. 사랑은 함께 있을 때는 기쁨을, 반대로 떨어져 있을 때는 슬픔을 가져다주는 감정이다. 이에 반해 연민은 남의 불행을 먹고사는 서글픈 감정일 수밖에 없다. 그러니까 상대방이 불행에서 벗어나는 순간, 우리에게 연민의 감정은 씻은 듯이 사라질 수밖에 없다. 결과론적 이야기이지만, 결국 연민을 계속 품고 있으려는 사람은 상대방이 계속 불행하기를 기도해야 할 것이다. 따라서 연민의 감정은 비극으로 끝날 수밖에 없다. 연민에 대한 스피노자의 정의에서 잿빛 아우라가 퍼져 있는 것도 이런 이유에서일 것이다.

> 연민(commiseratio)이란 자신과 비슷하다고 우리가 상상하는 타인에게 일어난 해악의 관념을 동반하는 슬픔이다.
> ─ 스피노자, 『에티카』에서

한마디로 연민이라는 감정은 스피노자가 『에티카』에서 간단히 정의한 것처럼 "타인의 불행에서 생기는 슬픔"이라고 할 수 있다. 인간이라면 누구나 슬픔은 극복하고 기쁨은 회복하려고 한다. "타인의 불행에서 생기는 슬픔"도 슬픔은 슬픔이다. 그러니 어떻게 극복하지 않을 수 있겠는가. 이것이 호프밀러라는 젊은 장교가 계속 에디트라는 불행한 여인을 찾아가는 이유다. 그렇지만 불행히도 연민은 결코 사랑으로 바뀔 수 없다. 왜 그럴까? 타자의 불행을 감지했을 때 출현하는 감정이기에, 연민의 밑바닥에는 다행히 자기는 그런 불행을 겪지 않았다는 것, 나아가 불행한 타자를 도울 수 있는 자신에 대한 자부심이 깔려 있기 때문이다. 자신을 통해 에디트가 활력을 되찾는 것을 목격하면서 호프밀러가 스스로를 찬탄하는 대목은 바로 이 점을 보여 준다.

> '나, 호프밀러 소위가 누군가를 도울 수 있다고? 누군가를 위로할 수 있다고? 내가 하루나 이틀 저녁을 장애인 아가씨와 함께 수다를 떨면 그녀의 눈빛이 반짝이고 볼에 생기가 돌고 내 존재로 인해 암울했던 집 안이 환하게 밝혀진다고?'

약자를 도울 수 있다는 사실만으로 발생하는, 강자가 되었다는 자부심, 혹은 누군가에게 필요한 존재가 되었다는 존재감, 이것이야말로 연민의 감정 뒤에 숨겨진 이면의 정체다. 그렇지만 강자의 자부심은 오직 약자가 약자로서 계속 자신의 도움을 필요로 하는 순간까지만 유지되는 법. 이 점에서 연민의 주체는 연민의 대상만큼이나 약한 존재라고 할 수 있다. 격렬한 키스로 에디트가 자신의 사랑을 토로할 때 호프밀러가 당혹감을 느꼈던 원인도 바로 여기에 있다. 사랑의 감정은 어느 누가 약자이고 어느 누가 강자인 관계가 아니라 두 사람이 대등한 관계에 있을 때에만 가능하기 때문이다.

키스를 마치자마자 에디트는 호프밀러의 속내를 눈치 챈다. 이성 관계이든 동성 관계이든 상관없이 상대방의 감정이 사랑인지 아닌지를 확인하는 방법은 키스를 포함한 육체적 접촉밖에 없다. 만일 상대방이 당혹스러워한다면, 그 사람의 감정이 사랑은 아닐 것이다. 그는 다른 감정으로 나에게 친절했던 것이다. 이건 자신에게도 마찬가지다. 그 남자를 사랑한다고 생각하고 있는 것으로는 충분하지 않다. 그 사람과 키스를 나누어 보라, 아니면 섹스를 시도해 보라. 그 순간 그 남자에 대한 나의 감정이 사랑인지, 아니면 단순한 호감 정도였는지 분명하게 알게 된다. 어쨌든 키스를 마치자마자 에디트는 알게 된다. 호프밀러의 감정은 사랑이 아니라 연민에 지나지 않았다는 것을. "이제 가 보세요. 이 바보 같은 사람. 가세요." 여기서 두 사람 사이의 애매한 관계는 막을 내려야만 했다.

그렇지만 호프밀러는 자신의 연민을 애써 사랑이라고 포장하면서 끝내 돌이킬 수 없는 사태가 발생하고 만다. 그녀가 어떻게 사랑하는 남자의 사랑 고백을 철저하게 의심할 수 있겠는가. 그래서 두 사람은 약혼까지 하게 된다. 두 사람은 모두 지혜롭지 못했던 것이다. 호프밀러는 누군가에게 힘이 된다는 느낌을 좋아했다. 불구의 몸을 가진 에디트는 호프밀러의 자긍심을 위한 먹이였던 것이다. 그러니 어떻게 그가 그녀를 포기할 수 있겠는가. 사랑이냐, 연민이냐의 이분법에서 호프밀러는 사랑을 선택한 것이다. 연민을 선택하는 순간, 에디트는 마음이 아파 와도 그와 헤어질 테니까 말이다. 반면 에디트는 키스 후 알게 된 그의 감정, 즉 호프밀러는 자신에게 연민의 감정을 가지고 있다는 사실을 애써 부정해 버리고 만다. 그녀는 그렇게 믿고 싶었던 것이다. 그렇게 호프밀러에 대한 그녀의 사랑은 사실을 왜곡할 만큼 컸던 것이다.

불행은 이제 현실화되고 만다. 호프밀러는 세 시간도 되지 않아 동료들 앞에서 약혼 사실을 부인하고 마니까. 돈 때문에 불구의 여자와 결혼한다는 세상의 평판이 무서웠던 것이다. 이 순간 호프밀러는 약혼자가 받을 충격은 짐작조차 못 했을 것이다. 오직 자신의 불명예만이 뇌리에 가득 차 있었기 때문이다. 어쩌면 자연스러운 일 아닌가, 에디트라는 불쌍한 아가씨에게 연민의 감정을 품으면서 그는 자존심을 회복했던 남자다. 그러니까 그에게 중요한 것은 에디트라는 여자가 아니라 그 자신이었을 뿐이다. 그는 오직 자기만을 사랑했던 것이다. 약혼자가 약혼을 부인했다는 절망적인 소식은 곧 에디트의 귀에 들어가고 만다. 불가능한 사랑을 꿈꾸었던 에디트는 참담한 마음으로, 혹은 담담한 마음으로 자살을 선택한다. 그녀는 자신의 사랑이 어떻게 될지 이미 직감하고 있었으니까. 어쨌든 에디트의 말은 예언처럼 적중했던 것이다. 정말 호프밀러는 지독한 바보, 아니 정확히 말해 사랑을 감당할 수도 없었던 어린아이였던 것이다.

연민

불행히도 연민은 결코 사랑으로 바뀔 수 없다. 타자의
불행을 감지했을 때 출현하는 감정이기에, 연민의 밑바
닥에는 다행히 자기는 그런 불행을 겪지 않았다는 것,
나아가 불행한 타자를 도울 수 있는 자신에 대한 자부
심이 깔려 있기 때문이다.

슈테판 츠바이크
Stefan Zweig
1881-1942

오스트리아 대표 지성인 슈테판 츠바이크는 『프로이트』, 『로맹 롤랑』 등을 쓴 전기 작가로 유명하며, 보들레르와 베를렌을 사랑한 시인이기도 하다.

작가의 유일한 장편소설 『초조한 마음』(1939)에서 주인공 호프밀러가 장애인 에디트에게 느낀 연민은 처음에는 일종의 우월감에서 시작한다. "남을 도와주고 남들에게 필요한 존재가 되겠다는 결심만으로도 나는 흥분되었다. 사람은 자신이 남에게도 중요한 존재라는 사실을 인식한 후에야 비로소 자기 존재의 의미와 사명을 깨닫게 되는 것이다." 하지만 감정의 변화와 우유부단한 성격 묘사를 통해 작가는 자신의 감정을 명료하게 인지하지 못하여 불행을 초래하는 인간의 비극성을 통찰하도록 만든다.

"연민이라는 것은 양날을 가졌답니다. 연민을 잘 다루지 못하겠으면 거기서 손을 떼고, 특히 마음을 떼야 합니다. 연민은 모르핀과도 같습니다. 처음에는 환자에게 도움이 되고 치료도 되지만 그 양을 제대로 조절하지 못하거나 제때 중단하지 않으면 치명적인 독이 됩니다. 처음 몇 번 맞을 때에는 마음이 진정되고 통증도 없애 주죠. 그렇지만 우리의 신체나 정신은 모두 놀라울 정도로 적응력이 뛰어나답니다. 신경이 더 많은 양의 모르핀을 찾게 되는 것처럼 감정은 더 많은 연민을 원하게 됩니다. (……) 소위님, 제대로 다루지 못하는 연민은 무관심보다도 더 좋지 않은 결과를 가져옵니다. 우리 의사들은 그 사실을 잘 알고 있고, 판사나 법 집행관, 전당포 주인도 마찬가지입니다. 모두가 연민에 굴복한다면 이 세상은 제대로 돌아가지 않을 겁니다. 연민이라는 거, 아주 위험한 겁니다!"

유대인이었던 츠바이크는 예순한 살에 나치의 박해를 피해 브라질로 이주했으나, 유럽의 미래를 비관한 나머지 수면제를 먹고 아내와 동반 자살했다.

철학자의
어드바이스

사랑과 우정만큼 우리에게 소망 가득한 감정이 또 있을까? 아무도 나의 내면과 감정을 읽으려고 하지 않는데, 특정한 누군가가 내게 관심을 기울이고 나와 함께 있으려고 한다. 음식을 잘못 먹어서 배가 아플 때, 사랑니 때문에 격심한 치통을 겪을 때, 아니면 생리통을 겪을 때도 있다. 아니면 실연의 고통에 빠져 있을 때, 미래가 불안할 때, 부모님의 죽음에 홀로 눈물을 떨구고 있을 때도 있다. 이럴 때 누군가 나의 고통을 함께하고 내게 웃음을 주려고 하고 내 눈물을 닦아 주려고 한다. 얼마나 다행스럽고 행복한 일인가. 물론 우리는 잘 알고 있다. 나의 고통과 나의 눈물은 나를 제외한 그 누구도 이해할 수 없다는 것을. 그럼에도 불구하고 애인과 친구가 고마운 이유는 그들이 나의 고통을 이해하고 공감하려는 불가능한 노력을 멈추지 않기 때문이다. 이 경우 우리는 상대방이 내게 사랑이나 우정의 감정을 느끼고 있다고 믿게 된다. 그러나 과연 이것이 사실일까? 애인과 친구의 가치를 알려면, 사실 내가 고통에 빠져 있을 때만으로는 충분치 않다. 오히려 내가 가장 행복할 때에 진짜 애인인지 가짜 애인인지, 혹은 진짜 친구와 가짜 친구를 명확히 구분할 수 있게 된다. 그가 당신의 행복을 함께 행복해하고 당신의 불행을 함께 불행해하는 사람이어야만이 여러분은 자신에게 애인이나 친구가 있다고 말할 자격이 있는 것이다. 어떤 이는 당신의 불행을 위로하면서 상대적으로 자신이 당신보다 행복하다는 사실에 뿌듯해할 수 있기 때문이다. 당신이 이혼했거나 실직했다고 치자. 결혼 생활이 평탄하지 않은 친구들 혹은 직장에 불평불만이 많은 친구들이 몰려들어 당신을 위로할 것이다. 그렇지만 돌아가는 길에 그들은 그나마 자신에게는 가정과 직장이 있다는 사실에 행복을 느낄 수 있다. 이게 인간이다.

I 2

회한

CONSCIENTIOE

무력감을
반추하도록 만드는
때늦은 후회

『전락』.
알베르 카뮈

생각해 보면 별일도 아니지만 실제로 일어났을 때 별일인 경우도 있다. 대서양에서 아주 작은 나비의 날갯짓이 태평양에서 모든 것을 쓸어 버리는 강력한 태풍을 일으킬 수도 있는 법. 이런 나비효과가 한때 잘나가던 멋쟁이 변호사 클라망스에게도 일어났다. 파리에 있던 클라망스가 태풍에 휘말리듯 암스테르담에 있는 음울한 바 '멕시코시티'에 팽개쳐져 버린 것이다. 아니, 정확히 말해 모든 것을 버리고 스스로 추방의 길, 혹은 속죄의 길을 선택한 것이다. 이곳에서 클라망스는 '속죄판사'를 자처하며, 바에 들른 사람들이 어떤 죄를 지었는지 냉정하게 심판하는 역할을 자임한다. 그리고 타인의 죄를 심판하기에 앞서 그는 먼저 자신이 지은 죄를 담담한 어조로 털어놓는다.

영원한 이방인이자 반항아였던 알베르 카뮈의 소설 『전락 (La Chute)』(창비)은 온통 클라망스의 독백으로 가득 차 있다. 클라망스의 죄는 무엇이었을까 궁금하다. 그의 육성을 잠시 들어 보자.

그날 밤, 나는 퐁루아얄을 건너 센 강 왼편에 있는 집으로 가려던 참이었지요. 자정이 지나 1시였는데 보슬비가 내리고 있었습니다. (……) 이 다리 위에서, 나는 난간 위로 몸을 숙이고 강물을 내려다보고 있는 듯한 한 형체 뒤를 지나갔습니다. 가까이 가 보니 검은 옷을 입은 호리호리한 젊은 여자였습니다. 거무스름한 머리카락과 외투 깃 사이로 비에 젖은 싱그러운 목덜미가 눈에 확 띄었지요. 이것이 내 감각을 자극했습니다만 약간 망설이다가 가던 길을 계속 갔습니다. 그리고 다리 끝에서 당시 살고 있던 생미셸 방향 강변 길로 접어들었습니다. 약 50미터쯤 갔을 때, 그 소리가 들렸습니다. 사람이 강물로 뛰어드는 소리였지요. 꽤 먼 거리였지만 밤의 정적 탓에 그 소리가 내 귀엔 엄청나게 크게 들렸습니다. 우뚝 걸음을 멈췄지요. 하지만 돌아보지는 않았습니다. 거의 곧바로 외마디 비명이 들렸고 몇 번 더 이어졌지요. 이 소리 역시 강으로 내려갔고 뚝 끊겨 버렸습니다. 갑자기 굳어 버린 어둠 속에 침묵이 흘렀고, 이 침묵은 끝없이 지속될 것만 같았습니다. 달려가고 싶었지만 몸뚱이가 꼼짝하질 않는 겁니다. 추위와 충격으로 바들바들 떨고 있었던 것 같아요. 속으로는 빨리 가봐야 한다고 되뇌었지만 저항할 수 없는 무력감이 온몸으로 퍼지는 듯했습니다. 그때 무슨 생각을 했는지 기억나진 않지만, 아마 '너무 늦었어, 이미 늦은 거야.'라거나 아니면 그 비슷한 말이었을 겁니다.

아마 여러분은 클라망스의 이야기를 듣고는 고개를 갸우뚱거릴지도 모르겠다. 자살한 여자를 구하지 못했다는 이유로 파리의 생활을 접고 마치 죄인처럼 살아간다는 것은 선뜻 납득이 되지 않기 때문이다. 더군다나 자살한 여자는 그에게 생면부지의 남 아니던가? 그러니까 별일도 아닌데 그렇게까지 자책할 건 없다고 그를 위로할 수도 있겠다. 그렇지만 아무리 객관적인 조언에 그가 고개를 끄덕인다 할지라도, 자살하려는 여자를 구하지 못했다는 책임은 이미 그의 영혼에 지울 수 없는 죄로서 각인된 것을 어쩌 겠는가? 이렇게 별일도 아닌 일이 별일이 되어 한 사람에게 속죄 의 삶을 강제하고 있는 것이다. 그렇지만 우리에게 별일 아닌 일 도 어떤 사람에게는 치명적인 일일 수도 있다. 마르크스도 말하지 않았던가, "인간과 관련된 어떤 일도 사소한 것은 없다."라고. 어 떤 사람에게는 혁명보다 더 중요한 일도 없지만, 어떤 사람에게는 등이 가려운 것만큼 견디기 힘든 일이 없을 수도 있다.

클라망스가 느낀 감정을 회한이라고 해도 좋고 양심의 가책 이라고 해도 좋다. 이런 감정을 품는 순간이 오면, 그 누구도 다시 는 봄날을 기대하기 힘든 잿빛 가을의 저주에 갇히게 된다. 이미 엎질러진 물이니 그저 슬픔만이 남을 테니까 말이다. 바로 이것이 스피노자가 말한 회한이라는 감정이다.

> 회한(conscientioe)이란 희망에 어긋나게 일어난 과거 사물의 관념을 동반 하는 슬픔이다.
> ― 스피노자, 「에티카」에서

스피노자의 이야기에서 중요한 것은 '희망에 어긋나게'와 '과거 사물'이라는 말이다. 자신은 애인이 위험에 빠지기만 하면 언제든 도울 수 있다고 확신에 찬 사람이 있다고 하자. 심지어 그는 애인이 위험에 빠지기를 기다릴 정도다. 위험에 빠진 애인을 구하는 자신의 멋진 모습을 꿈꾸면서 말이다. 불행히도 정말로 애인이 위험에 빠졌다. 예기치 않게 사기 사건에 말려든 애인에게 경제적 위기가 찾아온 것이다. 자신이 지금까지 모아 둔 돈으로 충분히 애인을 구할 수 있었다. 그러나 웬걸, 그는 애인을 구하지 못했다. 애인에게 경제적 지원을 해야 한다는 생각에, 그는 얼음처럼 굳어 버렸던 것이다. 그 결과 애인을 더 이상 쳐다볼 수 없는 난처한 상황에 빠지게 된 것이다. 정말 슬픈 것은 자신이 얼마나 속물이었는지를 자각했다는 점일 것이다. 이런 자각에 눈을 뜬 이상 그가 어떻게 아무 일도 없다는 듯 애인을 계속 만날 수 있겠는가.

클라망스의 경우도 마찬가지였다. 그는 물에 떨어진 여자를 구해야 한다는 무의식적인 소망을 품고 있었다. 좀 더 정확히 말하자면, 그는 자신을 기사도로 무장한 멋진 남자라고 믿었던 것이다. "나는 우리 사회에서 야망을 대신하고 있는 탐욕을 늘 가소롭게 여겼습니다. 더 높은 목표를 지향하고 있었거든요." 클라망스자신의 고백에 따르면 그는 "여자와 정의를 동시에 사랑하는" 균형 잡힌 인간이자 너무나 많은 자질을 지니고 있는 '선택받은' 자로서의 삶을 살아왔다. 그는 "말 그대로 허공을 날아다닐" 만큼자아도취에 빠진 인간이었다. 어쩌면 이런 자신감이 그를 변호사로 만들었는지도 모른다. 그렇지만 한 여자가 차가운 센 강에 떨어지는 사건을 접하는 순간, 그는 얼음이 되어 버렸다. 위기에 빠진 사람을 구하려는 생각, 아니 희망이 허위로 드러날 때, 그 얼마나 참담한 심정이었을까. 법정에서 편안하게 사람들을 변호하는자신의 모습이 얼마나 부끄러웠겠는가 말이다. 그런 희망이 이렇

회한에 빠진 사람은 자신이 과거와 달리 더 이상 무기
력하고 비겁한 사람이 아니라고 확신한다. 과연 그럴
까? 정말로 성숙하고 강해졌다면, 결코 회한의 감정이
유령처럼 따라다니지는 않을 것이다. 만일 지금 후회하
지 않을 선택을 당당히 할 수 있는 사람이라면, 과거지
사는 단지 하나의 에피소드로 기억될 테니까 말이다.

게 좌절되지 않았다면 좋으련만. 자신의 믿음이 시험대에 오르지 않았다면, 지금 그는 법정에서 더 당당하게 변호하는 자신의 모습을 꿈꾸는 것만으로도 행복해하고 있을 텐데. 그렇지만 현실은 완전히 달랐다. 차가운 센 강에 뛰어든 어느 여인은 그를 시험했고, 그는 그 시험에 통과하지 못했다.

애초에 클라망스가 위험에 빠진 사람을 구하려는 희망을 품지 않았다면, 그에게 회한 같은 게 깃들 리도 없다. 그냥 생계를 위한 직업으로 변호사를 선택한 거라면 센 강에 뛰어든 여자를 구하지 못한 것에 회한을 품을 리 없다는 뜻이다. 바로 여기에 당시 클라망스가 느꼈던 무력감, 다시 말해 위기에 처한 사람을 구하려는 생각은 품었지만 몸은 움직일 수 없었던 무력감의 실체에 대한 실마리가 있다. 자신의 무력감이 적나라하게 드러나는 슬픔만큼 비참한 경험이 또 있을까? 스피노자에 따르면 기쁨이란 자신의 힘이 증진되었다는 느낌에서 오는 감정이라면, 슬픔은 이와는 반대로 처절한 무력감에서 유래하는 감정이다. 그러니 회한이라는 감정은 얼마나 무서운가? 위기 상황에 이르면 타인을 구원하기는커녕 항상 무력감을 느낄 것 같은 예감이 드는데 어떻게 우정이나 사랑과 같은 소망스러운 감정에 빠져들 수 있겠는가. 센 강에서 느낀 무력감에 대한 회한이 클라망스의 내면을 어찌나 무겁게 짓누르고 있는지, 그는 배에서 쓰레기가 버려지는 장면마저도 누군가가 물에 뛰어드는 깃으로 보일 정도였다.

나는 상갑판 위에 있었습니다. 갑자기 저 멀리 검푸른 바다 위에, 검은 점 하나가 보이더군요. 얼른 눈길을 돌려 버렸으나 가

회한

습이 뛰기 시작했습니다. 마지못해 고개를 돌려 다시 보았을 땐 검은 점은 이미 사라지고 없었습니다. 하마터면 바보같이 소리를 질러 도움을 청할 뻔했던 거지요. 그런데 그 순간, 그 점이 다시 나타났습니다. 알고 보니 배들이 지나가면서 버린 쓰레기들 중 하나였습니다. 그러나 차미 이것을 똑바로 쳐다볼 수가 없었습니다. 즉시 익사자가 연상되었기 때문이지요.

　회한의 감정을 지울 수 없는 상처처럼 품고 있는 클라망스의 삶은 얼마나 고된 생일까? 어쩌면 여기서 그가 '속죄판사'를 자처한 이유를 짐작할 수 있겠다. 그는 살아가는 모든 사람들에게 자신과 같은 회한의 감정을 주입하려고 했던 것이다. 그러기 위해 클라망스는 무엇보다도 먼저 그들에게도 자기처럼 죄가 있다는 사실을 주지시켜야만 했다. 자기만 회한에 사로잡혀 있다면 그건 너무나 쓸쓸한 인생 아닌가. 다른 모든 사람들도 자기처럼 회한을 품고 속죄를 한다면, 자신의 삶이 조금이나마 위로받을 수 있을지도 모른다. '속죄판사' 클라망스의 노력은 이런 허황된 자기 위로였던 셈이다. 그렇지만 암스테르담의 남루한 바에 들르는 모든 사람들을 회한의 세계에 빠뜨리려는 절망적인 노력이 그를 얼마나 위로할 수 있을까? 참 쓸쓸한 일이다.

알베르 카뮈
Albert Camus
1913-1960

"나는 범죄를 저지르지 않기 위해 창작을 택했다." 카뮈는 『이방인』으로 20세기 문단의 '신화'(롤랑 바르트)가 되고 마흔네 살에 노벨 문학상 최연소 수상자가 되었으나, 아쉽게도 3년 뒤 파리에서 교통사고로 생을 마감했다. 카뮈의 철학 "모든 것이 부조리하다는 것을 인식하는 인간"에 의하면, 인간은 인습에서 벗어나지 못하고 맹목적인 삶에 묶여 있다는 걸 인식할 때 삶의 부조리함을 깨닫지만, 그 해결책을 찾지 못한다는 자각으로 인해 '구역질'을 느끼고 그 불합리함에 대항하여 희망 없는 반항을 하게 된다.

도스토예프스키의 『지하로부터의 수기』로부터 영향을 받은 소설 『전락』(1956)은 사교계를 떠나 고독한 곳으로 숨어든 한 남자의 '내면으로부터의 독백'이다. 작가의 분신 클라망스는 스스로 택한 망명생활에서 만난 사람에게 "나는 언제나 허영으로 꽉 차 있었습니다."라고 고백하면서, 독자를 향해 통념을 뒤엎는 질문들을 던진다.

죽음만이 우리의 감정을 일깨운다는 생각을 해보신 적이 있습니까? (……) 입에 흙이 가득 차 더 이상 말할 수 없는 스승들을 또 얼마나 존경합니까! 이때는 존경이 아주 자연스럽게 흘러나오지요. 이들이 평생 우리한테서 받고자 했을 그 존경 말입니다. 그런데 왜 항상 죽은 자들에게 더 공정하고 더 너그러운지 아십니까? 이유는 간단합니다! 그들에겐 지켜야 할 의무가 없기 때문이지요. 그들은 우리를 자유롭게 내버려둡니다. 그래서 우리는 시간을 마음대로 쓸 수 있고, 칵테일을 마시고 예쁜 애인을 만나는 사이에, 요컨대 짬이 날 때 잠깐 경의를 표하면 그만입니다. 혹 그들이 우리에게 강요하는 뭔가가 있다면 바로 기억일 것입니다. 하나 우리는 이마저도 짧게 기억할 뿐이지요. 아니, 우리가 친구들에게서 정말 사랑하는 것은 갓 숨이 끊어진 죽음, 고통스러운 죽음, 우리의 아픈 마음입니다. 결국 우리가 사랑하는 것은 우리 자신인 거지요!

회한

철학자의
어드바이스

엎질러서는 안 되는 물동이를 엎질렀다는 슬픈 느낌, 이것만큼 회한의 감정에 대한 좋은 비유도 없을 것이다. 그렇지만 이미 엎질러진 물이라 우리는 더 이상 어쩔 수가 없다. 그렇지만 회한에 사로잡힌 사람들은 다시 그 순간으로 되돌아가기를 소망한다. 순간의 결정이 이다지도 평생 자신을 따라다니며 삶을 슬픔에 물들게 할지는 몰랐던 것이다. 여기서 회한의 감정이 가진 한 가지 특징이 나타난다. "그때는 내가 너무 미성숙했다." "그때는 내가 너무나 나약해서 용기가 없었다." 이렇게 무기력과 비겁의 경험을 배경으로 회한은 꽃피는 법이다. 역설적으로, 회한에 빠진 사람은 이제 자신이 무기력과 비겁에서 벗어났다고 확신한다. 과거에는 무기력하고 비겁해서 물동이를 들지 못하고 물을 엎었지만, 지금은 충분히 성숙하고 강해져서 물동이를 계속 들고 있으리라는 확신이 드는 것이다. 과연 그럴까? 비슷한 선택의 순간이 다시 찾아왔을 때, 이번에는 진짜로 물을 엎지 않을 수 있을까? 아이러니한 것은, 그가 정말로 성숙하고 강해졌다면 결코 회한의 감정이 그를 유령처럼 따라다니지는 않을 것이라는 점이다. 만일 후회하지 않을 선택을 당당히 할 수 있는 사람이라면, 과거지사는 하나의 전설처럼 웃음을 자아내는 에피소드로 기억될 테니까 말이다. 결국 회한에 빠진 사람은 아직도 성숙하지 못하고 용기가 부족한 사람이라고 할 수 있다. 그래서 회한이라는 슬픈 감정을 떨칠 수 있는 가장 좋은 방법은, 나중에 회한이 없도록 지금 과감하게 선택하고 당당하게 실천하는 것이다. "10년 뒤에도 나는 이렇게 할 것이다. 그리고 다시 태어나도 나는 이렇게 할 것이다." 이런 마음으로 지금의 무기력과 비겁에 맞서 싸운다면, 어느 사이엔가 과거의 회한은 밝은 태양에 녹아내리는 눈처럼 사라지게 될 것이다.

2부

물의
노래

물은 꿈처럼 헛된, 사라지게 될 운명만을 암시하지 않는다.
오히려 끊임없이 존재의 실체를 변화시키는,
근원적인 운명의 전형이다.
── 가스통 바슐라르, 『물과 꿈』에서

13

당황
CONSTERNATIO

멘붕,
즉 멘탈붕괴와
함께하는 두려움

『채털리 부인의 연인』,
D. H. 로렌스

금기를 만든 사람들에게는 당혹스러운 일이지만, 금기는 우리의 숨겨진 욕망을 자극한다. 대개 금기는 정치적이거나 성적이거나 아니면 종교적인 것과 깊은 관련을 맺는다. 1980년대 초는 신군부가 권력을 잡고 있던 암울한 시절이었다. 당시 사회 도처에서 권력은 정화라는 차원으로 인간의 다양한 욕망과 감정을 통제하려고 하였다. 이런 시절에는 억압된 금기를 자극하는 영화들이 많이 소개되었고, 많은 관객을 불러 모았다. 자신들의 억압적인 정화 운동으로 생긴 반발을 영화를 통해 해소하려는 신군부의 배려였을까? 아마도 정치적 불만을 영화라는 가상공간에서 섹스로 해소시키려는 문화 전략의 일환이었을 것이다. 어쨌든 당시에 에로 영화는 극장가를 거의 장악하다시피 했다.

당시 에로영화 붐을 상징했던 대표적인 작품들 가운데 하나가 바로 실비아 크리스텔이라는 여배우가 주연으로 나왔던 「채털리 부인의 사랑」(1981)이다. 이 영화는 마마보이였던 D. H. 로렌스의 소설 『채털리부인의 연인(Lady Chatterley's Lover)』(민음사)을 성적인 코드를 강화시켜 영화화한 것이다. 20세기 초에 로렌스의 작품은 음란물이라는 이유로 오랫동안 출판을 금지당했었다. 전쟁으로 하반신 불구가 된 귀족 남편 클리퍼드 채털리와 그의 매력적인 부인 콘스턴스 채털리가 두 주인공으로 등장한다. 이미 하반신 불구라는 코드로 작가는 자신의 소설이 성적인 욕망으로 치달을 수 있는 장치를 마련한 셈이다.

사실 로렌스의 소설이 금서가 된 이유는 두 차례에 걸쳐 발생했던 세계대전의 탓도 매우 크다. 전쟁으로 불구가 된 남편을 성적 욕망 때문에 버리고 건강한 남자를 찾아간다는 발상은 그나마 전쟁으로 피폐해진 당시 가부장적 질서에서는 받아들일 수 없었던 것이다. 전쟁으로 부상당한 남편을 버린다는 내용을 어떻게 전쟁의 주된 참여자들이자 사회 기득권자들인 남성들이 수용할 수 있겠는가. 그러니까 '코니'라는 애칭으로 불리는 채털리 부인은 남편 클리퍼드 채털리 경을 배신해서는 안 된다는 것이다. 그것은 부부 사이에 지켜야 할 의무이기에 앞서 애국의 차원이기도 했던 것이다.

물론 처음에 코니는 측은한 남편과 잘 지내려고 노력했다. 그렇지만 어느 사이엔가, 그녀는 남편에게 점점 더 환멸을 느끼게 된다. 작가는 그녀의 환멸을 이렇게 묘사했다.

그녀의 희생, 클리퍼드에 대한 그녀의 헌신이 무슨 소용이란 말인가? 그녀는 결국 무얼 위해 그렇게 애써 봉사하고 있는 것인가? 고작 허영에 찬 한 사람의 차가운 영혼, 즉 따뜻한 인간적 접촉이란 하나도 없고, 성공의 암캐 여신에게 간절히 몸을 팔고 싶어 하는 면에서는 비천한 유대인 못지않게 타락한 그런 영혼을 위한 것에 불과한 것 아닌가.

이렇게 환멸이 깊어 갈수록 코니는 진정한 사랑, 정신적으로 나 육체적으로도 통일되어 있는 사랑을 꿈꾸게 된다. 무의식적이나마 그녀는 남편 클리퍼드의 비뚤어짐이 결국은 그의 성불구에 서 비롯된다는 것을 간파했던 것이다.

바로 이럴 때 자신의 집에 고용된 사냥터지기 멜러즈가 코니의 눈에 포착되고, 코니는 적극적으로 멜러즈에게 접근한다. 처음에는 남편에 대한 환멸을 잊기 위해서였지만, 어느 사이엔가 코니는 멜러즈라는 인물을 조금씩 사랑하게 된다. 당황스러운 쪽은 비극적인 부부 틈바구니에 끼어 버린 멜러즈라는 인물이다. 자신이 원하지도 않았음에도, 귀족 주인과 그 마나님이라는 거대한 고래 싸움에 끼게 된 불쌍한 새우 신세가 되었으니까.

그녀는 오두막의 문간에 앉아서 꿈에 빠져든 채, 지금 자신이 놓여 있는 특이한 상황도 시간도 완전히 다 잊고 있었다. 채털리 부인이 너무나 아득히 생각에 빠져 있어서 멜러즈는 흘끗 그녀 쪽으로 시선을 돌렸는데, 완전히 고요하고 뭔가 기다리는 듯한 표정이 그녀의 얼굴에 떠올라 있는 것을 보았다. 그에게 그것은 기다림의 표정으로 보였다. 그러자 갑자기 그의 허리께, 등뼈의 저 밑뿌리에서 엷은 불꽃이 살짝 피어오르면서 혓바닥을 날름거렸다. 그의 영혼은 신음소리를 내었다. 다시금 인간과 가깝게 접촉하는 것은 그에게 있어 거의 죽음이나 마찬가지로 끔찍하게 두렵고 싫은 일이었다. 그는 무엇보다도 어서 그녀가 자리를 떠나 주었으면, 그래서 자기를 혼자 내버려 두었으면 하고 바랐다. 그녀가 지닌 의지, 여성적 의지, 그리고 현대 여성으로서의 고집스러움이 두려웠다. 그리고 무엇보다도 그는 자기 뜻대로 하는 그녀의 거리낌 없는 상류 계급적 무례함이 두려웠다. 왜냐하면 자신은 결국 일개 고용인에 불과했기 때문이다. 멜러즈는 그녀가 거기 있는 것을 증오했다.

멜러즈가 그렇다고 해서 코니에게 매력을 느끼지 않았던 것은 아니다. "그의 허리께, 등뼈의 저 밑뿌리에서 엷은 불꽃이 살짝 피어오르면서 혓바닥을 날름거렸기 때문이다." 사실 그가 사냥터지기로 고독하게 살기로 결정했던 이유는, 이미 다른 여자에게 심하게 상처를 받은 적이 있었기 때문이다. 그런데 다시 사랑에 대한 열망이 저 밑 성기를 요동치도록 만들고 있다. 더군다나 코니는 자기 주인의 부인 아닌가. 주인이 알면 자신이 자처한 고독한 삶은 여지없이 파괴될 것이다. 물론 그렇다고 해서 코니의 은밀한 유혹을 거부할 수도 없다. 코니도 충분히 멜러즈의 삶을 흔들 수 있기 때문이다. 아무리 여자라고 해도 코니는 안주인 아닌가. 그러나 뭐니 뭐니 해도 가장 당혹스러운 것은 여자를 거들떠보지도 않겠다는 다짐이, 자신을 조롱이라도 하듯 무너지고 있다는 자각이겠다.

코니를 끌어안을 것인가, 코니를 거부할 것인가? 도대체 어찌 해야 하는가. 불쌍한 멜러즈로서는 멘붕 상태에 빠질 수밖에 없는 일이다. 로렌스의 소설을 읽고 멜러즈의 감정 상태를 알았다

당황

낯선 상황에서 내 안에 전혀 예상치 못한 욕망을 발견
할 때 우리는 당황하게 된다. 즉 생각했던 나의 모습과
살아서 욕망하는 나 사이의 간극을 확인할 때 발생하는
감정이다. 따라서 당황의 경험을 통해 우리는 진정한 자
신 혹은 맨얼굴을 찾을 수도 있다.

면, 스피노자는 당황의 감정이 멜러즈의 온 몸을 감싸고 있다고 이야기했을 것이다.

> 당황(consternatio)이라는 감정은 인간을 무감각하게(stupefactum) 만들거나 동요하게(fluctuantem) 만들어 악을 피할 수 없도록 만드는 두려움이라고 정의된다.
>
> ── 스피노자, 『에티카』에서

당황의 감정을 정의하면서, 스피노자는 이 감정을 더 구체적으로 설명한다. "무감각하게 된다는 것은 악을 피하려는 그의 욕망이 경이로움에 의해 제약된다는 것을 의미하고, 동요하게 된다는 것은 악을 피하려는 욕망이 다른 악을 고려하는 소심함에 의해 제약된다는 것을 의미한다."라고 말이다. 정말 예상치도 못한 사태에 당황하고 있는 멜러즈의 마음 상태를 정확히 포착하는 설명 아닌가. 여자를 피하겠다는 욕망도 새롭게 꿈틀대는 욕망에 대한 놀라움으로 제약되니, 멜러즈는 '무감각해지게' 된 것이다. 동시에 여자를 피하겠다는 욕망은 여자를 피했을 때 발생하는 악을 고려할 수밖에 없으니, 멀레즈는 '동요하게' 된 것이다. 한마디로 당황은 이러지도 저러지도 못하는 정신 상태, 요즘 말로 멘붕 상태의 감정에 다름 아니다. 그렇지만 당황은 단순히 멘붕 상태에만 그치는 것이 아니라, 자신과 상대방, 그리고 미래에 대한 극심한 두려움을 수반하는 감정이다.

『채털리 부인의 연인』은 멜러즈가 느끼는 이런 당황이 전체 등장인물을 물들이면서 전개되는 소설이다. 멜러즈와의 사랑이 깊어질수록, 코니도 멜러즈가 느끼던 당황의 감정을 겪게 된다. 불구가 된 남편이라도 남편은 남편 아닌가. 이제 어쩔 것인가. 남편에게 돌아갈 것인가, 아니면 멜러즈와 새로운 삶을 영위할 것인가? 멜러즈가 코니를 사랑하면서 당황의 감정을 나름 극복했던 것처럼, 코니도 멜러즈와의 사랑을 통해 당황의 감정에 대처해 나간다. 그렇지만 코니가 극복한 당황의 감정은 이제 다음 순서, 그녀의 남편 클리퍼드에게로 옮아간다. 아내에게 이혼하자는 요구를 듣고, 심지어 그녀가 사랑하는 애인이 다름 아닌 자신이 부리던 사냥터지기라는 사실을 알고는 클리퍼드도 적잖이 당황의 감정에 휩싸이게 된다. 이렇게 당황이라는 감정이 로렌스의 소설 전체를 움직이는 엔진처럼 작동하고 있다는 것이 무척 신기하다. 그렇지만 멜러즈, 코니, 그리고 클리퍼드에게서 당황의 감정이 끝나는 것은 아니다. 최종적으로 그들이 느꼈던 당황은 독자에게도 고스란히 남겨질 것이다. 책을 끝까지 읽은 독자만이 그것을 느끼게 될 테지만 말이다.

데이비드 로렌스
David Herbert Lawrence
1885-1930

교사를 지냈던 어머니는 주정뱅이 광부 남편과의 불화로 인해 아들을 향해 남다른 애정을 쏟게 되었는데, 『아들과 연인』에는 그런 어머니의 집착으로 인해 연애가 꼬이곤 했던 작가의 경험이 잘 나타나 있다. 어머니가 죽은 후에 로렌스는 노팅엄 대학교 시절 은사의 아내인 프리다와 이탈리아로 사랑의 도피를 떠난다. 1차 세계대전 전후로는 아내가 독일인이라는 이유로 박해를 받고 또 작품이 외설적이라는 비난을 받아 영국에 정착할 수 없었다. 『채털리 부인의 연인』(1928)은 피렌체에서 처음 출간되어 센세이션을 일으켰으나 출판 금지를 당해 해적판만 비싼 값에 유통되었다. 이 소설의 무삭제 판이 처음 출간된 것은 미국 그로브 출판사가 법정 투쟁 끝에 합법적으로 출간한 1959년에 이르러서였다.

『채털리 부인의 연인』은 오랫동안 포르노라는 꼬리표를 달고 출간되었으나, 돈을 숭배하는 현대 사회에 대한 작가의 신랄한 문명 비판을 담고 있다. "문명사회는 제정신이 아니었다. 돈과 소위 사랑이란 것에 사회는 아주 광적으로 집착하고 있었다. 그중에서도 돈이 단연 우세한 광증이었다. 개인들은 각기 따로따로 미친 가운데 이 두 가지 방식, 즉 돈과 사랑으로 스스로를 주장하며 내세우고 있었다."

또한 작가는 명예만 탐하는 남편에 대해 구토를 느끼는 코니를 통해 공허한 관념주의를 비판한다.

그녀는 모든 것을 비유나 말로 바꿔 버리는 그에게 화가 났다. 제비꽃은 주노의 눈꺼풀이니, 아네모네는 능욕당하지 않은 신부니 하는 식이었다. 항상 그녀와 살아 있는 삶 사이에 끼어드는 그런 말과 표현을 그녀는 얼마나 혐오하는지! 능욕을 범하는 것이 있다면, 그건 바로 말과 표현이었다. 즉 살아 있는 세상 만물로부터 생명의 수액을 모두 빨아 없애는 그 판에 박힌 말과 표현 구절들이었다.

당황

철학자의
어드바이스

단순히 후배나 선배라고 생각했는데, 그에게 키스하고 싶은 욕망이 머리를 들 때가 있다. 혹은 사랑하는 사람이어서 결혼했지만, 허니문에서 그와 섹스를 하는 것이 너무나 힘들고 끔찍하게 느껴질 때가 있다. 혹은 클럽에서 춤추는 사람들을 폄하했던 내가 부득이하게 클럽에 들어갔는데 음악과 조명에 몸을 맡기는 낯선 자신을 발견할 때도 있다. 이처럼 전혀 예상치 않았던 욕망을 내 자신에게서 발견하게 될 때 우리는 당황하게 된다. 한마디로 나도 내가 누구인지 모르겠다는 느낌, 혹은 나 자신을 믿지 못할 것 같다는 느낌이 바로 당황이라는 감정의 정체다. 그러니까 당황의 감정은 라캉의 표현을 빌리자면 "이런 사람일 거야."라고 생각했던 나와 실제로 살아서 욕망하는 나 사이의 간극을 확인할 때 발생한다. 어쩌면 당황의 감정에 빠진 사람은 행운아라고 할 수 있다. 당황의 감정을 통해 우리는 진정한 자신, 혹은 자기의 맨얼굴을 찾을 수 있을 테니 말이다. 그러니까 가면의 욕망과 맨얼굴의 욕망이 우리 내면에서 격렬하게 충돌한다면, 당황의 감정에 사로잡힌 것이다. 그러니 당황에 빠질 때 걱정할 건 없다. 무조건 맨얼굴의 욕망, 즉 내가 이런 사람이었나 하고 경이롭게 생각하는 욕망이 이길 수밖에 없기 때문이다. 물론 아주 여린 사람들은 맨얼굴의 욕망을 거부할 수도 있다. 키스하고 싶은 욕망을 누르기 위해 후배나 선배에게 오히려 쌀쌀맞게 굴거나 그들을 보지 않으려고 할 수도 있다. 남편과의 섹스를 꺼리는 마음을 달래기 위해 술을 마신 채로 그의 섹스에 응할 수도 있다. 아니면 춤을 추려는 욕망을 부정하기 위해 뒤풀이 장소에는 가급적 가지 않거나 친구들과의 늦은 만남을 피할 수도 있다. 뭐, 할 수 있을 때까지 자신에게 저항해 보라. 맨얼굴의 욕망을 부정하고 가면의 욕망을 추구하면 할수록, 낯빛은 피폐해지고 삶은 무기력해질 테니까.

14

경멸
CONTEMPTUS

자신마저
파괴할 수 있는
서글픔

「여인의 초상」,
헨리 제임스

프루스트가 말한 것처럼 사랑은 거대한 꿈과 같다. 어쩌면 일시적인 정신착란이라고도 할 수 있다. 상대방에게 있는 것을 없는 것으로 보고, 반대로 없는 것을 있다고 보니까 말이다. 눈에 콩깍지가 씌었다는 어른들의 말이 하나도 틀리지 않는 지경이다. 애인의 가난함은 게으름 탓이 아니라 순수함 때문이라고 생각하고, 애인의 소심함은 우유부단함 탓이 아니라 섬세함으로 생각하니, 사랑이 백일몽과 같다는 말이 맞기는 맞는가 보다. 그러나 꿈은 언젠가 반드시 깨어나는 법. 황홀한 꿈일수록 깨어날 때는 더 비참해지기 마련이다. 꿈속에서 재벌이었는데 눈을 뜨고 보니 비좁은 단칸방에 누워 있다는 사실에 직면한다면, 그 참담함을 말해 무엇하겠는가. 여기 자신들의 눈에서 콩깍지가 떨어져 버린 서글픈 남녀의 이야기가 있다.

이사벨에게 귀족적인 생활은 고도의 지식과 자유가 결합된 것으로서, 지식은 인간에게 의무감을, 자유는 향락을 준다고 생각했다. 그러나 오스먼드에게 귀족적인 생활이란 완전히 형식적인 것이며 의식적으로 계산된 태도였다. 그는 오래된 것, 신성한 것, 계승된 것을 좋아했다. 이사벨도 마찬가지였지만 자신이 선택한 것을 좋아하는 척했을 뿐이다. 오스먼드는 전통에 대해 비상한 경의를 품고 있었다. 언젠가 그가 이사벨에게 전통을 갖는 건 누가 뭐래도 좋은 일이지만, 불행히도 전통을 갖고 있지 않을 경우에는 즉시 그것을 만들어야 한다고 말한 적이 있었다. 이 말 속에는 그녀에게는 전통이 없지만 자기에게는 다행히도 있다는 뜻이 담겨 있음을 이사벨은 깨달았다. 다만 그가 어디에서 그 전통을 획득했는지 그녀는 알 길이 없었다. (······) 어쨌든 이사벨은 남편의 그런 사고방식을 경멸했으며, 그것은 결국 그를 고자세로 만들었다. 오스먼드가 아내를 몹시 경멸했기에 아내 쪽에서도 남편을 경멸하는 건 당연했다. 자신이 세상을 인식하는 방식에 대하여 아내가 뜨거운 경멸의 눈길을 던진다는 것, 그것은 오스먼드가 예상하지 못했던 위협이었다. 그는 아내가 이런 행동을 취하기 전에 그녀의 감정을 통제해야만 한다고 믿었다. 그리고 이사벨은 남편이 자신의 자신감이 지나쳤다는 것을 스스로 깨달았을 때 그의 귀가 얼마나 타들어갔을지 쉽게 상상할 수 있었다. 어떤 남편이든 아내가 이런 느낌을 줄 경우에는 아내를 미워할 수밖에 없는 법이다.

너무나 때늦은 후회다. 촛불만이 외롭게 빛을 내는 거실에 홀로 앉아 이사벨은 자신이 남편 오스먼드를, 그리고 남편은 자신을 경멸하고 있다는 사실을 인정할 수밖에 없었다. 갑작스러운 유

경멸

산 상속으로 자신의 삶을 자기 스타일대로 살 수 있었음에도, 이사벨은 가난한 남자, 심지어 이미 딸까지 있는 오스먼드와 결혼했다. 결혼을 결정하기에 앞서 그녀는 영국 귀족 워버튼 경과 미국의 성공한 사업가 굿우드의 청혼마저 과감하게 거부했다. 영국 귀족이 상징하는 고리타분한 관습과 인습, 그리고 미국 사업가가 보장하는 부유함 때문에 자신만의 삶을 살아내려는 의도가 좌절될까 두려웠던 것이다. 그런데 이런 대가를 무릅쓰고, 그리고 주변의 만류를 뿌리치며, 우여곡절 끝에 이루어진 결혼은 그녀에게 오히려 참담하기 그지없는 현실로 보답했다. 오스먼드라는 남자가 겉보기와는 달리 인습의 추종자일 뿐만 아니라 동시에 부유함을 지향하는 속물이었기 때문이다. 그러니 밤이 새도록 이사벨의 고민은 깊어져 가기만 했던 것이다.

헨리 제임스의 소설 『여인의 초상(The Portrait of a Lady)』(민음사)은 사랑, 결혼, 그리고 부부 생활에 고뇌하는 한 여성의 내면을 담담한 필치로 서럽게 묘사한다. 한때 설렘과 열정의 대상이었던 두 남녀가 어쩌다가 서로를 경멸하는 관계에 이르게 되었는지 안타깝기만 하다. 부부를 사로잡고 있는 경멸이라는 감정에 좀 더 섬세한 메스를 가하려면, 스피노자의 도움이 더욱 필요할 것이다.

경멸(contemptus)이란 정신이 어떤 사물의 현존에 의하여 그 사물 자체 안에 있는 것보다 오히려 그 사물 자체 안에 없는 것을 상상하게끔 움직여질 정도로 정신을 거의 동요시키지 못하는 어떤 사물에 대한 상상이다.
— 스피노자, 『에티카』에서

탐욕스럽고 이기적인 사람과 만나 시간을 보낼 수밖에 없을 때, 우리는 자꾸 타인을 배려하는 섬세한 마음씨를 떠올리는 경우가 있다. 이런 소중한 정신적 태도가 떠오를수록, 우리는 지금 내 눈 앞에 있는 사람 자체를 무시하고, 심지어는 부정하게 된다. 이런 우리의 마음 상태는 어떤 식으로든지 겉으로 드러나기 마련이다. 이럴 때 상대방은 우리가 자신을 경멸하고 있다는 걸 어렵지 않게 직감하게 된다. 이것이 바로 스피노자가 말한 경멸이 발생하는 메커니즘이다. 이제야 우리는 비극적인 두 남녀 이사벨과 오스먼드가 서로를 어떤 식으로 경멸하고 있는지 짐작할 수 있게 되었다. 이사벨은 남편 오스먼드와 함께 있을 때 허위의식이 없는 자유로운 정신을 상상하고, 반대로 오스먼드는 아내 이사벨과 함께 있을 때 전통과 관습을 존중하는 경건한 정신을 상상하고 있었던 것이다.

원칙적으로 말해 경멸하는 대상과는 함께 있지 않으면, 모든 문제는 저절로 해결된다. 하나뿐인 소중한 삶을 경멸하는 대상과 지내는 것만큼 불행한 일이 또 어디 있겠는가. 자기만의 생각과 감정을 소중하게 여기고 있다면, 이사벨은 단호하게 오스먼드와 헤어져야만 했다. 그렇지만 이사벨은 자신이 생각한 것만큼 실제로 당당한 여성은 아니었던 것이다. 아이러니하게도 이사벨에게도 남편 오스먼드와 마찬가지로 타인의 시선을 의식하는 속물근성이 자리 잡고 있었기 때문이다. 작가는 이사벨의 속내를 이렇게 묘사한 적이 있다. "결혼을 파기한다면 그녀의 미래는 온통 어두워질 것이다. 오스먼드와 결별하면 영원히 그렇게 되는 셈이며, 서로의 요구를 받아들일 수 없음을 공공연히 인정한다면 그들의 시도가 모두 실패로 끝났다는 것을 인정하는 셈이 된다."

이사벨은 "지식과 자유가 결합된" 삶, 그러니까 자신만의 스타일대로 살아내는 삶을 꿈꾸었다. 그렇지만 이런 꿈도 사실 일종의 허영이었던 셈이다. 이사벨은 그렇게 사는 것이 남들이 보기에 가장 멋진 삶이라고 생각했을 것이다. 자유롭게 산다는 것과 자유롭게 살고 있는 것으로 보이고 싶다는 것은 완전히 다른 일이다. 그렇지만 남의 눈을 의식하는 사람이 어떻게 진정한 자유를 구가할 수 있겠는가. 남편 오스먼드가 타인의 시선을 의식했던 것처럼, 그녀도 그만큼 타인의 시선을 의식하는 여자였던 것이다. 이미 결혼은 파기되어서는 안 된다고 믿는 순간, 이사벨은 남편과 마찬가지로 자신도 인습에 매여 있다는 사실을 드러내는 것 아닌가. 유유상종이라고 했던가…… 겉모습은 확연히 다르지만, 두 사람 모두 부자유스럽기는 마찬가지였던 셈이다. 그녀가 점점 자신의 꿈을 버리고 남편의 가치관을 받아들이는 것도 이런 이유에서인지도 모른다.

너무나 불행한 일이다. 남편의 가치관을 받아들이는 순간, 이사벨은 언젠가 인습과 관습을 존중하는 자신의 모습을 확인할 수밖에 없을 테니까. 아니, 이사벨은 이미 너무나 남편과 닮아 있는 것이다. 아니나 다를까, 그녀는 오스먼드의 딸 팬지에게 사랑하는 남자를 잊고 속물적인 결혼을 하라고 권하기까지 한다. 그렇지만 팬지에게 "너에게 돈이 별로 없으니 재산을 더 바라게 되는 거란다."라고 말하는 순간 "이사벨은 방 안이 어둠침침한 것이 고마웠고, 갑자기 얼굴이 화끈거리는 것을 느꼈다."

그녀가 이런 말을 하는 건 오스먼드를 위해서였다. 그를 위하는 일이라면 이런 말을 하지 않을 수 없었다! 그녀의 눈을 응시하고 있는 팬지의 엄숙한 눈초리가 그녀를 당황스럽게 했으며, 팬지가 바라는 것을 자신이 너무 소홀히 다루었다고 생각하니 부끄러움이 앞섰다.

남편을 경멸함에도 불구하고 그와의 삶을 유지하려는 비겁함을 자각했기 때문일까, 아니면 자신의 내면에 이미 남편의 가치관이 괴물처럼 꿈틀거리고 있었다는 사실을 자각했기 때문일까, 어느 경우든 상관이 없다. 남편을 경멸한다면, 이사벨은 자신도 경멸해야 한다는 사실에 직면하게 된 것이다. 아, 바로 이것이다! 자신만의 고유한 삶, 그러니까 남의 시선을 의식하지 않는 충만한 삶을 영위하려면, 이사벨은 경멸하는 과거 자신과 철저히 단절해야 할 뿐만 아니라 경멸하는 대상과도 단절할 수 있는 용기가 필요했던 것이다. 그렇지만 이런 용기는 또 얼마나 얻기 힘든 것인지.

남편을 경멸함에도 불구하고 그와의 삶을 유지하려는
비겁함 때문에, 마침내 이사벨은 자신을 경멸하기에 이
른다. 내 감정을 소중하게 여기고 자신을 긍정하기 위해
서는 경멸하는 대상과 단절할 수 있는 용기가 필요하다.

헨리 제임스
Henry James
1843-1916

『여인의 초상』(1881)은 허먼 멜빌의 『모비딕』, 대니얼 호손의 『주홍글자』와 함께 19세기 가장 뛰어난 미국 소설로 손꼽힌다. 헨리 제임스는 '당대 가장 지적인 작가' (T. S. 엘리엇)였으며, 파리에서 만난 투르게네프로부터 영향을 받아 줄거리보다 캐릭터 형성에 심혈을 기울이면서 '심리적 리얼리즘'을 이룩했다. 형 윌리엄 제임스는 '의식의 흐름'이라는 용어를 처음으로 사용한 근대 심리학자이자 철학자다.

『여인의 초상』은 '20세기 의식의 흐름 기법'을 예고하는 선구자적인 작품으로, 철저한 내면 분석을 통해 외피에 가려진 인간의 본성을 들여다보고자 한다.

이사벨은 오스먼드를 측은하게 생각할 때가 종종 있었다. 비록 그녀가 의도적으로 그를 기만하지는 않았어도 실제로는 완전히 기만한 것을 알고 있었기 때문이다. 오스먼드가 처음 이사벨을 알게 되었을 때 그녀는 눈에 띄는 처신을 삼갔고, 존재감을 드러내지 않고 스스로를 낮추며 겸손하게 행동했다. (……) 오스먼드는 변한 것이 없었다. 그는 구혼을 할 무렵에도 그녀에게 본심을 감추지 않았다. 그러나 이사벨은 그의 본성의 반쪽만을 보았으며, 그것은 마치 지구의 그늘 때문에 일부가 가려진 달의 표면을 본 것과도 같았다. 그러나 지금 그녀는 만월(滿月), 즉 인간 전체를 보게 된 것이다. 늘 그렇듯 그가 자기 뜻대로 행동하도록 그저 보고만 있었지만, 그럼에도 불구하고 이사벨은 부분을 전체로 잘못 생각했던 것이다.

"무척 외롭고, 교양 넘치고, 정직한 남자"라고 생각했던 오스먼드가 실은 "독단적이고 인습적인" 인간임이 드러난다. 독립적이고 자유로운 삶을 꿈꿨던 이사벨은 결국 잘못된 결혼으로 인하여 "암흑과 질식의 집"에 갇히게 된다.

경멸

철학자의
어드바이스

누군가를 경멸하는 사람은 불행한 사람이다. 물론 더 불행한 사람은 경멸당하는 사람일 테지만. 여자는 남자를 사랑했다. 그렇지만 남자는 더 이상 여자를 사랑하지 않는다. 그렇다고 여자가 어떻게 남자를 쉽게 포기하겠는가. 그것은 사랑을 포기하는 것이자 동시에 자신이 느낀 기쁨을 포기하는 일이니까 말이다. 바로 여기에 사랑의 비극이 있다. 여자는 남자와 함께 있을 때 기쁨을 느끼지만, 남자는 여자와 함께 있을 때 슬픔을 느낀다. 어차피 언젠가는 헤어질 수밖에 없는 관계인 셈이다. 그래서 여자는 결단을 해야만 한다. 그녀는 남자를 떠나 슬픔을 혼자 감당할 수도 있다. 아니면 남자를 억지로라도 붙잡아서 둘 다 슬픔에 빠뜨릴 수도 있다. 억지로 붙잡힌 남자는 슬픔에 빠져들 것이고, 그의 슬픔은 여자를 또 슬프게 만들 테니까 말이다. 불행히도 여자는 후자를 선택한다. 억지로라도 남자를 곁에 두려는 것이다. 비록 처음에는 남자가 슬픔에 빠질 수도 있지만, 최선을 다해 남자를 행복하게 해 주면 그의 마음이 돌아설 수도 있으리라 기대했던 것이다. 너무 진부한 방법이지만 여자는 남자를 호텔로 유혹하는 데 성공한다. 여자는 남자가 호텔에 함께 들어올 수밖에 없도록 만들었다고 치자. 그곳에서 여자는 정성을 다해 남자의 몸을 그리고 그의 마음을 애무한다. 그렇지만 남자는 마치 시체처럼 반응이 없다. 심지어 그는 지금 다른 여자를 생각하고 있는 것 같다. 그렇지 않고서야 어떻게 옷 한 조각 걸치지 않은 자신에게, 그렇게 애정을 담아 애무하고 있는 자신에게 무감각할 수 있겠는가. 그렇다, 지금 남자는 할 수 있는 한 여자를 경멸하고 있는 중이다. 누군가를 앞에 두고서 다른 사람을 생각하는 것, 혹은 다른 사람을 생각하려고 하는 것, 이것이 바로 경멸이다. 얼마나 무서운 일인가, 사랑하는 사람으로부터 시체 옆에 있는 느낌을 얻는 경험은. 이제 알겠는가? 경멸당하지 않으려면 내게서 슬픔을 느끼는 사람을 쿨하게 보내 주는 방법밖에 없다는 사실을.

15

잔혹함
CRUDELITAS

사랑의
비극

『인생의 베일』
서머싯 몸

적반하장(賊反荷杖)도 이만 하면 예술이다. 바람둥이 찰스와 외도한 사실이 들통 나자, 키티는 오히려 남편 월터를 윽박지른다. "난당신을 사랑한 적 없어. 우리는 공통점이 하나도 없잖아. 난 당신이 좋아하는 사람들을 좋아하지 않을뿐더러 당신이 관심을 갖는것들은 죄다 지루하기만 해." 키티의 말은 반은 진실이고 나머지절반은 거짓이다. 키티는 남편을 사랑하지 않아서 바람둥이를 만난 것이 아니니까. 사실 그녀는 바람둥이를 만나 쾌락에 빠져서순간적이나마 남편을 잊어버렸던 것이다. 자신은 그렇게 육체적욕망 때문에 망가지는 여자가 아니라는 자존심 때문일까? 키티는바람을 피운 것이 아니라 그 남자를 사랑하는 거라고 강변하고 있다. 물론 자신의 말에 무게감을 주기 위해 키티는 지금까지 남편을 사랑한 적이 없다고 도리어 역정을 내고 있다.

지금 키티의 모든 말은 비수처럼 월터의 가슴에 하나하나제대로 꽂혔다. 칼은 칼로 상대하는 법. 자신의 사랑이 조롱당하자, 그토록 배려심 깊었던 월터도 지금까지 키티에게 하지 않았던 말들, 아내에게 한 번도 감히 하지 못했던 잔인한 말들을 쏟아내기 시작한다.

"나는 당신에 대해 환상이 없어. 나는 당신이 어리석고 경박한 데다 머리가 텅 비었다는 걸 알고 있었어. 하지만 당신을 사랑했어. 당신의 목적과 이상이 쓸데없고 진부하다는 것도 알고 있었어. 하지만 당신을 사랑했어. 당신이 이류라는 것도 알고 있었어. 하지만 당신을 사랑했어. 당신이 기뻐하는 것에 나도 기뻐하려고 얼마나 애썼는지, 내가 무지하지 않다는 걸, 천박하지 않다는 걸, 남의 험담을 일삼지 않는다는 걸, 그리고 멍청하지 않다는 걸 당신에게 숨기기 위해 얼마나 애썼는지 생각하면 한 편의 코미디야."

우리는 지금 서머싯 몸의 소설 『인생의 베일(The Painted Veil)』(민음사)에서 가장 서글픈 대목을 읽어 보았다. 아마 이 소설을 영화화한 「페인티드 베일」을 본 독자라면, 이 대목을 가장 불똥 튀는 장면으로 아프게 기억할 것이다. 『인생의 베일』이 세 번이나 영화화된 이유는 분명하다. 누구나 한 번쯤 겪게 되는 사랑의 짙은 그림자를 이 소설만큼 제대로 묘사한 작품도 없기 때문이다. 사랑에 빠졌던 사람이라면 누구나 자신이 애인에게 얼마나 헌신적일 수 있는지를 확인하고 놀라는 경험을 해보았을 것이다. 이기적이었던 사람도 거의 성인처럼 이타적인 사람으로 만드는 것이 바로 사랑만이 해낼 수 있는 최고의 기적이니까. 그렇지만 반대의 경우도 있다. 사랑에 빠졌던 사람은 애인에게 자신이 어디까지 잔인해질 수 있는지에 대해 스스로 경악하는 순간도 분명 경험했을 것이다. 괴물과도 같은 잔혹함이 도대체 어디에 숨어 있었는지 모를 정도로 우리는 독해질 수도 있다.

미성숙한 사람만이 고개를 갸우뚱거릴 것이다. '어떻게 사랑하는 사람에게 잔인할 수 있다는 거야?' '사랑은 애인을 행복하게 해 주는 감정 아닌가?' 그렇지만 사랑 때문에 더 아프지 않기 위해서 우리는 잔인해질 수 있다. 애인에 대한 잔인함이 그나마 자신에 대한 잔인함을 약화시킬 수 있다는 것을 본능적으로 알기 때문이다. 그래서 아직도 사랑하는 감정이 남아 있는데도 그것을 잔인하게 잘라내는 장면만큼 우리를 슬프게 하는 것도 없다. 한때는 사랑했지만 무슨 이유에서든 헤어지게 되는 커플이 서로에게 잔인한 말과 행동을 서슴지 않는 경우가 있다. 물론 헤어지는 모든 커플들이 키티나 월터처럼 서로에게 잔인해지지는 않는다. 서로에 대한 관심이 식어서 헤어지는 경우라면, 아예 잔인해질 이유도 없을 테니까 말이다. 서로에게 이토록 잔인하게 구는 건, 아직 애정이 남아 있기 때문이다.

아직도 사랑하고 있기에, 우리는 잔인해질 수도 있다. 그래서일까, 스피노자도 잔학함과 잔인함 속에는 사랑의 감정이 깔려 있다는 것에 주목했던 것이다.

> 잔혹함(crudelitas)이나 잔인함(soevitia)이란 우리가 사랑하거나 가엽게 여기는 자에게 해악을 가하게끔 우리를 자극하는 욕망이다.
> — 스피노자, 「에티카」에서

미워하거나 경멸하는 사람에게 해악을 가하는 것은 너무나 쉽다. 그래야 나를 슬픔에 빠뜨린 그 사람을 내 삶에서 쫓아낼 수 있으니까. 마조히스트가 아니라면 학대를 견디면서까지 내 곁에 계속 머물려는 사람이 몇이나 있겠는가. 하지만 사랑하거나 가엽게 여기는 사람에게 해악을 가하는 것은 너무나 어려운 일이다. 그것은 나의 기쁨을 제거하거나 포기하는 행위이기 때문이다. 정상적인 경우라면 사랑은 사랑하는 사람을 기쁘게 만드는 감정으로 작용한다. 사랑하는 사람을 기쁘게 만드는 이유는 다른 데 있는 것이 아니다. 나와 함께 있을 때 기쁨을 느낀다면, 그는 되도록 나와 함께 있으려고 할 것이다. 어떻게 인간이 자신에게 기쁨을 주는 사람의 곁을 떠날 수 있겠는가.

결국 사랑하는 사람을 행복하게 만들어 주는 이유는 나의 존재가 그 사람에게 행복을 야기하기 때문이다. 황지우 시인의 말처럼 이타심은 늘 결국에는 이기심이라는 지적이 가능한 것도 이런 이유 때문은 아닐지. 그렇기 때문에 잔인함은 기묘하고, 심지어는 괴이하게 보이기까지 하는 감정이다. 잔인함은 사랑하는 사람을 기쁘게 하기는커녕 오히려 기분 나쁘게, 심지어는 분노하게 만드는 감정이니까. 결국 이런 잔인함은 마침내 사랑하는 사람을 자기 곁에서 떠나도록 만들게 된다. 잔인한 말과 행동을 통해 우리가 원했던 것은 바로 이것이다. 사랑하는 사람을 자신으로부터 떠나도록 만들고 싶었던 것, 그래서 둘 사이를 끈끈히 연결시켜 주고 있던 사랑의 끈을 자르고 싶었던 것이다.

불행히도 잔인함은 사랑하는 사람에게 상처를 주는 데 그치지 않는다. 그것은 우리 자신에게도 씻을 수 없는 상처를 남기기

"나는 당신에 대해 환상이 없어. 나는 당신이 어리석고
경박한 데다 머리가 텅 비었다는 걸 알고 있었어, 하지
만 당신을 사랑했어. 당신이 이류라는 것도 알고 있었
어, 하지만 당신을 사랑했어. 내가 천박하지 않다는 걸,
남의 험담을 일삼지 않는다는 걸 숨기기 위해 얼마나
애썼는지 생각하면 한 편의 코미디야."

때문이다. 사랑하는 사람은 나에게 기쁨을 주는 존재다. 그럼에도 불구하고 그에게 상처를 주어서 쫓아낸다면, 더 이상 나에게 기쁨을 주는 사람은 남지 않게 된다. 당연히 우울함과 슬픔이 기쁨 대신 나 자신을 뜯어먹기 시작할 것이다. 결국 잔인함으로 우리는 자신뿐만 아니라 사랑하는 사람 모두에게 심각한 상처를 남기게 된다. 그러니 잔인함에 '사랑의 자살'이라는 별칭을 붙여 줘도 되겠다. 사랑하는 사람에게 상처를 주고 그 대가로 사랑하는 사람으로부터 상처를 받는 서글픈 공멸이 잔인함의 최종 목적일 테니까 말이다. 칼자루가 없는 칼, 그러니까 양쪽 모두 날이 퍼렇게 선 칼을 잡고 서로를 찌르니, 상대방도 피를 흘리고 칼날을 잡고 있는 나의 손에도 피가 흐르는 모양새다.

『인생의 베일』에서 세균학자인 월터는 키티를 전염병이 창궐하는 중국으로 데려가 일종의 유배 생활에 들어간다. 둘 다 죄인이기 때문이다. 한때의 열정에 휩싸여 남편에게 잔인하게 굴었던 아내나 잔인함을 잔인함으로 받아쳤던 남편이나 모두 사랑의 죄인이기 때문이다. 그러니 콜레라에 걸린 환자를 헌신적으로 돌보았던 월터의 행동은 헌신적인 인류애와는 거리가 먼 것일 수밖에 없었다. 그의 중국행은 사랑이라는 감정에 잔인한 칼날을 들이댔던 죄를 갚으려는 속죄 의식이었으니까. 그는 합법적으로 스스로를 파멸시킬 수 있는 장소를 물색했다고나 할까? 자신이 바라던 대로(?) 월터는 그곳에서 콜레라에 걸리고 만다. 흔히 콜레라를 천형(天刑)이라고 동양에서 부른 것처럼, 월터는 제대로 벌을 받은 셈이다.

이미 자신의 잘못을 뉘우치고 있던 키티는 마지막 숨을 몰아쉽던 월터에게 눈물로 용서를 구한다. 그러고는 남편에게 아직도 자신을 경멸하느냐고 묻는다. 죽어 가면서도 월터는 키티에게 잔인하게 군다. "아니. 나 자신을 경멸해. 당신을 사랑했으니까." 마침내 월터는 "죽은 건 개였다."는 수수께끼 같은 말을 남기고 눈을 감는다. 월터의 마지막 말은 18세기 영국 시인 올리버 골드스미스의 시 한 구절인데, 개가 사람을 물었지만 죽은 것은 사람이 아니라 개였다는 내용이다. 그렇다, 잔인함은 사랑하는 사람이 아니라 결국 나 자신을 파멸로 이끄는 감정이다. 서머싯 몸이 우리에게 알려 주고 싶었던 교훈은 바로 이것 아니었을까?

서머싯 몸
William Somerset
Maugham
1874-1965

『인간의 굴레』, 『달과 6펜스』 등으로 대중에게 친숙한 영국 작가 서머싯 몸은 소설이란 무엇보다도 "재미를 위한 것"이라고 말한다. 당시는 윌리엄 포크너, 제임스 조이스, 버지니아 울프 등 쟁쟁한 모더니스트들이 활동하던 시절이라서 비평가들은 서머싯 몸을 대중소설가라고 깎아내렸다. 하지만 그의 소설들은 간결하고 쉬운 문체로 이야기를 흥미진진하게 이끌면서 뛰어난 심리 묘사를 보여 작품성과 대중성을 모두 인정받고 있다.

『인생의 베일』(1925)은 삼각관계를 다룬 연애소설이면서 동시에 여성의 성장소설이다. '동생보다 먼저' 결혼하여 노처녀 신세를 면하려고 했던 키티는 "정부 세균학자의 아내라는 자신의 위치가 특별히 주목받는 처지가 아니라는 사실을 곧 깨달았다. 그녀는 화가 치밀었다." 살짝 경박한 키티에게는 지적이고 품위 있는 월터와의 결혼 생활이 따분하다. 이때 찰스라는 멋쟁이 바람둥이가 나타나 키티의 마음을 사로잡지만, 찰스가 허풍쟁이라는 걸 잘 아는 월터는 그런 남자에게 반한 아내를 경멸하기에 이른다.

자존심에 상처를 입은 여자는 새끼 잃은 암컷 사자보다 더 지독하게 복수심을 불태우는 법이다. 늘 각진 느낌을 주었던 키티의 턱은 원숭이처럼 볼썽사납게 앞으로 툭 튀어나왔고 그녀의 아름다운 눈은 악의로 잔뜩 어두워졌다. 하지만 그녀는 흥분을 다스렸다. "남자가, 여자가 자신을 사랑하도록 만드는 데 필요한 것을 갖추지 못했다면, 그건 그의 잘못이에요. 여자 탓이 아니라." 침착함을 유지해야 월터에게 더욱 상처 줄 수 있다는 걸 그녀는 직감했다.

겉모습만 화려한 찰스에게 반해 남편의 진가를 알아보지 못하는 키티, 그리고 그녀의 허위의식을 알면서도 아내를 사랑한 월터 두 사람의 애증을 통해 작가는 사랑의 가치와 성숙의 의미를 전한다.

잔혹함

철학자의
어드바이스

몇몇 정신적으로 문제가 있는 사람을 제외한다면, 우리는 사랑하는 사람에게 잔인하게 굴지 않는다. 그렇지만 정신적 문제도 없으면서 사랑하는 사람에게 잔인해지는, 분명 기이하지만 동시에 흔한 현상이 있다. 보통 사랑하는 사람에게는 행복을 안겨 주고자 하는 법인데, 무슨 이유로 우리는 사랑하는 사람에게 잔인해지는 걸까? "잔인함은 사랑하는 사람에게 해악을 가하려는 욕망"이라는 스피노자의 정의를 조금 바로 잡을 필요가 있다. "잔인함은 아직도 나를 사랑하고 있는, 한때 서로 사랑했던 사람에게 해악을 가하려는 욕망"이라고 말이다. 한때 사랑했던 남녀가 있다. 그런데 상황은 완전히 변했다. 한 사람은 여전히 상대방을 사랑하지만, 다른 한 사람은 더 이상 사랑하지 않게 된 것이다. 두 사람 중 왜 한 사람만이 사랑이 식게 되었는지는 중요하지 않다. 아마도 다른 사람이나 다른 것을 사랑하게 되었을 것이다. 어쨌든 인간은 사랑이 없다면 존재할 수 없는 법이니까. 한때 사랑했지만 지금은 사랑하지 않는 사람이 아직도 나를 사랑하고 있다는 것은 여간 곤혹스러운 사태가 아닐 수 없다. 이럴 때 우리에게 상대방의 사랑은 떨치기 힘든 부담으로 다가온다. 중요한 것은 내가 그 사람을 지금은 사랑하고 있지 않다는 자명한 사실이다. 그러니 배신자는 그가 아니라 바로 나인 셈이다. 배신의 피를 혼자만 묻히고 있는 것이 싫어서일까. 나는 상대방도 사랑을 배신하는 피를 흘리도록 강요한다. 이것이 바로 잔인함이라는 감정의 서글픈 실체다. 내가 지금 상대방을 사랑하지 않는 것처럼 상대방도 나를 사랑하지 않을 때까지 나는 상대방의 가슴에 잔인한 행동과 잔혹한 말을 비수로 던져 피를 흐르게 할 참이다. 슬프게도 이런 식으로 한때 두 사람을 천상에 살게 했던 사랑은 피를 흘리며 무참히 살해된다.

16

욕망
CUPIDITAS

모든 감정에
숨겨져 있는
동반자

『프랑스 중위의 여자』,
존 파울즈

얼마나 오랫동안 그렇게 서로의 눈을 들여다보고 있었을까. 영원
처럼 긴 시간이 흐른 것 같았지만, 실은 삼사 초 동안에 불과했다.
손이 먼저 움직였다. 어떤 신비로운 교감에 의해 손가락이 서로 엉
켰다. 이어서 찰스는 한쪽 무릎을 세우고 열정적으로 사라를 끌어
안았다. 두 입술이 서로 부딪쳤다. 둘 다에게 충격을 줄 만큼 거친
입맞춤이었다. (……) 그와 그녀의 알몸 사이에는 한 겹의 얇은 잠
옷밖에 없었다. 찰스는 오랫동안 참아 온 갈증으로 그녀의 입술을
빨면서, 사라의 몸을 가슴에 끌어당겼다. 그 갈증은 단지 성적 욕
망만이 아니라, 낭만과 모험, 죄악, 광기, 야수성 같은 금지된 모든
것에 대한 억제할 수 없는 욕망이었다. 그 모든 욕망들이 찰스의
내면에서 소용돌이를 일으키며 지나갔다.

마침내 여자와 남자는 격렬하게 서로 몸을 섞는다. 여자는
프랑스 중위와 놀아나다 버림 받았다고 손가락질 받던 사라였고,

남자는 귀족 삼촌의 상속자이자 어니스티나라는 부유한 집안의 외동딸을 약혼녀로 두고 있는 찰스였다. 지금도 그렇지만 영국 빅토리아 시대에 일어나서는 안 되는 사건이 너무나도 강렬한 힘에 이끌려 발생하고 만 것이다. 현실화하기에는 너무 많은 제약과 고통이 따르는 사랑에 몸을 맡기는 두 남녀의 운명이 어떻게 비극적이지 않을 수 있겠는가. 존 파울즈의 장편소설『프랑스 중위의 여자(The French Lieutenant's Woman)』(열린책들)는 표면적으로는 두 남녀의 비극적인 사랑을 그리고 있는 것처럼 보인다. 그렇지만 페이지를 넘기다 보면, 단순한 러브스토리에 지나지 않으리라는 선입견은 여지없이 깨지고 만다.

　『프랑스 중위의 여자』는 분명 연애소설이다. 그렇지만 흔한 연애 이야기만은 아니다. 작가는 사랑이라는 감정을 통해 인간의 본질, 그러니까 욕망이라는 문제와 아주 진지하게 씨름하고 있기 때문이다. 따라서 사라와의 격렬한 정사에서 찰스가 충족하려고 했던 것이 얼마나 중요한 것인지 이제 분명해진다. 찰스는 "성적 욕망만이 아니라 낭만과 모험, 죄악, 광기, 야수성 같은 금지된 모든 것에 대한 억제할 수 없는 욕망"을 채우려고 했던 것이다. 이 대목에서 욕망의 윤리학자 스피노자의 이야기를 잠시 경청해 보면 도움이 될 것이다.

> 욕망(cupiditas)이란 인간의 본질이 주어진 감정(affectione)에 따라 어떤 것을 행할 수 있도록 결정되는 한에서 인간의 본질(essentia) 자체이다. (……) 욕망은 자신의 의식(conscientia)을 동반하는 충동(appetitus)이고, 충동은 인간의 본질이 자신의 유지에 이익이 되는 것을 행할 수 있도록

결정되는 한에서 인간의 본질 자체이다.

— 스피노자, 『에티카』에서

　대부분의 철학자들이 인간의 이성에서 윤리학을 시작하려고 할 때, 스피노자는 자신의 윤리학을 욕망에서부터 출발했다. 이것이 바로 스피노자가 지닌 혁명성이다. 개개인의 삶보다는 사회질서를 우선시하는 대부분의 윤리학자들이 스피노자를 그토록 비난했던 것도 다 이유가 있었던 셈이다. 그들은 전체 사회를 위해 개인의 욕망은 통제되거나 절제되어야 한다고 주장했으니까. 이렇게 사회 전체의 입장에서 자신의 욕망을 검열하는 것이 바로 '이성'의 역할이다. 결국 이성의 윤리학은 사회의 윤리학이지 '살아 있는 나'의 윤리학일 수는 없다. 욕망을 긍정하면서 스피노자가 복원하고자 했던 것이 바로 이 '살아 있는 나'를 위한 윤리학이었던 것이다. 스피노자의 말대로 우리는 모두 무엇인가를 욕망하는 존재이고, 당연히 나의 욕망을 부정하는 것과는 맞서 싸우려고 한다. 그러니 만일 욕망을 억압당한 채 끝내 실현할 수 없다면, 우리는 살아도 죽은 것과 진배없는 것 아닐까.

　욕망이 필요한 이유는 인간이 혼자만의 힘으로 삶을 유지하거나 행복해질 수 없기 때문이다. 그렇다, 인간은 유한자다. 우리가 유한자라는 것은, 신조차 누릴 수 없는 축복일 수도 있고 비극일 수도 있다. 우리가 관계를 맺어 나가는 타자들이 내 삶에 어떤 결과를 미칠지 미리 결정할 수 없으니까. 어떤 경우에는 저주스러운 관계가 맺어지기도 하고, 어떤 경우에는 더 이상 바랄 수 없는 행복한 관계가 만들어지기도 한다. 바로 이 점이 중요하다. 모든 타자가 우리의 삶에 이로움, 그러니까 행복을 주는 것은 아니다. 자신의 삶을 위태롭게 만드는 것, 즉 삶을 불행하게 만드는 관계도 있다. 행복을 가능하게 해 주는 것에서 기쁨의 감정이, 반대로 불행하게 만드는 것에서 슬픔의 감정이 찾아올 것이다. 당연히 우리는 슬픔의 감정을 피하고 기쁨의 감정을 선택하게 될 것이다. 이것이 바로 우리의 본질인 욕망이 작동하는 방식이다.

비극은 우리의 나약함에 있다. 자신의 본질인 욕망을 지킬 수도 없는 비겁함과 나약함이 또한 인간의 특징 아닌가. 자연은 아무래도 사디스트인가 보다. 욕망을 주었다면 그것으로도 충분한데, 동시에 비겁함도 아울러 인간에게 부여했으니까. 그렇게 인간은 자신의 욕망을 부정할 수도 있다. 하지만 그 순간 우리는 주인이 아니라 노예로 살아갈 수밖에 없다. 노예는 주인의 욕망에 따라 자신의 욕망을 부정하는 잿빛 삶을 살아내는 서글픈 존재이니 말이다. 소탐대실(小貪大失)! 인간은 작은 것을 탐하다가 큰 것을 잃어버릴 수 있다. 그래서 순간의 안위를 확보하려다가 자신의 본질을 놓칠 수도 있다. 그렇지만 아무리 기꺼이 노예로 살아가려고 결정해도, 우리는 내면에서 속삭이는 욕망이라는 본질의 소리를 완전히 제거할 수는 없다. 노예의 삶은 슬픈 삶이기 때문이다. 어떻게 우리가 슬픈 삶을 긍정할 수 있겠는가. 만약 그것이 가능하다면, 그 순간 우리는 살아도 살아가는 것이 아닌 우울함에 빠져들게 될 것이다.

슬플 때 기쁨을 추구하는 존재, 그것이 바로 인간인데, 이것을 제외하고 인간의 본질을 규정하는 것이 가능할까? 결국 우리는 '대탐소실(大貪小失)'로 갈 수밖에 없다. 기쁨을 추구하고 슬픔을 피하려는 자신의 욕망에 따라 사는 것이다. 물론 그럴 때 우리의 안위는 위태로워지고, 우리 자신은 사회의 지탄이나 저주, 심지어는 죽음에 이를 수도 있다. 그렇지만 뭐 어떠한가! 하루라도 자신이 진정으로 욕망하는 것을 행하고 죽는 것, 그것이 더 커다란 행복이니 말이다. 기쁘면 기쁘다고 표현하고, 슬프면 슬프다고 표현하자. 그것이 바로 욕망을 긍정하는, 쉽지만 녹록지 않은 방식이다. 이러한 이유에서 자신의 욕망을 긍정하는 사람은 자신의 감정에 솔직한 사람인 것이다. 자신의 감정에 충실하기! 그것이야말로 우리가 자신의 욕망을 긍정하고 복원하는 유일한 방법이다.

이제 찰스가 사라라는 여자에게 몰입한 이유가 분명해진다. 사라는 자신만의 욕망을 회복하려고 발버둥치는 여성이었기 때문이다. 그래서 소설의 다음 대목은 매우 중요하다.

가감이나 수정을 가할 필요가 없는 진솔하고 단순한 책과, 겉은 그럴듯하게 꾸몄지만 알맹이는 하나도 없는 엉터리 책의 차이, 사라는 친절하게도 그 점을 애써 감추고 있었지만, 그것이 바로 두 사람 사이의 진정한 모순이고 차이였다.

허례허식이 판을 치던 빅토리아 시대에 사라가 손가락질을 받았던 이유, 그것은 바로 사라가 자신의 욕망을 긍정하려고 노력했기 때문이다. 이것을 찰스는 무의식적으로나마 간파했던 것이다. 질투일 수도 있고, 동경일 수도 있다. 그래서 찰스에게 사라는 일종의 선생님이라고 할 수 있다. 아직 그가 '엉터리 책'이었을 때, 그녀는 '진솔하고 단순한 책'이었기 때문이다.

사라를 통해 찰스는 자신만의 욕망을 되찾는 긴 여로를 시작한다. 과연 찰스는 자신과 사라 사이의 간극, 혹은 모순을 극복할 수 있을까? 『프랑스 중위의 여자』가 우리에게 묻고 있는 것은 바로 이 점이다. 한 가지 분명한 것은 사라에게 집착할수록 찰스는 결코 사라 옆에 나란히 설 수 없다는 사실이다. 사라라는 '진솔하고 단순한 책'은 누구도 흉내 낼 수 없는 그녀 자신만의 욕망이었기 때문이다. 그래서 사라를 흉내 내는 순간, 찰스는 '엉터리 책'이 될 수밖에 없다. 자기 이야기를 하는 책이 아니라 사라를 표절한 책이니, 어떻게 '엉터리'가 아닐 수 있겠는가. 바로 이것이다. 사라의 것도 누구의 것도 아닌 자신만의 욕망을 되찾을 때에만 사라와 제대로 만나게 되리라는 것, 찰스는 이 사실을 과연 깨달을 수 있을까?

"그 갈증은 단지 성적 욕망만이 아니라, 낭만과 모험,
죄악, 광기, 야수성 같은 금지된 모든 것에 대한 억제할
수 없는 욕망이었다."

존 파울즈
John Fowles
1926-2005

옥스퍼드 대학교에서 프랑스 문학을 공부하면서 카뮈와 사르트르의 실존주의와 누보로망을 좋아하게 되었다. 첫 소설 『컬렉터』로 스타 작가가 되었고(우리나라에서는 1994년에 연극으로 각색된 「미란다」가 외설 시비에 걸려 공연이 중단되기도 했다.), 주요 작품들이 모두 영화화되어 인기를 끌었다. 특히 『프랑스 중위의 여자』(작가는 또한 "이 소설은 역사소설이 아니다."라고 강조한다.)는 빅토리아 시대를 배경으로 하는 로맨스 소설이지만 혁신적인 메타픽션 형식으로 포스트모더니즘 미학을 대표하는 20세기 모던클래식이 되었다.

『프랑스 중위의 여자』(1969)에서 주인공 찰스는 전혀 다른 두 여자 사이에서 방황하면서 자신의 진짜 모습을 찾아 나간다. 찰스의 약혼녀 어니스타는 "부잣집 딸들이 대개 그렇듯이 관습적인 취향을 즐기는 것 말고는 다른 재능을 갖고 있지 못했다. 그녀가 아는 것이라고는 양장점이나 가구점에서 엄청난 돈을 쓰는 것뿐이었다. 그것은 그녀의 유일한 영토였기 때문에, 그녀는 그것이 침범당하는 게 싫었다." 반면 사라는 "몸 전체가 불꽃이었다."

놀라운 아가씨. 놀라운 처녀. 사람을 놀라게 만드는 의외성이 사라의 매력이라고, 아니 매력이었다고, 찰스는 결론을 내렸다. 그러나 찰스는 자신이 냉소와 인습의 혼합체인 것처럼 사라도 영국인의 전형적인 두 가지 성격, 정열과 상상력을 가지고 있다는 것을 깨닫지 못했다. 첫 번째 특징은 찰스도 어렴풋이 알아차렸지만, 두 번째는 그러지 못했다. 아니, 알 수 없었다. 사라의 그 두 가지 특징은 시대가 금지하고 있는 특징이었기 때문이다. 빅토리아 시대는 정열을 관능과 동일시하고, 상상력은 단순한 공상과 동일시하여 금지하고 있었다. 이런 부정적인 두 가지 동일시는 찰스의 가장 큰 결함이기도 했고, 이 점에서 그는 자기 시대를 대표하고 있었다.

욕망

철학자의
어드바이스

인간에게는 원숭이와 같은 속성이 있다. 인간은 타인의 욕망을 모방하는 경향이 강하기 때문이다. 특히 자신에게 관심과 애정을 지속적으로 주는 부모님이나 선생님이 아마 가장 결정적인 타자일 것이다. 그들의 관심을 받기 위해 우리는 그들의 욕망을 욕망한다. 그들이 명문대 입학을 원하면, 나도 명문대 입학을 원한다. 그들이 단정한 외모를 원하면, 나도 기꺼이 단정한 외모를 원한다. 그래서 우리는 항상 헷갈린다. 내가 지금 원하는 것이 나의 고유한 욕망인지, 타인의 욕망인지. 이런 고뇌의 순간에 해결되는 것은 아무것도 없다. 무엇인가 욕망하는 것이 있을 때는 반드시 그것을 실현해 보아야만 한다. 실현의 순간에 우리는 자신의 욕망이 나의 것이었는지 타인의 것이었는지 사후적으로만 확인할 수 있기 때문이다. 예를 들어 법대에 간 것이 자신의 욕망이라면, 입학하자마자 우리에게는 "이제 시작이다. 멋지게 살아가야지."라는 느낌이 들 것이다. 반면 그것이 타인의 욕망이었다면, 입학하자마자 우리는 "이제 완성했다. 다행이다."라고 생각할 것이다. 출발의 설렘이 있다면, 과거 우리의 욕망은 나만의 욕망이었다는 것을 확인할 수 있다. 반면 완성의 허무함이 있다면, 과거 우리의 욕망은 불행히도 타인의 욕망을 반복했던 것임이 밝혀지는 것이다. 어떤 남자를 욕망했을 때도 마찬가지다. 그 남자와 고대하던 첫날밤을 지낸 뒤, 우리는 바로 알게 된다. 앞으로 이 남자와 보낼 날이 희망 속에 떠오른다면, 그 남자에 대한 욕망은 나의 것이었다. 그렇지 않고 "이제 이 남자랑 뭐하지?"라는 허무한 느낌이 든다면, 우리는 지금까지 너무나 많은 소설, 영화, 드라마가 만들어 낸 남자를 욕망했다는 사실에 직면한 것이다. 작가의 욕망을 욕망한 것이다. 그렇다고 너무 절망하지는 말자. 이런 식의 시행착오를 통해 점점 더 우리는 자신의 욕망에 직면하게 될 테니까. 다른 방법은 없다!

17

동경
DESIDERIUM

한때의 기쁨을
영속시키려는
서글픈 시도

『아우라』
카를로스 푸엔테스

네 곁에 기댄 얼굴에 입술을 갖다 대고, 다시 한 번 아우라의 긴 머리카락을 애무할 거야. 그녀의 날카로운 불평은 아랑곳하지 않고 연약한 여인의 어깨를 매몰차게 잡을 거야. 그녀가 걸친 비단 가운을 잡아채고 그녀를 안아. 네 품에서 작고 벌거벗은, 힘없이 스러질 것 같은 그녀를 느껴. 그녀의 신음 섞인 저항과 무기력한 울음도 무시하고 아무런 생각도 경황도 없이 그녀의 얼굴에 입을 맞출 거야. 그녀의 처진 젖가슴을 만지는데 한 줄기 빛이 아스라이 들어오자, 너는 깜짝 놀라 그만 얼굴을 떼고는 달빛이 새어 드는 벽의 틈을 찾아. 생쥐가 갉아먹은 눈 모양의 틈에서 은빛이 새어 들어와서는, 아우라의 백발과 창백하고 메말라 양파 껍질처럼 푸석푸석하고 삶은 살구마냥 주름진 얼굴을 비춰. 이제까지 키스해 온 살집 없는 입술과 네 앞에 드러난 치아 없는 잇몸에서 너는 입술을 뗄 거야. 달빛에 비친 늙은 콘수엘로 부인의 흐느적거리고, 주름지고, 작고, 오래된 나체를 보지.

카를로스 푸엔테스의 『아우라(Aura)』(민음사)는 '너'를 주인공으로 하는 이인칭 시점의, 기괴한 느낌을 주는 소설이다. 너, 즉 펠리페 몬테로는 격정적인 욕망으로 품에 안았던 여인이 젊고 매혹적인 아우라라고 믿고 있었지만, 실제로 그가 품고 있었던 이는 109살 된 할머니 콘수엘로였다. 펠리페는 콘수엘로 부인이 자신의 조카라고 소개한 미모의 아가씨 아우라에게 홀딱 반한 나머지 그녀를 이 늙은 노파의 손아귀에서 구해 줘야 한다고 믿게 된다. 그러나 아우라는 단지 콘수엘로가 관념적으로 만든 허구, 그러니까 자신이 가장 아름답던 시절의 모습을 불러낸 상상의 산물이었을 뿐이다. '아우라'라는 말 자체가 이미 이런 모든 사태를 암시하고 있었던 것은 아닌지. '아우라'는 성스러운 사람의 머리 뒤편에 생기는 후광을 뜻하기 때문이다.

이러한 반전만으로도 충분히 충격적인데, 푸엔테스는 독자를 위해 마지막 한 방을 숨겨 놓고 있다. 소설의 마지막 부분에 이르면, 우리는 펠리페 몬테로마저 콘수엘로가 만든 가공의 인물에 지나지 않는다는 느낌을 받기 때문이다. "돌아올 거예요, 펠리페, 우리 함께 그녀를 데려와요. 내가 기운을 차리게 놔두세요. 그러면 그녀를 다시 돌아오게 할 거예요." 소설의 마지막 부분에서 펠리페에게 속삭이는 할머니 콘수엘로의 말이다. 이제야 우리는 마치 시나리오 대본처럼 "너는 어떻게 할 것이다."라는 식으로 소설이 쓰인 이유를 짐작하게 된다. 펠리페마저도 콘수엘로의 관념 속에서만 살고 있는 인물이 아니었을까? 마치 영화감독이 배우에게 배역을 지정해 주는 것처럼, 콘수엘로는 펠리페의 모든 행동과 감정을 통제한다. 그렇다, 펠리페를 '너'라고 말하는 '나'의 정체는 바로 콘수엘로였다.

『아우라』는 콘수엘로라는 할머니가 현실에서는 더 이상 불가능한 사랑을 되찾으려는 열망과 그 좌절을 다루고 있는 서글픈 소설이었던 셈이다. 상상력의 힘으로 펠리페와 아우라를 사랑에 빠지도록 만들어 잃어버린 사랑의 기쁨을 다시 맛보려는 그녀의 발버둥이 측은하기까지 하다. 하지만 콘수엘로는 결코 미친 할머니는 아니리라. 그녀 스스로 자신이 만든 아우라나 펠리페가 모두 자신만의 꿈이라는 사실을 잘 알고 있으니까. 그러니 자신의 관념 속의 펠리페에게 잠시만 쉬어 원기를 회복하면 다시 아우라를 만들 수 있다고 설득할 수 있었던 것이다. 하긴 109세의 나이라면 육체적 거동도 힘들겠지만, 동시에 상상을 완성하는 데 필요한 정신력도 쇠잔해져 있을 것이다.

콘수엘로는 원기를 회복해야만 한다. 그래야 머릿속에서 아우라를 다시 섹시하고 매력적인 아가씨로 그릴 수 있을 테니 말이다. 흥미로운 것은 콘수엘로가 아무리 기력이 빠져도, 죽을힘을 다해 동경의 대상을 상상해 낸다는 점이다. 바로 '너', 즉 펠리페 몬테로라는 젊은 남자다. 어쩌면 이렇게 말해도 좋을 것 같다. 콘수엘로가 자연의 힘을 어기지 못하고 이 세상을 떠나는 순간에만 펠리페는 떠날 수 있을 것이라고. 좀 더 명확히 말하면 아우라처럼 펠리페도 사라지는 순간, 그녀는 마지막 숨을 내쉬고 있을 것이다. 결국 펠리페는 콘수엘로에게 삶 자체, 그녀의 존재 이유였다. 펠리페는 콘수엘로가 젊었을 때 가장 격정적으로 사랑했던 실제 남자였을 수도 있다. 아니면 다양한 사랑의 경험을 토대로 만든 허구적인 인물일 수도 있다. 뭐가 되었든, 그건 전혀 중요하지 않다. 너무나 만지고 싶고 안고 싶은 남자, 기꺼이 여자로서 자신의 모든 것을 주고 싶은 남자, 자신이 살아 있다는 것을 환희로 느끼게 해 주는 남자, 바로 그가 펠리페였다는 것만 중요하다.

펠리페만을 상상하는 순간, 콘수엘라는 현재 자신의 모습으로 그와 사랑을 나눌 수 없다는 슬픈 현실을 자각할 수밖에 없다. 당연한 일 아닌가, 자신이 꿈꾸는 그 멋진 펠리페가 자기처럼 백 살이 넘은 노인을 사랑해 줄 리는 만무하다. 이것이 그녀가 아우라라는 아름답고 섹시한 젊은 여자마저 꿈꾸었던 이유 아니었을까? 아우라를 가급적이면 가장 매력적이고 섹시하게 만들어서 펠리페의 파트너가 되도록 해야 한다. 그래야 아우라를 통해 펠리페의 상기된 얼굴, 펠리페의 조각과 같은 나신, 그리고 펠리페의 건강한 남성성을 맛볼 수 있으니까. 펠리페를 상상하는 것도 힘이 드는데, 젊은 아우라를 만들고 심지어 두 남녀를 격정적인 정사에 몰아넣는 일은 더 힘에 부치는 일이다. 그래서 아우라가 펠리페와 하나가 되는 결정적인 순간은 그렇게 쉽게 깨지고 마는 것이다. 그래서 아우라가 깨지는 순간, 그래서 펠리페가 경악하는 순간, 콘수엘라로는 안타까운 마음에 헐떡이는 숨을 고르게 된다.

물론 콘수엘로 부인은 자신이 상상하는 사랑이 다시는 되돌릴 수 없는 젊은 시절에나 가능한 것이라는 것도 안다. 그러기에 더욱, 다시 찾을 수 없는 젊은 시절의 격정적인 사랑에 대한 그녀의 동경은 커져만 갔던 것이다. 쉽게 얻을 수 있는 것이 어떻게 동경의 대상이 될 수 있겠는가?

동경(desiderium)이란 어떤 사물을 소유하려는 욕망 또는 충동이다. (……)

동경

'가장 절정에 있었던 순간'을 꿈꾸는 것이 동경이다. 그
렇지만 동경의 이면에는 이미 자신이 전성기를 지났다
는 씁쓸한 자각이 깔려 있다. 이처럼 과거의 절정에 사
로잡혀 현재의 삶에 충실하지 못한다면, 그것은 자신의
삶에 대한 모독이다.

우리가 자신을 어떤 종류의 기쁨으로 자극하는 사물을 회상할 때 그것으로 인하여 우리는 같은 기쁨을 가지고 그것이 지금 눈앞에 있는 것처럼 생각하도록 노력한다. 그러나 이 노력은 그 사물이 있다는 것을 배제하는 사물의 이미지에 의하여 곧 방해받는다.

— 스피노자, 『에티카』에서

이것이 바로 동경의 본질이다. 어떤 사물을 소유하려는 욕망이나 충동! 그렇지만 중요한 것은 그 어떤 사물이 이미 존재하지 않는다는 점이다. 오직 이럴 경우에만 우리의 욕망이나 충동은 단순한 욕망이나 충동이 아니라 동경이 된다. 그러니까 동경의 정의는 조금 수정될 필요가 있다. "지금은 결코 소유할 수 없는 어떤 것에 대한 욕망이나 충동"이 바로 동경이라고 말이다. 이것이 바로 스피노자의 속내였다. 마음으로는 아름답고 섹시한 아우라가 되는 것이 가능하지만, 현실은 전혀 그렇지 못하다. 어느 사이엔가 동경마저도 지속하기 버거운 109살의 할머니라는 현실로 내동댕이쳐지기 때문이다. 그렇다고 하더라도 어떻게 한때 자신을 기쁨으로 달뜨게 했던 사랑의 열정을 다시 소유하려는 노력을 포기할 수 있다는 말인가.

어쩌면 콘수엘로 부인에게 아우라는 바로 그녀 자신의 본질인지도 모른다. 그녀가 아니더라도 누구나 사랑에 빠질 때 자신이 무엇을 욕망하는지, 그리고 자신이 누구인지를 자각하기 때문이다. 이것이 본질 아니면 무엇인가? 비록 현실적으로는 실현이 불가능할지라도 상상으로나마 아우라를 동경할 수 있다면, 그녀는 충분히 살아 있다고 할 수 있지 않을까? 펠리페의 격정적인 사랑을 온몸으로 받아들일 수 있을 테니까 말이다. 이런 동경마저 사라진다면, 콘수엘로 부인은 그저 죽어 가는 노파에 불과한 존재로 전락할 것이다. 그렇지만 이것은 콘수엘로 부인에게만 국한된 것은 아니다. 한때 격정적인 사랑으로 자신을 활짝 피우는 데 성공한 거의 모든 여인네들은, 지금의 나이가 예순이 되었든 여든이 되었든 간에, 그 화려했던 사랑을 동경하며 잠을 청하기 때문이다. 그녀들이 하루하루 살아가는 이유는 오직 하나, 그 아름다웠던 사랑을 동경할 수 있다는 그 사실 하나 때문인지도 모른다.

카를로스 푸엔테스
Carlos Fuentes
1928-2012

멕시코 대학교에서 법학을 공부했으나, 마르케스의 환상문학과 세르반테스, 발자크, 도스토예프스키 등을 좋아한 문학청년이었다. 멕시코혁명 영웅의 부패를 그린 『아르테미오 크루스의 최후』로 라틴아메리카를 대표하는 작가가 되었다. 국제노동기구(ILO) 멕시코 대표 및 프랑스 대사 등을 지냈는데, 쿠바의 피델 카스트로를 지지했기 때문에 1970년대까지 미국 FBI의 감시를 받기도 했다. 하지만 그의 작품 『늙은 그링고』는 미국 베스트셀러 목록에 오른 최초의 멕시코 소설이 된다.

푸엔테스는 영화, 대중음악, 현대미술 등 폭넓은 관심을 바탕으로 매번 실험적인 소설을 발표하여 문단의 주목을 받았는데, 특히 『아우라』(1962)는 '너'라는 이인칭 화자가 등장하여 인간의 근원적인 욕망과 현실 사이의 괴리를 짧지만 강렬하게 표현한 매혹적인 작품이다.

소녀는 눈을 감은 채 두 손을 허벅지 위에 포개어 얹고 있어. 그녀는 널 쳐다보지 않아. 방 안의 불빛이 두렵기라도 한 듯, 그녀는 조금씩 눈을 뜨기 시작해. 드디어 그녀의 두 눈을 들여다볼 수 있는데, 그 안에서 너는 거품을 일으키며 파도치다 이내 잠잠해지고는 다시 파도를 일으키는 초록빛 바다를 발견해. 그 눈망울들을 바라보며 넌 꿈이 아니라고 자신을 다독여. 여태까지 보아 온, 그리고 앞으로도 볼 수 있는 그저 아름다운 초록빛 눈일 뿐이라고 말이야. 그런데도 끊임없이 출렁이며 변화하는 이 눈은 오직 너만이 알아볼 수 있고 열망하는 그 어떤 풍경을 제공할 것이라는 확신이 들기 시작했어. "그래요. 당신들과 함께 살겠어요."

동경

철학자의
어드바이스

학창시절을 동경하는 사람이 있다. 그래서 간혹 동창회라도 있으면 설레는 마음으로 옛 친구들을 만나려고 한다. 그렇지만 바보가 아닌 이상 동창회에서 즐거움을 느끼는 사람이 몇이나 될까. 자신이 변했다는 사실, 혹은 과거의 아름답던 우정으로 되돌아갈 수 없다는 씁쓸한 현실을 확인하고 약간의 취기로 술집을 나서는 것이 전부일 텐데. '한때의 전성기' 혹은 '가장 절정에 있었던 순간'을 꿈꾸는 것이 동경이다. 그렇지만 동경의 이면에는 이미 자신이 전성기를 지났고 절정에서 내려와 있다는 씁쓰름한 자각이 깔려 있지 않은가. 너무나 나이가 들어 이제 몸을 움직이기도 힘들 때가 올 것이다. 그럴 때 동경은 마지막 삶을 행복하게 보낼 수 있는 계기가 될 수도 있다. 그렇지만 카페나 술집에 들릴 힘이 있을 때, 충분히 집을 벗어나 어디론가 갈 수 있을 때, 동경은 그다지 권하고 싶지 않은 감정이다. 한마디로 몸을 움직이는 데 별다른 불편이 없는 사람이 과거를 동경하는 것은 자신의 삶에 대한 모독이기 때문이다. 과거의 절정에 사로잡힌다는 것은 현재의 삶을 살아내지 못한다는 것과 마찬가지다. 현재의 삶과 직면할 때에만 우리는 새로운 삶의 절정에 이를 수 있다. 과거 애인을 잊지 못하고 동경하는 사람이 어떻게 지금 만나고 있는 사람과 새로운 절정을 향유할 수 있겠는가. 꽃은 한 번만 피는 것이 아니다. 모든 꽃나무는 매년 기적처럼 새로운 꽃을, 작년과 유사해 보이지만 결코 같지 않은 신선한 꽃을 피우기 마련이다. 작년에 피었던 꽃만 동경하고 있느라 올해 필 꽃에 관심을 기울이지 못한다면 이 얼마나 안타까운 일인가. 이 글을 읽고 있는 당신이 아직 움직이는 데 여력이 있다면, 과거에 피웠던 꽃망울에 대한 동경일랑은 접고, 지금 현재를 살아내야만 한다. 강렬한 햇빛도 있을 것이고, 뿌리를 뽑을 것 같은 비바람도 있을 수 있다. 그렇지만 여기에 당당히 맞설 때에만, 삶의 절정은 또다시 찾아올 것이다.

18

멸시
DESPECTUS

사랑이라는
감정의
막다른 골목

『누가 버지니아 울프를 두려워하랴』,
에드워드 올비

남녀 사이에 일어나는 사랑의 감정만큼 드라마틱한 것도 없을 것이다. 사랑에 빠진 사람들은 자기들 두 사람을 제외하고 다른 모든 것들은 배경으로 물러나는 특이한 경험을 겪는다. 프로이트가 말했던 것처럼 사랑은 상대방에 대한 일종의 과대평가의 감정을 수반한다. 한마디로 말해 사랑에 빠진 사람의 눈에는 상대방이 일종의 유일신으로 보인다는 것이다. 그러니 지금까지 소중하다고 생각해 왔던 부모, 친구, 심지어 조국마저도 그들 눈에는 들어올 리가 없다. 이처럼 사랑은 두 사람을 이 세상에서, 아니 이 우주에서 유일한 주인공으로 만들어 주는 감정이다. 그렇다면 우리는 사랑이 언제 우리를 떠나는지 확인할 수 있는 시금석 하나를 얻게 된다. 상대방이 더 이상 내 삶에서 주인공이 아니라 다른 사람과 비교 가능한 사람이 되는 순간이다.

한때는 주인공이었던 사람이 이제 익숙한 풍경처럼 평범해지며 배경으로 물러나는 경험이라고나 할까. 이럴 때 우리는 불행히도 그 사람을 더 이상 사랑하지 않는다는 사실을 받아들여만 한다. 그리고 이별을 준비해야 하는 것이다. 언젠가 그 사람에게 내 심정을 표현해야만 하니까. "이제 당신은 더 이상 제 삶의 주인공이 아니에요." 그 사람과 함께했던 사랑의 기쁨을 추억으로나마 간직하기 위해, 우리는 이별의 아픔을 선택하는 것이다. 사랑하지 않는 사람과 억지로 지내다 보면, 사랑의 추억마저도 갈기갈기 찢어질 테니까. 그렇지만 어떤 이유에서인지는 몰라도, 사랑하지 않음에도 불구하고 이별할 수 없는 경우도 있다. 헤어지려고 해도 헤어질 수 없을 때 우리의 사랑은 낮이 밤으로, 봄이 겨울로 변하는 것처럼 완전히 상반된 감정으로 돌변하게 된다. 바로 미움이라는 감정이다.

사랑이 미움으로 변할 때, 사랑에 수반되던 '과대평가'의 감정은 이제 '멸시'의 감정으로 변하게 된다. 과대평가가 상대방을 이 세상의 유일한 주인공으로 만들어 주는 감정이라면, 멸시는 상대방을 평범한 사람보다도 못한 사람, 한마디로 벌레처럼 무가치한 사람으로 만드는 감정이다. 그래서 스피노자는 멸시를 다음과 같이 정의했던 것이다.

> 멸시(despectus)란 미움 때문에 어떤 사람에 대해 정당한 것 이하로 느끼는 것이다.
>
> ── 스피노자, 『에티카』에서

'미움 때문에'라는 구절에 방점이 찍혀야 한다. 미움 때문이다. 밉기 때문에 우리는 상대방에게 그가 마땅히 받아야 할 정당한 대우를 해 주지 않는 것이다. 이것이 바로 멸시다. 미국의 위대한 극작가 에드워드 올비가 『누가 버지니아 울프를 두려워하랴?(Who's Afraid of Virginia Woolf?)』(민음사)에서 탐색했던 것도 바로 이 멸시라는 감정이다. 이 작품을 끌고 나가는 것은 대학 설립자의 딸이기도 한 아내 마사와 같은 대학 역사학과 교수인 남편 조지가 서로의 상처를 후벼 파듯 상대방을 멸시하는 대사들이다.

> 마사   (어떻게 반응할지 생각하다가) 빈 병이었겠지, 조지. 아까운 술을 낭비할 수는 없지…… 그 월급에. (조지가 꼼짝 않은 채 깨진 병목을 바닥에 떨어뜨린다.) 부교수 월급에. (닉과 허니에게) 도대체…… 이사회 만찬에나 기금 모집에나…… 쓸모가 없더란 말이지. 인간적인…… 매력이 있길 하나. 무슨 말인지 알겠지? 아빠에게는 실망스러운 일이었겠지. 그렇게 해서 난 여기서 이 얼간이와 껌처럼 붙어 있게 된 거야…….
>
> 조지   (몸을 돌리며) 그만해 둬, 마사…….
>
> 마사   역사학과의 막장…….
>
> 조지   그만, 마사, 그만…….
>
> 마사   (조지의 목소리에 지지 않으려고 언성을 높이며) 총장 딸과 결혼해 한가락 할 줄 알았는데, 무명씨에다 책벌레…… 잡생각만 많고, 아무것도 되는 건 없고, 배짱도 없으니 남들에게 자랑거리도 못 되고…… 됐어, 조지!

비록 술에 취해 있지만 이 정도의 막말이면 둘만 있을 때에도 상대에게 치명상을 주기에 충분하다. 그런데 지금 마사는 남편에게 양해도 구하지 않고 신임 교수로 부임한 닉과 허니 부부를 한밤중에 집으로 초대한 상태다. 이렇게 초면의 손님들 앞에서 마사는 남편에게 '배알'도 없는 '얼간이'라며 악담을 쏟아내고 있는 것이다. 사실 마사가 신임 교수 부부를 초청한 것은 남편을 제대로 멸시하기 위해서였는지도 모른다. 둘이 있을 때 아무리 멸시를 해봤자 남편은 더 이상 상처를 받지 않는 것처럼 보였으니까. 둘만 있을 때 더 이상 멸시가 통하지 않는다면, 공개석상에서 참기 어려운 모멸감을 심어 주는 것밖에는 길이 없다. 그렇지만 남편 조지도 지지 않고 아내에게 모멸감을 되돌려 주려고 노력한다. "옷 좀 제대로 입도록 해봐. 당신이 두어 잔 걸치고는 치마를 머리 꼭대기까지 뒤집어쓰고 있는 꼬락서니보다 더 역겨운 광경은 별로 없거든."

　　처음부터 끝까지, 혹은 단둘이 있을 때뿐 아니라 남들 앞에서까지 두 사람은 서로를 멸시하고 또 멸시한다. 도대체 이 부부는 왜 이렇게 서로를 갉아먹으려고 혈안이 되어 있는 것일까? 두 사람은 억지로 부부가 된 사이였을까? 마사의 아버지는 조지를 총장 후보로 낙점해서 딸을 그에게 주었던 것일까? 아니면 총장 후보가 되기 위해 조지가 마사를 유혹했던 걸까? 어느 것도 사실이 아니다. 조지와 마사는 마사 아버지의 반대를 무릅쓰고 둘만의 사랑을 쟁취했던 것이다. 그러니까 마사가 조지에게 홀딱 반했던 이유는 결코 조지가 총장이 될 인물이라고 계산했기 때문이 아니다. 조지 역시 총장이 되려고 마사를 사랑했던 것도 아니다. 두 사람은 그냥 사랑에 빠졌던 것이다. 비극은 두 사람을 그토록 강하게 묶어 주었던 사랑이 어느 사이엔가 그들 곁을 떠나고 없다는 데에 있다.

설상가상 이제 그들은 헤어질 수도 없다. 어쩌다 대학 설립자의 사위가 된 역사학과 교수, 그리고 이혼은 생각할 겨를도 없이 총장 딸이라는 역할에 충실해야 하는 아내. 사랑이 떠난 뒤 그들에게 남겨진 압도적인 현실이 이별을 가로막고 있으니까. 분명 마사에게는 자신이 총장 딸이라는 것도 아무런 의미가 없던 시절이 있었다. 마찬가지로 조지도 당시에는 대학 설립자의 사위가 되는 것은 눈에 들어오지 않았었다. 마사는 조지만 있으면 행복했고, 조지도 마사만 있으면 행복했다. 그만큼 사랑은 위대한 힘을 가지고 있었던 것이다. 그 시절에 두 사람은 삶의 주인공들이었기에 나머지 것들, 즉 가족, 지위, 평판 따위는 모두 조연에 불과하거나 잘해야 배경이었을 뿐이었다. 그렇지만 그들을 주인공으로 만들어 주었던 사랑의 감정이 떠나자마자 상황은 180도 달라진 것이다. 그들이 조연으로 폄하하던 것들이 어느 사이엔가 주연 노릇을 하게 되었으니 말이다.

도대체 사랑은 어디로 떠나 버린 것일까? 조지도, 특히 마사도 당혹스럽기는 마찬가지다. 두 사람을 강하게 묶고 있던 사랑의 끈이 풀리자마자 사회적 지위, 사회적 시선 등이 자신들의 모든 것을 옥죄는 것을 그들은 무력하게 방관할 수밖에 없었으니까. 그렇지만 그들이 어떻게 삶을 주인공으로 살아냈던 사랑의 시기를 잊을 수 있겠는가. 과거의 화려했던 영광은 현재의 비참을 더 두드러지게 하는 법이다. 그 비참함의 원인, 다시 말해 사랑의 상실을 마사는 남편 조지 탓으로 돌리고 있고, 조지는 아내 탓으로 돌리고 있는 것이다. 승승장구하던 전쟁에서 패하자마자, 패전 책

임론을 따지는 것과 같은 형국이다. 마지막 자존심이랄까, 마사는 사랑이 떠난 것이 자기 탓이 아니라고 믿고 싶었고, 조지도 그랬던 것이다.

그러니 한때 행복했던 커플이 지금 서로를 그렇게도 미워할 수밖에. 그러니 상대방의 상처는 생각하지 않고 서로를 그렇게 할 퀴면서까지 멸시할 수밖에. 그렇지만 불행히도 두 사람은 모르고 있다. 이렇게 서로를 미워하고 멸시하면 할수록, 그들은 더 약해질 수밖에 없다는 사실을. 서로 치유할 수 없는 생채기를 남기며 거듭되는 멸시 속에서 두 사람 사이에 마지막으로 간신히 숨을 쉬고 있는 사랑은 곧 싸늘한 주검이 될 것이다. 결국 서로에 대한 멸시는 사랑의 추억마저 산산이 부숴 버리고, 마침내는 그들 내면마저 갈기갈기 찢어 버리게 된다. 이런 자명한 결말을 피하려면, 지금 당장 두 사람은 헤어져야만 했다. 그렇지만 조지와 마사는 모두 너무나 소심하고 나약했으며, 심지어 비겁하기까지 한 속물들이었다.

멸시

사랑이 떠난 뒤에도 남은 현실은 그들의 이별을 가로막
고 있다. 그러니 상대방이 미울 수밖에, 그러니 상대방
을 멸시할 수밖에. 어쩌면 그들이 진정으로 멸시하고 있
는 것은 그런 현실에 굴복하고 있는 자신들의 비겁함과
나약함이 아닐까?

에드워드 올비

Edward Franklin Albee

1928-

미국 전역에 극장을 소유한 뉴욕의 부잣집에 양자로 들어가 어릴 때부터 극예술에 대한 열망을 갖게 되었다. 그러나 아들이 상류사회에 어울리는 전문 직종을 갖기 바라는 양부모에 대한 반항과 친부모에 대한 원망의 마음을 버리지 못하고 스무 살에 가출하여 글을 쓰기 시작했다. 그렇게 극작가가 된 올비는 『누가 버지니아 울프를 두려워하랴?』(1962)의 성공으로 테니시 윌리엄스, 아서 밀러를 이어 20세기 미국을 대표하는 극작가가 된다.

이 작품은 퓰리처상 희곡 부문 수상작으로 결정되었으나, 퓰리처 위원회에서 "미국적 삶의 '건전한(wholesome)' 모습을 보여 주지 못한다."라는 이유를 들어 수상을 취소하는 바람에 심사위원들이 항의 사퇴하는 에피소드를 남겼다. 작가가 '미국의 꿈'에 담긴 이상적인 가정에 대한 허실을 부조리극 풍으로 비꼬았던 것이다. 연극 공연은 토니상 작품상을 받았고 브로드웨이 664회 공연 기록을 남겼으며, 당시 실제 부부였던 리처드 버턴과 엘리자베스 테일러 주연의 영화(1966)도 성공하여 널리 알려지게 되었다. 이 작품은 한때 사랑했던 사람들이 미움으로 서로에게 등을 돌리면서도 헤어지지 못할 때의 처절함을 잘 보여 준다.

마사 맹세컨대…… 당신이 실존한다면 난 당신과 이혼했을 거야……

조지 으음, 두 발로 버티고 잘 서 있기나 해…… 이 사람들은 당신 손님들이니까……

마사 당신은 보이지도 않아…… 몇 년간이나 당신은 눈에 보이지도 않았어……

조지 …… 당신이 기절하거나 토하거나 아니면……

마사 …… 당신은 빈칸이고 제로야……

멀시

철학자의
어드바이스

모든 감정은 나와 타자의 마주침에서 발생한다. 돌과 마주치지 않는 한 잔잔한 호수가 일체의 동요나 파문도 일으키지 않는 것처럼 말이다. 그러니까 특정 감정은 전적으로 나 때문에 발생하는 것도 아니고 또한 오로지 내가 만난 타자 때문에만 발생하는 것도 아니다. 그럼에도 불구하고 우리는 특정 감정의 원인을 나 자신에게서 찾기보다는 외부 타자에게서 찾는 경향이 있다. 마치 야간 산행을 할 때, 자신의 손에 랜턴을 쥐고 있는 걸 망각하고는 신기하게도 바깥이 환히 보인다고 생각하는 것처럼 말이다. 드디어 감정의 파문들이 본격적으로 호수 전체를 누비기 시작한 셈이다. 그런데 우리는 감정의 원인을 내가 만난 타인에게서 찾으려고 한다. 예를 들어 사랑의 감정에 빠져 들었다면, 우리는 상대방에게서 그 원인을 찾는다. 사랑의 감정을 일으킨 원인을 나 자신이 아니라 전적으로 상대에게 돌리니, 과대평가는 불가피한 일이다. 반대로 미움의 감정이 발생할 때도 우리는 전적으로 상대방에게서만 그 원인을 찾는 경향이 있다. 당연히 상대방은 미움을 가져다 준 사람이라고 저주받게 될 처지에 놓인다. 여기서 멸시라는 감정이 시작된다. 멸시라는 신호를 보냄으로써 우리는 상대방이 관계를 끊어 주기를 바라는 것이다. 자신이 직접 미움의 관계를 단호히 청산하지 못하는 사람일수록, 그는 멸시를 통해 상대방을 막다른 궁지에 몰아넣으려고 한다. 관계의 시작과 끝에서 자신은 어떤 책임도 없다는 듯이. 그러니까 상대방을 멸시하게 될 때, 우리는 관계에 대한 책임을 자신에게 돌리지 않으려는 비겁함을 드러내는 셈이다. 반대의 경우도 마찬가지다. 누군가 나를 멸시한다면, 우리는 그가 모든 관계의 책임을 나에게 미루려는 연약한 사람이라는 사실을 알게 된다. 그러니까 타인을 멸시하는 사람은 비겁한 사람이라고 하겠다. 자신이 원했던 것처럼 관계가 파탄나면, 그는 희생자 코스프레를 아낌없이 하게 될 것이다. 마치 부당한 일을 당한 선량한 사람인 것처럼.

19

절망
DESPERATIO

죽음으로
이끌 수도 있는
치명적인 장벽

『책 읽어주는 남자』,
베른하르트 슐링크

자살이다. 오랜 수감 생활을 끝마치고 출소하는 그 찬란한 날, 동틀 무렵에 한나 슈미츠는 스스로 목을 맨 것이다. 그녀를 위해 새 출발을 준비하던 미하엘 베르크에게는 죽어서야 묻힐 수 있는 의혹이 가슴 깊이 새겨지는 순간이었다. 영화 「더 리더(The Reader)」의 원작으로 유명한 베른하르트 슐링크의 소설 『책 읽어주는 남자(Der Vorleser)』(시공사)는 이렇게 비극적인 결말로 끝난 어느 연인들의 애절한 이야기를 담고 있다. 무슨 일로 자살한 것일까? 이제 감옥 밖에서 자유로운 삶이 열리려는 시점에서 한나가 목숨을 끊은 이유는 무엇일까? 수감 생활이 더 행복했던 것일까? 자유로운 삶이 어떤 무게를 주었기에 한나는 그것을 피하려고 했던 것일까? 의구심이 꼬리에 꼬리를 물 수밖에 없다. 이런 의문들이 작중 화자인 미하엘로 하여금 스물한 살 연상의 여자 한나와의 만남과 사랑, 그리고 비극적인 결말을 회상하도록 만든 동력이었다.

2차 세계대전이 끝난 1950년대 말 독일의 어느 도시에서, 황달에 걸려 허약해진 열다섯 살 소년 미하엘이 우연히 서른여섯 살 한나를 만나면서 이 드라마틱한 이야기가 시작된다. 학교를 마치고 집으로 돌아가는 길에 갑작스러운 구토 증세를 보인 미하엘과 우연히 마주친 한나가 그를 집으로 데리고 가서 돌보아 준 것이다. 그런데 동료 여학생들에게 느낄 수 없었던 성숙한 여인의 농익는 성적 매력 앞에서 미하엘은 아무런 저항도 할 수가 없었다. 미하엘에게 여자를 가르쳐 준 한나는, 소년에게 책을 읽어 달라고 청했다. 그렇게 소년과 미지의 성숙한 여인 사이의 사랑은 묘하게 전개된다. 책 읽어 주기, 샤워하기, 사랑 행위, 그리고 나서 잠시 같이 누워 있기. 두 남녀 사이의 사랑은 이렇게 반복적인 패턴으로 진행되었다. 그러던 어느 날, 한나가 갑자기 사라진다. 두 사람이 다시 만난 것은 9년이 지나서 홀로코스트와 관련된 재판장에서였다.

당시 스물한 살 법대생이었던 미하엘은 학회 활동의 일환으로 법정을 방문했는데, 한나가 피고인으로 서 있는 장면을 목격하게 되었다. 재판이 진행되는 과정을 지켜보던 미하엘은 과거에 몰랐던 한나의 결정적인 비밀을 하나 알게 된다. 한나는 글을 전혀 읽지도 쓰지도 못하는 문맹이었던 것이다. 그리고 한나에게 그것은 절대로 남에게 발설해서는 안 되는 비밀이었던 것이다. 심지어 한나는 자신의 약점이 들통 날까 봐, 유대인수용소 학살과 관련된 보고서를 자신이 썼다는 누명을 쓰고도 함구했을 정도였다. 글을 모르는 한나가 그 보고서를 썼을 리는 만무하다. 그러나 보고서를 작성한 적이 없다고 주장한다면 한나는 필적 감정을 받아야만 했다. 한나에게 그 일은 바로 자신에게 과중하게 부여된 형량을 줄

절망

일 수 있는 기회이지만, 동시에 자신이 문맹이라는 사실을 만천하에 공표하는 순간이기도 했다. 이 갈림길에서 한나는 어리석게도(?) 자신의 마지막 자존심을 지키는 쪽을 선택한다.

과도한 형량을 무릅쓴 한나가 측은했던지, 미하엘은 10년 동안 감옥에 갇힌 그녀에게 카세트테이프를 보낸다. 직접 책을 읽고 녹음한 것들이다. 한나에 대한 연민 때문인지, 아니면 소년 시절 자신의 사랑에 대한 추억 때문인지, 어쨌든 미하엘은 계속 한나에게 '책 읽어주는 남자'로서의 역할을 수행한 것이다. 물론 그녀의 비밀을 모른 체하면서 말이다. 비록 카세트테이프일망정 책을 읽어주는 비밀스러운 관계가 지속된 지 4년째, 미하엘은 어린아이와 같은 필체로 쓰인 한나의 편지를 받는다. "꼬마야. 지난번 이야기는 정말 멋졌어. 고마워. 한나가." 그녀가 그 고통스러운 문맹에서 벗어난 것이다! 그러나 미하엘은 그녀에게 답장을 보내기는커녕 계속 녹음테이프만을 보냈다. 미하엘은 감지하지 못했지만, 여기서 한나는 법정에서도 느끼지 않았던 깊은 절망을 맛보게 된다. 스피노자도 말하지 않았던가.

> 절망(desperatio)이란 의심의 원인이 제거된 미래 또는 과거 사물의 관념에서 생기는 슬픔이다. (……) 공포에서 절망이 생긴다.
> — 스피노자, 『에티카』에서

무시무시한 결과가 예측될 때가 있다. 그렇지만 이럴 때 대부분의 사람들은 두려운 결과가 오지 않을 수도 있다고 스스로를 위로한다. 그러나 더 이상 의심할 필요도 없이 그 두려운 결과에 직면하게 될 때, 절망은 조용히, 그러나 완강하게 우리의 목을 조인다. 이것이 바로 한나가 느꼈던 절망의 실체다. 그녀는 자신이 문맹이라는 사실이 알려질까 봐 극도로 두려웠다. 그래서일까? 한나는 문맹에서 벗어나려고 절치부심했고, 그 결과 지금까지 자신이 결코 문맹이 아니었다는 것을 포장하기 위해 미하엘에게 짧은 편지를 썼던 것이다. 그렇지만 미하엘은 그녀에게 답신을 하지 않고 녹음테이프만 계속 보내면서 그녀의 마음을 절망스럽게 만들었던 것이다. 미하엘은 그녀가 문맹이라는 사실을 이미 알고 있었던 것이다!

　　이제 더 이상 문맹이라는 것이 폭로되지나 않을까 전전긍긍할 필요는 없다. 그렇지만 의심과 두려움이 사라지자 그보다 더 큰 절망이 한나에게 찾아온 것이다. 이제 미하엘은 자신의 비밀과 관련된 모든 것을 알고 있기 때문이다. 어떤 대가를 치르더라도 결코 내보이고 싶지 않았던 치부가 모두 공개된 것이다. 그러니 어떻게 미하엘을 다시 만날 수 있겠는가. 한나가 자살한 뒤 찾아간 교도소에서 담당자는 미하엘에게 이렇게 말한다. "한나는 당신이 편지를 써 주기를 정말로 고대했어요. 그녀는 오직 당신에게서만 우편물을 받았어요. 우편물을 나누어 줄 때면, 그녀는 '나한테 온 편지는 없어요?'라고 물었지요. 카세트테이프가 들어 있는 소포 이야기를 하는 게 아니었어요. 당신은 왜 한 번도 편지를 쓰지 않았나요?" 그렇다, 미하엘로부터 단 한 통이라도 편지를 받았더라면 한나가 자신을 자살로 몰고 간 절망에 휩싸이지는 않았을 것이다. 한나에게 그의 편지는 자신이 문맹이었던 어두운 수치심을 영원히 덮어 주었을 선물이었을 테니까 말이다.

희미하게 흔들리던 촛불처럼 존재하던 희망이 완전히
사라지는 순간, 절망이 찾아온다. 미래에 대한 어설픈
기대, 혹은 불안한 희망이 없었다면, 우리는 그렇게 절
망하지는 않을 것이다. 그러니까 절망은 냉철한 이성을
가진 사람보다는 우유부단한 성격의 소유자에게 더 자
주 찾아오는 감정이다.

『책 읽어주는 남자』는 주인공 미하엘이 한나를 만난 소년 시절부터 한나가 죽은 후 중년이 될 때까지 수십 년의 시간을 회상하는 내용을 담고 있다. 소설의 말미를 보면 미하엘은 아직도 그녀가 왜 자살했는지 의아해하는 것 같다. 정말 그는 한나의 죽음에 대한 진실을 알고 싶었던 것일까? 남자는 자신과 몸을 섞은 첫 여자를 잊지 못하는 법이다. 실제로 소설을 읽어 보면, 한나가 아무런 연락도 없이 떠난 뒤에도 소년은 자신이 만난 모든 여자를 한나를 기준으로 판단할 수밖에 없었다. 물론 결혼한 아내의 경우도 마찬가지였다.

나는 게르트루트와 함께 지낼 때 예전에 한나와 함께한 것과 비교하는 일을 도무지 그만둘 수가 없었다. 그리고 게르트루트와 포옹할 때마다 이게 아닌데 하는 느낌이 들었다. 그녀의 손길이나 감촉, 그녀의 냄새와 그녀의 맛, 그것은 내가 찾던 것이 아니었다. 나는 그런 것도 시간이 지나면 극복될 수 있으리라고 생각했다. 나는 그런 느낌이 사라지기를 바랐다. 나는 한나에게서 벗어나고 싶었다. 그러나 이게 아닌데 하는 느낌은 결코 사라지지 않았다. 율리아가 다섯 살 나던 해에 우리는 이혼했다.

이처럼 첫사랑의 기억에서 헤어나지 못하는데 어떻게 결혼 생활이 평탄할 수 있겠는가. 돌아보면 수감된 한나에게 책을 낭송한 테이프를 보내 주었을 당시 미하엘의 상태에 그 해답이 있는지도 모른다. 그때 미하엘이 아내와 이혼 상태에 있었다는 점이 중요하다. 비록 아내와 좋게 헤어졌지만, 홀로 된 그를 지배하던 감정은 외로움과 버려졌다는 느낌이었다. 수감 중인 한나를 통해 가장 행복했던 시절의 자기 모습이었던 '책 읽어주는 남자'의 역할을 다시 맡으려는 것도 이런 이유에서다. 물론 그것은 한나가 문맹인 상태로 계속 남아 있어야만 가능한 일이다.

그러니까 한나가 애써 문맹을 탈출하여 편지를 써 보냈을 때, 미하엘이 그것을 무시했던 이유가 분명해지지 않는가? 미하엘로서는 한나는 문맹이고 자신은 '책 읽어주는 남자'로 계속 남고 싶었던 것이다. 어쩌면 이것은 잃어버린 낙원을 되찾으려는 그의 무의식적인 노력이었는지도 모를 일이다. 책 읽어주기, 함께 샤워하기, 그리고 격정적인 사랑 나누기, 마지막으로 함께 침대에서 편안하게 누워 있기. 청소년 시절 그 흥분과 설렘의 기억을 되찾고 싶었던 것은 아닐까? 과거에 그녀가 자신을 씻겨 주고, 자신을 품에 안아 주었던 것, 그것은 그가 그녀에게 책을 읽어 줄 수 있어서였다. 그래서 무슨 종교 의식인 것처럼 외로움에 빠져 있던 미하엘은 녹음기로 책을 읽어 녹음했던 것이다. 그는 문맹에서 벗어난 한나를 부정했던 것이다. '책 읽어주는 남자'라는 잃어버린 에덴동산을 지키기 위해서, 잔혹하게도 그는 현재의 한나를 받아들이지 않았다. 그러니 한나를 절망으로 몰고 가 죽도록 만든 사람은 바로 미하엘 본인이었던 셈이다. 그가 끝까지 알고 싶지 않았던 진실은 바로 이것이었다.

베른하르트 슐링크
Bernhard Schlink
1944-

영화 「더 리더」(2008)의 원작으로 널리 알려진 『책 읽어주는 남자』(1995)는 독일 문학 작품으로는 처음으로 《뉴욕 타임스》 베스트셀러 1위를 기록했다. 이 작품은 "회피하고 방어하고 숨기고 위장하고 또한 남에게 상처를 주는 행동의 근거가 되는 수치심"에 대한 하나의 보고서이자, 한 소년의 성적 모험을 다룬 성장소설이다.

나는 다음 날부터 다시 학교에 등교하기로 마음먹었다. 거기에는 내가 습득한 남성다움을 남에게 보여 주어야겠다는 생각도 한몫했다. 괜히 으스대려고 그런 것은 아니었다. 그러나 나는 나 스스로 힘이 넘치고 남보다 우월하다고 느꼈으며 동료 학생들과 선생님들을 이러한 힘과 우월감으로 대하고 싶었다.

『책 읽어주는 남자』는 또한 동시에 나치 시대 청산이라는 묵직한 문제를 제기하고 있는 문제작이기도 하다. 소설에서 화자는 부모 세대에 대해 이렇게 묘사한다.

나는 아버지가 스피노자 강의를 개설한다고 공고했다가 대학에서 철학 강사 자리를 잃고 도보여행 지도와 여행 책자를 만드는 한 출판사의 편집주간 일을 하면서 자신과 우리 식구를 전쟁의 소용돌이에서 구해 냈음을 알고 있다. 내가 어떻게 그분에게까지 수치의 판결을 내릴 수 있겠는가? 그러나 나는 그렇게 했다. 우리 모두는 우리의 부모들에게 수치의 판결을 내렸다. 우리가 그들을 고발한 내용은, 그들이 1945년 이후에도 그들 주변에 있는 범죄자들의 존재를 묵인했다는 것이다.

작가 자신은 헌법재판소 판사와 베를린 훔볼트 대학교 법대 교수를 지냈고, 작가의 아버지는 신학대 교수였다가 나치 시절에 해직당한 뒤 목사로 활동했었다.

절망

철학자의
어드바이스

　　해고되지 않을 수도 있고 해고될 수도 있다. 자신의 앞날이 어떻게 될지 의심스러울 때가 있다. 얼마 전 상사가 내게 새로운 프로젝트를 맡겼지만, 돌아가는 회사 사정이 영 불안하기만 하다. 분명 감원이 있을 것 같은데 내게 새로운 일을 맡겼다는 것은 내가 해고되지 않는다는 뜻이 아닐까? 그렇지만 얼마 지나지 않아 내게 맡겨진 일이 다른 사람에게로 넘어가게 되었다. 그나마 가지고 있던 희망마저 완전히 사라지는 순간이다. 이렇게 희미하게 흔들리는 촛불처럼 존재하던 희망이 완전히 사라지는 순간, 절망이 찾아온다. 미래에 대한 어설픈 기대, 혹은 불안한 희망이 없었다면, 우리는 그렇게 절망하지도 않았을 것이다. 그러니까 절망은 냉철한 이성을 가진 사람보다는 우유부단한 성격의 소유자에게 더 자주 찾아오는 감정이라고 할 수 있다. 비극적인 미래를 충분히 예측할 수 있는 상황이지만, 가느다란 희망의 줄을 놓지 않으려는 사람이 있다. 예상했던 비극이 빨리 오지 않자, 희망의 동아줄은 더 튼튼한 것처럼 보인다. 당연히 우리는 그 동아줄을 더 집요하게 움켜잡으려고 할 것이다. 이런 식으로 시간이 흐르다 보면, 비극이란 있을 수도 없다는 확신이 더 강해지기도 한다. 물론 이것은 판타지에 불과하다. 자기중심적인 판타지를 견고한 성곽이라고 믿고 의지할 때, 절망은 강하게 우리를 찾아올 수밖에 없다. 판타지의 성곽이 무너지는 순간 거기 기대고 있던 우리도 땅바닥에 내동댕이쳐질 테니 말이다. 절망에 자주 빠지는 사람들은 지나칠 정도로 비관론을 가지려고 노력하는 것도 좋겠다. 항상 최악의 경우를 염두에 둔다면, 미래에 대한 자기중심적인 기대도 그만큼 줄어들기 마련이니까. 그렇지만 우유부단한 사람이 비관론을 품고 세상을 살아가는 것은 또 얼마나 힘든 일인가.

20

음주욕
EBRIETAS

화려했던
과거로
돌아가려는
발버둥

「밤으로의 긴 여로」,
유진 오닐

술! 보잘것없는 사람도 위대해지도록 만드는 묘약들 가운데 이보다 더 멋진 것이 또 있을까. 인간은 타인의 시선을 의식하는 동물이다. 물론 우리가 바라는 것은 타인의 칭송, 칭찬, 사랑, 그리고 관심이지, 멸시, 비하, 미움, 무관심은 아니다. 그래서일까, 우리는 돈을 많이 벌려고 노력하고, 학벌을 높이 쌓으려고 공들이고, 가혹한 다이어트로 몸매를 관리하고, 회사나 조직에서는 최고의 지위에 오르려고 애쓴다. 그래야 주변에 나를 찬양하는 사람들이 들끓을 테니까 말이다. 한마디로 위대해지면 된다. 그러면 우리의 모든 소망이 마법처럼 이루어질 것이다. 그렇지만 위대해지는 것이 이제 언감생심이 되는 순간, 비참한 시간은 반드시 찾아오기 마련이다. 사법고시를 패스하는 것, 올림픽에서 금메달을 따는 것, 혹은 영화배우로 레드카펫을 밟는 것까지는 아니더라도, 돌아보면 누구나 한 번은 남의 시선을 한 몸에 받았던 적이 있을 것이다. 그렇지만 지금 현실은 퇴락하여 그 누구도 나를 거들떠보지도 않는다. 이럴 때 우리는 쓸쓸하게 술잔을 들게 되는 것이다.

첫 잔은 현재의 남루한 모습을 반영하기라도 하듯 쓰디쓰지만, 한 잔 두 잔 들어가면 술은 어느 사이엔가 우리에게 위대했던 과거와 그 시절의 희열을 선사한다. 이렇게 술은 우리를 에덴동산처럼 아름다웠던 과거로 데리고 가는 최고의 묘약이다. 여기 아버지와 두 아들, 그리고 심지어는 어머니마저 묘약에 취해 살고 있는 한 가족들의 슬픈 이야기가 몽환적인 분위기에서 펼쳐지고 있다. 유진 오닐의 희곡 『밤으로의 긴 여로(Long Day's Journey into Night)』(민음사)는 이렇게 짙은 술 냄새를 풍기며 다가온다.

> 티론　내가 오셀로 역을 하던 첫날 그분이 극장 지배인한테 뭐랬는 줄 아니? "저 젊은 친구는 나보다 오셀로 역을 더 잘하는군!"(자랑스럽게) 당대의, 아니 불후의 명배우 부스가 말이야! 그건 사실이었지! 그때 내 나이 겨우 스물일곱이었어! 이제 돌이켜 보면 그날 밤이 내 배우 인생의 정점이었지! 원하는 곳에 서 있었으니까!
>
> 에드먼드　(……) (술기운에 수다스러워져서) 아버지께서 인생의 정점 얘기 하셨으니 제 인생의 정점들도 얘기해 볼까요? 다 바다와 관련된 거예요. 우선 하나는, 부에노스아이레스로 가는 스칸디나비아 범선을 탔을 때였어요. 무역풍이 불고 보름달이 떴죠. 그 배는 14노트의 속력으로 가고 있었어요. 전 뱃머리 사장에 누워 고물 쪽을 바라보고 있었고, 제 아래로는 물거품이 일고, 위로는 달빛을 받아 하얗게 빛나는 돛들이 높이 솟아 있었어요. 전 그 아름다움과 노래하는 듯한 리듬에 취해 한동안 몰아지경에 빠졌죠. 인생을 다 잊은 거예요. 해방을 맞은 거죠!

늦은 밤 여름 별장에는 무엇인가 불행의 여신이 머물고 있는 것처럼 보인다. 이곳 거실 테이블에서 아버지 티론과 그의 둘째 아들 에드먼드는 현재 가족의 삶과 자신들의 모습을 한탄하며 한 잔 두 잔 마시고 있다. 어머니 메리는 과거 산고 후유증으로 돌팔이 의사에게 모르핀을 맞았다가 거기에 중독되어 있고, 단순히 독감인 줄 알았던 에드먼드의 증상은 폐병으로 밝혀진 상태다. 여기에 지금 외출 중인 첫째 아들 제이미도 빼놓을 수 없다. 제이미는 나머지 가족들에 뒤지지 않을 정도로 술주정뱅이였으니까 말이다. 아마 아버지와 동생이 술잔을 기울이는 바로 이 순간, 제이미도 어느 주점에서 술에 취해 뒹굴고 있을 것이다. 그러니 네 가족이 모여 있는 여름 별장은 말 그대로 우울하고 꿀꿀한 잿빛 아우라에 젖어 있을 수밖에 없다. 이런 잿빛을 탈출하려면, 과거 화려했던 그 시절, 에드먼드의 말대로 '인생의 정점'이었던 시절로 돌아가야만 한다. 그러니 술을 마실 수밖에. 바로 여기서 스피노자가 말한 음주욕이라는 욕망, 혹은 감정이 발생한다.

> 음주욕(ebrietas)은 술에 대한 지나친 욕망이나 사랑이다.
> ― 스피노자, 『에티카』에서

음주욕에 대한 스피노자의 정의에서 '지나친(immoderata)'이라는 말에 주목해야 한다. 적당히 술을 마시는 것, 이것을 음주욕이라고 부르지는 않는다. 너무 지나치게 술을 찾을 때, 우리는 음주욕에 빠진 것이다. 무엇이 술에 대한 지나친 욕망이나 사랑, 즉 음주욕을 낳는 것일까? 현재 자신의 삶에 대한 무기력과 패배 의식 때문이다. 불운하고 비참해서 직시하기조차 힘든 현재를 깨끗이 잊고 싶은 정도만큼 우리는 과거 인생의 정점이었던 시절을 꿈꾸게 된다. 아니, 과거의 황금기를 꿈꾸어야만 현재의 잿빛에서 그나마 숨통을 틀 수 있을 것만 같다. 그렇게 술이라는 묘약으로 순간적으로나마, 한때 정점을 향유하던 과거의 나가 불쑥 나타나 현재의 남루한 나를 추방할 수 있다. 처음에 완강히 물러나지 않으려 버티던 현재의 나는 어느 순간 한 잔 두 잔 들어오는 술의 힘 앞에서 맥을 쓰지 못하고 점점 무기력해질 것이다. 때늦게 형 제이미가 합류해서 현재의 무기력과 과거의 절정 사이를 오가는 술판에 합류하고 있는데, 어머니 메리마저 모르핀에 중독된 상태로 다시 등장하여 자기 인생의 정점을 몽환적으로 읊조린다. 술과 모르핀에 무슨 차이가 있겠는가, 술이나 모르핀은 모두 남루한 현재를 벗어나 화려했던 과거의 정점으로 인도하는 묘약이니 말이다.

> 메리   엘리자베스 원장수녀님과 면담을 했어. 참 자상하고 좋으신 분이야. (……) 난 그분께 수녀가 되고 싶다고 말씀드렸지. (……) 졸업하고 집에 돌아가서 다른 친구들처럼 파티에도 가고 춤도 추고 즐기면서 살다가 일이 년 뒤에도 그 마음 그대로라면 그때 다시 와서 얘기해 보자고 하셨지. (……) 그게 졸업하던 해 겨울의 일이었어. 그리고 봄에 사건이 벌어진 거야. 그래, 기억나. 난 제임스 티론과 사랑에 빠졌고 얼마 동안은 꿈같이 행복했거든.

티론의 아내이자 두 아들의 어머니인 메리는 지금 원장수녀를 원망하고 있다. 그녀 때문에 그는 젊은 시절을 즐기다가 지금의 남편 티론을 만나게 된다. 티론과 사랑에 빠지지만 않았다면, 메리는 임신을 할 일도 없었고 산통 때문에 모르핀을 잘못 맞을 일도 없었을 것이다. 당연히 메리는 수녀원에 있었던, 그래서 세속적인 쾌락을 알지 못했던 그 시절을 전성기로 기억할 수밖에 없다. 모르핀에 취할수록 메리가 자꾸만 수녀원 시절로 돌아가는 데는 다 이유가 있었던 셈이다. 현재의 절망이 깊을수록 이렇게 네 가족은 술과 모르핀의 힘으로 과거의 영광을 회복하려고 의식적으로 혹은 무의식적으로 몸부림을 치고 있는 것이다. 가련한 일이지만, 그들의 몸부림은 덧없는 꿈에 불과할 뿐이다. 꿈이란 무엇인가? 깊은 밤중에, 과거 낮에 벌어졌던 일을 회복하려는 몽상 아닌가.

그렇지만 현실은 깊고 쓸쓸한 밤, 그리고 영원히 날이 밝지 않을 것 같은 칠흑 같은 암흑일 뿐이다. 꿈을 통해 칙칙한 밤을 잊으려고 하는 만큼, 그들에게는 과거의 낮뿐 아니라 내일의 낮도 찾아오지 않을 것이다. 그렇지만 어쩌겠는가, 현재의 밤을 제대로 응시할 용기가 이미 이 네 사람에게서 떠나 버렸으니 말이다. 어쨌든 이런 식으로 모든 가족은 마침내 '밤으로의 긴 여로'에 합류하게 된다. 꿈이 꿈을 증폭시키고, 밤이 밤을 더 키우는 꼴이라고나 할까. 그렇지만 이들 가족에게 더 이상 환한 낮은 오지 않고 밤만 깊어질 것 같다는 느낌, 이건 나만의 생각일까? 더 비극적인 것은 이 음울한 가족 이야기가 유진 오닐 본인의 내밀한 가족사를 반영하고 있다는 점이다. "이야기된 고통은 고통이 아니다."라는 이성복 시인의 말이 옳다면, 유진 오닐의 작품은 고통에서 벗어나려는 그의 절절한 노력을 반영하는 것이리라.

유진 오닐
Eugene Gladstone O'Neill
1888-1953

유진 오닐은 스웨덴 극작가 스트린드베리에 매료되어 희곡을 쓰기로 결심하고 하버드 대학교에서 연극을 공부했다. 미국 리얼리즘 연극을 확립한 작가로 성공하여 퓰리처상을 네 번이나 탔고, 1936년에 미국 극작가로서는 처음으로 노벨 문학상을 수상했다. 그러나 평생 술에서 헤어나지 못해 말년에는 수전증으로 고생했다. 『밤으로의 긴 여로』(1956)는 작가가 사후 25년 동안 발표하지 말라고 한 작품이다. 작가는 아내에게 "내 묵은 슬픔을 눈물로, 피로 쓴 작품"이라고 말했는데, 그만큼 아픈 가족사가 고스란히 들어 있는 자전적인 이야기이다. 셰익스피어 배우에서 「몬테크리스토 백작」 흥행 배우로 주저앉은 자신의 처지를 한탄하며 돈이 있어도 가족에게는 병적으로 인색하게 구는 아버지, 싸구려 호텔방에서 돌팔이 의사에게 맞은 진통제 때문에 모르핀 중독이 된 어머니, 술에 빠져 방탕한 생활을 하다가 죽은 형, 그리고 뱃사람으로 방황하다 폐병에 걸렸던 작가 자신, 이 모든 것이 작품에 그대로 드러나 있다. 작품 속에서 주인공 에드먼드는 보들레르의 산문시 「취하라」를 신랄하고 풍자적으로 멋지게 낭송한다.

늘 취해 있어라. 다른 건 상관없다. 그것만이 문제다. 그대의 어깨를 눌러 땅바닥에 짓이기는 시간의 끔찍한 짐을 느끼지 않으려거든 쉼 없이 취하라. 무엇에 취하냐고? 술에든, 시에든, 미덕에든, 그대 마음대로. 그저 취해 있어라. 그러다 이따금 궁전의 계단에서나, 도랑가 풀밭에서나, 그대 방의 적막한 고독 속에서 깨어나 취기가 반쯤 혹은 싹 가셨거든 바람에게나, 물결에게나, 별에게나, 새에게나, 시계에게나, 그 무엇이든 날아가거나, 탄식하거나, 흔들리거나, 노래하거나, 말하는 것에게 물어보라, 지금 무엇을 할 시간인지, 그러면 바람은, 물결은, 별은, 새는, 시계는 대답하리라. '취할 시간이다! 취하라, 시간의 고통 받는 노예가 되지 않으려거든 쉼 없이 취하라! 술에든, 시에든, 미덕에든, 그대 원하는 것에.'

음주욕

철학자의
어드바이스

　　　　　　　　　동창회에 자주 나가는 사람이 있다. 지금 자신의 삶이 피폐해질수록 과거의 영광을 확인하려는 것인지도 모른다. 한때 반장이었고 한때 공부도 잘해서 남들의 부러움과 아울러 선생님의 칭찬 속에 살았던 시절이 너무나 그리운 것이다. 그렇지만 동창회는 항상 모종의 갈등을 자아내기 마련이다. 과거에 자신보다 공부를 못했던 아이가 어느 사이엔가 검사 부인이나 의사 부인이 되어 있을 수도 있고. 심지어 대학 교수나 방송인이 되어 명성을 날리고 있기도 하기 때문이다. 물론 현재 잘나가는 친구는 과거 자신보다 잘나갔던 친구들 앞에서 뻐기기 위해 동창회에 나온 것이다. 당연히 동창회에서 충돌은 불가피할 수밖에 없다. 지금은 몰락했지만 과거 영광스러운 권좌에 앉아 있던 사람과 과거에는 불우한 시절을 보냈지만 지금 존경 받는 자리에 서 있는 사람 사이에서 동창회를 지배하는 헤게모니 싸움은 불가피하기 때문이다. 과거의 여왕과 현재의 여왕 중 누가 동창회 모임에서 큰소리를 낼 것인가. 이것은 대답할 필요도 없는 질문이다. 과거의 여왕이 대취할 테니까 말이다. 비록 술을 잘 마시지 못하지만 그녀는 독한 소주라도 마시고 또 마실 것이다. 현재를 깨끗이 잊을 정도로 마시다 보면, 어느 사이엔가 과거의 여왕은 다시 화려했던 시절로 되돌아갈 수 있을 테니까 말이다. 이런 취기를 빌려 과거로 돌아가는 데 성공한 그녀는 현재의 여왕이 과거에는 자기 시녀에 불과했다는 사실을 계속 좌중에게 주지시킬 것이다. 그렇지만 과거의 영광이 무슨 소용이 있겠는가. 대부분 친구들은 과거의 여왕이 취했다고 조롱하면서 그녀의 술주정만 탓할 테니 말이다. 이어서 그들은 과거의 여왕을 버리고 단호히 현재의 여왕 편을 들 것이다. 과거와 현재 사이의 부침에 대한 슬픈 보고서, 그래서 술을 마시게 만드는 묘한 공간으로 동창회가 아직도 남아 있는 건 이런 이유에서가 아닐까?

21

과대평가
EXISTIMATIO

사랑의
찬란한
아우라

『허조그』,
솔 벨로

어떤 사람을 객관적으로 본다는 것은 정말 좋은 일일까? 그렇지만은 않다. 객관적으로 본다는 것은 일정 정도의 거리를 두고 본다는 것을 의미한다. 여기서 중요한 것은 바로 이 '일정 정도의 거리'이다. 거리란 이미 어떤 사람과 내가 떨어져 있다는 것을 의미하는 것일 테니까. 누군가를 사랑한다면, 사랑까지는 아니더라도 좋아한다면, 그 사람과 너무 떨어져 있는 것은 상당히 위험한 일이다. 자꾸 그 사람의 학벌, 연봉, 가족 관계 등이 눈에 들어와서 다른 사람과 비교하는 순간, 우리에게서 사랑이나 우정이라는 소망 가득한 관계는 조금씩 깨져 가게 된다. 누군가를 사랑한다면, 그 사람의 품에 꼭 안겨 있는 것이 낫다. 거리를 두고 보면 배가 나왔다거나 혹은 눈에 눈곱이 껴 있다거나 하는 모습이 눈에 들어오니까 말이다.

그렇지만 어쩌겠는가. 거리를 두고 보는 순간, 우리는 그 사람의 모습을 이미 객관적으로 보아 버린 것을. "이 사람이 다른 사람에 비해 결코 멋진 사람은 아니다." "이 사람이 나의 삶을 더 완전하게 해 줄 수 있는 유일한 사람은 아니다." "이 사람보다 최근에 만난 그 사람이 더 매력적인 것 같아." 이런 생각이 불현듯 떠올라 깜짝 놀라는 바람에 그 사람 품에 다시 꼭 안긴다고 해서 원래 상태로 되돌아갈 수 있는 것은 아니다. 오히려 더 복잡해진 것이다. 이제는 그 사람 품에 안겼어도 그 사람의 객관적인 모습, 다른 사람과 비교할 수 있는 모습이 마음속에 그대로 남아 있기 때문이다. 어쩌면 그 사람과 헤어지는 것은 이제 시간문제인지도 모른다. 사랑했던 사람이 어느 날 객관적으로 보일 때가 있다. 바로 이때부터 우리에게서 사랑은 슬프게도 점점 떠나가고 있는 것이다.

중년의 남자가 있다. 그의 아내는 이제 그를 객관적으로 보기 시작했다. 심지어 그에게서 노인 냄새가 난다고 타박할 정도다. 얼마나 우울한 일인가. 한때 자신을 그렇게도 사랑했던 아내, 바로 그녀의 사랑이 자신을 떠난 것이다. 바로 이 순간 기적처럼 새로운 여자가 등장하며 자신을 사랑하게 된다. 자신의 품에 꼭 안겨 자기의 모든 냄새마저도 향기롭게 느끼는 여자다.

"노인한테는 노인 냄새가 난답니다. 여자라면 누구나 알아요. 늙은 남자 몸에서는 헌옷에서 나는 퀴퀴한 먼지 냄새 같은 게 나요. 여자가 남자를 그 지경이 될 때까지 내버려 두었다면, 그녀는 늙어 버린 남자에게 굴욕감을 주지 않으려고 관계를 계속한 걸 거예요. 정말 끔찍한 일이죠! 그렇지만, 모지스! 당신은 정말이지 화학적으로 젊어요." 라모나가 맨살이 드러난 팔을 그의 목에 감았

과대평가

다. "당신 살에서는 감미로운 향기가 나요. 매들린이 뭘 알겠어요? 얼굴만 예쁘지 아무것도 아닌 여자라고요."

자기도취에 빠져 거만하게 살다가 이제는 상처 입고 품위도, 체면도 없이 고통 받고 있는 늙은 나에게 이런 따뜻한 위로를 주다니, 허조그는 자신이 도대체 무슨 훌륭한 일을 했기에 이런 축복을 받는 걸까 생각해 보았다.

방금 우리는 솔 벨로의 소설 『허조그(Herzog)』(펭귄클래식)의 한 대목을 읽어 보았다. 주인공 모지스 허조그는 한때는 존경받는 교수였으며 뭇 여성들의 가슴을 설레게 하는 미남이었다. 그렇지만 시간의 화살은 그로서도 어쩔 수 없었다. 이미 한 차례 파경을 거친 허조그는 40대 후반의 중년 남성이 되었다. 더 이상 그는 여성들이 주목하는 대상이 못 되었다. 두 번째 아내 매들린도 공공연히 남편을 무시한 채 이웃집 남자와 연애를 하고 있을 정도니 말이다. 허조그는 이미 당당함을 잃은 지 오래다. 지금은 이곳저곳 지인들에게 감상적인 편지나 써대고 만나는 사람마다 붙들고 신세 한탄을 늘어놓는 한심한 인간으로 전락하고 말았다. 한마디로 말해 스스로 무기력증에 빠진 허조그는 어린아이가 된 것이다.

한때 높은 지위를 갖고 있었지만 지금은 권력을 잃은 사람, 혹은 뭇 남성들의 시선을 한 몸에 받았지만 지금은 나이가 들어 미모를 상실한 여배우, 아니면 수년간 전교 1등만 하다가 어느 사이엔가 성적이 중하위권으로 떨어진 학생, 이들이 느끼는 박탈감은 일반인이 상상하기 힘들 정도로 클 수밖에 없다. 허조그가 겪는 심경이 바로 이런 상실감이다. 다시 사람들, 특히 여성들의 관심을 받을 수 있을까? 이것이 바로 허조그의 무의식이 원했던 것이다. 그가 자신에게 관심과 애정을 기울여 달라고 주변 사람들에게 어린아이처럼 칭얼댄 것도 다 이유가 있었던 셈이다. 바로 이때 30대 후반의 섹시하고 매력적인 여성 사업가 라모나가 허조그 앞에 등장한다. 이제는 노인 냄새가 난다며 혀를 찼을 아내 매들린과 달리 라모나는 감미로운 냄새가 난다며 허조그를 기꺼이 안아 주었던 것이다.

라모나를 만나기 전에 허조그는 이미 자신의 상태를 잘 알고 있었다. 자신은 "자기도취에 빠져 거만하게 살다가 이제는 상처 입고 품위도, 체면도 없이 고통 받고 있는 늙은" 중년 남자이기 때문이다. 어쩌면 허조그는 자신의 몸에 진짜로 노인 특유의 퀴퀴한 냄새가 난다는 사실을 알고 있었는지도 모른다. 그러니 허조그는 당혹스러울 수밖에 없었다. 자신의 몸에서 감미로운 냄새가 난다니! 그렇다면 라모나가 허조그에게서 맡은 감미로운 냄새의 정체는 무엇인가? 그녀는 지금 허조그를 열렬히 사랑하고 있는 중이다. 사랑에 빠진 사람은 자신이 사랑하는 사람을 실제 이상의 가치가 있는 것으로 평가하기 마련이다. 결국 허조그의 몸에서 풍기는 냄새의 감미로움은 라모나의 사랑이 가진 감미로움을 투사하여 만든 것이라고 할 수 있다. 스피노자가 이 점을 놓칠 리없다.

과대평가(existimatio)란 어떤 사람에 대한 사랑으로 말미암아 정당한 것 이상으로 느끼는 것을 말한다.

— 스피노자, 『에티카』에서

이렇게 어떤 사람을 사랑하면, 우리는 그에 대해 실제보다 과한 평가를 내리기 마련이다. 애인이 배가 나왔다면 우리는 그를 푸근한 사람이라고 평가한다. 애인이 공공장소에서 방귀를 껴도, 우리는 그가 당당하고 진솔한 사람이라고 해석한다. 혹은 애인이 정리해고를 당해도, 우리는 그의 능력을 탓하기보다는 인재를 알아보지 못한 회사를 탓하게 된다. 사랑에 빠진 두 사람을 제외한 제3자가 보았을 때, 이 모든 것은 어처구니없는 과대평가에 지나지 않는다. 하지만 우리는 볼품없는 애인을 신처럼 숭배하는 친구를 보면 한편으로는 부러움을 느낄 것이다. 사랑에 빠진 사람보다 더 행복한 사람이 어디 있겠는가 말인가?

사랑은 두 사람을 삶의 주인공으로 만드는 감정이다. 그러니까 주인공의 풍성한 배, 주인공의 달콤한 방귀, 주인공의 정리해고는 당연히 조연들의 부푼 배, 고약한 방귀 냄새, 실업자 신세와는 전혀 다른 종류의 것이다. 주인공의 모든 평범한 행위도 그가 바로 주인공이라는 이유 하나만으로 비범한 것이 되기 때문이다. 바로 이것이 과대평가의 핵심 아닐까? 상대방을 주인공으로 본다는 것, 그러니 어떻게 그 사람을 조연에 불과한 다른 사람들과 비교할 수 있겠는가. 어떻게 그 사람을 객관적으로 바라볼 수 있다는 말인가. 그러니까 과대평가가 사랑에 빠진 사람들에게는 부수 효과가 아니라 본질적인 현상이라고 할 수 있다. 그래서 스스로 사랑에 빠져 있는지 확인하는 방법은 의외로 쉽다. 상대방을 지나치게 크게 평가한다면, 우리는 분명 그를 사랑하고 있는 것이니까.

어쩌면 과대평가야말로 어떤 사람이 사랑에 빠져 있다는 것을 보여 주는 가장 강력한 증거라고 할 수 있다. 반대로 애인을 있는 그대로 객관적으로 본다면, 다시 말해 제3자처럼 애인을 본다면, 우리의 사랑은 이미 많은 부분 훼손되었다는 사실을 보여 주는 것 아닐까? 뽈록 나온 연인의 배를 부끄러워하거나, 혹은 방귀를 뀐 연인에게 화를 낸다거나, 해고된 연인의 무능력에 심기가 불편하다면, 우리의 사랑은 그만큼 약해진 것이다. 애인을 신처럼 완벽하다고 생각하는 것, 이런 과대평가야말로 어쩌면 우리가 그토록 바라던 사랑의 본질이 아닐까? 그러니 스피노자도 과대평가를 설명하면서 조심스럽게 이렇게 덧붙일 수 있었다. "과대평가는 사랑하는 것에 대하여 정당한 것 이상으로 느끼도록 인간을 자극하는 한에서는 사랑이라고 정의될 수 있다."라고 말이다.

1901   30 ans ou la vie en rose   Raoul Dufy 1931

누군가를 사랑하면, 우리는 그 사람에 대해 실제보다 과한 평가를 내리기 마련이다. 그래서 애인이 배가 나왔다면 그를 푸근한 사람이라고 생각한다. 이렇게 사랑은 두 사람을 삶의 주인공으로 만드는 감정이다. 어쩌면 과대평가야말로 어떤 사람이 사랑에 빠져 있다는 것을 보여주는 가장 강력한 증거다.

솔 벨로
Saul Bellow
1915-2005

캐나다 출신의 러시아계 유대인 작가 솔 벨로는 '내셔널 북어워드'를 세 번이나 수상한 유일한 소설가이며, 1976년에 "인간에 대한 이해와 당대 문화에 대한 섬세한 분석"으로 노벨 문학상을 수상했다. 필립 로스는 솔 벨로의 문학적 위치를 이렇게 평한다. "20세기 미국 문학은 윌리엄 포크너와 솔 벨로라는 두 개의 축으로 지탱되어 왔다. 그들은 20세기의 허먼 멜빌이고 너새니얼 호손이고 마크 트웨인이었다." 솔 벨로는 『미국의 비극』의 작가 시어도어 드라이저에게 큰 영향을 받았으며, 청소년기에 겪은 대공황 때의 비참한 경험이 소설을 쓰게 된 바탕이 되었다고 한다.

『허조그』(1964)는 '낭만적 자아'라는 연구 주제에 골몰하던 샌님 교수가 바람 난 아내에게 이혼당하고 신경쇠약에 걸려 인생의 낙오자가 되는 이야기다. "나는 어떤 성격인가? 현대적 용어로 말하자면, 자기도취적이고, 마조히스트이자, 시대착오적인 성격이었다. 임상적으로는 대체로 우울증이라 진단되겠지만, 중증은 아니다." 그러나 이 힘없는 지식인의 우울증은 관능적인 여성 라모나를 통해 위로받는다.

지금 그가 조금 특별한 정신 상태에 있는 것은 사실이지만, 그에게는 정말로 값지고, 사랑스럽고, 건강하며 근본적으로 변하지 않는 어떤 것이 있다고 했다. 마치 그가 신경쇠약 같은 말도 안 되는 병에서 완치되어 갖은 끔찍한 역경 속에서 살아남은 것처럼 말했다. 라모나는 지금까지 그가 겪은 모든 불행은 제대로 된 여자를 만나지 못했기 때문이라고 말했다. 그에 대한 그녀의 마음은 급속도로 진지해졌다.

작가는 『허조그』에 대해 "고등교육이라는 것이 고민에 싸인 사람에게 얼마나 쓸데없는 것인지를" 보여 주려고 쓴 코믹한 소설이라고 말한다. 작가 자신은 30년간 시카고 대학교에서 문학을 가르친 '엘리트 작가'이다.

철학자의
어드바이스

누군가와 사랑에 빠진다는 것은 과대망상에 빠진다는 것에 다름 아니다. 어른들이 "눈에 콩깍지가 씌었다."라고 말하는 데에는 다 이유가 있다. 그렇지만 여기서 조심해야 할 것은 과대망상에는 무엇인가 정신적인 흥분 상태, 그러니까 일종의 비정상적인 정신 상태라는 뉘앙스가 전제되어 있다는 점이다. 콩깍지가 씌었다는 말 자체에 이미 부정적인 뉘앙스가 깔려 있지 않은가. 사실 사랑에 빠진 친구의 비정상적인 정신 상태를 매우 걱정했던 경험은 누구나 한 번쯤 해보았을 것이다. 우리 눈에는 친구의 애인이 매우 우유부단한 사람인데, 친구는 그를 섬세하고 부드러운 사람으로 착각하고 있다. 또 친구의 애인은 경제적인 능력이 떨어지는데, 친구는 그가 아직 때를 만나지 못했다고, 언젠가는 억대 연봉을 받을 것이라고 확신하고 있다. 이런 사례가 어디 한두 가지인가. 그렇지만 이건 사실 우리에게도 그대로 적용되기도 한다. 내가 사랑에 빠졌을 때, 친구들은 노파심 탓인지 내 애인에 대해 계속 주의를 주거나 우려를 표현했을 것이다. 그렇지만 친구들의 경우이든 내 경우이든, 우리가 간과하는 것이 한 가지 있다. 그것은 사랑은 과대망상이라는 감정 상태가 지속될 때까지만 유지된다는 사실이다. 친구의 애인을 평가하는 나의 기준과 판단을 친구가 수용한다면, 불행히도 친구가 불태우던 사랑의 열정은 이미 꺼진 것이다. 반대로 내가 노파심에 가득 찬 친구들의 충고들에 귀를 기울이고 있다면, 나의 경우에도 사랑은 이미 떠나고 있는 중이다. 내가 사랑에 빠진 친구들을 걱정하는 것이나 친구들이 사랑에 빠진 나를 걱정하는 것은 매우 아름다운 일이지만, 그것은 사랑에 빠지지 않는 사람들의 시선일 뿐이다. 그런 우려와 걱정을 무시하고 상대방을 기꺼이 과대평가하지 않는다면, 우리는 사랑할 자격도 없는 것 아닐까?

22

호의
FAVOR

결코
사랑일 수 없는
사랑

『노르웨이의 숲』,
무라카미 하루키

젊은 시절은 뒤죽박죽 혼돈의 시대다. 어린애이면서 어른 흉내를 내려고 하니 혼돈스럽고, 또 마음은 미성숙한데 몸은 지나치게 성숙하니 또 혼돈일 수밖에 없다. 그래서 우리의 젊은 시절은 포르노와 사랑이 교차하는 시절로 기억될 수밖에 없다. 달리 표현하자면, 아름다운 사랑 이야기로 무장한 고급 포르노의 시절이 바로 우리의 젊은 시절이라고 할 수 있다. 사랑인지 포르노인지 모를 이 혼돈의 시절은 인간으로 성숙하기 위해 반드시 통과해야 할 관문이다. 성숙한 사람은 이 관문을 피투성이가 된 채로 통과하는 데 성공한 사람이고, 반대로 아직도 미성숙한 채로 남아 있는 사람은 이 관문을 통과할 문을 못 찾아 지금도 그 성벽을 더듬으며 절망적으로 문을 찾고 있는지도 모른다.

무라카미 하루키의 『노르웨이의 숲(ノルウェイの森)』(민음사)은 1960년대 혼돈의 시대를 풍미했던 비틀스의 노래를 배경으로 시작된다. 마들렌을 먹고 어린 시절을 보냈던 콩브레라는 마을을 회

상했던 프루스트처럼, 청년을 훌쩍 넘긴 서른아홉 살 와타나베를 스무 살 전후의 젊은 시절로 되돌려 보낸 것은 함부르크행 비행기 안에서 들렸던 비틀스의 노래 「노르웨이 숲(Norwegian Wood)」이었다. 어느 남자가 애인의 집에서 묵고 사랑을 나누게 된다. 그렇지만 내일도 함께 있자는 약속을 어기고 그녀는 일하러 가 버렸다. 그러자 남자는 여자의 방, 그녀가 노르웨이 숲이라고 불렀던 방에 불을 지른다는 내용의 노래다. 얼마나 유치한 남자인가. 사랑을 나누려고 해도 밥은 먹어야 하는 것 아닌가. 이것이 바로 1960년대의 서정이자 젊은 시절의 유치함이었다.

나의 회상은 먼저 20년 전 세 명의 젊은 남녀 사이에 펼쳐졌던 애매한 관계로 되돌아간다. 와타나베라는 이름의 나, 나의 친구 기즈키, 그리고 기즈키의 여자친구 나오코가 바로 그들이다. 고급 포르노라는 혼돈의 시절 그 관문에서 가장 먼저 좌초한 것은 기즈키였다. 기즈키는 열일곱 살의 나이에 스스로 목숨을 끊어 버린다. 기즈키가 자살하는 날에도 여느 때처럼 함께 당구를 쳤던 나도, 그리고 기즈키와 한몸처럼 지냈던 나오코도 당혹스럽기는 마찬가지였다. 물론 기즈키가 와타나베를 우정의 대상으로, 혹은 나오코를 사랑의 대상으로 보지 않은 것은 분명하다. 진짜 친구가 있다면 친구를 두고 홀로 세상을 떠날 수도 없고, 진짜 애인이 있다면 애인에게 슬픔을 안기고 자살할 수는 없는 법이니까. 그러니 친구라고 믿고 있던 와타나베나 애인이라고 믿고 있던 나오코, 남겨진 이 두 사람에게 기즈키의 자살은 하나의 어두운 신비로 남게 된다.

그렇지만 반대로 생각해 보자. 정말 '나'는 기즈키를 친구로

호의

인정하고 있었던 것일까? 그리고 나오코는 기즈키를 애인으로 받아들였던 것일까? 손바닥도 마주쳐야 소리가 나는 법이다. 사실 기즈키에게 와타나베는 외양만 친구였고, 나오코는 외양만 애인이었던 것처럼, '나' 또한 기즈키를 친구라고 믿고 있었고 나오코도 기즈키를 애인이라고 믿고 있었던 건 아닐까? 이것이 바로 젊은 시절의 우정과 사랑이 가진 특성이 아닐까 싶다. 그들은 친구나 애인보다는 자신을 더 아끼니까 말이다. 남겨진 두 사람이 어느 날 서로의 몸을 격렬하게 탐하는 당혹스러운 장면을 연출하게 되는 것도 이런 이유에서인지도 모른다.

그날 밤, 나는 나오코를 안았다. 올바른 행동이었는지 아닌지 난 모른다. 이십 년 가까이 지난 지금도 모르겠다. 아마도 영원히 모를 것 같다. 그렇지만 그때는 그렇게 하지 않고는 어쩔 도리가 없었다. 나오코는 흥분한 상태였고, 혼란에 빠졌고, 나를 통해 그것을 가라앉히고 싶어 했다. 나는 불을 끄고 천천히 부드럽게 그녀의 옷을 벗기고 내 옷도 벗었다. 그러고 나서 서로를 안았다. 비 내리는 따스한 밤, 우리는 벌거벗었지만 추위를 느끼지 않았다. 나와 나오코는 말없이 서로의 몸을 더듬었다. 나는 그녀에게 입을 맞추고, 손으로 부드럽게 유방을 감쌌다. 나오코는 딱딱해진 나의 페니스를 잡았다. 그녀의 질이 따스한 열기를 띠고 젖은 채 나를 원했다. 그래도 내가 안으로 들어가자 그녀는 심하게 아파했다. 처음이냐고 물었더니 나오코는 고개를 끄덕였다. 나는 뭐가 뭔지 알 수 없는 지경에 빠지고 말았다. 나는 줄곧 기즈키와 나오코가 잤다고 생각했기 때문이다. 나는 페니스를 깊이 밀어 넣은 채 가만히 오래도록 그녀를 안고 있었다. 나오코가 안정을 되찾은 것을 확인하고 는 천천히 움직이다가 오랫동안 시간을 들여 사정했다. 마지막에 이르러 나오코는 내 몸을 꼭 끌어안고 소리를 질렀다. 내가 지금까지 들어 보았던 오르가슴 소리 가운데에서 가장 애달팠다.

나오코는 격하게 눈물을 떨구었고, 와타나베는 그런 그녀를 안아 주게 된 것이다. 나오코는 죽은 기즈키가 그리웠는지도 모를 일이다. 애인이 죽었을 때 가장 절절한 것은 바로 그를 만질 수 없다는 무서운 현실에 직면했을 때 아닌가. 더군다나 기즈키와 성숙한 남녀가 할 수 있는 거의 모든 사랑 행위를 이미 어린 시절부터 했기 때문에, 그녀의 성적인 결여감은 더 컸는지도 모를 일이다. 어쨌든 '나'에게 안기면서, 마침내 나오코는 자신의 성욕을 내게 폭발시킨다. 사실 이 순간 두 사람의 뇌리에는 자살로 세상을 떠난 친구이자 애인인 기즈키는 존재할 수조차 없었다. 이렇게 격정적인 관계를 끝낸 순간, 두 사람이 충분히 성숙했다면 하나의 진실에 도달할 수도 있었을 것이다. 사실 나오코에게 자살한 기즈키는 성적인 대상이었으며, 동시에 내가 기즈키와 만나려고 했던 것도 성욕 때문이었다는 진실을.

애인이 죽은 뒤에 애인의 친구를 상대로 섹스를 즐기는 것, 친구의 애인과 섹스를 즐기는 것이 가능했던 이유는 무엇일까? 그것은 성욕이나 섹스에 대한 동경이다. 그렇지만 불행히도 와타나베와 나오코는 이런 엄연한 현실을 은폐하려고 한다. 나오코라는 여자를 사랑해서 섹스를 했다고 믿어 버리는 '나'는 이 경우 순진한 편이라고 할 수 있다. 그녀의 경우는 더 복잡하고 흥미로

호의

젊은 시절은 뒤죽박죽 혼돈의 시대다. 어린애이면서 어
른 흉내를 내려고 하니 혼돈스럽고, 또 마음은 미성숙한
데 몸은 지나치게 성숙하니 또 혼돈일 수밖에 없다. 그
래서 우리의 젊은 시절은 포르노와 사랑이 교차하는 시
절로 기억될 수밖에 없다.

운 방식으로 '나'와의 섹스를 은폐하기 때문이다. 나오코는 와타나베가 자신에게 호의를 베풀었고, 자신은 그 호의를 받아들였다는 식으로 자기 행위를 정당화하게 된다. 물론 애인을 잃은 여자의 불완전성을 강조하는 것도 잊지 않으면서. 그래서 나중에 나오코가 와타나베에게 보낸 편지 내용은 무척 의미심장하다. "난 나에 대한 네 호의를 느끼고, 그것을 기쁘게 생각하고, 그런 기분을 솔직히 네게 전할 따름이야. 아마도 지금 나는 그런 호의가 절실히 필요해."

지금 나오코는 와타나베와의 섹스를 호의의 문제로 정당화하려고 한다. 그러니까 친구의 애인이 느끼는 불완전성, 그 결핍을 잠시라도 채워 주려는 '나'의 호의를 거부할 수 없었다는 것이다. 그렇다, 성욕 때문이 아니라 호의다. 스피노자도 말했던 적이 있다.

호의(favor)란 타인에게 친절을 베푼 어떤 사람에 대한 사랑이다.
— 스피노자, 『에티카』에서

여기서 타인이란 내가 사랑하거나 좋아하는 사람을 가리킨다. 내가 사랑하거나 좋아하는 사람에게 친절을 베푸는 사람을 우리가 어떻게 사랑하지 않을 수 있다는 말인가. 이것이 바로 스피노자가 말한 호의라는 감정의 정체이다. 지금 나오코는 자신을 정당화하려고 호의라는 감정을 끌어들이고 있다. '나'는 자살한 친구를 너무나 아꼈고, 당연히 그에게 친절을 베푼 여자에 대해 사랑의 감정을 느낀다는 것이다. 이런 식으로 나오코는 와타나베와

호의

의 섹스를 정당화하고 있는 것이다. 즉 친구의 애인을 위로하려는 '나'의 호의를 받아들였기에, 나와 섹스를 했다는 논리다. 여기서 우리는 나오코의 정신이 심하게 분열되리라는 불길한 전망에 이르게 된다. 나오코가 자살한 기즈키를 사랑했다고 생각하는 것도 잘못이고, 호의를 받아들이느라 와타나베와 섹스를 나누었다고 생각하는 것도 잘못이다.

그냥 세 사람을 둘러싸고 있었던 것은 미성숙하고 유치하기까지 한 성욕이었을 뿐이다. 이 사실을 받아들였다면 나오코는 정신병원에 갇혀 끝내 자살로 생을 마감하지는 않았을 것이다. 성욕을 아무리 아름다운 사랑 이야기로 포장한다고 해서, 달라질 게 무엇이란 말인가. 섹스를 나누었다고 해서 그 사람을 사랑하는 것은 아니다. 이걸 몰랐던 것, 그것이 젊은 시절 '나'나 나오코, 그리고 기즈키가 가진 미성숙의 정체였던 셈이다. 안타깝게도 서른아홉 살 주인공 와타나베뿐만 아니라 우리도 섹스와 사랑과 관련된 진실을 모르고, 아름답고 격조 높은 고급 포르노의 세계에서 벗어나지 못하고 있는 것은 아닐까? 그래서 『노르웨이의 숲』이라는 소설이 우리에게 베스트셀러가 되었던 것은 아닐까? 섹스에 대한 갈망을 아름다운 사랑 이야기로 포장하면서 말이다.

무라카미 하루키
村上春樹
1949-

와세다 대학교에서 문학을 공부하였고, 재즈 카페를 운영하면서 소설을 쓰기 시작했다. 현대인의 허무와 상실감을 담은 『노르웨이의 숲』(1987)은 세계적으로도 '하루키 붐'을 일으켰는데, 미국에서는 하루키 판 『호밀밭의 파수꾼』으로도 불린다. 2008년에 프란츠 카프카 상, 2011년에 카탈로니아 국제상 등을 수상하였고, 매년 노벨 문학상 후보로 거론되고 있다.

『노르웨이의 숲』은 소중한 사람을 잃고 방황하는 두 남녀를 통해 저마다 상실의 아픔을 이겨 나가는 젊은이들의 성장통을 다룬 소설이다. "내가 아는 거라고는 기즈키의 죽음으로 인해 내 젊음의 기능 일부가 완전하고도 영원히 망가져 버린 것 같다는 것뿐이었다. 나는 그것을 뚜렷이 느끼고 이해할 수 있었다. 그러나 그것이 무엇을 의미하고 어떤 결과를 가져다줄 것인지, 그것은 나의 이해 범위를 넘어선 일이었다."

나오코의 요양원 룸메이트는 도피의 세계를 찾는 영혼들에 대해 이렇게 설명한다.

우리는 분명 자신의 뒤틀린 부분에 잘 적응하지 못하는 건지도 몰라. 그래서 그 뒤틀림이 불러일으키는 현실적인 아픔이나 고뇌를 자기 내면에서 정리하지 못하고, 그런 것들로부터 멀어지기 위해 여기 들어온 거야. 여기 있는 한 우리는 남을 아프게 하지 않아도 되고, 남에게 아픔을 당하지 않아도 돼. 왜냐하면 우리 모두 스스로에게 '뒤틀림'이 있다는 사실을 아니까. 이런 점에서 외부 세계와 이곳은 완전히 달라. 외부 세계에서는 많은 사람들이 스스로가 뒤틀렸음을 의식하지 않고 지내. 그러나 우리의 이 작은 세계에서는 뒤틀림이야말로 존재의 조건이야. 인디언이 머리에 자기 부족을 상징하는 깃털을 꽂듯이 우리는 뒤틀림을 끌어안고 있어. 그리고 서로에게 상처를 주지 않으려고 조용히 사는 거야.

호의

자신의 애인에게 친절을 베푸는 사람을 아끼는 마음이 바로 호의라는 감정이다. 그러니까 호의라는 감정 구도에는 최소한 세 사람이 등장한다. 사랑하는 두 사람 사이에 친구가 개입하는 식이다. 구체적으로 두 명의 여자와 한 명의 남자, 혹은 두 명의 남자와 한 명의 여자가 주인공으로 등장하게 된다. 누구든지 애인과 우정을 맺고 있는 친구에게는 호의를 베풀기 마련이다. 참 고마운 사람 아닌가, 애인을 아껴 주는 사람이니 말이다. 애인의 친구도 처음에는 아무런 의도 없이 내 호의에 대해 호의로 응대해 준다. 그의 입장에서도 친구를 사랑해 주는 사람에게 어떻게 호의를 품지 않을 수 있겠는가. 이렇게 애인을 사이에 두고 두 남녀는 호의를 주고받게 되는 것이다. 여기까지는 아무런 문제가 없다. 문제는 내가 애인과 소원해질 때 발생한다. 나나 내 애인은 잠시의 냉각기라고 생각할 뿐, 그렇다고 헤어질 생각은 없다. 그렇지만 이런 냉각기에도 불구하고 나는 애인의 친구와는 계속 호의를 주고받게 된다. 애인과 소원해졌을 뿐 애인의 친구와 맺은 관계에서는 달리 변할 이유가 없기 때문이다. 그런데 얼마 지나지 않아 나는 살짝 심드렁해진 애인보다는 애인의 친구와 함께 있는 것을 더 편하게 느끼는 경우가 있다. 드디어 심각한 본말전도가 벌어진 것이다. 사랑이란 무엇인가? 함께 있으면 기쁜 감정이 들 때 그게 바로 사랑 아닌가. 이제 나와 애인의 친구는 진실을 직시하기만 하면 된다. 서로 사랑하고 있다는 사실을. 그래서 호의는 무척 위험한 감정이다. 왜일까? 첫째, 호의는 애인의 친구에 대한 사랑이기에 그 사람에 대해 무장 해제된 마음으로 다가갈 수 있게 만들기 때문이다. 둘째, 애인과 소원해질 때 서로 주고받던 호의는 금방 애인을 배제한 사랑으로 발전할 수 있기 때문이다. 대중가요 가사처럼 친구의 친구를 사랑하는 잘못된 만남은 바로 이 호의라는 감정에서 싹트는 법이다. 그러니 웬만하면 자신의 애인을 친구에게 소개시켜 주거나 셋이 함께하는 멍청한 짓은 저지르지 말기를.

23

환희
GAUDIUM

원하는 것이
선물처럼
주어질 때의
기적

「판결」,
프란츠 카프카

여린 사람, 혹은 우유부단한 사람의 삶은 항상 무기력하고 우울한 법이다. 친구와 절교해야 할 때도, 그리고 애인과 이별해야 할 때도, 너무나 여리기 때문에 쓸데없는 번뇌에 쉽게 사로잡히기 때문이다. 그가 충격을 받지 않을까, 혹은 그녀가 힘들어하지 않을까, 걱정이 이만저만도 아니다. 이미 헤어지기로 작정했다면, 상대가 힘들든 말든 무슨 상관이란 말인가. 중요한 것은 함께 있을 때 행복하지 않기에 헤어지려고 하는 것인데 말이다. 때로는 이별과 결별이 어떤 사람에게는 행복일 수도 있다. 그러니 하루라도 빨리 행복해지기 위해 상대방에게 신속하고 단호하게 이별을 통보해야 한다. 그렇지만 그는 너무나 여리기에 이별 통보를 주저할 수밖에 없다. 아무것도 모른 채 카페에 해맑게 웃으며 앉아 있는 아이와 같은 저 착한 사람에게 못할 짓이라는 생각에서다.

　단호한 결별에 주저하는 사람은 그래서 항상 우울할 수밖에 없다. 기쁨과 활기가 아니라 슬픔과 우울을 가져다주는 사람과 결별하지 못하고 관계를 지속하고 있으니, 어떻게 우울하지 않을 수 있을까. 당연한 일이다. 이렇게 남이 상처받는 것을 보기보다는 차라리 자신이 상처받는 것을 기꺼이 감당하고 마는 여린 사람들이 있다. 그렇다고 해서 그들이 아무 일도 하지 않는 것은 아니다. 상대방에게 계속 무기력과 우울함을 보이면서 지속적으로 "당신과 함께 있어서 나는 불행해요."라는 암호를 송출하니까 말이다. 그렇지만 상대방은 이별을 선언하기보다 "피곤한가 봐요."라든가 "병원에 가 봐야 하는 것 아니에요?"라며 암호를 해독하지 못할 수 있다. 결국 여린 성격의 소유자들에게 남는 것은 상대방이 자신에게 결별을 선언하기를 무기력하게 기다리는 일뿐이다. 어쨌든 인간이라면 누구나 슬픔과 우울의 감정에서 벗어나려는 삶의 본능을 가지고 있기 때문이다.

현대 문학의 상징이라고 할 수 있는 카프카만큼 여리고 우유부단한 작가가 또 있을까? 권위적인 아버지로부터 자유롭고 싶었지만, 카프카는 그런 의지를 관철시키기에는 너무나 나약했다. 소설가가 되고 싶었지만 원치 않던 변호사가 된 것도 모두 아버지로부터 그나마 자신을 보호하기 위한 불가피한 전략이었던 셈이다. 원하는 것을 해 주면 작게나마 숨을 쉴 수 있는 구멍이라도 생길 테니까 말이다. 그래서일까. 그의 소설에 등장하는 주인공들은 대부분 결별을 스스로 선언하지 못하고, 상대방이 먼저 결별을 요구해 주기만을 기다리는 나약함을 드러낸다. 언제 올지 모를 결별 선언을 기다리며 우울함을 감내하는 카프카 주인공들의 모습은 그래서 측은하기까지 하다. 그렇지만 언젠가 어느 순간 상대방이 결별을 선언할 때는 반드시 오기 마련이다. 바로 그 순간 그들

환희

의 마음은 어떠했을까?

　　"넌 이제 너 이외에도 무엇이 있는지 알고 있어. 지금까지 넌 너밖에 몰랐지. 정확히 말하면 넌 순진한 아이였지. 하지만 더 정확히 말하면 넌 악마 같은 인간이었어. 그러니까 알아 둬. 나는 지금 너에게 빠져 죽을 것을 선고한다." 게오르크는 쫓기듯이 방을 빠져나왔다. 그의 귓전에는 아버지가 뒤에서 침대 위로 쓰러지는 소리가 울렸다. 층계에서 그는 마치 경사진 평면을 미끄러져 내려가듯 계단을 달리다가 하녀와 부딪혔다. 아침 청소를 하려고 올라가던 참이었다. 그녀가 "맙소사!"라고 소리치면서 앞치마로 얼굴을 가렸지만, 그는 이미 사라지고 없었다. 게오르크는 문을 뛰쳐나와 차도를 지나 강으로 달려갔다. 그는 굶주린 자가 음식물을 움켜잡듯이 난간을 꽉 잡았다. 소년 시절에는 부모가 자랑스러워하는 뛰어난 체조 선수였던 그는 그때와 같은 체조 솜씨로 난간을 훌쩍 뛰어넘었다. 점점 힘이 빠져 가는 손으로 아직 난간을 잡고 있는 그는 난간 기둥 사이로 자기가 물에 떨어지는 소리를 쉽사리 들리지 않게 해 줄 것 같은 버스를 보면서, "부모님, 전 당신들을 언제나 사랑했습니다."라고 나지막이 외치며 떨어졌다.

　　방금 읽은 것은 『판결(Das Urteil)』(『변신·시골의사』에 수록, 민음사)이라는 단편소설에서 가장 극적인 결말 부분이다. 아버지에게서 벗어나고 싶지만 어떤 조치도 취할 수 없었던 게오르크에게는 기적과도 같은 날이 온 것이다. 아버지가 물에 빠져 죽으라는 판결을 내렸기 때문이다. 『판결』은 현실의 논리가 아니라 꿈의 논리로 읽어야 한다. 프로이트도 말하지 않았던가? 꿈은 억압된 것의 실현이라고. 아들이 죽으면 아버지도 죽는다. 하긴 아버지는 아들이 있는 존재이고, 아들은 아버지를 가진 존재일 수밖에 없으니까. 스스로 아버지를 부정하지 못하고 있던 카프카의 분신 게오르크를 지금 아버지가 부정하고 있는 것이다. 결별에 우유부단했던 사람에게 상대방이 먼저 결별을 선언해 주는 순간이다. 드디어 아버지로부터의 자유가 실현된 것이다. 환희의 송가가 나올 정도로 감격스러운 순간이 아니겠는가. 스피노자도 환희라는 감정에 대해 이야기했던 적이 있다.

> 환희(gaudium)란 우리가 희망했던 것보다 더 좋게 된 과거 사물의 관념을 동반하는 기쁨이다.
> ── 스피노자, 『에티카』에서

무엇인가를 희망했다. 그런데 그 희망했던 것보다 사태가 더 좋게 펼쳐진 것이다. 바로 이럴 때 우리는 환희를 느낀다고 스피노자는 이야기한다. 옳은 지적이다. 신춘문예에 원고를 제출한 시인을 떠올려 보자. 최종 심사에라도 오르기를 희망했는데, 이게 웬일인가. 자신의 시가 신춘문예 최종 대상으로 뽑혔다는 연락을 받은 것이다. 이럴 때 환희라는 감정이 우리를 감싸게 된다. 혹은 여러 명이 함께하는 동아리 안에 한 선배가 있어서 행복했는데, 어느 날 그 선배가 내게 이성으로서 프러포즈를 해 온다. 기쁨을 넘어서 우리는 환희로 전율하게 된다. 바로 이것이다. 작은 소망이 정말로 실현되어, 그것도 내가 기대했던 것 이상으로 내게 주어질 때, 바로 이 순간 환희의 감정은 우리를 사로잡게 되는 것이다. 별로 바라고 있지 않았는데도 선물을 받을 때 우리는 더 감격스러워한다. 기대 이상의 선물과 같은 느낌, 예측 불가능성이 환희라는 감정에 깔려 있다는 것을 잊지 말자.

게오르크에게 더 좋게 된 쪽이 아버지여도 좋고, 아니면 자신이어도 좋다. 아들에게 물에 빠져 죽을 것을 선고하고 쓰러지는 아버지여도 좋고, 아버지가 선고를 철회할까 두려워 서둘러 물속으로 몸을 던지는 아들이어도 좋다. 어쨌든 이제 부자 관계라는 구속 자체가 사라진 것이다. 아버지도 이제 아버지라는 굴레를 벗어 던졌고, 아들도 죽어서 이제 게오르크라는 자유인으로 탄생한 것이다. 그래서 아버지도 침대에서 쓰러지는 장면과 아들도 물에 빠져 죽는 장면은 매우 상징적이다. 죽어야 다시 탄생할 수 있으니까. 그러니 어떻게 환희의 기쁨이 없을 수 있겠는가. 부모 곁을 떠나 독립할 준비를 다 갖춘 자식, 그렇지만 여려서 부모에게 결별을 선언하지 못하는 자식에게 어느 날 부모가 "당장 나가!"라는 마지막 명령을 내린 것이다. 이보다 더 다행스럽고 고마운 일이 또 어디에 있겠는가. 자식은 부모가 명령을 철회하기 전에 아주 빠르고 신속하게 집을 떠나야만 한다. 서두르지 않으면 부모는 다시 "어딜 나가!"라며 시치미를 뗄 수도 있으니까.

이제 아버지의 선고가 떨어지자마자 서둘러 집 밖으로 나가는 게오르크의 마음이 짐작되는가? 그래서 게오르크의 마지막 말, "부모님, 전 당신들을 언제나 사랑했습니다."라는 말에 그로테스크한 데가 있다. 부모님을 사랑했다니 정말일까? 아니다. 자신이 끊지 못했던 부자간의 연을 대신 끊어 준 부모님을 사랑한다는 것이다. 얼마나 고마운 일인가. "땡큐! 이제 저는 자유입니다."
이것이 바로 카프카의 숨겨진 유머였던 것이다. 그러나 꿈은 꿈일
뿐, 현실일 수는 없다. 불행히도 카프카에게 환희의 순간은 결코
오지 않았기 때문이다. 그렇지만 이것은 우리에게 다행스러운 일
이었는지도 모른다. 환희의 순간을 기다리면서 카프카는 부단히
환희를 꿈꾸었고, 그 결과 우리는 그의 수많은 걸작들을 손에 잡
아 들 수 있으니까 말이다.

환희

기대하지 못했던 소망이 진짜 이루어졌을 때 우리는 환
희에 휩싸이게 된다. 이처럼 환희의 감정에는 기대 이상
의 선물과도 같은 느낌, 즉 예측 불가능성이 깔려 있다.
그리고 보면 환희는 소극적이고 수동적인 사람일수록
더 자주 맞닥뜨린다고 할 수 있으니, 그리 축복할 만한
감정은 아닌 것 같다.

프란츠 카프카

Franz Kafka

1883-1924

카프카는 작가가 꿈이었지만 아버지의 뜻을 따라 체코 프라하 대학교에서 법학박사 학위를 받고 당시 최고 인기 직업이었던 보험회사에 입사한다. 카프카는 소설가로서도 아버지로부터 인정받기 원했지만, 아버지는 아들이 쓴 원고를 펼쳐 볼 생각도 안 했다고 한다.

카프카는 머릿속에서 작품을 구상했다가 그것이 무르익으면 한 번에 써 내려갔기에, 『판결』(1912)은 여덟 시간 만에 완성했고, 몇 달 후에는 『변신』을 석 주 만에 탈고했다고 한다. 하지만 '영원한 아이' 카프카는 우유부단한 성격으로 유명하다. 한 번은 지인의 집에서 자신이 들고 온 꽃다발에 대해 사과를 한 적이 있는데, 그 이유는 어느 색깔의 꽃을 골라야 할지 몰라 너무 여러 색의 꽃을 섞었다고. 또 카프카는 사랑에 자주 빠졌지만 자신을 이해하는 사람은 없다고 불평했다. "나를 이해해 주는 사람, 예컨대 연인을 갖는 것은, 신을 갖는다는 뜻이리라."

병약한 카프카는 마흔 살에 폐결핵과 후두결핵으로 눈을 감았지만, 20세기 가장 힘 있는 작가가 되었다. 밀란 쿤데라는 카프카의 소설을 두고 "검은색의 기이한 아름다움"이라고 표현했고, 토마스 만은 카프카를 이렇게 묘사했다. "카프카는 몽상가였고, 그의 작품들은 꿈처럼 형상화되어 있다. 그의 소설들은 비논리적이고 답답한 꿈의 바보짓을 정확히 흉내 냄으로서 생의 기괴한 그림자놀이를 비웃고 있다. 그러나 만일 그 웃음이, 비애의 그 웃음이 우리가 가진, 우리에게 남아 있는 최상의 것임을 생각해 본다면 카프카의 이 응시들을, 세계문학이 낳은 가장 읽을 만한 작품으로서 평가하게 될 것이다."

환희

철학자의
어드바이스

          기대했던 것 이상으로 소망하던 바가 이루어졌을 때, 우리는 환희를 느끼게 된다. 여기서 전제되어야 할 것은 환희를 느끼는 사람은 너무나 여리다는 점이다. 소망하는 것을 적극적으로 이루려고 하지도 않고, 혹은 기대감을 상당히 줄여 놓을 정도로 소심하고 여린 사람만이 환희라는 감정을 자주 느낄 것이다. 대학이든 회사든 합격자 발표문이 공고되는 날을 예로 들어 보자. 그곳에 몰려든 응시자들은 크게 네 부류로 나뉜다. 우선 합격자와 불합격자로 나뉘어야 한다. 그렇지만 합격한 경우에도 반응은 두 가지로 나뉜다. 어떤 사람들은 환희나 감격에 빠져 있지만, 어떤 사람들은 시크하게 "예상했던 결과가 나왔네."라는 표정만 짓고 만다. 전자는 소심한 사람들이고, 후자는 적극적인 사람들일 것이다. 불합격의 경우에도 유사한 패턴이 반복된다. 별로 기대하지 않았던 듯이 쿨한 반응을 보이는 사람들도 있고, 반대로 엄청난 충격에 사로잡혀 믿기지 않는다는 듯이 합격자 명단을 반복해서 읽는 사람들도 있다. 이 경우에는 전자가 소심한 사람들이고, 후자가 적극적인 사람들이다. 소심한 사람들은 이미 합격에 대한 기대를 줄였기에 원하는 결과가 나오면 쉽게 흥분하고, 반대로 결과가 좋지 않을 때는 시크하게 결과를 받아들인다. 반대로 기대를 하고 그것을 이루기 위해 할 수 있는 것은 다 했던 적극적인 사람들은 원하는 결과는 당연하게 받아들이고, 원하지 않던 결과에는 엄청난 충격을 받는 것이다. 매사에 환희를 느끼고 쉽게 감격하는 사람이라면 자신이 해야 할 일에 소극적인 경우가 대부분이고 타인의 결정을 수동적으로 받아들이는 경향도 강하다. 그래서 평범한 사람들의 경우, 환희란 그다지 축복할 만한 감정이 아닌지도 모른다. 그렇지만 소극적이고 여리게 살아가는 것에 대한 작은 보답이라도 있어야 하지 않겠는가.

24

영광
GLORIA

모든 이의
선망으로
타오르는 위엄

『노인과 바다』,
어니스트 헤밍웨이

라캉(Jacques Lacan)의 말대로 인간은 타인의 욕망을 욕망하는 존재다. 타인이 좋아하는 것을 좋아하고, 타인이 싫어하는 것을 싫어하는 것이 인간의 욕망이라는 것이다. 그렇다면 타인이 좋아하는 것이 무엇인지를 아는 것이 중요하겠다. 여기서 해묵은 경제학 원리 하나가 중요한 역할을 한다. 바로 희소성의 원리(Principle of scarcity)가 그것이다. 다이아몬드가 가치가 있는 것은 그것이 희소한 광물이기 때문이다. 물론 영롱하게 반짝이는 미적인 가치도 한몫하지만 말이다. 만일 냇가의 조약돌처럼 지천에 다이아몬드가 널려 있다면, 아무리 오색 빛을 내는 다이아몬드라도 지금처럼 사람들이 욕망하는 대상이 되지는 못했을 것이다. 남자가 미녀를 좋아하는 것도, 혹은 여자가 미남을 좋아하는 것도 정확히 희소성의 원리를 따른다. 미녀가 지천에 널렸거나 미남을 흔하게 볼 수 있다면, 그들의 가치도 개울의 조약돌처럼 바닥을 칠 것이다.

이렇게 희소한 것을 가진 사람은 타인의 존경이나 선망의 대상이 된다. 5캐럿이나 되는 다이아몬드 목걸이를 하고 있는 여인의 도도한 얼굴을 보라. 희소한 다이아몬드 목걸이를 차고 있는 순간 그녀 자신도 희소한 여성이 되기 때문이다. 좌우지간 아무나 이런 고가의 목걸이를 할 수는 없으니까 말이다. 이건 모든 분야에서 관철되는 현상이다. 정치권에서 국회의원보다 대통령의 자리를 더 탐내는 것도 대통령은 딱 한 명뿐이기 때문이고, 출판계에서 베스트셀러 순위에 목을 매는 것은 베스트셀러 1위가 너무나 희소한 타이틀이기 때문이다. 그렇다면 바다에서는, 그러니까 어부의 세계에서는 어떨까? 잡기 힘들 정도로 거대한 물고기를 잡은 어부가 희소성을 거머쥐는 것이다. 한 번 보기도 힘든 희소한 물고기를 잡는 순간, 어부 그 자신도 희소한 존재가 될 테니까 말이다.

여기 한때 존경받던 어부가 있다. 그의 놀라운 낚시 기술은 찬탄의 대상이었고, 당연히 자식들을 훌륭한 어부로 키우려는 부모들은 앞다투어 그에게 자신의 자식을 맡겼었다. 그의 곁에서 함께 낚시를 하면서 그보다 더 훌륭하고 존경받는 어부가 되기를 바라면서 말이다. 그렇지만 노쇠해서 그런지 이제 그는 바다에 나가 아무것도 잡지 못하고 빈 배로 돌아오기 일쑤였다. 항구를 나갈 때나 항구로 돌아올 때, 그를 맞이하던 항구 사람들이 사라진 지 오래다. 누구도 그가 언제 배를 타고 나갔는지, 혹은 언제 돌아왔는지 관심도 없다. 설상가상 그를 마지막까지 따르던 소년도 그의 곁을 떠나고 만다. 바다에 나가 허탕을 치고 돌아오는 경우가 많은 늙은 어부에게서 무엇이 배울 것이 있어 자식을 맡기겠는가. 더 이상 지체할 수가 없다. 이제 혼자서라도 이 세상 누구도 보지

영광

못한 대어를 잡아야 한다.

　더 늦었다가는 잃어버린 영광을 되찾을 기회마저도 사라질 것이다. 어부는 자신이 점점 더 어부가 아니라 노인이 되어 간다는 걸 느끼고 있었으니까. 도대체 영광이란 어떤 감정이기에, 노인을 자신의 노쇠함을 무릅쓰고 험한 바다로 내몰게 되었던 것일까? 스피노자의 도움을 받아 보자. 그는 약간은 비장한 어조로 영광의 감정을 이야기하고 있다.

> 영광(gloria)은 우리가 타인이 칭찬할 거라고 상상하는 우리 자신의 어떤 행동의 관념을 동반하는 기쁨이다.
>
> — 스피노자, 『에티카』에서

　내가 한 어떤 행동으로 인해 타인의 칭찬을 들었을 때, 우리가 느끼는 감정이 바로 영광이다. 물론 우리의 행동은 아무나 따라할 수 없는 영웅적이고 초인적인 것이어야 한다. 한마디로 희소한 행동이어야 할 것이다. 오직 그럴 때에만 우리의 행동은 타인들로부터 찬양을 받을 수 있다. 늙은 어부에게서 그것은 가장 거대한 고기를 잡을 때에만 가능한 것이다. 헤밍웨이에게 노벨상을 안겨 주었던 걸작 『노인과 바다(The Old Man and the Sea)』(민음사)는 영광의 뒤안길에서 한 번만이라도 다시 그 영광을 되찾고 싶었던 어느 늙은 어부의 인간적인, 너무나 인간적인 서글픈 이야기를 담고 있다. 과거의 영광을 산티아고 할아버지는 되찾을 수 있을 것인가? 가장 뛰어난 어부라는 칭송을 다시 들을 수 있을 것인가?

　마침내 멕시코 만의 깊고 짙은 바다에 떨어지려는 낙조를 배경으로 지금까지 한 번도 본 적이 없는 거대한 물고기를 잡으려는 어느 늙은 어부의 고독한 사투가 시작된다. 마침내 그의 낚싯대에는 그가 이전까지 보지 못했던 거대한 청새치가 걸려들게 되었으니까.

　　"제기랄, 고기 놈이 저렇게 큰 줄은 미처 몰랐는걸."
　　"하지만 난 저놈을 꼭 죽이고 말 테야. 아무리 크고 아무리 멋진 놈이라도 말이지."그가 다시 말했다. 하긴 그건 옳지 않은 일이긴 해, 하고 노인은 또 생각했다. 하지만 난 녀석에게 인간이 어떤 일을 할 수 있는지, 또 얼마나 참고 견뎌 낼 수 있는지 보여 줘야겠어.
　　"나는 그 아이한테 내가 별난 늙은이라고 말했지. 지금이야말로 그 말을 입증해 보일 때야."노인이 말했다.
　　지금까지 그는 그런 입증을 수천 번이나 해 보였지만 결국 아무런 의미도 없었다. 지금 또다시 그것을 입증해 보이려고 하고 있었다. 매 순간이 새로운 순간이었고, 그것을 입증할 때 그는 과거에 대해서는 조금도 생각하지 않았다.

　　노인의 꿈은 아주 단순하다. 마지막까지 자신을 훌륭한 어부라고 믿었던 소년에게 그의 믿음이 그르지 않다는 것을 보여 주고 싶었던 것이다. 한마디로 평범한 늙은이가 아니라 '별난 늙은이'라는 것을 보여 주려는 것이다. 별나다는 것은 희소하다는 것이고, 이것은 결국 거대한 고기를 포획하는 것으로 보여 줄 수밖에 없다. 노인은 어부였으니까 말이다. 그렇지만 희소한 것이 희소할

그렇지만 영광을 추구하는 이면에는 다른 사람에게 당
할 멸시나 경멸에 대한 원초적인 두려움이 전제되어 있
다는 것을 잊지 말자. 권력이나 자본이 항상 상벌의 논
리로 우리를 유혹할 수 있는 것도 우리에게 영광을 추
구하고 치욕을 멀리하려는 욕망이 있기 때문이다.

수밖에 없는 이유는 아무나 얻을 수 없는 것이기 때문이다. 그러니 그것은 노인의 말대로 "어떤 일을 할 수 있는지, 또 얼마나 참고 견뎌 낼 수 있는지"를 보여 주는 강인한 불굴의 의지와 노력이 없다면 불가능한 일이다. 얼마나 거대한 영광을 가져다주려는 것인지. 거대한 고기는 결코 자신을 쉽게 내주지 않고, 노인이 느낄 영광의 높이를 더 높여 주었다. 그러니 청새치와의 사투는 매 순간순간이 위기였지만 또한 희망이기도 했다. 고기는 매번 노인에게 한계를 주고 그것을 넘어서도록 만들었으니까 말이다.

마침내 노인은 영광을 되찾게 된다. 그 거대한 청새치를 잡는 데 성공했으니까. 그렇지만 잡은 고기는 너무나 커서 배 안에 들여놓을 수조차 없었다. 그러니 배 옆에 튼튼히 묶어 둘 수밖에 없는 일이다. 그렇지만 피를 흘리고 있는 고기를 멕시코 만의 상어들이 가만히 둘 리가 없다. 영광을 안겨 줄 고기를 상어로부터 지켜야 하는 두 번째 사투가 시작된 것이다. 처절한 사투 끝에 항구로 돌아온 노인에게는 '상처뿐인 영광'만 남게 된다. 살은 모두 상어에게 뜯어 먹힌 채 5.5미터짜리 청새치의 잔해만 노인의 작은 배에 매달려 있었으니까. 다행스러운 것은 그 정도만으로도 노인이 처음에 꿈꾸었던 소망은 어느 정도 이루어졌다는 점이다. 단 한 명의 소년만큼은 노인이 얼마나 위대한 어부인지를 인정하고 찬탄했으니까 말이다. 그래서 소년은 이제 부모의 말을 어겨서라도 노인과 함께 바다에 나가겠다고 다짐한다. "이젠 할아버지하고 같이 나가서 잡기로 해요."

어쩌면 노인은 자신이 이제 더 이상 과거의 영광을 되찾을 수 없을 정도로 노쇠했다는 것을 잘 알고 있는지도 모른다. 그것

영광

은 단지 과거 젊었을 때, 이미 되찾을 수 없는 영광이었으니까 말이다. 노인이 바란 것은 모든 사람들의 찬탄이 아니라, 오직 한 사람, 마지막까지 자신을 지지했던 소년의 찬탄이었으니까 말이다. 그렇다, 노인이 원했던 것은 이미 노인이 된 지금 바로 이 순간에 빛나는 영광이었던 것이다. 아마 앞으로 자신과 함께 배를 타겠다는 소년의 말만으로 우리 늙은 어부는 충분히 영광스러웠을 것이다. 그래서 『노인과 바다』의 마지막 구절은 우리를 아련하게 한다.

길 위쪽의 판잣집에서 노인은 다시금 잠이 들어 있었다. 얼굴을 파묻고 엎드려 여전히 잠을 자고 있었고, 소년이 곁에 앉아서 그를 지켜보고 있었다. 노인은 사자 꿈을 꾸고 있었다.

물론 얼마 지나지 않아, 소년은 노인을 다시 떠날 것이다. 지금 소년은 어느 늙은 어부의 마지막 영광을 보고 있는 셈이니까.

어니스트 헤밍웨이
Ernest Hemingway
1899-1961

헤밍웨이는 1차 세계대전 이후 파리에서 보헤미안처럼 살았던 피츠제럴드, 포크너 등과 함께 미국의 '로스트 제너레이션'을 대표하는 작가다.

『노인과 바다』(1952)는 헤밍웨이가 엽총으로 자살하기 전 마지막으로 발표한 대표작인데, 작가 스스로 "내가 쓸 수 있는 가장 훌륭한 작품"이라고 말했다. "이 소설은 내가 평생 동안 작업해 온 산문 작품입니다. 쉽고도 단순하게 읽힐 수 있고 길이가 짧은 것 같지만 가시적 세계와 인간 영혼 세계의 모든 차원을 담고 있습니다."

『노인과 바다』는 출간 즉시 반년 동안이나 베스트셀러 리스트에 올라 있었고, 작가는 퓰리처상과 노벨 문학상을 받았다.

노인은 몸뚱이가 뜯겨 성하지 않게 되어 버린 고기를 이제 더 이상 바라보고 싶지가 않았다. 고기가 습격을 받았을 때 마치 자신이 습격 받는 듯한 느낌이 들었다. 하지만 나는 내 고기를 공격한 상어를 죽였어, 하고 노인은 생각했다. (……) 좋은 일이란 오래가는 법이 없구나. 차라리 이게 한낱 꿈이었더라면 얼마나 좋을까. 이 고기는 잡은 적도 없고, 지금 이 순간 침대에 신문지를 깔고 혼자 누워 있다면 얼마나 좋을까. "하지만 인간은 패배하도록 창조된 게 아니야." 그가 말했다. "인간은 파멸당할 수는 있을지 몰라도 패배할 수는 없어."

헤밍웨이는 네 번의 결혼과 화려한 연애 경력이 있는데, 두 번째 아내와는 카리브 해가 보이는 항구도시 키웨스트에서 지냈고, 특히 세 번째 아내 마서 겔혼과는 쿠바에서 '전망 좋은 농장'이라는 뜻의 '핑카 비히아'에서 20여 년을 살았다. 헤밍웨이는 낚시를 즐기는 낭만파인데, 거대한 청새치와 서사시적 투쟁을 벌인 배경이 바로 이 드넓은 멕시코 만이다. 이렇게 헤밍웨이의 단상은 이국적인 풍경을 뒤로 하고 해 질 녘 장엄한 바다를 바라보며 손에 든 낚싯대에서 펜 끝으로 옮겨 갔다.

철학자의
어드바이스

인간이라면 누구나 영광을 추구하기 마련이다. 다른 모든 사람들이 자신을 주목하고 찬탄하는 것을 거부할 사람이 누가 있겠는가. 1등이 되려는 것도, 권력을 잡으려는 것도, 섹시한 몸을 만들려는 것도, 고급 아파트에 살려는 것도, 대기업에 취업하려는 것도, 명품 가방을 사려는 것도, 멋진 배우자와 결혼하려는 것도 모두 영광을 추구하는 인간의 무의식적인 욕망의 표현이라고 할 수 있다. 그렇지만 영광을 추구하는 이면에는 다른 사람에게 당할 멸시나 경멸에 대한 원초적인 두려움이 전제되어 있다는 것을 잊지 말자. 그러니까 영광의 자리에 이른 사람들은 치욕에서 가장 멀리 있다는 느낌 때문에 안도하는 것이고, 치욕을 당하는 사람들은 자신들이 영광의 정점에서 허무하게 굴러 떨어져 땅바닥에 내팽개쳐진 느낌에 사로잡히는 것이다. 권력이나 자본이 항상 상벌의 논리로 우리를 유혹할 수 있는 것도 우리에게 영광을 추구하고 치욕을 멀리하려는 욕망이 있기 때문이다. 사실 권력과 자본은 유년시절부터 몸서리쳐지는 치욕의 경험을 선사해서 우리에게 치욕을 겪는 것에 대한 무의식적인 공포심을 각인시켰는지도 모를 일이다. 어쨌든 권력과 자본은 진정한 영광의 자리를 오직 한 사람만이 차지할 수 있도록 세팅해 놓았다. 권력의 해묵은 공식이 생각나는 대목이다. 다수를 지배하기 위해서, 소수는 반드시 다수를 깨알처럼 분리시키고 분열시켜야만 한다. 어쨌든 지나치게 영광에 집착하는 사람들은 스스로 기꺼이 고독을 감내해야만 한다. 영광에 집착하는 사람은 사랑과 유대의 가치를 망각하고 타인을 경쟁 상대로만 생각하기 때문이다. 인간적인 유대와 사랑을 원하는가? 공존과 공생을 원하는가? 그렇다면 영광을 멀리하고 치욕을 기꺼이 감내할 일이다. 이럴 때 우리에게는 전혀 다른 세상이 펼쳐지게 될 것이다.

3부

불꽃
처럼

진정 커다란 고독이 닥쳐오고 완벽한 정적에 휩싸이면,
몽상가의 마음에도 불꽃의 핵심에도 같은 평화가 존재한다.
그때 불꽃은 자신의 형태를 지키며 확고한 사상처럼
수직성의 운명을 향해 똑바로 내닫는다.
── 가스통 바슐라르, 『촛불의 미학』에서

25

감사
GRATIA

이루어질 수 없는
사랑을 품고 친절을
베풀 수밖에 없는
서러움

『거미여인의 키스』,
마누엘 푸익

"그런데 작별 선물로 너한테 한 가지 부탁하고 싶은데……."

"그게 뭔데?"

"네가 한 번도 해 주지 않은 거야. 우린 이것보다 더한 것도 했지만……."

"뭐지?"

"키스."

"그렇군. 네 말이 맞아."

"하지만 내일 해 줘. 나가기 전에 말이야. 너무 놀라지 마. 지금 해달라는 건 아니니까."

"좋아."

(……)

"발렌틴……."

"무슨 일이야?"

"아니야, 아무것도. 바보 같은 소린데…… 네게 말하고 싶은

게 있어."

"뭔데?"

"아니, 말하지 않는 게 나을 것 같아."

"몰리나, 도대체 뭔데 그래? 오늘 나한테 부탁한 걸 말하고
싶어서 그래?"

"그게 뭔데?"

"키스."

"아니야, 그게 아니라 다른 거야."

"지금 키스해 줄까?"

"그래, 네가 싫지 않다면."

"날 화나게 하지 마."

"고마워."

"감사해야 할 사람은 나야."

어떤 이유에서 이별을 하는 걸까? 이별을 앞둔 두 사람의 마
지막 대화가 애잔하기만 하다. 발렌틴과 몰리나! 이 두 사람이 아
르헨티나의 반체제 소설가 마누엘 푸익에게 세계적인 명성을 안
겨 주었던 작품 『거미여인의 키스(El beso de la mujer araña)』(민음
사)의 주인공들이다. 그리고 방금 읽은 대목은 이 소설에서 가장
서러운 부분이다. 그보다 더 찐한 육체관계도 가졌건만, 이상하게
두 사람은 키스도 한 번 제대로 못 해본 것이다. 그렇지만 안타까
운 이별의 고통이 두 사람의 때늦은 첫 키스로 완화될 수 있을지.
그보다 우리 눈에는 무엇인가 말하려는 몰리나의 주저하는 마음
이 포착된다. 몰리나는 무엇을 고백하려는 걸까? 그건 바로 사랑

이다. 내일 발렌틴을 떠나는 몰리나는 말하고 싶었던 것이다. "발렌틴, 지금까지 사랑했었어. 그리고 영원히 사랑할 거야."

사랑을 고백한다는 것은 그저 자신의 속마음을 보여 주는 것에 그치지 않는다. "저도 그래요."라는 대답이 나올 것 같지 않으면, 적어도 불쾌한 반응은 보이지 않으리라는 기대가 없다면, 그 누구도 사랑을 고백하지 못할 것이다. 헤어지는 마당에 몰리나가 끝내 사랑을 고백하지 못하는 이유는 무엇일까? 그저 지금까지 함께 있어 주어서 고맙다는 이야기만 두 사람 사이에서 오갈 뿐이다. 바로 이것이다, 몰리나는 알고 있었던 것이다. 발렌틴은 결코 "나도 사랑해."라고 대답하지 않으리라는 것을. 그러니 몰리나가 어떻게 그런 발렌틴 앞에서 사랑을 입에 올릴 수 있겠는가. 몰리나는 "사랑해." 대신 그저 "고마워."라는 말밖에 할 수 없었고, 발렌틴 또한 예상했던 대로 "감사해야 할 사람은 나"라고 대답한다. 그렇지만 민감한 사람이라면 몰리나와 발렌틴 사이에 사랑의 감정이 존재한다는 사실을 엿볼 수 있을 것이다.

> 감사(gratia) 또는 사은(gratitudo)은 사랑의 감정을 가지고 우리에게 친절을 베푼 사람에게 친절하고자 하는 욕망 또는 사랑의 노력이다.
> ─ 스피노자, 『에티카』에서

스피노자가 말하려는 것은, 감사의 감정에는 분명 사랑이라는 열정적인 감정이 함축되어 있다는 점이다. 그러나 아이러니하게도 감사의 표현은 상대방에 대한 사랑의 열정을 식힐 수 있다. 아니, 식히려고 노력할 때 우리는 서둘러 상대방에게 감사의 말을 전하는지도 모른다. 서로 알고는 있지만 고백할 수 없는, 이루어질 수 없는 사랑이 마무리될 때, 어느 커플이든 그제야 애잔하게 이야기하지 않는가. 지금까지 고마웠다고, 나랑 함께 있어 주어서 감사하다고. 선생님과 제자 사이, 유부남과 유부녀 사이, 신부님과 여성도 사이, 스님과 여신도 사이에 싹튼 사랑은 모두 이렇게 감사의 감정으로 끝나는 것 아닌가. 이처럼 서로에게 친절하려고 할 때, 같은 말이지만 서로에게 감사할 때, 두 사람은 사랑의 감정에 대해 일정 정도 거리를 두려는 것이다. 그래서 감사의 감정은 서러운 감정이다. 이별을 앞두고 몰리나와 발렌틴이 서로에게 감사의 마음을 표하는 것, 그것은 서로를 사랑하지만 사랑할 수 없다는 어떤 거리감 때문에 생긴 것이니까.

사랑에 빠진 두 사람은 격렬하게 서로를 껴안으려고 한다. 한마디로 상대방을 소유하고, 동시에 상대방에게 소유되려고 한다. 그 사람이 없다면, 자신의 삶이 무의미해진다는 절박감에서 나오는 본능적인 반응이라고 하겠다. 그러니까 사랑이라는 감정이 제대로 관철된다면, 친절의 행위는 사실 군더더기에 불과하다. 때론 무례할 수도, 때론 거칠 수도, 때론 화를 낼 수도 있다. 물론 때에 따라 친절할 수도 있다. 이런 다양한 행동 양식들은 서로가 서로를 소유하겠다는, 오직 그럴 때에만 행복할 수 있다는 사랑이라는 폭발적인 감정에서 자연스럽게 나오는 것이다. 그렇지만 친절이 사랑에 빠졌던 사람을 지배하는 유일한 행위가 될 때는, 사랑에 아주 심각한 위기가 찾아든 것이다. 그래서 상대방이 너무나 예의바르고 친절할 때, 우리는 그가 내게 일정 정도 거리를 두고 있다는 사실을 직감하지 않는가. 더 심각한 것은 상대방이 내게

감사

감사의 감정에는 분명 사랑이라는 열정적인 감정이 함
축되어 있다. 그러나 아이러니하게도 감사의 표현은 상
대방에 대한 사랑의 열정을 식힐 수 있다. 아니, 정확히
말해 식히려고 노력할 때, 우리는 서둘러 상대방에게 감
사의 말을 전하는지도 모른다.

지금까지 고마웠다고 감사를 표할 때다. 바보가 아닌 이상, 이것이 친절한, 너무나도 친절한 이별 선언이라는 것을 누가 모를 것인가.

왜 몰리나와 발렌틴은 이별을 앞두고 사랑을 고백하지 못한 채 서로에게 감사의 말만 던지고 있는가? 둘 사이의 거리감은 어디에서 기원하는가? 이들은 모두 남자였기 때문이다. 구체적으로 말해 발렌틴은 마르타라는 여자를 사랑하는 이성애자이고, 몰리나는 지금 발렌틴을 사랑하게 된 동성애자다. 발렌틴은 정부 전복 혐의로 감옥에 갇힌 마르크스주의자였고, 몰리나는 미성년자 보호법 위반으로 감옥에 들어온 게이였던 것이다. 혁명을 꿈꾸는 이상주의자와 감성에 민감한 동성애자의 만남은 매력적인 조우였다. 발렌틴은 몰리나에게 민감한 감성을 배웠고, 몰리나는 발렌틴에게서 모든 인간에게 억압은 없어야 한다는 공동체적 이상을 배웠으니까 말이다. 두 사람에게 감성과 이성의 섞임은 육체관계를 맺는 것으로 정점에 이르게 된다. 발렌틴은 부정했을지 모르지만, 두 사람은 서로를 통해 완전해짐을 느낀 것이다. 이런 게 사랑이 아니라면 무엇이겠는가.

불행한 것은 발렌틴이 이성애자라는 정체성을 끝내 버리지 못한다는 점이다. 부조리한 사회를 혁명하려는 의지는 있었지만, 내면에 각인된 이성애자라는 정체성은 어쩔 수 없었던 모양이다. 나를 완전하게 해 주는 것, 그래서 그것과 함께 있고 싶은 마음, 이것이 바로 사랑 아니었던가? 그 대상이 이성이든 동성이든, 아니면 개나 고양이든, 심지어는 슈베르트의 「아르페지오 소나타」나 알리시아 비칸데르 주연의 영화 「퓨어」이든 상관없다. 그렇지

감사

만 발렌틴은 이성주의자답게 사랑마저도 자신의 이성과 생각대로 관철시키려고 했던 것이다. 자신의 무의식적인 감성이나 행동을 부정한 채로 말이다. 바로 이것이 몰리나가 이별을 준비하면서 감사의 말만 전할 수밖에 없었던 이유다. 만일 발렌틴이 더 민감했었다면, 자신도 몰리나를 사랑했다는 것을 자각했을지도 모른다. 키스를 소원했던 몰리나, 거미여인 몰리나의 입술에 자신의 입술을 포개는 그 마지막 순간에.

어쩌면 발렌틴은 몰리나에게서 만날 수 없는 애인 마르타의 흔적을 찾아 그것을 사랑했는지도, 혹은 그렇게 생각했을지도 모를 일이다. 그렇지만 몰리나는 발렌틴을 사랑했고 발렌틴도 몰리나를 사랑했던 것은 사실이다. 상대방을 통해 자신이 완전해진다는 느낌, 그 행복의 느낌을 두 사람 모두 공유했기 때문이다. 사람의 영혼은 생각이나 말 속에서 발견되는 것이 아니라 그 사람의 지속적인 행동 속에서만 드러나는 법이다. 두 사람은 지금 과거에는 생각할 수도 없었던 모습으로 변하게 된다. 사랑의 힘이 아니라면 이런 변화가 어떻게 가능하겠는가. 감옥에서 나온 몰리나는 발렌틴의 부탁으로 정치적 행동을 하다가 총에 맞아 죽음을 맞이한다. 발렌틴을 만나지 않았다면 생길 수 없는 비극이었다. 이제 외롭게 감방에 남아 있던 발렌틴에게는 정부의 가혹한 고문과 심문이 가해졌다. 발렌틴이 약물에 취해 있을 때 마르타의 이름을 언급하지만, 여기서 우리는 몰리나의 강한 흔적을 느끼게 된다. 몰리나랑 있을 때 마르타를 떠올렸건만, 발렌틴은 지금 마르타의 이름을 중얼거리며 몰리나를 그리워하고 있으니까.

마누엘 푸익
Manuel Puig
1932-1990

마누엘 푸익은 후앙 페론을 패러디한 『부에노스아이레스 어페어』 때문에 에바 페론의 암살 리스트에 올라 멕시코로 망명을 떠났다. 이때 집필한 작품 『거미여인의 키스』(1976)가 스페인에서 출간되어 연극, 영화, 브로드웨이 뮤지컬 등으로 널리 알려지면서 푸익은 아르헨티나를 대표하는 작가로 떠올랐다. 『거미여인의 키스』는 친구가 될 수 없는 서로 다른 부류의 인간들이 한곳에 갇혀 어쩔 수 없이 소통하는 구조에서 출발한다.

"투쟁이 계속되는 동안, 아니 아마도 내 일생 동안 계속될 투쟁을 하면서 감각적인 기쁨을 느끼려고 하는 것은 바람직하지 않은 행동이야. 알아듣지? 그런 기쁨은 사실상 내게는 부차적이기 때문이야. 위대한 기쁨은 다른 거야. 가령, 내가 가장 고귀한 명분을 위해 봉사하고 있다는 사실을 아는 것…… 그러니까 바로 내가 가진 모든 사상이……."
"네 사상이 뭔데?"
"내 이상은…… 한마디로 말한다면 마르크스주의야. 난 그 사상의 기쁨을 어느 곳에서나 느낄 수 있어. 이곳 감방에서도 느낄 수 있고, 심지어는 고문 받는 순간에도 마찬가지야. 이것이 나의 힘이야."

젊은 정치범 발렌틴은 동성애자 몰리나를 한심하게 생각하지만 결국 그의 따뜻한 마음에 자신도 억눌러 왔던 감정과 내면의 자아를 들여다보게 된다. "네가 볼레로를 부를 때 왜 내가 화를 냈는지 알아? 네 노래가 내 여자 동료가 아니라 마르타를 생각하게 만들었어. 그래서 그랬던 거야. 심지어 나는 마르타가 아니라 그녀의…… 계급을 좋아하는 것이라고 생각해. 상류계급만 좋아하는 이 세상의 개만도 못한 놈들처럼 말이야." 반대로 시답잖은 로맨스 영화 얘기만 하면서 발렌틴을 짝사랑했던 몰리나는 의도치 않게 정치 탄압의 희생자가 된다.

감사

철학자의
어드바이스

이루어질 수 없는 사랑이 존재할까? 물론 존재한다. 그렇지만 이루어질 수 없는 사랑은 사랑의 종류 중 하나가 아니다. 이루어질 수 있는 사랑이 있고, 반대로 그럴 수 없는 사랑이 있는 것이 아니라는 말이다. 오히려 사랑을 이룰 수 없는 우리 자신이 문제일 것이다. 그러니까 사랑을 우리가 감당하지 못할 때, 그것은 이루어질 수 없는 사랑이 된다. 사랑이 어떻게 쉬운 감정이겠는가. 하나를 잡으면 다른 하나를 놓아야 하는 법인데! 한 남자와 함께 있으려면, 가족들과 친구들을 놓아야만 한다. 심지어 목숨마저 요구하는 사랑도 있을 수 있다. 그래서 약한 사람에게 사랑은 삶을 뿌리째 뽑아 버릴 수도 있는 폭풍우로 느껴지기도 한다. 약하디 약한 존재가 바로 인간 아니겠는가. 두려워하는 것이 많아 이것저것 따지는 존재가 바로 인간이다. 고뇌와 고민은 항상 약자의 몫이다. 그렇지만 사랑 앞에서 복잡해져만 가는 생각 끝에 우리가 선택하는 것은 사랑이 가져다주는 불확실성이 아니라 익숙한 일상이기 쉽다. 어쩌면 너무나 당연한 일이다. 사랑 앞에서 고뇌하는 것 자체가 이미 사랑에 몸을 던지기에는 우리가 너무 약하다는 증거니까 말이다. 그렇지만 사랑에 빠졌다는 것을, 그리고 지금까지 행복했다는 것을 어떻게 부정할 수 있는가. 불행히도 더 이상 사랑을 감당할 수 없다는 것이 문제가 될 뿐. 이럴 때 우리는 상대방에게 감사의 마음을 가지게 된다. "저처럼 나약하고 모자란 사람을 사랑해 주어서 고맙다."라고. "지금까지 너무나 행복했었다."라고. 그래서 상대방에게 해 줄 수 있는 걸 가급적 다 해 주려고 한다. 하룻밤의 섹스를 원한다면 기꺼이 그와 잠자리를 함께할 수도 있다. 혹은 그가 평상시 원했던 근사한 자동차를 사 줄 수도 있다. 지금까지의 행복에 대한 선물이자, 자신의 나약함에 대한 대가인 셈이다.

26

겸손
HUMILITAS

진정한
사랑을 위한
자기희생

『여인들의 행복 백화점』,
에밀 졸라

자본주의 사회에서 돈은 가치들의 왕좌에 앉아 있다. 그래서 인간에게 너무나 소중한 가치, 예를 들어 행복, 우정, 심지어 사랑마저도 돈의 압도적인 힘 앞에서는 명함조차 내밀지 못한다. 물론 입으로는 말할 수 있다, 돈으로 사랑을 사거나 팔지는 않겠다고 말이다. 그렇지만 주변에 난립하고 있는 결혼 정보 회사는 또 무어란 말인가? 심지어 맞선이나 소개팅 제안이 오면 우리는 바로 이렇게 되묻는다. "그 사람 직업은 뭐야, 그리고 학교는 어디 나왔는데?" 모두 그 사람의 소득이 궁금해서 물어보는 질문이다. 이처럼 우리는 지금 사랑보다는 돈이나 안정적 소득을 얻으려는 데 혈안이 되어 있다. 만일 스스로 돈을 얻지 못한다면, 타인을 통해 얻으면 된다. 가난한 사람은 매력 없어 보이지만 부유한 사람은 매력적으로 보인다. 그러니 자본주의 세상에서 우리의 다양한 감정들은 왜곡될 수밖에 없는 것이다. 감정의 왕좌에 올라갈 수 있는 사랑마저도 이런 처지인데, 나머지 감정들은 말해서 무엇 하겠는가?

결국 우리는 지금 돈을 사랑하는 시대에 살고 있다. 그렇지만 내가 사랑한다는 사람이 돈의 메신저에 지나지 않는 것만큼 씁쓸한 일이 또 있을까? 돈을 가졌기 때문이 아니라 그 사람 자체를 사랑해서 삶을 함께하고 있다고 스스로 확신할 수도 있다. 그렇지만 상대방이 실직하거나 혹은 사업이 망했을 때, 내 마음속에서 그 사람에 대한 애정도 어느새 식어 있는 걸 발견하게 될 것이다. 경제적 상황이 어려워진 것도 심각한 문제라고 할 수 있다. 그렇지만 나의 사랑이 돈에 대한 사랑이었다는 사실에 직면하게 될때, 그것은 단순한 문제가 아니다. 자신을, 상대방을, 그리고 사랑을 지금까지 속여 왔다는 것을 아는 순간, 우리는 지금까지 당당하게 살아왔다고 자부하던 자신의 삶마저도 하나의 허구라는 것을 아프게 받아들여야만 한다. 스스로 속물이라는 사실을 받아들이는 것보다 삶에서 더 아픈 것이 또 어디 있겠는가.

사랑이 돈으로 매매될 수 있을까? 돈을 가진 사람들은 사랑을 살 수 있다고 자신한다. 아이러니컬하게도 이들의 오만은, 돈이 많다는 이유로 이성(異姓)들이 자기에게 꾀어드는 것을 자주 경험했기 때문에 생긴 것이다. 하긴, 돈을 위해 사랑을 파는 사람이 없다면 그들이 어떻게 돈으로 사랑을 살 수 있겠는가? 그들의 오만을 그렇게 탓하지는 말자. 파는 사람이 있으니 사는 사람도 생기는 법이니까. 이것이 바로 자본주의다. 한 인간에게는 다양한 가치들이 존재한다. 노래를 잘할 수도 있고, 섬세할 수도 있고, 이야기를 잘 들어 줄 수도 있고, 부드럽게 잘 안아 줄 수도 있고, 여행을 좋아할 수도 있다. 그렇지만 이런 다양한 가치들도 모조리 돈으로 살 수 있도록 만드는 것, 이것이 자본주의가 가진 폭력성이다. 그런데 별로 돈이 안 되는 가치들이 정말로 소중할 수도 있다. 영화나 음악에 대해 나와 함께 이야기할 수 있는 가치를 누가 돈으로 사려고 하겠는가. 그렇지만 그것이 어떤 사람의 삶에서 돈을 주고도 살 수 없는 가장 중요한 것일 수도 있는 법이다.

19세기 파리는 단순히 한 국가의 수도이기보다는 세계 자본주의의 수도였다. 그러니까 파리는 인류 최초로 인간에게 가장 지고한 기쁨을 선사하는 사랑이 '매매'되고 있는 안타까운 현장이기도 했다. 바로 이 을씨년스러운 파리의 거리에서 인간의 비극을 목도했던 소설가가 있었으니, 그가 바로 에밀 졸라다. 『여인들의 행복 백화점(Au Bonheur des Dames)』(시공사)에서 졸라가 고민했던 것도 바로 이것이다. 150여 년 전에 작가는 이미 돈으로 살 수 없는 사랑의 가능성을 조심스럽게, 그렇지만 심각하게 추적했던 것이다.

스무 살 어린 시골 아가씨 드니즈가 파리에 소비의 상징으로 처음 등장한 으리으리한 백화점에 취업하면서 이야기는 시작된다. 백화점의 젊은 사장 무레는 자신의 재력과 권세 앞에서 파리의 여자들, 특히 백화점에서 일하는 아가씨들이 자기에게 기꺼이 몸을 내준다는 사실을 잘 알고 있다. 그런 그에게 드니즈는 하나의 충격이었다. 드니즈에 대한 호감은 그저 하찮은 신참에 대한 동정심에서 비롯되었지만, 무레는 점차 그녀가 발산하는 예상치 못한 매력에 끌리게 된다. 그러자 무레는 늘 그랬듯이 돈과 권력으로 드니즈를 유혹하지만, 그녀는 요지부동이었던 것이다. 오히려 더 큰 돈과 더 큰 직위로 유혹할수록 드니즈는 무레로부터 더욱 멀어지기만 했다. 이쯤 되면 모든 걸 다 갖춘 무레가 무기력을 느낄 만도 하다. 무레는 지금까지 자신이 가진 돈과 권력이면 사랑이라 한들 그 어떤 것도 얻지 못할 것이 없다고 자신해 왔기 때문이다. 마침내 그는 스스로 절망하며 절규한다.

대체 무슨 이유로 드니즈는 이토록 끈질기게 자신을 거부한단 말인가? 무레는 드니즈에게 수없이 애원하면서, 돈을, 그것도 많은 돈을 주겠노라며 금액을 점점 더 높여 제안했다. 또한 드니즈가 야심이 크다고 판단하여 매장에 결원이 생기는 대로 즉시 수석 구매상으로 승진시켜 줄 것을 약속하기도 했다. 그런데도 불구하고 드니즈는 여전히 그를 거부하고 또 거부했다! 마치 전쟁이라도 치르듯 그를 아연실색하게 만드는 상황에서 그는 점점 더 끓어오르는 욕망을 억누를 수 없었다. 천하의 무레에게 이건 있을 수 없는 일이었다. 그 조그만 여자는 언젠가는 그를 받아들이게 될 것이었다. 무레는 언제나 여자의 도덕성은 상대적인 것이라고 생각했다. 이제 그에게는 오직 한 가지 목표만이 존재했다. 다른 것들은 그 절대적 필요 앞에서 모두 사라져 버렸다. 드니즈를 자신의 방으로 끌어들여 자신의 무릎 위에 앉힌 채 그녀의 입술에 키스하는 것, 그것만이 그가 원하는 것이었다. 그런 광경을 떠올리는 것만으로도 온몸의 피가 요동치면서 몸이 떨려 왔다. 그러면서 그는 자신의 무능함에 절망했다.

드니즈는 결코 돈으로 살 수 없는 여자였다. 도대체 어쩌란 말인가? 무레는 자신의 힘과 매력이 오직 돈에서만 나온다는 것

겸손

을 알고 있었다. 그런데 지금 그 돈이 전혀 먹히지 않는 여자를 만나게 된 것이다. 얼마나 당혹스럽고 분통 터지는 일인가. 그렇지만 조르주 바타유의 말처럼 금지된 것은 금지되었다는 이유만으로 더 큰 욕망을 불러일으키는 법. 도대체 어떻게 해야 드니즈를 자신의 무릎 위에 앉히고 그녀와 사랑의 키스를 나눌 수 있을까? 불행히도 무레에게 돈으로 무언가를 얻지 못하는 경험은 한 번도 없었다. 그래서 돈이 통용되지 않을 때, 그가 얼마나 무력감을 느꼈을지 쉽게 납득이 된다. 다른 방법은 생각해 낼 수도 없는 것이다. 그러니 절망할 수밖에. 여기서 무레는 지금까지 느껴 보지 못했던 감정에 빠지게 된다. 그것은 드니즈라는 한 여성에 대한 겸손의 감정이다.

> 겸손(humilitas)이란 인간이 자기의 무능과 약함을 고찰하는 데서 생기는 슬픔이다.
> ― 스피노자, 『에티카』에서

스피노자의 말대로 무레의 겸손은 자신이 자랑하던 돈의 무기력함을 자각하는 데서 오는 슬픔이다. 그렇지만 여기서 주목해야 할 것은, 그의 겸손은 동시에 한 여자를 자기 뜻대로 할 수 없다는 자각이기도 하다는 점이다. 바로 이것이 사랑 아니겠는가? '나의 뜻대로'가 아니라 '당신 뜻대로'가 바로 사랑의 표어이기 때문이다. 결국 드니즈는 무레에게 제대로 된 사랑을 가르치고 있었던 것이고, 마침내 무레는 진정한 사랑을 배우게 된 것이다. 사랑에 빠진 사람은 사랑하는 사람 앞에서 항상 자신의 무기력을 토로할 수밖에 없다. 나의 구애를 받아줄지 거부할지가 전적으로 상대방의 의지에 달려 있다는 것을 자각하기 때문이다. 그러니 무레의 겸손, 즉 자신이 자랑하는 돈이 사랑 앞에서는 무기력하기만 하다는 자각이야말로, 그가 드디어 사랑할 준비가 되어 있다는 것을 나타내는 증거다. 이것이 바로 돈으로 사랑을 사고파는 우울한 파리에서 작가가 독자에게 알려 주고 싶었던 것이다. 그래서 우리에게 필요한 것은 어쩌면 제2의, 제3의 무레 아닐까? 그리고 우리에게 사랑의 가치를 가르쳐 줄 여신과도 같은 여자 말이다.

돈으로도 드니즈의 마음을 살 수 없게 되자 무레는 절
망한다. 즉 무레의 '겸손'은 자신이 그토록 의지했던 돈
의 무기력함을 자각하는 데서 오는 슬픔이다. 그렇지만
그의 겸손은 또한 한 여자를 자기 뜻대로 할 수 없다는
깨달음이기도 하다. 이것이 바로 사랑에 뒤따르는 겸손
의 감정이다.

에밀 졸라
Emile Zola
1849-1902

에밀 졸라는 발자크의 『인간 희극』에 영향을 받아 "제 2제정 하의 한 가족의 자연사와 사회사"를 구상하게 되었다. 그렇게 20대에 집필을 시작하여 22년에 걸쳐 쓴 『루공—마카르 총서』 스무 권으로 '자연주의'를 개척한 거장이 된다. 『목로주점』, 『나나』 등이 이 연작에 속한다. 프랑스 최초 백화점 '봉마르셰'가 배경인 『여인들의 행복 백화점』(1883)에서 작가는 파리에 센세이션을 일으키며 지역 상권을 파괴시킨 이 백화점을 거대한 기계에 비유한다. (보들레르의 『악의 꽃』 역시 파리의 백화점에서 영감을 받았다.) 그러나 이 작품은 『루공—마카르 총서』의 열한 번째 작품인데, 유일하게 해피엔딩으로 끝나는 소설이다. 가난하면서도 품위를 잃지 않는 여주인공 드니즈가 진실함과 내면의 힘으로 온갖 역경을 이겨내고 백화점 사장과 결혼하게 되는 신데렐라 이야기인데, 작가는 자신의 딸에게 '드니즈'라는 이름을 붙일 정도로 이 소설의 주인공에게 큰 애착을 갖고 있었다.

드니즈는 아름다운 만큼 지혜로웠다. 그녀의 지혜로움은 그녀가 지닌 가장 고귀한 것들로부터 비롯되었다. 대부분이 하층민 출신인 백화점 판매원들이 점차 갈라져 떨어져 나가는 매니큐어처럼 피상적인 교육밖에는 받지 못한 반면, 드니즈는 가식적인 우아함과는 거리가 먼, 깊은 내면에서 우러나오는 매력과 멋을 지니고 있었다. (……) 무레는 드니즈를 향해 분노를 토해내던 순간에 그녀를 모독했던 것에 대해 두 손 모아 용서를 구하고 싶은 심정이었다.

에밀 졸라는 '드레퓌스 사건'과 반유대 감정으로 프랑스 사회기 발칵 뒤집혔을 때 『나는 고발한다』를 통해 지식인들의 양심에 호소했으나, 매국노로 몰려 영국으로 도망을 갔다. 다시 몰래 파리로 돌아왔으나, 집에서 두통과 호흡곤란을 호소하다 죽었다. 작가를 매국노라고 여긴 한 굴뚝 소제부가 그의 집 굴뚝을 틀어막았다고 한다.

겸손

**철학자의
어드바이스**

스피노자의 말처럼 자신의 무능력과 약함을 인정할 때, 누구나 겸손해진다. 그렇다고 겸손에서 무엇인가 비극적인 느낌을 찾으려고 해서는 안 된다. 제대로 겸손의 감정을 느껴 보았던 사람은 누구나 다 안다. 겸손하게 되었을 때 우리는 자신을 지배하던 해묵은 편견, 허영, 그리고 자만심으로부터 자유로워진다. 색안경을 벗고 자신이나 세계, 그리고 타인들을 있는 그대로 보게 되었다고나 할까. 그러니까 자신의 무능력과 약함을 직시할 때, 우리는 자신이 무엇을 할 수 있고 무엇을 할 수 없는지를 정확히 알게 된다. 과거에는 무엇이든지 할 수 있다고 생각했지만, 이제 할 수 없는 것이 있다는 것을 안 것이다. 따라서 겸손해진 사람은 이 할 수 없는 것에 대해 무능력과 약함을 느꼈을 뿐이다. 이것은 반대로 자신이 할 수 있는 것에 대해서는 더 진지하고 성숙해졌다는 것을 의미한다. 한마디로 성숙해진 것이다. 청년기 때를 돌아보라. 무엇이든지 다 얻을 수 있고, 누구라도 사랑할 수 있을 것 같은 유치한 자만심에 우리가 얼마나 찌들어 있었는지를. 그래서 겸손의 감정이 찾아왔을 때, 우리는 성숙해지고 있는 것이다. 그렇지만 지나친 겸손은 우리에게 청년기의 자만심보다 더 심한 해악을 줄 수도 있다. 지나친 겸손은 자신이 할 수 있는 것마저도 할 수 없다고 절망하는 것이다. 이 얼마나 무서운 일인가. 그렇지만 이런 절망은 불가피한 것인지도 모른다. 추가 한쪽에서 반대편 쪽으로 급격하게 움직이는 것처럼, 자만심도 절망으로 바닥을 쳐야 한다. 오른쪽 왼쪽, 그리고 왼쪽 오른쪽으로 움직이다가 추는 천천히 가운데서 멈춘다. 마찬가지로 자만심에서 절망으로 왔다 갔다 해야만 우리는 균형 잡힌 겸손에 이를 수 있는 법이다. 그럴 때 비로소 어른이 된다. 자신의 무능력과 약함도 알지만, 동시에 자신의 능력과 강함도 알게 될 테니까 말이다.

27

분노
INDIGNATIO

수치심이
잔인한 행동이
될 때까지

『죄와 벌』,
도스토예프스키

모든 것이 그 지긋지긋한 가난 때문이다. 라스콜리니코프가 대학을 중퇴한 것도, 5층 집 꼭대기에 있는 조그만 다락방을 빌려 살게 된 것도, 그리고 방세가 밀려 집주인과 마주치는 것조차 두려운 것도. 돈이 모든 가치의 중심이 되는 순간, 가난한 자는 인간으로서의 자존감을 유지하기조차 힘들다. 도스토예프스키의 명작 『죄와 벌(Преступление и наказание)』(민음사)은 가난으로 인해 자존심의 상처를 받은 젊은 영혼의 서글픈 이야기를 러시아 문학 특유의 격정적인 문체로 묘사하고 있다. 도스토예프스키의 대부분 작품에는 냉혹한 자본주의에 대한 울분이 전제되어 있다. 『죄와 벌』에서도 마찬가지다. '로쟈'라는 애칭으로 불리는 라스콜리니코프도 돈이 필요한 이웃을 등쳐먹고 그들의 자긍심을 파괴하는 전당포 노파 알료나 이바노브나에 대해 깊은 분노를 느끼고 그녀를 살해하는 죄를 저지르기 때문이다.

이미 전당포를 처음 찾았을 때부터 라스콜리니코프는 그 수

전노 때문에 수치감으로 몸을 떨었던 적이 있다. "마침 전당 잡힐 만한 물건이 두 개 있었다. 하나는 오래된 아버지의 은시계였고, 다른 하나는 여동생이 헤어지면서 기념으로 선물한, 붉은 보석이 세 개 박힌 작은 금반지였다. 그는 금반지를 가져가기로 했다. 노파의 집을 찾아냈을 때, 그는 그녀에 대해 아는 바가 전혀 없음에도 불구하고 처음 본 순간부터 억누를 수 없는 혐오감을 느꼈다." 물론 그것은 돈이 없어서 소중한 물건을 팔 수밖에 없는 라스콜리니코프의 자격지심이나 수치심일 수도 있다. 그렇지만 그에게 이런 감정을 불어넣은 것은 전당포에 들러 급전을 얻으려는 인간을 업신여기는 노파의 태도 때문이었다. 하지만 수치심이 무자비한 살인 행위로 이어지기까지는 아직 한 단계 절차가 더 필요하다. 그것은 바로 '분노'다.

> 분노(indignatio)는 타인에게 해악을 끼친 어떤 사람에 대한 미움이다.
> ─ 스피노자, 『에티카』에서

스피노자는 또한 분노에 대해 더 명료하게 말했던 적이 있다. "우리와 유사한 대상에게 불행을 준 사람에 대해 분노한다."고 말이다. 자신과 유사한 대상, 즉 라스콜리니코프의 경우에 그것은 바로 돈 없는 평범한 이웃들이다. 돈이 없어 자신의 딸 소냐를 창녀로 보낼 수밖에 없었던 어느 퇴역 관리, 자신에게 돈을 보내느라 가정교사로 있던 집에서 봉변을 당해도 그만두지 못하는 여동생 두냐, 전당포 노파가 노예처럼 부려먹는 이복여동생 등. 마침내 라스콜리니코프는 자신의 수치심을 정의롭지 못한 자본주의에 대한 분노로 승화시키게 된다. 자신에게 가해진 수치심이 단지 자신만이 아니라 대부분 비슷한 처지에 있는 사람을 괴롭히고 있다는 사실을 아는 순간, 수치심의 대상은 정의롭지 않은 대상으로, 그래서 반드시 제거해야 할 악으로 드러나게 된다. 개인적인 악이 공적인 악으로 승화된다고나 할까.

우연일까? 당구장에서 라스콜리니코프가 들은 어떤 사람들의 대화는 전당포 노파를 죽이려는 라스콜리니코프의 결심에 정당성을 부여하게 된다.

"노파를 죽이고 그 돈을 빼앗아라, 그리고 그 돈의 도움으로 나중에 전 인류와 공공의 사업을 위해 헌신하라. 네 생각은 어때, 하나의 하찮은 범죄가 수천 개의 선한 일로 무마될 수는 없을까? 하나의 생명을 희생시켜 수천 개의 생명을 부패와 해체에서 구하는 거지. 하나의 죽음과 백 개의 생명을 서로 맞바꾸는 건데, 사실 이거야말로 대수학이지 뭐야! 게다가 저울 전체를 놓고 보면 이런 폐병쟁이에 멍청하고 못된 노파의 목숨이 무슨 의미가 있겠어? 노파는 해로운 존재니까 이[蝨]나 바퀴벌레의 목숨, 아니, 그만도 못한 목숨이야. 남의 목숨을 좀먹고 있거든. 얼마 전에도 홧김에 리자베타의 손가락을 깨물었는데, 하마터면 손가락이 잘려 나갈 뻔했지!"

라스콜리니코프의 개인적인 원한을 공적인 분노로 승화시키기에 나름 설득력 있는 논리처럼 들린다. 그렇지만 사실 라스콜리니코프는 자신의 수치심으로 눈이 멀어 있었을 뿐이다. 전당포 노파도, 라스콜리니코프 본인도 모두 자본주의의 희생양에 지나지 않는다는 진실을 그는 애써 보려고 하지 않았던 것이다. 자본주의 사회는 돈이 없으면 인간이 살 수 없도록 구조화된 사회를 말한다. 당연히 자본주의 사회에서는 돈을 가진 자가 갖지 못한 자보다 월등한 지위를 얻을 수밖에 없다. 돈을 가진 자는 자신이 가진 돈의 양만큼 필요한 것을 구매할 수 있는 자유를 갖지만, 돈이 없는 자에게는 생존하는 것조차 힘든 일이 되니까. 그래서 자본주의에 길들여진 사람은 누구나 더 많은 돈을 가지려고 든다.

라스콜리니코프는 돈이 없어서 전당포에 들른 것이다. 그리고 그곳 주인인 노파는 돈을 가지고 있는 사람이다. 사실 두 사람 모두 같은 처지 아닌가. 라스콜리니코프도 돈이 필요해서 전당포에 간 것이고, 노파는 돈을 더 벌기 위해 전당포를 차린 것이다. 그러니까 사실 젊은이와 노파 두 사람은 모두 돈이 소중한 것이라는 인식을 공유하고 있었던 셈이다. 소중한 추억이 담긴 금반지를 저당 잡히려고 했을 때, 라스콜리니코프는 이미 그것이 얼마의 돈으로 바뀔 수 있을지를 계산하고 있었던 것 아닌가. 어쩌면 전당포 노파가 그 금반지를 대가로 그가 예상했던 것 이상으로 많은 돈을 내주었다면, 비극은 일어나지 않았을지도 모른다. 그에게 금반지는 금의 시세 가격에 소중한 추억이라는 주관적 가격이 합쳐진 것이었다. 그러나 소중한 추억 따위가 노파에게 무슨 의미가 있겠는가. 노파는 단지 금의 시세 가격에만 관심을 가졌을 뿐이다. 물론 모든 전당포 주인이 그러하듯 노파는 시세 가격보다 낮게 가치를 매겨 돈을 주려고 했지만 말이다.

비록 헌 물건일지라도 거기에 담긴 소중한 추억이 천금을

분노

라스콜리니코프가 느낀 모멸감은 사실 전당포 노파로
인해 생긴 것은 아니다. 그가 느낀 수치심의 진정한 원
인은 소중한 추억이라는 주관적 가치를 돈으로 환산하
는 자신의 무의식적인 자본주의 근성, 그리고 동시에 자
신이 부여한 가치를 탐욕스러운 노파에게 철저히 부정
되었다는 자괴감에서 찾아야 하지 않을까?

주어도 바꿀 수 없는 것이었다면, 라스콜리니코프는 금반지를 들고 전당포에 가지는 않았을 것이다. 자본주의 사회에서 소중한 추억이 깃든 물건이 무슨 가치가 있겠는가. 개인에게는 천금의 가치가 있다고 하더라도, 타인에게는 그저 낡은 중고품에 지나지 않는다. 바로 이 대목이다. 라스콜리니코프가 느낀 모멸감은 사실 전당포 노파로 인해 생긴 것이 아니다. 그가 느낀 수치심의 진정한 원인은 소중한 추억이라는 주관적 가치를 돈으로 환산하는 자신의 무의식적인 자본주의 근성, 그리고 동시에 자신이 부여한 가치를 탐욕스러운 노파에게 철저히 부정되었다는 자괴감에서 찾아야 하지 않을까? 그렇지만 아직 여리기만 한 그가 수치심의 진정한 원인을 자신에게서 찾아내기란 힘든 일이다. 그러니 라스콜리니코프는 전당포 노파에게 모든 악을 되돌려 버렸던 것이다.

『죄와 벌』은 자신이 저지른 살인죄를 죄라고 인정하지 않는 어느 청년의 분노를 다루고 있다. 하지만 소냐라는 창녀를 만나면서, 불행한 청년 로쟈는 자신이 죄를 저질렀다는 사실을 인정하게 된다. 분노는 타당한 것이었지만, 자신에게는 한 인간을 단죄할 수 있는 권능이 없다는 것을 자각한 것이다. 마침내 라스콜리니코프의 분노는 강한 죄의식으로 탈바꿈하고 만다. 하지만 너무 때늦은 반성, 혹은 너무 무기력한 반성 아닌가. 불행한 청년은 끝내 자신도 혹은 전당잡이 노파도 모두 자본주의라는 냉혹한 사회 구조의 희생양에 지나지 않는다는 인식에 이르지는 못한다. 라스콜리니코프가 지혜로웠다면, 그는 자신이나 노파를 모두 돈의 노예로 만든 자본주의에 대해 분노를 표출했을 것이다.

라스콜리니코프는 몰랐던 것이다. 전당포 노파를 죽여도 다시 누군가가 또 전당포를 차릴 것이라는 사실을. 그리고 돈이 필요해서 소중한 추억이 녹아 있는 물건을 들고 또 누군가는 다시 전당포 앞을 서성거릴 것이라는 현실을. 어쩌면 바로 이 점이 도스토예프스키 문학의 가능성이자 한계일지도 모른다. 체제에 돌려야 할 분노를 인간에게 돌리고는 전전긍긍하는 개인, 그래서 한없이 자본주의의 냉혹함에 무기력해지는 인간. 더 냉정하게 자본주의를 들여다보지 못하고, 자본주의에 대한 분노를 전당포 노파에게 혹은 자신에게 돌리는 것. 이것이 바로 라스콜리니코프이자 도스토예프스키의 한계였던 것이다. 그래서 『죄와 벌』만큼 19세기 문학이 가진 한계를 이처럼 비극적이고도 분명하게 보여 주는 소설도 없을 것이다. 그렇지만 21세기에 살고 있는 우리는 19세기를 넘어서는 데 성공한 것일까? 모를 일이다.

표도르 도스토예프스키

Фёдор Михайлович
Достоевский

1821-1881

'가장 위대한 근대 작가'(제임스 조이스) 도스토예프스키는 "순수하게 오로지 영혼의 재료로만 빚어낸 작품"(버지니아 울프)으로 20세기 사상가들에게 광범위한 영향을 끼쳤다. 니체는 "도스토예프스키는 내가 무언가를 배울 수 있었던 단 한 사람의 심리학자"라고 말했고, 프로이트는 『카라마조프 가의 형제들』을 "지금까지 쓰인 가장 위대한 소설"이라고 평했다.

도스토예프스키는 주로 자본주의 문턱에서 과도기를 겪는 러시아 사회의 모순과 도시 빈민들의 삶을 다루었는데, 특히 『죄와 벌』(1866)은 작가 스스로 "범죄에 대한 심리학적 보고서"라고 밝혔듯이 '라스콜리니코프'라는 고뇌하는 청년의 대명사를 창조하여 죄와 속죄를 둘러싼 다양한 인식들을 탐구했다. 주인공 로쟈는 자신의 논문에서 "인간이 자연의 법칙에 따라 대체로 두 부류로 나뉜다."고 주장한다.

"하나는 하급 부류(평범한 사람들), 오로지 자신과 비슷한 자들을 생산하는 데만 기여하는, 말하자면 재료이며, 다른 하나는 본질적으로 자신이 속한 무리에서 새로운 말을 할 수 있는 천부적 재능이나 능력을 가진 사람들입니다. (……) 첫 번째 부류, 즉 재료는, 대체적으로 말해 그 본성상 보수적이고 점잖은 데다가 순종하며 살고 또 순종하는 것을 좋아합니다. 제 생각으로는, 그들은 순종할 의무가 있는데, 그것이 그들의 사명이며 그렇다고 해서 굴욕감을 느낄 이유도 전혀 없기 때문입니다. 두 번째 부류는 전부 법률을 넘어서는 자들, 그 능력에 따라 파괴자이거나 그런 경향이 있는 자들입니다. 이런 사람들의 범죄는 물론 상대적이며 그 종류도 다양합니다. 그들은 극히 다양한 성명을 통해 보다 더 나은 것의 이름으로 현재의 것을 파괴하길 요구합니다. (……) 첫 번째 부류는 항상 현재의 주인이며, 두 번째 부류는 미래의 주인입니다. 전자는 세계를 보존하고 수적으로 증대시킵니다. 후자는 세계를 움직이고 목표를 향해 이끌고 나갑니다."

분노

철학자의
어드바이스

분노는 아무나 가질 수 있는 감정이 아니다. 최소한의 연대 의식, 혹은 유대감이 있는 사람만이 가질 수 있는 감정이기 때문이다. 홀로 고립되어 있는 사람, 혹은 동료와 함께 있지만 스스로 왕따라고 느끼는 사람에게서 분노의 감정을 찾을 수 없는 것도 이런 이유에서다. 어둑한 길을 홀로 걸어갈 때 힘센 불량배를 만나 무릎까지 꿀려지는 봉변을 당했다고 하자. 대부분의 사람들은 그 불량배에 분노하기보다는 단지 수치심만 느낄 것이다. 그렇지만 친구나 애인이 불량배를 만나 그런 봉변을 당하고 있는 장면에 맞닥뜨리게 되면, 우리는 그 불량배의 만행에 분노를 느끼게 된다. 당연한 일 아닌가. 불량배는 한 명이지만 그 불량배로부터 해악을 당하는 사람은 두 사람이기 때문이다. 물론 한 사람은 직접 해악을 당하고 있고, 이 장면을 목격하고 있는 다른 한 사람은 언제든지 그 불량배로부터 해악을 당할 수 있는 사람이다. 다수의 약자를 통제하려면, 소수의 강자가 명심해야 할 철칙이 한 가지 있다. 그것은 약자에게 해악을 가할 때 같은 약자가 보는 앞에서 해서는 안 된다는 점이다. 자신도 언제든지 해악을 입을 수 있다는 판단, 그리고 자기처럼 해악을 당할 수 있는 사람들이 다수라는 자각은 극심한 분노와 아울러 조직적인 저항을 낳을 수 있으니까. 그래서일까, 권위적인 조직에서는 학생들이나 노동자들의 연대 의식과 유대감을 극히 꺼린다. 반대로 우리가 학생회 아니면 노동조합을 만들어야만 하는 것도 이런 이유에서다. 이렇게 약자들이 연대하는 조직을 통해 우리는 자신과 같은 처지의 타자들이 어떤 해악을 입고 있는지 알게 되고, 그렇게 해서 앞으로 자신에게 닥칠 수도 있는 해악을 막기 위해 싸울 수 있기 때문이다. 잊지 말자. 우리라는 의식이 없다면, 해악을 끼치는 강자에 대한 분노도 발생할 수 없다는 사실을.

28

질투
INVIDIA

사랑이
드리우는
짙은 그림자

『질투』,
알랭 로브그리예

프랑크는 지금 카뷰레터를 완벽하게 검사하기 위해 분해해야 할 부속품의 리스트를 꼽고 있다. 너무나 꼼꼼하게 꼽으려다 보니 빤한 부품들도 일일이 언급하게 된다. 그의 묘사는 거의 나사를 한 줄 한 줄 돌려 푸는 동작에서부터 똑같은 방법으로 조이는 동작까지 그릴 정도도. "오늘은 기계에 아주 밝으신 것 같군요." A…가 말한다.

프랑크는 한참을 이야기하던 중에 갑자기 입을 다문다. 그는 오른쪽에 있는 입술과 두 눈을 쳐다본다. 거기에는 조용한 미소가 어려 있다. 그 표정은 마치 사진에 찍혀 영원히 고착되어 버린 듯 굳어 있다. 프랑크의 입술은 반쯤 벌어져 있다. 아마도 무슨 말을 하려던 참인 듯하다.

"이론상으로는 말예요." A…는 상냥한 말씨를 바꾸지 않고 보다 분명하게 말한다.

프랑크는 두 눈을 돌려 빛을 받고 있는 난간과 마지막 남은 회색 페인트의 반점들, 꼼짝 않는 도마뱀과 움직임 없는 하늘 쪽을 바라본다.

"이제 트럭에 대해 제법 알게 되었습니다." 프랑크가 말한다. "모터들은 다 비슷하니까요."

그 말은 물론 엉터리다. 특히 그의 대형 트럭의 모터는 그가 가지고 있는 미국산 자동차의 모터와 비슷한 점이 거의 없다.

"옳은 말이에요. 여자도 마찬가지죠." A…가 말한다.

북아프리카의 밤은 그나마 선선한 바람이 불어 견딜 만하다. 그렇지만 저택에서 홀로 맞는 북아프리카의 밤에는 나른함과 함께 또 다른 팽팽한 긴장감이 돌고 있다. 그 긴장감과 고독감 속에서 『질투(La Jalousie)』(민음사)라는 소설의 화자는 자신의 아내 'A…'와 이웃 남자 '프랑크'가 나누었던 대화들을 쓰디쓰게 다시 음미하고 있다. 새벽에 프랑크와 함께 나간 아내가 밤이 지나도록 돌아오지 않고 있기 때문이다. 새로운 차를 구매한다는 말에 아내는 자신도 장을 볼 것이 있다며 따라 나선 것이다. 평상시 프랑크는 자신의 아내와 자식을 내버려두고 화자의 집을 너무나 자주 들락거린다. 물론 화자가 아니라 그의 아내 A…를 보러 오는 것이다. 그렇지만 화자의 아내 A…는 은근히 프랑크의 방문을 기대하는 눈치다. 프랑크가 올 때면 확연히 생기를 되찾는 것이 바로 그 증거다.

심지어 화자의 아내와 프랑크는 같은 소설을 읽으면서 의견을 교환하기까지 한다. 그러니까 최악의 상황이다. 그렇지만 서로 몸을 섞지도 않았는데, 그걸 두고 뭐라고 탓할 상황도 아니다. 부

질투

르주아 결혼제도의 맹점이라고나 할까. 사적 소유권에 토대를 두고 있는 부르주아 결혼제도는 영혼의 교감보다 육체의 교감에 더 신경을 쓰니까. 소유의 문제는, 아파트나 땅을 소유하듯이, 그렇게 모두 시각적인 대상에만 국한되기 때문이다. 그러니까 무언가 눈에 보여야만 문제를 삼을 수 있다. 프랑크의 옷에 아내의 루즈가 묻어 있거나, 아내의 목에 낯선 남자의 키스 자국이 있어야만 하는 것이다. 반면 영혼의 교감은 전혀 시각적이지 않기에 문제 삼을 수 없는 것이다. 얼마나 남루한가, 우리의 결혼제도라는 것이.

어쨌든 이렇게 나름 영혼의 교감을 즐기던 두 남녀가 이른 새벽에 함께 나간 뒤, 하룻밤이 지나도록 돌아오지 않는 것이다. 화자의 질투를 어렵지 않게 짐작할 수 있는 대목이다. 1957년에 출간된 알랭 로브그리예의 소설 『질투』는 자신의 아내와 이웃집 남자 사이의 연애에 촉수를 세우고 있는 어느 남자의 질투심을 다루고 있다. 새로운 소설을 추구했던 누보로망(nouveau roman) 운동의 대표자답게 로브그리예는 자신의 소설에 3인칭 시점을 아예 배제하고 있다. 심지어 이야기를 이끌어 가고 있는 화자는 존재하지만 소설에서 결코 '나'라는 말조차 나오지 않는다. 단지 우리에게는 화자의 시선과 그의 눈에 포착된 풍경만 주어질 뿐이다. 다시 말해 『질투』에는 질투로 고뇌하는 내면 풍경에 대한 묘사는 증발했고, 단지 질투에 사로잡힌 시선에 포착된 외부 풍경에 대한 묘사만이 영화처럼 펼쳐지고 있다.

독자는 당연히 화자가 어떤 내면을 가진 주체인지 짐작할 수조차 없다. 그러니까 질투에 빠지지 않았을 때, 화자는 어떻게 보고 생각할지 짐작할 수조차 없다는 것이다. 어쩌면 이것이 바로 누보로망 소설이 가진 힘 아니겠는가. 질투에 빠져 있을 때의 나, 연민에 빠져 있을 때의 나, 혹은 불안에 빠져 있을 때의 나는 사실 완전히 다른 '나들'일 수밖에 없기 때문이다. '나'라는 말을 쓰는 습관 때문에 이 모든 다양한 '나들'이 하나로 통일된다고 착각하고 있는 것 아닌가. 편집증적인 자의식을 벗어나 소설을 써야 제대로 살아 있는 삶과 감정을 포착할 수 있는 것도 이런 이유에서인지도 모른다. 더 이상 과잉된 자의식으로 검열된 소설을 쓰지 않겠다는 것, 누보로망을 표방했던 소설가들의 소원은 바로 이런 것 아니었을까.

어쨌든 소설 속 화자의 질투 대상은 분명하다. 바로 이웃집 남자 프랑크다. 질투에 대한 스피노자의 이야기를 통해 화자, 그의 아내, 그리고 프랑크 사이의 질투 관계를 더 깊이 들여다보자.

> 질투(invidia)란 타인의 행복을 슬퍼하고 반대로 타인의 불행을 기뻐하도록 인간을 자극하는 한에서의 미움이다.
> — 스피노자, 『에티카』에서

그러니까 프랑크의 행복은 물론 화자의 아내 A…와 함께 있는 것이다. 반대로 그의 불행은 불가피한 일로 A…와 떨어져 있는 것이다. 사실 프랑크에게도 아내가, 그리고 A…에게도 남편이 있으니, 두 사람 사이의 행복은 지속적인 것일 수는 없다. 스피노자의 말대로 질투에 사로잡힌 사람은 "타인의 행복을 슬퍼하고 반대로 타인의 불행을 기뻐하는" 법이다. 그래서 화자는 프랑크와 A…가 함께한 자리에 그렇게도 자주 동석하였던 것이다. 그것만으로도 프랑크에게 불행을 줄 수 있을 테니 말이다. 그래서일까? A…는 시내에 다녀오기 위해 화자를 버리고 프랑크를 따라 함께 외출했다가 차가 고장 났다는 이유로 하룻밤 외박을 감행한다. 정말로 부득이한 사정이었을까, 아니면 두 사람이 아무런 방해도 없는 어느 호텔을 찾아 정사를 즐긴 것일까?

날이 새도록 돌아오지 않는 두 사람을 기다리던 화자의 머릿속에서 외출하기 전 두 사람 사이의 대화가 떠오르는 건 참으로 자연스러운 귀결이다. 질투에 사로잡힌 화자는 그들의 외박이 부득이한 것인지, 아니면 의도적인 것인지를 결정해야 한다는 무의식적인 압박을 받고 있었다. 이 시점에서 모든 자동차의 "모터들은 다 비슷하다."라는 프랑크의 말에 아내는 "옳은 말이에요. 여자도 마찬가지"라고 응수했던 구절이 떠올랐다. 남의 아내라고 자신을 너무 어려워하지 말라는 것, 자신도 성적인 희열을 갈구하고 있는 여느 여자와 다를 바 없다는 것을 암시하는 말 아닌가. 이것저것을 생각하느라 골몰했던 화자에게 하룻밤을 함께 보낸 두 사람은 마치 아무런 일도 없었다는 듯이 돌아온다. 물론 자신들을 태운 자동차의 모터가 고장이 나서 하룻밤을 싸구려 여관에서 보낼 수밖에 없었다는 말을 잊지 않고 말이다.

그런데 잊지 말아야 할 것은, 질투 때문에 화자의 내면이 산산이 찢어지는 건 아니라는 점이다. 오히려 질투는 화자에게 이미 아내와의 결혼생활에서 증발해 버린 예기치 못했던 건강한 긴장을 가지고 온다. 그에게 질투는 지금까지 무관심했던 아내의 일거수일투족을 관찰하고 그녀의 내면을 읽는 긴장감을 가져다주었으니까. 인간은 자신이 그다지 소중하게 여기지 않는 것이라고 하더라도 타인이 그것을 소유하려는 순간, 그것을 다시 움켜쥐려고 하는 법이다. 스피노자도 말하지 않았던가. "어떤 사람이 어떤 것을 즐기고 있다고 생각하는 것만으로 우리는 그것을 사랑할 것이고 그것을 즐기려고 할 것"이라고. 그래서 프랑크에게 느낀 질투라는 감정은 A…에 대한 화자의 관심과 애정을 다시 되살려준 결정적인 계기라고 할 수 있다.

그렇지만 이것만으로 화자에게 사랑이 완전히 복원될 수 있을까? 불행히도 그럴 수는 없다. 사랑의 감정은 질투라는 감정을 낳지만, 반대로 질투라는 감정이 사랑의 감정을 낳지는 못하는 법. 질투는 단지 사랑의 찌꺼기에 해당하는 감정일 수밖에 없으니까. 그래서 프랑크는 일종의 손전등과 같은 역할을 했는지도 모른다. 더 이상 화자의 시선에 중심적으로 들어오지 않던 아내가 그의 눈과 마음에 들어온 것은 프랑크가 그녀를 보고 있었기 때문이다. 그러니까 언제든지 카메라 앵글과 같은 화자의 눈에 그녀가 다시 사라질 수도 있는 법이다. 프랑크가 더 이상 그녀를 주시하지 않고, 그녀에게 관심을 기울이지 않는다면 말이다. 그 순간 다시 북아프리카의 하루하루는 모든 활기를 잊고 무미건조하게 돌아갈 것이다. 무심하게 작열하는 태양에 널브러져 있는 모래알처럼.

질투의 바닥에는 스스로가 주인공이 되고 싶은 감정이
똬리를 틀고 있었던 셈이다. 질투는 나를 주인공으로 만
들어 줄 수 있는 사람이 그렇게 하지 않을 때 드는 감정
이니까.

알랭 로브그리예
Alain Robbe-Grillet
1922-2008

로브그리예는 카메라 렌즈를 통해 보듯 엄격하게 객관화된 시선을 소설 속에 도입하는 새로운 기법을 선보여 누보로망의 대표 작가로 손꼽힌다. 알랭 레네의 영화 「지난 해 마리앙바드에서」(1961)의 시나리오를 집필하였고, 영화 「불멸의 여인」(1963)을 직접 만들기도 했다. 『질투』(1957)에서 화자는 아내 A⋯와 자기 집에 자주 들락거리는 이웃집 남자 프랑크 두 사람의 일거수일투족을 강박적으로 관찰하고 있다. 독자는 화자의 시선과 화자가 들리는 소리만을 따라갈 뿐인데, 프랑크가 아내의 탐스러운 머리카락과 잘록한 허리에 매혹되어 있는 것으로 보아 두 사람의 관계를 질투해서 그들에게서 눈을 떼지 못하는 것 같다.

극히 짧은 음절의 말소리는 그 사이를 점점 길게 메우는 어둠 때문에 마침내는 끊어져 버리고, 두 사람은 완전히 밤에 섞여들고 만다. 어둠 속에서 색이 바랜 셔츠와 드레스의 흐릿한 형체로만 두 사람의 존재가 드러난다. 두 사람은 나란히 앉아 상체를 등받이에 기대고 두 팔은 팔걸이 위에 얹고 있다. 팔걸이 주위에 이따금 두 사람의 불분명한 움직임이 일어난다. 아주 작은 폭의 움직임이어서, 시작했는가 하면 어느새 원래 상태로 돌아가 있다. 어쩌면 상상일지도 모른다.

작가는 이처럼 현실에서 감지하는 것을 작품 속에 그대로 복원하고자 한다. "사람들은 일상의 비합리적이거나 모호한 요소를 자발적으로 받아들이면서도, 영화나 소설 같은 예술작품에서 그런 것들과 마주치면 불평한다. 세계가 그처럼 복잡하다면 작품 속에서노 그 복힙성을 재발견헤야 한다." 나보코프는 『질투』에 대해서 "20세기 가장 위대한 작품 중 하나"라고 극찬했다.

질투

친구들의 모임에 남자친구를 데려가는 여자들이 있다. 이럴 때 그녀는 시시콜콜 남자친구에게 옷차림과 이야기 방식에 대해 잔소리를 해 댈 것이다. 지금 그녀는 자신의 친구들에게 멋진 남자를 애인으로 두고 있다는 인상을 주려고 하는 것이다. 사실 이 정도 되면 사랑은 이미 요단강을 건너간 거라고 할 수 있다. 사랑은 일대일의 관계, 즉 알랭 바디우의 말처럼 '둘'의 관계이기 때문이다. 그러니까 사랑의 경험은 두 사람이 남자 주인공과 여자 주인공이 되는 경험이다. 그런데 애인을 멋지게 포장한 다음에 친구들에게 소개한다는 것 자체가 이미 친구들과 자신이 주연이고 남자친구는 잘해야 예쁜 조연 정도로 전락했다는 것을 보여 주는 것이다. 그래도 여기까지는 상관이 없다. 그런데 모임에서 애인이 시키지도 않은 멘트를 던지는 불상사가 생길 수 있다. 문제는 그 멘트에 빠져든 친구가 한 명 있었다는 것이다. 그 친구가 자신의 애인에게 지나친 관심을 피력하고, 심지어 애교마저 떠는 것 같다. 예상치도 못한 질투의 감정이 솟아오르는 순간이다. 질투의 감정이 클수록 그녀는 서둘러 남자친구를 데리고 어색한 분위기에서 자리를 뜰 수밖에 없게 된다. 자신을 빼고 자기 친구와 자기 애인이 순간적이나마 남녀 주인공으로 등장했다는 것을 직감했으니까. 바로 이것이다. 질투의 바닥에는 스스로가 주인공이 되고 싶은 감정이 똬리를 틀고 있었던 셈이다. 질투는 나를 주인공으로 만들어 줄 수 있는 사람이 그렇게 하지 않을 때 드는 감정이니까. 그렇다고 이 여자가 다시 남자친구를 순수하게 사랑할 수 있을까? 아마 힘들 것이다. "당신만이 나를 주인공으로 만들어 줘요." 그녀에게는 이것이 사랑일 테니까 말이다.

29

적의

IRA

자신의 삶을
지키려는
허망한 전투

『개인적인 체험』,
오에 겐자부로

오에 겐자부로가 고통스러웠던 자신의 경험을 그대로 담은 『개인적인 체험(個人的な体験)』(을유문화사)은 아주 불편한 소설이다. 불편하다고? 아니, 그건 나이브한 표현이겠다. 정직하게 말하자면 그의 소설은 불쾌하다. 그래서 그의 소설이 위대한지도 모른다. 삶만큼 불쾌한 것이 또 어디 있겠는가. 그런 불쾌한 삶을 입을 앙다물고 응시한다는 것, 그건 비범한 정신이 아니면 감당하기 힘들지도 모른다. 작가의 분신이라고 할 수 있는 주인공 버드는 지금 날카로운 칼날 위에 맨발로 서 있다. 그의 아이가 '뇌헤르니아'라는 선천적 질병을 가지고 태어났기 때문이다. 뇌의 많은 부분이 외부로 튀어나온 채로 태어난 것이다. 버드의 아이는 혹시 살아남는다 해도 평생을 불구로 살아갈 수밖에 없는 운명이었던 것이다. 버드의 고민은 단순하다. 결코 정상이 될 가능성이 없는 장애아를 죽을 때까지 짊어지는 무거움 속에서 살 것인가, 아니면 무거운 삶을 포기하고 아이를 죽이는 죄책감을 안고 살 것인가.

이렇게 칼날 위에 서 있는 버드는 어느 쪽으로 뛰어내리든 그를 반기는 건 날카로운 가시들뿐이다. 그렇지만 결정을 해야만 한다. 마냥 서 있다가는 발에서 피가 멈추지 않을 테니까. 진퇴양난도 이런 진퇴양난이 없다. 그래서 작가는 버드의 입을 빌려 당시 자신의 고뇌를 이야기했던 적이 있다.

"개인적인 체험 중에도 혼자서 그 체험의 동굴을 자꾸 나아가다 보면, 마침내 인간 일반에 관련된 진실의 전망이 열리는 샛길로 나올 수 있는 그런 체험이 있지? 그런 경우, 어쨌든 고통스러운 개인에게는 고통 뒤의 열매가 주어지는 것이고. (……) 그런데 지금 내가 개인적으로 체험하고 있는 이 고역이란 놈은 다른 어떤 인간 세계로부터도 고립되어 있는 자기 혼자만의 수혈을 절망적으로 깊숙이 파 들어가는 것에 불과해. 같은 암흑 속 동굴에서 고통스레 땀을 흘리지만 나의 체험으로부터는 인간적인 의미의 단 한 조각도 만들어지지 않거든. 불모의, 수치스러울 따름인 지긋지긋한 웅덩이를 파고 있는 거야."

불구로 태어난 아이를 감당하든, 아니면 과감히 버리든 간에 버드에게는 둘 다 불운하고 가혹한 운명이다. 어느 경우를 선택하든 그의 삶은 과거와는 완전히 달라질 테니까 말이다. 삶의 무게에 비틀대며 살든가, 아니면 가벼움 속에서 죄의식으로 살든가. 버드는 이런 운명을 자신에게 선사한 아이에게 적의를 가지지 않을 수 없었다. 스피노자도 말하지 않았던가.

적의(ira)는 미움에 의하여 우리들이 미워하는 사람에게 해악을 가하게끔 우리들을 자극하는 욕망이다.

— 스피노자, 『에티카』에서

버드는 불구로 태어난 아이가 미웠다. 아이를 미워하기 때문에 버드는 죽일 생각까지 하는 것이다. 스피노자라면 버드의 감정 상태를 '적의'라고 말했을 것이다. 미운 사람에게 해악을 가하려는 욕망이 바로 적의니까 말이다. 뇌헤르니아로 태어난 아이에 대한 버드의 적의는 두 겹이어서 더 강렬할 수밖에 없었다. 이렇게 칼날 위에 서게 만든 아이니까 적의를 품게 되었고, 자신에게 평생 동안 감당하기 힘든 삶의 무게를 얹을 아이인만큼 그 적의는 더 강해질 수밖에. 그래서 버드가 아이를 죽이는 선택으로 한 걸음 더 다가가는 것은 어쩌면 당연한 반응인지도 모른다. 문제는 그런 버드를 '이기주의자'라도 되는 듯이 비난하고 경멸하는 주변의 시선이다. 여린 버드는 이런 시선들이 너무나 감당하기 힘들었다.

만일 아내로부터 사랑을 받고 동시에 아내를 사랑했다면, 버드는 불구가 된 아이를 기꺼이 삶의 무게로 받아들였을지도 모른다. 사랑하는 두 사람에게 불구로 태어난 아이는 비록 가볍지는 않을지라도 충분히 감당할 만한 무게일 테니까. 그렇지만 이혼마저 심각하게 고려할 정도로 버드는 아내와 어떤 정신적 교감도 없었다. 그래서일까, 버드는 대학 시절 여자친구 히미코를 만나 결여된 사랑을 채우고 있었던 것이다. 섹스를 나누는 사이라면, 누구든지 그 관계를 통해 서로 어떤 존재인지 가장 분명하게 이해하는 법이다. 일시적으로 성욕을 풀기 위한 것이 아니라면 남녀의 섹스는 두 사람의 전체 실존을 주고받는 행위니까 말이다.

버드에게 있어서 이제 히미코의 성기는 단순하고 확실하며 그곳엔 어떤 미세한 공포의 배아도 숨어 있지 않았다. 그것은 '무언가 정체를 알 수 없는 것'이 아니라 부드러운 합성수지로 만든 주머니처럼 단순한 물건, 그 자체였다. 거기서 요괴가 나타나 그를 못살게 구는 일 따위는 있을 수 없으리라. 버드는 깊이 안도하고 있었다. 아마도 그것은 히미코가 철저하고 노골적으로 쾌락만을 꾀하는 것으로 그들의 성교를 한정했기 때문이었다. 버드는 서로 멈칫멈칫해 가며 언제까지나 위험하게 느껴지던 아내와의 성교에 관해 생각했다. 결혼한 지 몇 년이 지난 지금도 버드 부부는 성교를 할 때마다 우울한 심리적 충돌을 되풀이했다. 버드의 지나치게 길고 둔탁한 팔다리가, 혐오감을 극복하기 위해 위축되고 굳어 있는 아내의 몸 이곳저곳에 부딪힐 때마다 그녀는 얻어맞기라도 한 듯한 인상을 받는 것이다.

사랑은 상대방이 내 앞에 있을 때 느끼는 기쁨이다. 섹스는 두 사람이 가장 깊게 함께 있는 경험 아닌가. 그런데 버드와 그의 아내는 섹스를 나눌 때 기쁘지 않았다. 그럼에도 불구하고 그들은 부부의 의무를 충실히 수행했다. 어쩌면 불구의 아이가 태어난 것은 이런 불구의 사랑 때문이 아니었을까? 사실 이런 것은 모두 사후적인 생각일 수밖에 없다. 사랑과 섹스가 무슨 상관이 있으며, 사랑과 아이의 탄생 사이에 무슨 관련이 있겠는가. 사랑하지 않더

적의

정말로 버드가 성장했다면, 그 성장의 핵심은 "현실의
삶을 살아낸다는 것은 결국 전통적으로 살도록 강요당
하는 것"이라는 통찰에 그가 이르렀다는 점일 것이다.

라도 아이는 태어날 수 있고, 아무리 사랑해도 아이는 태어나지 않을 수도 있다. 어쨌든 히미코가 없었다면, 나약하고 여린 버드는 아이를 죽일 생각도 못 했을 것이다. 최소한 히미코는 사회적 의무에서는 자유로운 여자였고, 아프리카를 열망했던 버드와 기꺼이 함께하려는 마음을 품고 있었으니까. 그렇다, 히미코는 버드를 무척 사랑하고 있었던 것이고, 이건 버드도 마찬가지였다.

불구로 태어난 아이에 대한 적의의 진정한 대상은 어쩌면 아내와의 사랑 없는 삶이었는지도 모른다. 그런데 지금 불구로 태어난 아이는 버드에게 결단을 요구하고 있는 것이다. 아내와의 사랑 없는 삶을 계속 살아갈지, 아니면 히미코와 사랑을 나누며 살아갈지. 불행히도 나약한 버드는 칼날 위에 선 채 어떤 결단도 내리지 못한다. 그렇게 버드가 주저하고 있는 사이에 불구가 된 아이는 수술을 받게 되는데, 다행인지 불행인지 아이의 문제는 사실 뇌헤르니아처럼 심각한 질병이 아니라 단순한 육종으로 확인된다. 버드는 결단에 주저했지만, 아이의 성장, 의사들의 수술, 그리고 주변의 분위기 등이 버드 대신 결정을 해 버린 것이다. 심지어 버드는 자의 반 타의 반 수술하는 아기를 위해 자기 피를 제공하기까지 한다. 버드의 장모는 그런 사위가 기특하다고 자랑할 정도였다. "버드는 엄청난 활약을 했어요." 많은 사람들은 『개인적인 체험』을 훌륭한 성장소설이라고, 그리고 작가는 이 소설을 통해 자신의 이기적인 행복을 버리고 인류애를 기원하는 성숙한 인격으로 변모했다고들 말한다.

과연 이런 평가가 사실일까? 분명 버드가 불구가 된 아이에게 적의를 거둔 것은 사실이다. 그렇지만 버드가 스스로 적의를 거두었던 적은 한 번도 없다. 그저 주변의 변화에 따라 적의를 거두는 쪽으로 변했을 뿐이다. 이것이 정말 성장일 수 있을까? 성장이라고 해도 너무나 기이한 성장 아닐까? 그래서 불행에 맞서 도망가지 않고 잘 싸웠다고 말하는 어느 교수의 칭찬에 힘없이 대꾸하던 버드의 말이 우리를 아프게 한다.

> "아뇨, 저는 여러 번 도망치려 했었죠. (……) 하지만 이 현실의 삶을 살아낸다고 하는 것은 결국 전통적으로 살도록 강요당하는 것인 모양이네요. 기만의 올무에 걸려 버릴 작정을 하고 있는데도 어느 사이엔가 그것을 거부하지 않을 수 없게 되어 버리는 그런 식으로요."

정말로 버드가 성장했다면, 그 성장의 핵심은 "현실의 삶을 살아낸다는 것은 결국 전통적으로 살도록 강요당하는 것"이라는 통찰에 그가 이르렀다는 점일 것이다. 바로 이런 성장의 씁쓸함을 우리에게 보여 주었던 것, 바로 이것이 우리가 오에 겐자부로를 위대한 작가로 기억하는 이유다.

오에 겐자부로

大江健三郎

1935-

도쿄대학교 불문학과 재학 시절에 최연소 수상자로서 '아쿠타가와 상'을 받았으며, 일본 작가 대표로 마오쩌 뚱을 만나고 반핵운동을 벌이는 등 현실참여에 적극적이었다. "곤경에 처한 현대인의 모습"을 담아낸 공로로 1994년에 노벨문학상을 받았는데, 「애매한 일본과 일본인」이라는 수상 연설에서 일본의 전후 청산 문제를 비판하기도 했다. 자전적 소설 『개인적인 체험』(1964)에 대하여 작가는 "이 청춘 소설을 썼다는 사실이 근본적인 정화 작용을 가져왔다."라고 고백한다.

버드의 아기가 아직 살아 있다고 한다면 버드는 곧장 특수아실로 향해 갔어야 한다. 하지만 이미 죽어 버렸다면 아기의 시체 해부와 화장 절차를 상의하기 위해 소아과 의국으로 출두해야만 한다. 이건 도박이었다. 버드는 의국을 향해 걷기 시작했다. 그는 자신이 아기의 죽음 쪽에 운을 걸었다는 사실을 의식의 표면에 확실히 고정시켰다. 그는 지금 자기 아기의 진짜 적, 생애 최초이자 최대의 적이었다. 버드는 떳떳하지 못하다고 느꼈고 만일 영원한 생명이 있고 심판하는 신이 있다면 자신은 유죄라고 생각했다. 하지만 그런 죄악감은 구급차 안에서 아기의 이미지를 "아폴리네르처럼 머리에 붕대를 감고"라는 언어로 생각했을 때 그를 찾아들었던 슬픔과 마찬가지로 차라리 달콤한 감귤 맛이 났다.

하지만 작가에게 그 아들은 아버지를 위대한 소설가로 만들어 준 존재다. "머리에 부상을 입고 태어나 지적 장애를 비롯한 온갖 장애를 짊어지고 성장해 가는 아들과의 공생을 때로는 계기 삼아 때로는 있는 그대로 주제 삼아 집필 작업을 해 온 것이다. 그리하여 작가로서의 나의 생애를 아들과 같이 결정했다고 말할 수도 있는 사건에 대해 최초로 청춘 소설로서 존재하는 것이 바로 『개인적인 체험』이다." 현재 작가의 아들 히카리는 장애인이지만 작곡가로 활동하고 있다.

적의

철학자의
어드바이스

어떤 사람과 함께 있을 때 슬픔과 우울함을 느낀다면, 우리는 그 사람을 미워하게 된다. 자신에게 우울함과 슬픔을 안겨 주는 사람을 어떻게 미워하지 않을 수 있겠는가. 그렇지만 미움은 적의에 비하면 그마나 상황이 나은 감정이라고 할 수 있다. 왜냐하면 적의는 그 미움의 대상에게 구체적인 해악을 가하려는 욕망이기 때문이다. 그러니까 단순히 미워하는 정도를 넘어서 어떤 사람을 파괴하려는 음모를 꾸미고 그것을 실행하려고 할 때, 우리는 적의라는 무서운 감정에 사로잡힌 것이다. 사무실의 동료가 애써 준비한 PPT 자료를 훼손하거나, 회식 자리에서 직장 상사의 신발을 다른 곳에 숨긴 적은 없는가? 아니면 상대방이 의자에 앉으려고 할 때 그 의자를 빼고 싶은 충동을 느끼거나, 아니면 신혼의 행복함에 젖어 있는 동료에게 남편이 어느 여자랑 즐겁게 이야기하고 있는 장면을 보았다며 음해한 적은 없는가? 모두 적의로부터 나온 행동들이다. 누군가에게 가하는 해악을 꿈꾸거나, 아니면 직접 실행하도록 한다는 점에서 적의는 그 사람뿐만 아니라 내게도 치명적인 결과를 낳을 수 있다. 형법에 저촉될 수 있는 결과를 만들 수도 있으니까 말이다. 그럼에도 불구하고 적의라는 감정은 우리로 하여금 구체적인 행동을 하도록 자극한다. 어쨌든 적의는 비록 뒤틀려 있기는 하지만, 욕망임에는 분명하기 때문이다. 그러니까 적의에 사로잡힌 사람은 상대방을 해치는 구체적인 해악에 성공하지 못했을 때는 엄청난 결핍감을 느끼게 되고, 반대로 구체적인 해악이 성공했을 때는 하늘에 뛰어오를 듯한 성취감을 느낀다는 것이다. 적의란 얼마나 치명적인 욕망인가. 그러니 적의를 느끼는 사람과는 하루속히 결별하는 것이 좋다. 그러지 않으면 그 사람도 나도 모두 적의라는 감정에 의해 산산이 파괴되어 버릴 수도 있으니까 말이다.

30

조롱
IRRISIO

냉소와
연민
사이에서

『나는 고양이로소이다』,
나쓰메 소세키

누가 알까? 가장 철학적인 고양이 한 마리가 맥주에 취해 물독에 빠져 비범한 삶을 마쳤다는 사실을. 위대한 철학자들보다 더 냉철했던 고양이 선생은 속속들이 인간을 탐구하는 도중에 비운의 죽음을 맞이한 것이다. 도대체 인간들은 왜 술을 마시는지 그는 정말로 알고 싶었다. 그러니 몸소 술을 마실 수밖에. 비극은 이렇게 호기심에서 생기는 걸까? 취기를 이기지 못하고 물독에 빠져 세상만사에 작별을 고한 것이다. 인간보다 더 인간을 이해했던 고양이가 죽은 것은 아무도 모른다. 다행스럽게도 인간들 중 가장 고양이에 가까운 인간 한 명이 고양이의 비범한 삶과 도저한 사유를 기록할 수 있었으니, 그가 바로 일본의 셰익스피어로 불리는 나쓰메 소세키다. 이렇게 탄생한 소설이 1907년에 완간된 『나는 고양이로소이다(吾輩は描である)』(열린책들)이다. 모든 것은 거리를 두어야 제대로 음미될 수 있는 법. 인간이 스스로 자신을 직시하기 힘든 이유도 바로 여기에 있다. 그러니 우리에겐 고양이의 철학적 시선이 필요한 것이다.

　　고양이란 너 나 할 것 없이 모두 단순하다. 먹고 싶으면 먹고, 자고 싶으면 자고, 화가 나면 화를 내고, 울 때는 죽어라 하고 운다. 게다가 일기 같은 쓰잘머리 없는 것은 절대 쓰지 않는다. 쓸 필요가 없기 때문이다. 우리 주인처럼 겉과 속이 다른 인간은 일기라도 써서 세상에 드러내 보일 수 없는 자신의 속내를 풀어 놓아야겠지만, 우리 고양이 족은 먹고 자고 싸는 생활 자체가 그대로 일기이니 군이 그렇게 성가신 일을 해 가면서 자신의 진면목을 보존해야 할 것까지는 없다. 일기를 쓸 시간이 있으면 툇마루에서 잠이나 즐길 일이다. (……) 나는 얌전히 앉아 세 사람의 얘기를 듣고 있었지만 재미있지도 슬프지도 않았다. 인간이란 시간을 보내기 위해 애써 입을 움직이면서, 재미있지도 않은 일에 웃고 시답잖은 일에 기뻐하는 것밖에 재주가 없는 존재라고 생각한다. 내 주인의 편협하고 이기적인 성품은 진작부터 알고 있었지만, 평소 말수가 적어 도무지 이해할 수 없는 점이 많았다. 이해할 수 없는 부분이 조금은 두렵기도 했지만, 지금 얘기를 듣고 나니 갑자기 내 주인이 한층 더 같잖게 느껴졌다.

고양이로서는 정말 인간은 알다가도 모를 일이다. 지혜로운 동양인들은 지행합일(知行合一)을 외치고, 동시에 지혜로운 서양인들은 이론과 실천의 합일, 혹은 변증법적 종합을 이야기한다. 지금 인간들 스스로 자신이 앎과 삶이 괴리된 존재라는 것을 토로하고 있는 것 아닌가. 이미 지행합일이 되어 있다면 그것을 꿈꾼

조롱

다는 것은 있을 수도 없는 일이니까. 놀라운 것은 인간을 제외한 모든 동물들은 지행합일이 되어 있고, 이론과 실천이 변증법적으로 통일되어 있다는 사실이다. 그러면 인간은 고양이 선생을 포함한 모든 동물들을 존경해야만 한다. 그러나 현실은 어떠한가? 지행합일도 되지 않았으면서 인간은 지행합일이 이루어진 동물들을 열등하다고 조롱하며, 심지어 자신이 만물의 영장이라고 뻐기고 있다. 정말 웃기는 일 아닌가.

배가 고프면 늑대는 닭을 잡아먹는다. 지행합일이다. 그러니까 배가 고픈 것을 아는 순간, 동물들은 무엇인가를 먹는다. 그렇지만 인간은 어떤가? 배가 고픈 것을 알아도 생명 존중이든 다이어트이든 간에 어떤 괴상한 이유를 들어 번뇌하면서 음식을 바로 먹으려고 들지 않는다. 흥미로운 것은 바로 먹지 않을 뿐, 얼마 지나지 않아 먹는다는 점이다. 얼마나 쿨하지 못한가. 고양이 선생의 눈에는 인간의 행태가 얼마나 이상하게 보였을까. 닭처럼 살아 있는 생물을 죽이는 것은 잔인한 일이라고 몸서리를 치지만, 배가 고프면 어김없이 패스트푸드점이나 통닭집에 들어가 닭을 뼈까지 발라 먹는 인간이. 심지어 이렇게 닭으로 배를 채운 뒤, 포만감에 트림을 하면서 조금의 부끄러움도 없이 인간들은 침을 튀기며 생명 존중을 역설하곤 한다. 얼마나 위선적이고 아이러니한 일인가.

고양이의 눈에 비친 인간은 너무나 가식적이고 복잡하다. 고양이가 겉과 속이 일치하는 삶을 산다면, 인간은 겉과 속이 다르기 때문이다.

인간들은 바람 부는 대로 이리저리 흔들리는 수세미처럼 초연한 척하고 있지만 그 마음속에는 세속적인 명예욕도 있고 욕심도 있다. 그들의 평소 대화에는 남을 이기려는 마음과 경쟁심도 언뜻언뜻 엿보이는 터라, 여차하면 그들이 늘 욕을 해대는 속물과 한통속이 될 우려도 있으니 고양이인 내가 보기에도 안쓰럽기 짝이 없는 일이다.

이렇게 겉과 속이 다르니, 혹은 겉과 속이 괴리되어 있으니, 인간은 일기 같은 글을 쓴다. 진솔한 글을 통해 순간적이나마 겉과 속을 일치시키려는 발버둥인 셈이다. 지행합일이 되어 있는 고양이 선생은 결코 일기 같은 건 쓰지 않는다. 일기란 아는 것을 실천하지 못했거나, 혹은 실천한 것이 무엇인지 알지 못할 때 쓰는 것이니까.

아! 그렇다, 인류가 자랑하는 문명과 문화란 어쩌면 이렇게 겉과 속이 불일치하는 상태와 그것을 일치시키려는 노력이 종횡으로 엮이며 만들어진 것인지도. 바로 여기에 고양이, 다시 말해 나쓰메 소세키의 탁월함이 있다. 인간이 만물의 영장이라는 인간중심주의(anthropocentricism)에 대한 신랄한 조롱도 이 정도면 압권이라고 할 수 있다. 다른 동물들은 아무도 인정하지 않는 것을 스스로 주장하니 정말 가소로운 일이 아닐 수 없다. 더군다나 인간의 지적인 허위의식이란 정말 눈뜨고 못 봐줄 일이다.

주인이 이 문장을 높이 평가하는 유일한 이유는 도교에서 『도덕경』을 존경하고, 유교에서 『역경』을 존경하고, 선불교에서 『임제록』을 존경하는 것과 마찬가지로 그 뜻을 전혀 알 수 없기 때

조롱

문이다. 그런데도 모르고 그냥 지나치자니 답답하니까 멋대로 의미를 갖다 붙이고는 알았다는 표정을 짓는 것이다.

바로 여기서 고양이의 냉소적인 웃음, 혹은 소세키의 허허로운 웃음이 가능해진다. 이렇게 웃음이란 반응은 조롱이라는 감정을 토대로 작동한다. 그렇다면 조롱이란 어떤 내적 논리로 움직이는지 좀 더 깊이 음미하기 위해 스피노자에게 도움을 청하도록 하자.

조롱(irrisio)이란 우리가 경멸하는 것이 우리가 미워하는 사물 안에 있다고 생각할 때 발생하는 기쁨이다.
— 스피노자, 『에티카』에서

조롱은 묘한 감정이다. 그것은 미움과 기쁨이 교차하는 감정이기 때문이다. 모든 동물들이 미워하는 인간 속에서 그들의 불합리와 위선을 발견하니, 어떻게 기쁘지 않을 수 있겠는가. '소세키＝고양이'는 겉과 속의 불일치를 가장 경멸한다. 그런데도 불구하고 사람들은 겉과 속이 일치하는 고양이 족을 자기보다 열등한 존재라고 폄하한다. 고양이보다 못하면서 고양이보다 잘났다고 생각하는 이런 인간 족속만큼 고약한 존재가 또 어디 있다는 말인가. 자신의 단점을 장점으로, 반면 고양이의 장점을 단점이라고 단정하며 으쓱거리는 건 정말 꼴불견이다. 그만큼 소세키는 자신도 한 마리의 고양이라도 되는 것처럼 인간을 미워하고 있다. 그러니 인간의 본성에서 겉과 속의 불일치를 간파한 다음, '고양이

=소세키'는 얼마나 기뻤겠는가. 이제 당당히 인간을 조롱할 수 있게 되었으니 말이다.

『나는 고양이로소이다』라는 소설이 풍기는 유머감각의 씁쓸함이 바로 여기서 발생하는 것이다. 그렇지만 아무리 고양이와 가깝다고 해도 소세키는 고양이가 아니라 사람이 아닌가? 결국 인간에 대한 고양이의 조롱은 인간에 대한 인간의 조롱일 수밖에 없다. 이런 냉소적인 자기 조롱은 얼마나 허무하고 자기 파괴적인가? 고양이가 물독에 빠져 죽은 것이나, 소세키가 고질적인 우울증으로 고생했던 것도 다 이유가 있었던 셈이다. 그렇지만 자신을 정말로 정직하게 직시할 수 있을 때까지 우리는 고양이 선생의 통찰과 가르침을 한시라도 잊어서는 안 될 것이다. 또 고양이 선생의 예리한 유훈을 우리에게 알려 준 작가에게도 고마운 마음을 가져야 할 것이다.

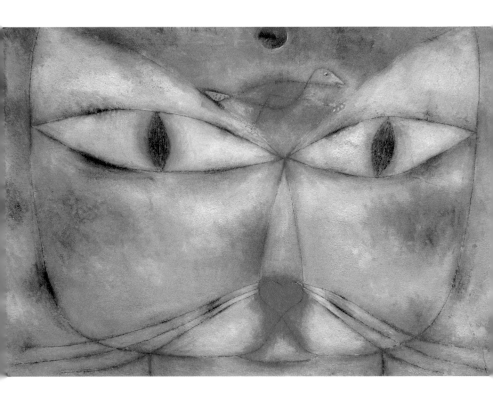

"주인이 이 문장을 높이 평가하는 유일한 이유는 도교
에서 『도덕경』을 존경하고, 유교에서 『역경』을 존경하
고, 선불교에서 『임제록』을 존경하는 것과 마찬가지로
그 뜻을 전혀 알 수 없기 때문이다."

나쓰메 소세키
夏目漱石
1867-1916

일본 근현대 문단에 큰 영향을 끼친 메이지 시대 대문호. 한문학에 관심이 많았으나 영어의 중요성을 깨닫고 도쿄 제국대학에서 영문학을 전공했다. 국비 지원으로 영국 유학을 가서 셰익스피어를 공부했고, 대학교에서 학생들을 가르치다가 《아사히신문》으로 이직하여 글을 쓰기 시작했다. 당시 일본에서 유행하던 자연주의와 거리를 두고 인생을 관조하는 작품들을 발표하여 '여유파'라고 불리기도 했다. 일본인이 가장 사랑하는 작가 가운데 한 명으로, 1984년부터 2004년까지 1000엔 지폐에 그의 초상이 사용되었다.

『나는 고양이로소이다』(1905-1906)는 처녀작이지만 소세키를 인기 작가로 만들어준 연재소설이다. 작가는 페르시아고양이 '나'를 화자로 내세워 주워들은 이야기로 아는 척하는 지식 허영꾼들을 유쾌하게 희화화한다.

"그거 참 의미심장하군. 철학을 꽤나 연구한 사람인가 보군. 음, 대단한 식견이야." 이 한마디로도 주인의 무식함을 잘 알 수 있는데, 뒤집어 생각하면 어찌 보면 그럴 만도 하다 싶다. 주인은 무슨 일이든 자신이 모르는 것은 대단하다고 여기는 버릇이 있다. 물론 이는 우리 주인에 한하는 버릇은 아닐 것이다. 알지 못하는 것에는 허투루 대할 수 없는 무언가가 숨어 있다 여기고, 가늠할 수 없는 것은 왠지 대단하다 싶은 마음이 들기 마련이다. 그 때문에 보통 사람들은 모르는 것을 아는 것처럼 떠벌리지만 학자들은 아는 것도 모르는 것처럼 해석하는 것이다. 이 점은 대학 강의에서 무슨 소린지 모를 얘기를 하는 선생은 평판이 좋고, 아는 얘기를 또 설명하는 선생은 인기가 없는 것만 봐도 쉽게 알 수 있다. 그러니 주인이 이 편지에 감탄한 것은 의미가 명료하기 때문이 아니라 취지가 어디에 있는지 도무지 종잡을 수 없기 때문이다.

조롱

평소에 일을 못 한다고 자신을 갈구는 직장 상사가 사장에게서 무능하다는 질책을 당하는 것을 목격하게 되면 우리는 속으로 쾌재를 부른다. 혹은 똑똑한 척하는 얄미운 후배가 웬만한 사람도 하지 않는 중대한 실수를 저지를 때도 우리는 속으로 웃음을 참기도 한다. 아니면 성인군자인 것처럼 군림하면서 밥맛 떨어지게 행동했던 어느 지식인이 치명적인 스캔들에 빠질 때, 우리의 마음은 로또에 당첨된 것처럼 흥분되기까지 한다. 이것이 바로 조롱이라는 감정이다. 이렇게 자신이 미워하는 사람이 우스꽝스러운 실수를 할 때, 우리는 잠시 기쁨의 감정에 빠져들게 된다. "잘난 척하더니, 꼴좋네. 너도 별 수 없는 인간이야." 그렇지만 우리는 이 기쁨을 속으로만 품어야 한다는 걸 잘 알고 있다. 남의 불행에 기쁨을 표시하는 순간, 엄청난 불이익이 생길 것을 본능적으로 알고 있으니까. 이럴 때 능숙한 연극배우가 되는 것이 유리할 뿐만 아니라 내심 우리에게 더 큰 즐거움을 줄 테니 말이다. 평소 미워하던 사람들 앞에서는 그들의 불행이 나의 불행이라도 되는 것처럼 안타까운 표정을 지어 보라. 내심 조롱을 아끼지 않고 있던 내 앞에서 그들은 자신들의 억울함을 호소하게 될 것이다. 이럴 때 희열이란 말해 무엇 하겠는가. 이처럼 조롱이라는 감정에는 무엇인가 병적인 데가 있다. 기본적으로 나를 업신여기는 사람과 함께 있으니 우리는 미움과 슬픔의 상태에 있는 셈이다. 그런데 바로 그때 그들에게 불행과 불운이 찾아든 것이다. 바로 이럴 때 우리의 마음은 잠시 기쁨에 젖어들게 된다. 그러나 이것은 순간적이고 일시적인 기쁨 아닌가. 마치 오아시스 하나 없는 사막을 배회할 때 하늘에서 찔끔 떨어지는 한 방울의 비와도 같다. 그렇지만 한 방울의 비에 기쁨을 느끼기보다는 아예 사막에 던져지지 않는 것이 더 좋지 않을까.

31

욕정
LIBIDO

'프레스토'로
격하게
요동치는 영혼

『악마』,
톨스토이

아다지오 소스테누토(adagio sostenuto)! 음 하나하나를 충분히 눌러서 무겁고 느리게 연주하라는 작곡가의 명령이다. 그래서 음표 사이사이 침묵의 공간에 음이 무겁게 밀려 들어갈 수 있다. 공백을 채우듯이, 공허를 몰아내듯이. 베토벤의 아홉 번째 바이올린소나타 「크로이처(Kreutzer)」의 첫 번째 악장은 이렇게 시작된다. 바이올린이 구애하듯 이어지는 구슬픈 선율에 따라, 이어 피아노가 그 구애를 받아들이면서 고혹적이지만 격렬한 하모니가 시작된다. 바이올린과 피아노가 밀고 당기면서 만드는 묘한 긴장과 흥분 속에 몸을 던지다 보면, 누구나 남녀간의 격정적인 사랑을 떠올리게 될 것이다. 톨스토이가 베토벤의 아홉 번째 소나타에서 사랑의 긴장과 열정을 느낀 것도 어쩌면 위대한 작가로서 당연한 반응인지도 모를 일이다.

　톨스토이는 사랑과 결혼에 대한 온갖 판타지를 과격하게 해체하는 소설에 「크로이체르 소나타」라는 제목을 붙인다. 또 다른 작품 「악마」(『크로이체르 소나타』에 수록, 펭귄클래식)와 함께 톨스토이가 인생의 후반기에 자신의 결혼관을 담은 작품들이다. 이 소설들을 통해 톨스토이는 결혼이 참다운 사랑의 결실이라는 통념을 뿌리째 흔들고 있다. 그에 따르면 결혼의 본질은 정신적인 사랑에 있는 것이 아니라 육체적인 욕정에 있기 때문이다. 「크로이체르 소나타」가 당시 금서 취급을 받은 것은 어쩌면 당연한 귀결인지도 모르겠다. 그렇지만 아무리 윤리적인 이념으로 부정하려고 애써도 제거하기 힘든 진실을 담고 있는 것 아닐까? 결혼의 본질이 욕정에 있다는 주장을 공개적인 자리에서는 쉽게들 반박하지만, 사적인 삶에서 욕정만큼 남녀 사이에 중요한 것이 또 있을까? 성적인 표현에 당당해진 지금은 심심찮게 속궁합이 더 중요하다고 토로하는 남녀가 등장하고 있을 정도니까 말이다.

도심 근처의 산에 올라서면 갈수록 늘어 가는 붉은색 표지가 두 가지가 있다. 하나는 교회의 붉은 십자가이고, 다른 하나는 러브호텔의 빨간 간판이다. 그렇게 우리의 일상은 교회의 금욕주의와 러브호텔의 욕망 사이에서 진동하고 있다. 이제 노골적으로 물어보자. 지금 이 순간 교회에 들를 수도 있고, 사랑하는 사람과 러브호텔에 갈 수도 있다. 하나만 고르라면 당신은 어느 쪽을 선택하겠는가? 돌아보면 결혼 생활에서 우리가 꿈꾸는 것은 '합법적인 러브호텔' 아닐까? 이제 누구의 눈치도 보지 않고 누구의 간섭도 받지 않고 마음대로 두 연인이 서로 몸을 섞을 수 있는 곳을 마련하는 것. 허니문의 전설이 만들어지는 것도 이런 이유에서이지 않을까 싶다. 달이 비치는 깊은 밤 꿀처럼 달콤한 섹스를 '합법적으로' 나눌 수 있는 그날, 그것이 바로 신혼여행이니까. 그만큼

욕정은 삶에 있어 가장 아찔하고 달뜬 감정이라고 할 수 있다. 이
쯤에서 스피노자는 욕정을 어떻게 정의하고 있는지 살펴보자.

> 욕정(libido)이란 성교에 대한 욕망이나 성교에 대한 사랑이다. (……) 성
> 교에 대한 이런 욕망은 적당한 경우에도, 그리고 적당하지 않은 경우에도
> 보통 욕정이라고 일컬어진다.
> ─ 스피노자, 『에티카』에서

스피노자에 따르면 이성과 성교하고 싶은 욕망 혹은 성교하
기를 좋아하는 것, 그것이 바로 욕정이다. 인간의 성교, 그러니까
섹스를 동물적인 것으로 폄하하지는 말자. 그것은 발정기에 종족
보존을 위해 하는 동물의 행동과는 질적으로 다른 것이기 때문이
다. 섹스의 목적이 단지 자손의 생산에 있다면, 도대체 무엇이 문
제가 되겠는가? 개체로서는 통제할 수 없는 유전적인 명령일 테
니까 말이다. 그렇지만 인간에게 섹스는 욕망이나 사랑의 대상이
되기 때문에 의미심장한 것이다. 스피노자에게 욕망이나 사랑은
삶의 힘을 유지하거나 증진시킨다고 생각되는 대상을 향하는 법
이다. 그렇다면 섹스는 분명 우리 자신의 삶의 힘을 유지하거나
증진시키는 대상이라고 할 수 있다. 이런 이유에서 인간의 섹스는
종족 보존의 차원에 머물러 있는 동물의 교미와는 다르다고 말할
수 있다.

잊지 말자, 우리 개개인의 욕정은 개체적인 의미를 지닌 소
중한 감정이다. 인간이 동물과 다르다면 섹스도 인간적인 의미를
띠어야 하는 것 아닌가. 다시 말해 개개인의 열정적인 자유를 본

질로 하지 않는다면, 인간에게 섹스는 어떤 의미도 없는 본능적인 행동에 지나지 않을 것이다. 아이러니한 것은, 사회적 통념은 종족 보존을 위해 수행되는 섹스만이 정당한 관계라고 주장하고 있다는 점이다. 정말로 아이러니하지 않은가? 인간에게 발정기 때의 동물과 같은 성생활을 요구한다는 사실이 말이다. 톨스토이가 『악마』라는 단편소설에서 집요하게 추적하고자 했던 것도 바로 이런 것이다. 욕정에 사로잡힌 주인공 예브게니가 자신의 욕망을 긍정하지 못하고 스스로 목숨을 끊어 버리고 마는 비극적인 내용을 담고 있다.

아무리 보지 않으려 애써도, 짚을 나르고 있는 스테파니다의 까만 눈동자와 빨간 머릿수건이 몇 번이나 눈에 띄었다. 예브게니는 한두 번 그녀를 곁눈질하다가, 또다시 스스로도 설명할 수 없는 무언가가 속에서 일어나는 것을 느꼈다. 바로 다음 날 다시 마을의 곡식 창고로 가서, 그 젊은 아낙의 낯익은 모습에 하염없이 애정의 눈빛을 보내며 아무런 이유 없이 두 시간을 보내고 있을 때, 그는 문득 자신이 파멸했음을, 완전히 돌이킬 수 없이 파멸했음을 깨달았다. 또다시 그 고통이, 그 모든 끔찍한 공포가 찾아온 것이었다. 그리고 구원은 없었다. (……) '정말이지, 그녀는 악마다. 악마가 분명해. 그녀는 내 의지와는 반대로 나를 조종했어. 죽여야 하나? 그래. 두 가지 출구밖에는 없다. 아내를 죽이든가, 아니면 스테파니다를 죽이든가. 더 이상 이렇게 살 수는 없어. (……) 그럴 수는 없어, 두 가지 출구밖에는 없는 거야. 아내를 죽이든가, 그녀를 죽이든가. 그리고 또…… 아아, 그래, 제3의 출구가 있다, 있어.' 그가 조용히

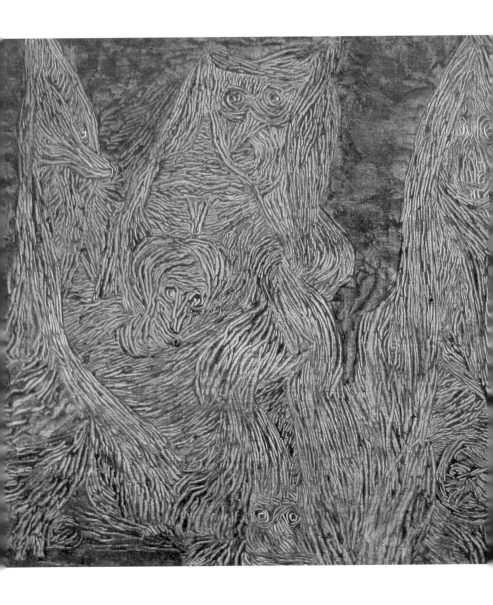

욕정도 개체적인 의미를 지닌 소중한 감정이다. 인간이 동물과 다르다면, 섹스도 인간적인 의미를 띠어야 하는 것 아닌가. 다시 말해 개개인의 열정적인 자유를 본질로 하지 않는다면, 인간에게 섹스는 어떤 의미도 없는 본능적인 행동에 지나지 않을 것이다.

소리 내어 말했다. 순간 그는 전신에 소름이 끼치는 것을 느꼈다. '그래, 자살하는 거다, 그들을 죽일 필요는 없어.'

스테파니다는 매력적인 여자다. 한때 자신의 섹스 파트너였던 그녀를 예브게니는 더 이상 가까이 하지 않는다. 스테파니다는 결코 아내가 될 수 없는 여자였기 때문이다. 그런데 이제 참한 아내를 두게 된 예브게니의 눈앞에 다시 아무 일도 없다는 듯이 스테파니다가 나타난 것이다. 그러자 예브게니는 자신이 그녀의 매력에서 아직도 헤어나지 못하고 있다는 것을 깨달았다. 하긴 한때나마 자신을 육체적인 희열로 이끌고 갔던 여자를 어떻게 잊을 수 있겠는가? 더군다나 아내는 정숙하고 착하지만, 섹스 파트너로서는 스테파니다에 미칠 수 없는 밋밋한 여자였다. 마침내 위기가 찾아온 것이다. 그는 영지를 감독하는 존경받는 인물이 되려는 사회적 욕망의 소유자이기도 했기 때문이다. 불행히도, 스테파니다는 그런 세속적 욕망과 평판을 버리고 자신의 품에 안기라고 계속 유혹하는 것처럼 보인다. 물론 이것은 스테파니다의 문제가 아니라 예브게니 내면의 욕정 때문에 생기는 착시효과에 지나지 않는다. 그렇지만 욕정에 이끌려 스테파니다와의 관계를 지속한다면, 모든 사회적 평판을 잃고 좌초하리라는 사실을 예브게니는 직감하고 있었다. 그가 스테파니다를 '악마'라고 부르는 건 이런 이유에서다.

사실 스테파니다를 악마라고 부르는 순간, 예브게니는 자신의 욕정을 악마로 여기고 저주하는 것이 된다. 여기서 이미 비극은 예견되어 있다. 예브게니는 자신의 감정을 억압하고 사회적 감

욕정

시와 시선에 따라 아무 일도 없었다는 듯이 결혼생활을 유지하면서 살 수 있을까? 스테파니다는 개인적 욕정의 세계를, 그리고 아내는 사회적 평판의 세계를 상징한다. 지금 예브게니는 두 가지 세계 중 어느 것도 포기하지 못한다. 그렇다면 결론은 하나다. 두 세계를 그대로 남겨두고 자신만 이 세상에서 사라지는 것이다. 아니, 정확히 말해 자신을 휘어잡고 있는 욕정을 말살하려면, 자신을 죽일 수밖에 없는 것이다. 어쩌면 권총 자살로 생을 마감하는 예브게니의 뇌리에는 「크로이처」의 마지막 세 번째 악장의 선율이 '아주 빠르게', 그러니까 베토벤의 지시대로 '프레스토(presto)'로 지나갔는지도 모를 일이다. 강한 바람에 곧 꺼질 촛불이 아주 격렬하게 마지막 몸부림을 치는 것처럼 말이다.

레프 톨스토이

Лев Николаевич Толстой

1828-1910

블라디미르 나보코프는 톨스토이를 '가장 위대한 러시아 작가'로 꼽는다. 특히 『안나 카레니나』에 대하여 토마스 만은 '세계문학에서 가장 위대한 사회소설'이라고 평했고, 도스토예프스키는 '완벽한 작품'이라고 극찬했다. 그런데 톨스토이 자신은 동시대 작가 도스토예프스키에 대하여 주제는 위대하나 글은 못 쓴다고 평했고, 투르게네프에 대해서는 글은 잘 쓰지만 사소한 주제를 다룬다고 폄하했다. 톨스토이는 자신의 영지에서 농노제 폐지를 실험하는 등 계몽운동에 힘썼으며, 노년에는 점차 금욕과 육체노동을 핵심으로 하는 '톨스토이즘'을 발전시켜 당대 전 세계 지식인의 정신적 지주가 되었다. 그러나 말년에는 저작권을 기부하겠다는 결심 때문에 재산 상속 문제로 불화하게 된 아내에게 환멸을 느끼고 여러 번 가출을 결행했다가 결국 집 밖에서 폐렴으로 숨을 거두었다.

톨스토이의 가장 자전적인 소설이라고 할 수 있는 『악마』(1889)는 작가의 후기 결혼관을 극명하게 드러내는 중요한 작품이다. 톨스토이는 아내에게 자기 일기와 작품을 모두 공유했는데도 이 소설만은 보여 주지 않으려 했고, 사후에도 공개되지 않기를 바랐다고 한다. 주인공 예브게니는 안정적인 결혼 생활을 하고 있는데 결혼 전에 관계를 가졌던 스테파니다를 잊지 못하여 괴로워한다는 내용이다. "시골에서 농부 여편네와 붙어먹는 바람에 사랑하는 젊은 아내를 배신하는 것. 아무리 생각해도 이런 짓은 저지르고 나면 더는 살아갈 수 없는 무서운 파멸이 아니겠는가?"

소설을 시작하기 전에 톨스토이는 다음과 같은 성경 구절을 소개하면서 결말을 예고한다. "나는 너희에게 이르노니, 음욕을 품고 여자를 보는 자마다 마음에 이미 간음하였느니라. 만일 네 오른 눈이 너로 실족하게 하거든 빼어 내버리라, 네 백체 중 하나가 없어지고 온몸이 지옥에 던져지지 않는 것이 더 유익하다." 결국 예브게니는 충동적으로 생을 마감함으로써 고뇌를 덮어 버린다. 그런데 작가는 이 소설의 결말로 두 가지 버전을 썼으니, 자살이 아니라 스테파니다를 죽이는 걸로 끝나는 이야기도 있다.

욕정

섹스는 사랑의 시작이지 끝이 아니다. 그렇지만 남녀를 가리지 않고 대부분의 사람들은 섹스가 사랑의 완성이라고 쉽게 믿고 있다. 섹스가 아직도 사회적으로 금기시되었기 때문에 발생하는 위험한 착각이다. 금욕주의적 가치관이 유교적 관습에 기독교적 관념이 결합되면서 더 강화되어 왔다. 심지어 아직도 젊은이들에게 순결 서약을 강요하는 것은 남루한 우리 사회의 단면 아닌가. 그렇지만 금욕주의자들의 기대와는 달리 금기와 금지는 욕망과 상상력을 더욱 부채질하는 법. "들여다보지 마세요!" 길을 걷다가 벽에 이런 문구가 붙어 있으면, 누구나 벽 안을 보고 싶어진다. 그리고 오만 가지 상상이 작동하게 된다. "벽 안에 무엇이 있는 걸까?" 결국 사회를 음란하게 만드는 것은 놀랍게도 금욕주의적 가치관이었던 셈이다. 정신적인 것을 중시하는 것처럼 보이는 금욕주의가 오히려 육체적인 것을 추구하게 만드는 아이러니가 발생하는 것이다. 문제는 이런 폐해를 고스란히 우리들이 감당하고 있는 현실이다. 우리도 섹스를 금기시하면서 동시에 섹스를 신성시하는 이율배반에 빠져 있으니 말이다. 말을 걸어 보고 싶은 사람이 있으면 그렇게 하라! 그 순간 우리는 그 사람이 함께 이야기할 만한 사람인지 확인하게 된다. 다행스럽게도 대화를 할 만한 사람이면 계속 이야기하면 되고, 불행히도 그렇지 않다면 그 사람과 헤어지면 된다. 식사도, 운동도, 여행도, 영화 관람도 모두 마찬가지다. 좋을 것이라고 생각하는 것과 실제로 좋은 것은 다른 것이다. 섹스도 마찬가지다. 욕정이 드는 사람이 있다면 그 사람이 허락한다는 조건에서 기꺼이 섹스를 시도하라! 그 순간 우리는 그가 지속적으로 정사를 나누면서 그 외의 것도 함께할 수 있는 사람인지의 여부를 확인할 수 있으니까 말이다. 다시 말하지만 섹스는 사랑의 완성이나 결실이 아니다. 그건 단지 사랑이 시작되는, 혹은 사랑이 진척되는 한 가지 계기일 뿐이다.

32

탐식
LUXURIA

자신의
동물성을
발견할 때

『먹는 일에 대한 이야기 둘』,
모옌

정말 당혹스러운 일이다. 하필 그 사람 앞에서 주책없이 배에서 꼬르륵 소리가 울리다니. 손님이 별로 없어서 고즈넉하기까지 한 로맨틱한 카페에서, 배에서 울리는 소리는 마치 천둥처럼 요란하기만 하다. 이게 무슨 낭패인가. 그는 지금까지 만났던 사람들 중 가장 마음을 설레게 하는 남자인데. 아름답고 우아한 관계를 만들어 가려는데, 뱃속이 도와주지 않는다. 점심 때 스파게티를 맛있게 먹었으니 배가 고픈 것도 아니다. 어쩌면 면발들이 배에서 부대끼고 있나 보다. 어쨌든 얼굴이 화끈거림을 느끼며, 남자를 곁눈질해 본다. 꼬르륵 소리를 듣지 못했는지, 아니면 못 들은 척하는 것인지, 그는 아무 일도 없었다는 듯이 이야기만 계속하고 있다. 다행스러운 일이다. 그렇지만 얼마 지나지 않아, 나는 다시 낭패감에 사로잡히게 된다. 그가 다정하게 말하는 것 아닌가? "식사를 해야겠어요. 이제 저도 배가 고프네요." 헉! '저도'라니.

누구나 언젠가는 경험했을 법한 상황이다. 생리적인 소리,

그러니까 배에서 울리는 꼬르륵거리는 소리나 방귀 소리는 혼자 있을 때는 아무런 문제가 되지 않는다. 그러나 타인과의 관계에서 생리적인 현상은 부끄러움을 자아내곤 한다. 특히 그 타인이 내게 중요한 사람일 때는 더욱 그렇다. 왜일까? 영원을 꿈꾸고 싶은 소중한 사람을 만났기 때문이다. 이런 경우에 우리는 그 사람과의 관계가 덧없는 삶처럼 변하지 않고 마치 신적인 것처럼 영원하기를 바라게 된다. 그러니 그 사람과의 관계에서 동물적인 요소가 끼어드는 것을 우리는 본능적으로 꺼리게 되는 것이다. 배에서 들리는 꼬르륵 소리는 우리에게 이야기하지 않는가? "당신은 신이 될 수 없어. 당신은 생리적인 현상에 지배되는 동물에 지나지 않아."

상대방을 밥도 먹지 않고 화장실도 가지 않는 신적인 무엇으로 보고 싶고 동시에 자신도 그런 존재로 보이고 싶은 것, 이것만큼 인간이 품을 수 있는 절망적인 희망이 또 있을까? 혼자 있을 때는 아무런 상관도 없지만 누군가와 함께 있을 때는 문제가 되는 것이 바로 이 동물적인 욕구다. 이런 욕구들 가운데 특히 심각한 것이 바로 식욕 아닐까? 배고픔 앞에서 누가 영혼의 자존감, 혹은 동물이 아닌 인간이라는 자존감을 지킬 수 있겠는가. 2012년 노벨 문학상 수상자로 유명한 모옌(莫言)의 단편소설『먹는 일에 관한 이야기 둘』이 우리의 시선을 끄는 것은 바로 이 점을 포착했기 때문이다. 중국 현대 소설집인『만사형통』(민음사)에 실려 있는 이 지전적 이야기들을 통해 모옌은 자신의 존재를 수치스럽게 만드는 참을 수 없는 식욕을 해학 넘치는 문체로 묘사하고 있다.

연회에만 가면 항상 얼마간은 참지 못하고 배불리 먹지 못할까 두려운 듯 허겁지겁 먹어댔다. 다른 사람들이 나를 어찌 볼까는 전혀 상관하지 않았다. 식사를 마치면 후회가 밀려왔다. 나는 왜 느 긋하게 먹지 못하는 걸까? 나는 왜 조금 덜 먹지 못할까? 문명사회 에서 많이 먹는 것은 교양이 없다는 표시인데, 사람들로 하여금 내 가 귀한 집 출신으로 먹는 태도가 품위 있다고 느끼게 할 수는 없을 까? (……) 지난 삼십여 년간 나의 먹기 경력을 회상해 보면, 스스로 가 돼지인지 개인지 구별이 가지 않는다. 계속 쿵쿵대며 영역 안을 돌면서 먹을 만한 것을 찾아 이 밑바닥 없는 구멍을 채워 나갔다.

과거 중국 사람들은 먹는 것에도 전전긍긍할 정도로 가난했 었다. 산업은 발달하지 않았고 인구도 지나치게 많으니 어쩔 수 없었다. 당연히 모옌의 유년기도 그다지 풍족하지 않았을 것은 미 루어 짐작이 가는 점이다. 유년기의 욕구 불만은 하나의 트라우마 처럼 작동하는 법이다. 배고팠던 시절 그 배고픔을 누가 잊을 수 있겠는가. 이제 배고픔을 걱정하지 않아도 되는 시절이 왔다고 할 지라도, 배고픔의 트라우마는 그렇게 간단히 씻어질 리 없다. 먹 어도 무엇인가 충족되지 않는 느낌, 그것이 바로 배고픔의 트라 우마가 아닌가. 그러니까 배가 부른데도 자꾸 다른 음식에 시선이 가는 것이다. 모든 집착이 그렇지만, 음식에 대한 집착, 즉 식욕은 원만한 대인 관계에 치명적인 결과를 초래할 수도 있다. 음식에 시선이 팔려 있는데, 어떻게 다른 것에 시선이 갈 수 있겠는가.
모옌만 그런 배고픔의 트라우마가 있는 것은 아니다. 정도의 차이는 있겠지만, 누구나 자신 앞에 놓인 음식에 넋을 빼앗긴 경험 을 한두 번쯤은 해보았을 것이다. 코스 요리를 처음 먹던 때를 기억해 보라. 한 상에 한꺼번에 차려진 음식을 먹는 데 익숙했던 사람에게 처음 접한 코스 요리는 하나의 고문으로 기억될 것이다. 맛난 것이 들어와 나름대로 품위 있게 먹었건만, 계속 더 맛있는 것들이 들어온다. 먹다 먹다 너무 배가 불러 이제 젓가락질도 귀찮을 정도다. 이때 비로소 동석했던 사람들을 돌아보게 된다. 헉! 그들은 아직도 음식을 즐기며 환담에 여념이 없다. 이 순간 자신이 지금까지 얼마나 게걸스럽게 배를 채웠는지 알게 된다. "귀한 집 출신으로 먹는 태도가 품위 있다."라는 평판은 이미 물 건너간 것이다.

이렇게 식사 시간에 지나치게 먹는 데에만 몰입했다는 것을 자각하는 순간, 자신이 품위 없는 사람이 되었다고 느끼게 된다. 그렇지만 이건 단순한 품위의 문제만은 아니다. 동석한 사람들에게 주의를 기울이지 못하고 음식에만 탐욕을 보인다는 것, 그것은 함께한 이들을 무시하는 것이나 마찬가지이기 때문이다. 하나에 몰입한다는 것은 다른 하나를 무시한다는 것과 같은 말이다. 내게 호의적인 사람들은 이해해 줄 수도 있다. 그러나 혹여 무시를 당했다고 생각한 사람은 그 모욕감을 표현할 것이다. 걷잡을 수 없는 식욕에 빠지곤 했던 모옌이 음식 앞에서 "돼지인지 개인지 구별이 가지 않는다."고 술회했던 것도 어쩌면 당연한 일인지도 모른다. 여기서 문제가 되는 것은 단순히 배가 고파서 음식을 섭취하려는 단순한 식욕이 아니라, 스피노자가 이야기한 탐식, 그러니까 적절한 식욕이 아닌 지나친 식욕이라는 감정이다.

> 탐식(luxuria)이란 먹는 것에 대한 지나친(immoderata) 욕망이나 사랑이다.
> ─ 스피노자, 『에티카』에서

탐식

식욕이라는 감정 상태와 관련된 스피노자의 정의에서 방점은 '지나친'이라는 단어에 붙여야 한다. 식사 자리에서 맛있는 음식보다 더 중요한 것은 바로 테이블 건너편에 앉아 있는 타인이다. 그런데 걷잡을 수 없는 식욕은 타인을 무시하고 음식에 몰입하도록 만든다. 이런 경우, 우리는 상대방을 의식할 수도 없다. 당연히 상대방의 내면을 읽으려는 섬세함을 기대할 수조차 없을 것이다. 그러니 어떻게 상대방이 모욕감을 느끼지 않을 수 있겠는가. 상대방은 자신의 모욕감을 되돌려줄 것이다. "그 사람은 개나돼지와 같아." 만일 전적으로 식욕에만 몰입하면 우리는 동물로전락한다. 그렇다고 해서 반대로 철저히 식욕을 부정하면서 신적인 존재가 되려고 해서도 안 될 것이다. 어느 경우나 '지나친' 것은 마찬가지일 테니까.

식사 시간은 소중한 사람과 음식을 매개로 엮어지는 자리이다. 맛있는 음식과 소중한 사람, 어느 하나라도 놓치지 말아야 한다. 하지만 이런 우아한 식사 시간은 아무나 할 수 있는 일은 아니다. 대부분의 경우 맛있는 음식에 빠져 앞에 있는 상대방의 존재도 까먹을 때가 있고, 반대로 너무 상대방의 존재를 의식하느라 요리사가 정성 들여 만든 음식을 뜨는 둥 마는 둥 할 수도 있다. 모옌은 전자에 너무 빠진 경우다. 그렇다면 그는 이제 든든히 맛난 것을 먹으며 식사 약속에 대비하는 것이 좋지 않을까? 그리고 각오를 다지는 것이다. "오늘은 세 젓가락 이상 먹지 않겠다."라고. 이런 혹독한 트레이닝이 있어야 유년시절에 각인된 배고픔의 트라우마도 치유될 수 있을 것이다. 오직 그럴 때에만 그에게 식사 시간은 동물도 신도 아닌 인간의 자리가 될 수 있는 것은 아닐까?

모옌
莫言
1955-

'모옌(莫言)'은 글로만 뜻을 표할 뿐 입으로는 말하지 않는다는 의미를 내포한 필명이다. 중국 민초들의 항일 투쟁기를 다룬 연작 소설 『홍까오량 가족』이 중국 사회에 큰 인기였는데, 장이머우 감독이 그중 1부를 영화 「붉은 수수밭」(1988)으로 제작해 베를린영화제에서 황금곰상을 수상했다. 중국의 산아제한 정책을 비판한 『개구리』는 "중국인에게 가장 민감한 주제를 다룬 대담한 소설"로서 "생명의 본질을 추구하면서 인간성에 대한 뜨거운 사랑을 보여 주는 작품"이라는 평가를 받았다.

초등학교 때는 문화대혁명으로 인해 학업을 중단하고 시골 노동과 군 생활을 겪는데, 이러한 경험들이 작가를 큰 이야기꾼으로 만드는 데 자양분이 되었다고 한다. 그래서 모옌은 서민들이 당하는 서러움을 예리하게 포착했지만 특유의 해학으로 아픔들을 승화했다. 특히 『먹는 일에 관한 이야기 둘』은 어릴 적 가난과 기아의 트라우마를 묘사하고 있다.

남의 음식을 먹는 데 있어 입이 짧아야 한다는 말의 뜻은 아주 분명하다. 단지 이 정도 뜻만 가지고는 뭐 별로 뜻이라고 할 수도 없겠지만, 내 말은 남의 당근 하나 얻어먹고 당한 치욕은 오래된 산삼 한 뿌리를 가지고도 깨끗이 씻어내기 어렵다는 의미다.

모옌은 2012년에 중국 국적으로는 최초의 노벨 문학상 수상 작가가 되었다. "중국의 설화와 역사, 현대사를 뒤섞은 작품들로 환각적인 현실주의를 선보였다."

탐식

철학자의
어드바이스

　　　　　　　　　　지금은 기억나지 않지만 어느 여류 시인의 시가 생각이 난다. 실연의 아픈 상처를 달래면서 시인이 폭식을 한다는 내용이었다. 그녀는 가랑이 사이에 밥통을 끼고 거기에 김치와 고추장을 넣고 마구 비빈다. 그리고 떠난 사람의 공백을 채우듯이 숟가락이 넘치게 김치비빔밥을 담아 입 안 가득 쓸어 담는 것이다. 입이 터질 것 같지만, 그럴수록 떠나간 남자의 공백은 커져만 간다. 그러니 가득 들어 있는 밥 때문에 불룩하게 튀어나온 뺨에는 애처로운 눈물이 떨어질 수밖에. 약간의 과장기도 느껴지지만, 분명 누군가는 시인과 비슷한 경험을 해 보았을 것이다. 사랑하는 타자의 공백이 주는 공허감을 먹는 것으로 충족하려는 사람도 존재하니까. '멋있다'가 '맛있다'로 옮겨지는 슬픈 순간이다. 그렇지만 타자의 자리를 어떻게 김치비빔밥이나 스파게티가 채워 줄 수 있다는 말인가. 그러니 이런 식의 식욕은 항상 눈물로 끝나기 마련이다. 한편으로 이별을 겪었으면서도 음식을 먹고 있는 내 자신의 모습이 개나 돼지처럼 보이기도 하고, 다른 한편으로는 홀로 무언가를 먹고 있는 자신의 버려진 모습이 더 처량하게 느껴지기 때문일 것이다. 타자가 아니어도 좋다. 성적이나 업적 등등 원하는 것이 좌절될 때에도 마찬가지이다. 먹을 때 발생하는 원초적인 충만감의 기억을 그 누가 거부할 수 있겠는가. 이렇게 좌절할 때마다 음식을 먹는다면, 쉽게 비만해지는 것은 당연한 결과 아니겠는가. 그래서일까, 내 주변을 보면 약간 뚱뚱한 사람들 중에는 쉽게 좌절하는 타입이 상당수 있는 것 같다. 금방 좌절하고 공허감을 느끼니, 그들은 쉽게 먹을 것에 손을 대 왔고, 또 댄다. 그러니 집안사람들은 안 그런데 혼자 뚱뚱한 사람을 만나면, 편하게 해 줄 필요가 있다. 그들은 쉽게 상처받고 좌절하는 여린 영혼의 소유자일 수도 있으니까.

33

두려움
METUS

과거가
불행한 자의
숙명

「유령」
헨리크 입센

내일이란 말을 들으면 우리는 두 가지 상반된 감정을 가질 수 있다. 먼저 내일은 지금과는 다른 삶을 꿈꿀 수 있도록 하면서 우리에게 설렘의 감정을 가져다줄 수 있다. 그렇지만 과연 이렇게 설레는 마음으로 내일을 기다리는 사람이 얼마나 될까? 대부분의 사람들에게 내일은 지금보다 더 끔찍한 삶을 예견케 하면서 두려움의 감정을 심어 주기도 한다. 아마 지금까지 우리의 삶이 어떻게 이루어졌는지, 그것이 문제일 것이다. 만약 지금까지의 인생이 끔찍한 삶의 연속이었다면, 앞날을 설레는 마음으로 기다릴 수 있을까? 불가능한 일이다. "지금보다 더 나쁠 수는 없어!"라고 외칠 수는 있겠지만, "지금보다 더 나쁠 수도 있다."라는 불안한 느낌이 사라지지도 않을 것이다. 나이가 먹을 만큼 먹었다면 이런 불안한 느낌은 더 강해질 수밖에 없다. 끔찍한 삶을 감당하기에는 정신적으로나 육체적으로나 이제는 너무 많이 마모돼 버렸으니까 말이다.

어쨌든 불행한 사람은 항상 불행을 예감하며 살 수밖에 없다. 그래서 그는 두렵기만 하다. 불행을 마치 자신이 어찌해도 벗어날 수 없는 주어진 숙명처럼 느낄 테니까. 미래는 밝기 마련이라는 통념과 다른 말을 하고 있으니 당혹감을 느낄지 모르겠지만, 주변을 돌아보면 이것이 진실에 더 가깝다는 것을 어렵지 않게 간파할 수 있을 것이다. 그렇지만 어쩌겠는가, 불행한 사람에게는 언젠가 그 불행을 보상해 줄 행복이 찾아오리라는 이야기는 단지 헛된 믿음에 불과한 것을. 오히려 불행한 사람은 계속 불행하기 쉽고 행복한 사람은 계속 행복할 가능성이 많다. 그래서일까, 첫사랑에 실패했던 사람은 다음 사랑에서도 성공하기보다는 실패할 가능성이 더 높은 법이다. 이 불행한 사람은 새롭게 찾아온 사랑에 설레기보다는 실패를 예상하고 행동하기 때문이다. 어떻게 두려움을 가진 사랑이 원만한 결실을 맺을 수 있겠는가. 조금만 관계가 소원해져도 바로 꼬리를 내리기 일쑤고, 그러면 좋은 관계를 회복하려는 최소한의 노력마저도 시들 수밖에.

미래에 대한 두려움, 그것은 과거 불행에 대한 기억과 짝을 이루는 감정일 수밖에 없다. 그래서 스피노자도 말하지 않았던가.

> 두려움(metus)이란 우리가 그 결과에 대하여 어느 정도 의심하는 미래 또는 과거 사물의 관념에서 생기는 비연속적인 슬픔이다.
>
> — 스피노자, 『에티카』에서

스피노자의 정의는 조금 복잡하다. 결과가 어떻게 될지 의심스러운 대상이 미래 또는 과거 사물이라는 말이 조금 어렵다. 여

두려움

기서 미래의 사물과 과거의 사물이 동일할 필요가 없다는 점에 주목하면 어려움은 쉽게 가실 수 있다. 예를 들어, 과거 자신을 불행하게 했던 애인이 지금 만난 다른 애인과 같을 필요는 없는 것처럼 말이다. 그렇지만 과거 애인으로부터 버림받았던 슬픔은 새로운 애인과의 미래를 잿빛으로 만들 수 있다. 그래서 두려운 것이다. 과거의 불행이 집요하게도 미래에 다시 반복될 것 같은 불길한 예감에서 생기는 슬픔, 즉 두려움은 바로 이렇게 우리 내면에서 탄생하여 우리의 비전을 지배하게 된다. 그렇게 불행한 과거는 과거지사로 그치지 않는다. 그것은 현재와 미래의 삶에도 질식할 것 같은 무게를 가하기 때문이다. 사실 인간은 과거를 통해 미래를 꿈꾸는 동물이다. 그러니 과거가 행복한 사람은 미래를 장밋빛으로, 과거가 불행한 사람은 미래를 잿빛으로 꿈꾸게 된다.

전체 3막으로 펼쳐지는 헨리크 입센의 『유령(Gengangere)』은 바로 이런 잿빛 미래, 그리고 그것에 대한 두려움을 묘사한 희곡이다. 물론 여기서 불행한 과거에서 벗어나지 못하는 인물은 알빙 부인이다. 기독교적 삶을 내면화한 알빙 부인은 젊은 시절 남편의 외도로 너무나 커다란 상처를 받았지만 묵묵히 참아 온 여인이다. 알빙 부인이 아들 오스왈드를 어릴 적부터 외국으로 보내 버린 것도 이런 이유에서였다. 남편의 자유분방함이 아들에게 악영향을 끼칠까 두려웠던 것이다. 그렇지만 파리에서 화가로 어느 정도 입지를 다진 오스왈드가 집으로 돌아오면서 알빙 부인은 다시 두려움에 사로잡히게 된다. 아들 오스왈드에게서 남편의 기질을 다시 발견했기 때문이다.

"유령! 아까도 레지네와 오스왈드가 저쪽에서 뭐라고 속삭이는 소리를 듣고, 저는 마치 유령을 만난 듯한 느낌이 들었어요. 그리고 아무래도 우리는 모두 유령이 아닐까 하는 생각이 들어서요. 선생님, 우리들 한 사람 한 사람이 말이에요. 아버지나 어머니로부터 유전된 것이 귀신에 쒼 것처럼 우리에게 달라붙어 있는 겁니다. 그뿐만이 아니에요. 모든 종류의 소멸된 낡은 사상이나 여러 가지 소멸된 낡은 신앙 따위도 우리에게 쒸어 있어요. 그런 것이 우리의 내부에 실제로 살아 있는 게 아니라, 단지 거기에 달라붙어 있을 뿐이지만. 우리는 그것을 쫓아낼 수가 없거든요. 잠깐 신문을 집어 들어도, 그 행간에 유령이 잠입해 있는 듯한 느낌이 들어요. 틀림없이 온 나라 안에 유령이 있는 겁니다. 바닷가의 모래알만큼 많은 거예요. 게다가 우리는 모두 햇빛을 매우 두려워하고 있어요."

오스왈드가 레지나와 시시덕거리는 것을 목격한 날, 알빙 부인은 경악을 금치 못한다. 레지나가 누구인가? 그녀는 자신의 남편과 하녀 사이에서 태어난 저주받은 아이 아니던가? 그러니 지금 알빙 부인은 자신의 멘토인 만데르스 목사에게 이런 두려움을 토로하고 있는 것이다. 결국 알빙 부인에게 유령은 그녀가 두려워하는 지극히 인간적인 특질들을 실체화한 것이다. 그것이 무엇일까? 자유에 대한 동경, 그리고 사랑에 대한 열정 같은 것들이다. 한마디로 말해 그녀가 체화한 종교적 가치에 어긋나는 모든 것, 특히 탐스러운 육체와 관련된 에로틱한 가치들이 유령으로 실체화하면서 그녀에게 두려움을 불러일으켰던 것이다. 그렇지만 에로틱한 가치를 부정하는 존재야말로 진짜 유령이 아닐까? 유령에

두려움

게는 몸도 없고 애인도 없고, 당연히 온 몸을 간질이는 달콤한 애무나 키스도 있을 수 없으니까 말이다.

입센은 블랙유머를 아무렇지도 않게 구사하는 장난꾸러기였던 셈이다. 진정한 유령은 남편도, 그리고 아들도 아니라, 사실 기독교적 가치에 물들어 인간의 소중한 감정들을 부정하는 알빙 부인이었기 때문이다. 어쩌면 남편이 다른 여자에게 끌렸던 것도, 알빙 부인이 인간적으로 감정을 교감하기 힘든 여자였기 때문은 아니었을까? 남녀 사이의 에로틱한 감정을 끔찍하다고 느끼는 여자와는 짧은 키스도 나누기 힘들 테니까.

> "가엾은 너의 아버지는 자신의 내부에 충만해 있는 삶의 기쁨의 배출구를 발견하지 못했던 거야. 그리고 나도 이 집에 그다지 기쁨을 가져왔다고는 할 수 없지…… 의무라든가 뭐 그런 것들만 배워 와서, 네 엄마는 한결같이 그런 속박들에 매여 있었단다. 모든 것이 의무와 결부되는 거야, 마지막에는…… 내 의무라든가 저 사람의 의무라든가…… 그러니까 나일지도 몰라, 오스왈드, 너의 아버지에게 가정이 통 재미없는 곳으로 느끼게 만든 사람이."

알빙 부인은 남편의 분방함에 영향을 받을까 봐 아들을 외국에 보냈다. 그렇지만 사실 그녀의 아들 오스왈드는 아버지의 나쁜 영향에서 벗어난 것이 아니라 어머니의 어두운 영향에서 벗어난 것이었다. 얼마나 아이러니한 일인가. 오스왈드가 화가로서 나름대로 명망을 얻은 것도 다 이유가 있었던 셈이다. 인간적인 감정을 긍정하고 그것을 그림으로 표출하지 않았다면, 어떻게 그가 뛰어난 화가가 될 수 있었겠는가. 오스왈드는 집으로 돌아오지 말았어야 했다. 잿빛으로 물든 죽음의 가치관 앞에서 장밋빛으로 빛나는 예술적 열정은 힘을 잃을 테니까.

　이제 눈치 챘을 것이다. 진짜 유령은 편협한 종교적 가치로 퇴색된 색안경을 끼고 세상을 판단하는 알빙 부인이었던 셈이다. 오스왈드가 지혜로웠다면 하루속히 어머니를 떠났어야 했다. 어머니가 유령으로 똬리를 틀고 있는 집에서 서서히 잿빛으로 시들어 가며 미치지 않으려면 말이다. 그렇지만 착한 오스왈드는 어머니에게서 유령을 느끼지만, 그것을 명료하게 자각하지는 못한다. 그 결과 오스왈드는 조금씩 조금씩 죽은 자의 곁에서 삶의 온기를 빼앗기게 된다. 뜨거운 열정을 화폭에 담았던 정열적인 오스왈드는 지금 죽어 가고 있고, 언젠가 어머니처럼 유령이 될 것이다. 그래서 오스왈드가 힘없이 읊조리는 마지막 대사는 우리의 마음을 아리게 한다. "태양…… 태양……"이라고 우물거리면서, 오스왈드는 어머니의 음울한 가치를 날려 버릴 태양을 절망스럽게 찾고 있다. 그렇지만 측은한 오스왈드는 알고 있을까? 유령이면서 자신이 유령인지를 모르는 어머니가 바로 태양을 가리고 있는 짙은 먹구름이라는 사실을.

두려움

불행한 과거는 과거지사로 그치지 않는다. 그것은 현재
와 미래의 삶에도 질식할 것 같은 무게를 가하기 때문
이다. 사실 인간은 과거를 통해 미래를 꿈꾸는 동물이
다. 그러니 과거가 행복한 사람은 미래를 장밋빛으로,
과거가 불행한 사람은 미래를 잿빛으로 꿈꾸게 된다.

헨리크 입센
Henrik Ibsen
1828-1906

노르웨이 극작가 입센은 그리그의 작곡으로도 유명한 『페르 귄트』, 4대 사회극으로 알려진 『사회의 기둥』, 『인형의 집』, 『유령』(1881), 『민중의 적』 등 근대 사회의 민감한 주제와 고전 비극 같은 정제된 형식미가 어우러진 작품들을 발표하여 생존에 이미 거장으로 인정받았다. 입센은 스스로 오만해지는 것을 경계하기 위하여 자신의 서재에 경쟁자였던 스웨덴 극작가 스트린드베리의 커다란 초상화를 걸어 놓았다. "네메시스가 지켜보는 가운데 일을 할 필요가 있다." 또한 동시대인들의 심리를 이해하는 데 광고만큼 좋은 건 없다고 생각했기 때문에 매일 신문 광고들을 열심히 읽었다고 한다.

입센을 흠모했던 또 한 명의 노르웨이 거장 뭉크는 작가를 여러 번 그렸는데, 특히 『유령』에 푹 빠져서 직접 무대디자인을 맡기도 했다. 뭉크는 작품의 주인공인 병약한 화가 오스왈드를 자신과 동일시했던 것이다.

오스왈드   이곳 사람들은 일이라는 것을 저주받은 노동이고 자신들이 범한 잘못을 속죄하는 것이라는 가르침을 받으며 성장했어요. 그러니까 살아간다는 것은 비참한 일이며, 가장 좋은 건 삶에서 빨리 빠져나오는 일이라고들 생각하고 있지요.

알빙 부인   눈물의 골짜기라고들 말하지.

오스왈드   하지만 다른 곳에서는 그런 건 문제가 되지 않아요. 그런 가르침을 따르는 사람은 실제로 한 명도 없어요. 다른 나라에서는 이렇게 생각하고 있어요. 살아 있는 것만으로도 멋진 일이라고요. 어머니는 제 그림이 왜 모두 이 삶의 기쁨을 테마로 삼고 있는지 생각해 본 적 있어요? 언제나 그리고 예외 없이 이 삶의 기쁨을 말이에요. 광선, 햇빛, 상쾌한 공기…… 그리고 유쾌하고 행복한 얼굴들! 그래서 저는 어머니와 이 집에 있는 것이 무서운 겁니다.

두려움

철학자의
어드바이스

병이 걸릴까 봐 두렵다. 해고될까 봐 두렵다. 가난해질까 봐 두렵다. 사랑이 떠날까 봐 두렵다. 이처럼 두려움은 누구에게나 있는 감정이다. 두려움은 미래의 불확실성에서 연유하기 때문이다. 그렇지만 과거 상실의 경험이 결정적으로 중요한 역할을 한다는 것도 잊어서는 안 된다. 한때 병으로 고생했거나, 한때 실직을 했거나, 한때 실연을 당했던 사람은 미래에도 그런 일이 반복될까 봐 두려운 것이다. 그러니까 두려움이란 감정은 두 가지 요소가 결합되어 발생한다고 하겠다. 과거의 아픈 기억과 미래의 불확실성에 대한 염려! 어쨌든 두려움은 우리의 현재를 좀먹는 감정인 것은 숨길 수 없는 사실이다. 아픈 기억은 우리를 과거로 보내고, 지나친 염려는 우리를 미래로 던져 버리기 때문이다. 어떻게 하면 두려움을 극복하고 현재의 삶을 향유할 수 있을까? 가장 중요한 것은 가벼움을 확보하는 것이다. 그러니까 지금 가진 것에 연연하지 말아야 한다는 것이다. 지금 가진 것, 즉 건강, 젊음, 직장, 애인 들은 모두 항상 떠날 수 있다는 사실을 받아들여야 한다. 혹은 언제든지 버릴 수 있다고 생각하는 것이 좋다. 지금 가지고 있는 모든 것들은 잠시 내 곁에 있을 뿐이라는 것을 안다면, 미래에 대한 두려움의 감정은 그만큼 줄어들 것이다. 그리고 젊음이니 건강이니 모두 어느 사이엔가 떠날걸 염두에 둔다면, 젊었을 때 그리고 건강할 때 할 수 있는 일에 최선을 다해 집중하게 될 것이다. 해고되든 내가 떠나든 간에 지금 회사에 영원히 있을 수는 없다는 걸 인식한다면, 직장 생활을 당당하게 할 수 있게 될 것이다. 마찬가지로 사랑도 애인도 언젠간 떠난다는 것을 받아들인다면, 지금 애인과의 근사한 키스에 더 몰입하게 될 것이다. 지금 내게 있는 어떤 소중한 것에 대하여 그것이 곁에 머물러 있으면 행복한 것이지만 그것이 떠나 버린다 할지라도, 그것을 상실로 받아들이지 말고 원래 상태로 돌아간 것에 지나지 않는다고 생각할 것! 그러면 안개가 걷히듯 어느 사이엔가 두려움이라는 감정은 여러분 곁을 떠나게 될 것이다.

34

동정
MISERICORDIA

비참함이
비참함에 바치는
애잔한 헌사

『티파니에서 아침을』,
트루먼 커포티

모든 꿈이 같은 것은 아니다. 꿈에는 두 종류가 있으니까. 하나는 현실을 극복의 대상으로 만드는 건강한 꿈이다. 베토벤의 피아노 소나타를 가장 강력하게 연주했던 러시아 피아니스트 에밀 길렐스처럼 탁월한 피아니스트가 되려는 꿈을 가진다면, 누구든지 피아노와 처절하게 직면하면서 연습에 몰두하게 될 것이다. 그러니 첫 번째 종류의 꿈은 현실 직면의 꿈이라고도 할 수 있다. 아주 소수의 비범한 사람들만 이런 꿈을 꾸고 마침내 자신에게 주어진 현실을 바꾸는 데 성공할 것이다. 반면 다른 하나는 비참한 현실을 은폐하는 몽상과도 같은 병든 꿈이다. 공부가 안 되면 대학에 가서 미팅하고 클럽에 다닐 몽상으로 소중한 시간을 허비하고 있는 어느 수험생의 꿈, 혹은 멋진 남자를 만나 근사한 사랑을 꿈꾸지만 자신도 품위 있는 사람이 되려는 노력은 전혀 하지 않는 여자 등등. 대부분의 평범한 사람들이 빠져들곤 하는 현실 도피의 꿈을 예로 들자면 무궁무진하여 일일이 열거할 수도 없을 정도다.

삶이 너무나 궁핍하고 남루하면 우리는 그 현실을 도피하기 위해 근사한 꿈을 꾼다. 니체의 말대로 "인간적인, 너무나 인간적인" 우리의 자화상이다. 누군가가 꾸고 있는 현실 도피의 꿈을 응시해 보면, 역설적으로 그가 도피하려고 하는 현실이 구체적으로 어떤 모습인지 직감할 수 있다. 지금 우리는 자본주의가 지배하는 현실 속에 살고 있다. 누구나 알다시피 자본주의는 돈이 있는 만큼 자유를 구가하고 안전을 보장받도록 강제하는 체제이다. 그러니 자본주의 사회에서 대부분의 사람들은 유사한 꿈을 꾼다. 그것은 바로 부유해지는 것이다. 돈 많은 사람은 어디서든 질 좋은 서비스를 제공받고, 안전을 보장받을 수 있으니까. 풍요롭고 안전한 삶, 그건 돈이 그만큼 많아야 실현될 수 있다. 불행히도 누구나 부유해질 수 있는 것은 아니다. 200만 원이 간신히 넘는 월급을 받는 아가씨를 예로 들어 보자. 그녀가 30억짜리 펜트하우스에서 사설경비업체의 철통같은 보호를 받으며 고급 와인을 마시면서 도시의 석양을 내려다볼 날이 있을까?

언감생심이지만, 그렇다고 30억짜리 펜트하우스에 사는 꿈을 포기할 수도 없다. 꿈을 포기하는 순간, 반복되는 야근과 박봉, 그리고 쪽방과 같은 원룸에 내던져진 자신의 현실만 발견하게 될 테니 말이다. 스스로 불가능하다고 생각한다면 로또를 사든지, 아니면 그 정도 재력을 가진 남자를 만나는 꿈을 꿀 수밖에. 여기 열아홉 살 어린 나이에 고급 게이샤로 살아가는 고양이와 같은 아가씨가 있다. 홀리 골라이틀리다. 홀리는 부유한 남자를 만나서 언젠가 여왕처럼 살려는 꿈을 가진 너무나 애처로운 아가씨였다. 트루먼 커포티의 소설 『티파니에서 아침을(Breakfast at Tiffany's)』

동정

(시공사)은 고양이처럼 애처로운 아가씨 홀리와 그녀와 엮이게 된 '나' 사이에 펼쳐지는 사건들을 생동감 있게 펼쳐 보이고 있다.

이야기를 풀어 가는 화자 '나'는 우연히도 홀리와 같은 공동 주택에 살게 된다. 그렇지만 여러모로 홀리와 '나'는 유사한 데가 있다. 홀리가 항상 신분상승을 꿈꾸고 있었던 것처럼 '나'도 지금은 무명이지만 언젠가 유명한 베스트셀러 작가가 되는 꿈을 포기하지 않고 있는 사람이니까. 자기 방에 끌어들였던 남자가 폭력적으로 변하자 홀리는 화재 비상구를 타고 '나'의 방으로 피신하게 된다. 물론 작가를 꿈꾸던 '나'의 눈에 홀리의 특이한 삶은 오래전부터 관심거리였다. 낯선 남자의 방에 무단으로 침입했으니, 홀리는 어색했나 보다. 고양이를 품에 안고서 그녀는 자신에 대한 진솔한 얘기를 시작한다. 좌우지간 어색함을 푸는 데는 이야기만 한 것도 없으니까.

"이름도 없는 불쌍한 게으름뱅이예요. 고양이한테 이름이 없어서 약간 불편하긴 해요. 하지만 난 이 고양이에게 이름을 줄 권리가 없어요. 얘는 누군가의 것이 될 때까지 기다려야 해요. 우리는 어느 날 그저 강가에서 마주친 거나 다름없죠. 서로의 소유가 아닌걸요. 얘는 독립적인 존재이고 나도 그래요. 난 나와 이런저런 것들이 함께 있을 수 있는 자리를 찾았다는 생각이 들 때까지는 아무것도 갖고 싶지 않아요. 그런 곳이 어디 있을지는 아직 확실히 모르겠네요. 하지만 그런 곳이 어떨지는 알아요. (……) 거긴 아마 티파니 같을 거예요. (……) 두렵고, 돼지처럼 땀이 나는데, 뭐가 두려운지도 몰라요. 다만 나쁜 일이 생긴다는 것 말고는. 그런데도 뭔지 모르는 거예요. (……) 내가 찾아낸 방법 중에 가장 효과적인 건 그저 택시를 잡아타고 티파니에 가는 거예요. 그러면 즉시 마음이 가라앉죠. 그 고요하고 당당한 모습을 보면요. 거기선 끔직한 일은 벌어질 것 같지 않아요. 그렇게 멋진 양복을 입은 친절한 남자들이 있고 은과 악어가죽 지갑 냄새가 사랑스러운 곳에서는 아니겠죠. 티파니와 같은 기분이 드는 현실의 장소를 찾는다면 가구도 사고 고양이에게 이름도 붙여 줄 거예요."

떠돌이 고양이처럼 홀리는 안전하게 있을 수 있는 곳을 찾고 있다. 안전한 곳을 찾으려는 열망이 너무 강했던 것일까, 그녀는 아무것도 사려고 하지도 않는다. 어차피 안전한 곳, 그러니까 행복하게 뿌리를 내릴 수 있는 곳을 찾을 때에만 무언가를 소유한다는 것이 의미가 있는 법이다. 안전하지 않은 곳에 가구를 사들이는 것이 무슨 의미가 있나. 언제 그곳을 떠나야 할지도 모를 일이고, 그러면 가구들은 모두 버려야 할 테니까. 그녀는 한 번도 안전한 곳에서 살아 보지 못했다. 그러니 안전한 곳을 꿈꾸는 것이다. 물론 그녀의 머릿속에서 안전한 곳은 '티파니(Tiffany & Co.)'와 같은 곳이다. 뉴욕 중심부 5번가에 궁궐처럼 버티고 서 있는 세계 최고의 보석 가게 티파니만큼 안전한 곳이 어디 있겠는가. 술에 취한 거친 남자들도 없고, 상처 입은 개처럼 무섭게 쌍욕을 하는 사람들도 없다. 티파니는 "멋진 양복을 입은 친절한 남자들이 있고 은과 악어가죽 지갑 냄새가 사랑스러운 곳"이니까.
그런데 돈이 없는 홀리에게 티파니와 같은 곳은 범접하기 불가능한 꿈의 궁전에 지나지 않는다. 그러니 홀리가 꿈꾸는 티

삶이 너무나 궁핍하고 남루하면 우리는 그 현실을 도피
하기 위해 근사한 꿈을 꾼다. 니체의 말대로 "인간적인,
너무나 인간적인" 우리의 자화상이다. 누군가가 꾸고
있는 현실 도피의 꿈을 응시해 보면, 역설적으로 그가
도피하려고 하는 현실이 구체적으로 어떤 모습인지 직
감할 수 있다.

파니처럼 안전하고 사랑스러운 곳은 부유함이 넘쳐나는 곳을 의미한다. 결국 어떤 식으로든지 돈을 모아야만, 안전하게 보호되고 사랑받을 수 있는 법이다. 그렇지만 화자 '나'도 마찬가지 아닌가. 홀리에게서 '티파니'가 안전한 곳이었던 것처럼, '나'에게도 베스트셀러 작품이 안전한 곳이었으니까 말이다. 결국 내가 위기에 빠진 홀리를 돕기 위해 물심양면으로 노력하는 것도 다 이유가 있었던 셈이다. 동병상련(同病相憐)! '나'는 홀리에게 동정심을 품고 있었던 것이다.

> 동정(misericordia)이란 타인의 행복을 기뻐하고 또 반대로 타인의 불행을 슬퍼하도록 인간을 자극하는 한에서의 사랑이다.
> — 스피노자, 『에티카』에서

'나'는 홀리가 티파니와 같은 곳을 얻기를 바라고 있고, 반면 그녀가 티파니에서 멀어지는 것에 슬퍼하고 있다. 어쩌면 '나'는 홀리를 통해 자신의 꿈을 가늠하고 있는지도 모를 일이다. 홀리가 부유함으로 넘치는 안전하고 사랑스러운 곳을 얻는다면, 자신도 베스트셀러를 집필하여 안전하고 사랑스러운 삶을 영위할 수 있을 것 같은 느낌 말이다. 나는 우여곡절 끝에 위기에 빠진 홀리를 도와주고, 그녀는 티파니와 같은 곳을 찾아 뉴욕을 떠나게 된다. 더 이상 뉴욕은 홀리에게 티파니처럼 안전한 곳이 아니게 되었으니까. 홀리가 떠난 뒤, 나는 생각해 본다. "홀리는 정말 티파니를 찾아서 뿌리를 내리게 되었을까? 이제 가구도 사고 고양이에게도 이름을 붙여 주면서 안전하게 보호받고 있을까?"

집을 잃고 떠도는 고양이처럼 측은하기만 했던 그녀가 어떻게 되었을지, '나'로서는 전혀 모를 일이다. 단지 그녀가 티파니를 찾았기만을 간절히 소망해 볼 따름이다. 다행히 좋은 징조가 나타났다. 홀리가 데리고 있던 고양이가 마침내 안전한 곳에 정착하여 행복하게 살고 있는 것처럼 보였으니까.

어느 날, 춥지만 햇빛이 비치던 일요일 겨울 오후, 마침내 그 고양이를 찾았다. 화분 옆에 나란히, 액자 같은 깨끗한 레이스 커튼 속에. 고양이는 따듯해 보이는 방 안 창문에 앉아 있었다. 나는 고양이의 이름이 무얼까 궁금했다. 이제는 분명히 이름도 생겼을 것이다. 분명히 어딘가 자기가 속할 수 있는 자리에 다다랐을 테니까. 아프리카 오두막이든 어디든, 이젠 홀리도 그런 자리를 찾았기를 바랄 뿐.

소설 『티파니에서 아침을』의 마지막 구절은 이렇게 애처롭지만 다정하다.

트루먼 커포티

Truman Capote

1924-1984

고등학교 때 《뉴요커》에서 사환으로 일하면서 글을 쓰기 시작한 커포티는 일찍이 '스타' 작가로 떠올라 사교계의 화려한 생활을 했지만, 말년에는 공허함을 이기지 못하고 알코올과 약물 중독에 빠졌다.

『티파니에서 아침을』(1958)이 영화화될 때 작가는 주인공으로 마를린 먼로를 골랐으나, 이 영화는 결국 오드리 헵번의 대표작이 되었다. 원래는 《하퍼스 바자》가 작품을 연재할 예정이었는데 주요 광고주였던 티파니의 심기를 거스를까 두려워 거절했다고 한다. 그 대신 경쟁지였던 《에스콰이어》는 이 소설로 인하여 유례없는 판매고를 기록했다고 한다. 일본어 판 번역자인 무라카미 하루키도 커포티의 팬이다. "몇 번을 다시 읽어 봐도 질리는 법이 없었다."

홀리는 자신이 키우는 고양이에게도 이름을 붙여 주지 않을 만큼 한곳에 정착하지 않는 방랑자이며 명함에는 '여행중'이라고 적어 넣는다. 콜걸 생활을 하고 있지만 상당히 독립적이고, 어리지만 분별 있고 사랑스러운 여자다.

"난 절대 영화스타는 되지 못한다는 걸 빤히 알고 있었어요. 너무 힘들거든요. 게다가 지성이 있는 사람이라면 너무 창피한 일이기도 하고요. (……) 사실 자존심을 버리는 건 필수예요. 난들 부자가 되고 유명해지는 게 싫겠어요? 그것도 내 계획에 있답니다. 언젠가는 거기까지 이르도록 노력할 거고요. 하지만 그렇게 되도 난 내 자존심이 졸졸 따라왔으면 좋겠어요. 내가 어느 맑은 날 아침 '티파니'에서 아침을 먹는다고 해도 여전히 나이고 싶어요."

소설의 제목은 작가가 친구들과 함께한 농담에서 유래한다. 다른 도시 사람들이 뉴욕에서 가장 좋은 식당이 어디냐고 물으면 "티파니에서 아침을" 먹으면 좋다고 놀렸던 것이다.

동정

동정에는 묘한 동일시를 전제로 한다. 그러니까 동정하는 사람과 동정 받는 사람은 비슷한 신분이나 지위에 있어야만 하는 것이다. 그래서 동정은 연민과는 사뭇 다른 감정이라고 하겠다. 멋진 남자친구를 둔 여자는 아직도 미혼인 데다 연애도 하지 않는 친구에게 연민을 느낄 수 있다. 그러니까 연민의 감정에는 모종의 우월감이 전제되어 있는 것이다. 반면 남자친구에게 차인 경험이 있는 여성이 최근 실연의 비극을 겪은 친구에게 느끼는 안타까움이 바로 동정이라고 할 수 있다. 그러니까 친구 사이에서 "우리는 왜 이렇게 연애가 꼬이는 걸까?"라는 느낌, 그러니까 나나 너나 똑같은 비극에 빠졌다는 일종의 공동 운명체라는 생각이 바로 동정이라는 감정의 실체다. 그러니 충고를 할 때 나와 같은 수준에 있다고 생각되지 않는 사람에게는 동정의 감정을 표현해서는 안 될 일이다. 예를 들어 명문대를 졸업하고 미국에서 MBA 과정도 통과한 동창이 있다고 하자. 동창회에서 우리는 그가 최근에 자신이 다니던 대기업에서 명예퇴직을 당했다는 사실을 알게 된다. 이때 우리가 그의 아픔에 동정을 표현할 수도 있다. 그러나 이런 경우에 그는 위로를 받기는커녕 모욕당했다고 생각하기 쉽다. 지방대도 간신히 졸업했고 영어도 못 해서 변변찮은 중소기업에나 다니고 있는 친구가 동정을 보일 정도로 자신이 망가졌다고는 생각하지 않기 때문이다. 아마 그는 버럭 화를 내며 동창회 자리를 박차고 나갈지도 모른다. "아무리 내가 실직자가 되어도 너희들의 위로나 받을 사람으로 보이니? 뭐, 이런 거지 같은 것들이 다 있어. 무능한 것들은 주제 파악도 못 하지. 이제 아주 맞먹네." 그러니 아무나 동정하지 말지니! 충분히 우리와 동질감을 느끼는 사람에게만 동정을 표현해야 한다. 선의의 동정이 잘못했다가는 이처럼 예상치 못한 반발을 초래할 수도 있으니까.

35

공손
MODESTIA

무서운
타자에게
보내는 친절

『인간 실격』
다자이 오사무

아침에 눈뜨는 것이 너무나 끔찍한 사람도 있다. 교통사고라든가 어떤 이유에서든 사랑하는 사람이 허무하게 자기 곁을 떠났을 때, 살아 있다는 것은 너무나 힘들다. 원래 사랑이란 '부재의 고통'으로 확인되는 감정 아닌가. 잠시 헤어져 있는 것도 엄청난 고통을 안겨 주는데 이제 죽어서 영영 돌아오지 못한 길을 애인이 떠났다면, '부재의 고통'은 표현할 수 없이 끔찍하고 극단적인 고통으로 변하게 될 것이다. 잠에서 깨어나자마자 그리움은 시작되겠지만, 죽은 사람은 결코 돌아와서 빈자리를 채울 수 없으니까. 그런데 완전히 반대의 이유로 아침에 눈뜨는 것이 너무나도 끔찍한 사람도 있다. 그에게 사랑은 꿈꿀 수도 없는 딴 나라의 이야기일 뿐이다. 그는 사람들이 무섭다. 그러니 깨어 있어 사람들과 함께 있음을 느낄 때, 극심한 고통과 두려움이 찾아온다.

'존재의 고통', 즉 타인이 내 앞에 존재한다는 고통에 비하면 차라리 사랑하는 타인이 사라졌을 때 발생하는 '부재의 고통'은 오히려 행복한 편이다. 부재의 고통에 빠진 사람은 한때는 타자와 함께 있는 행복을 충분히 느껴 봤겠지만, '존재의 고통'에 시달리는 사람은 살아서 죽을 때까지 한 번도 행복했던 적이 없었으니까. 사르트르는 '타인은 지옥'이라고 말했던 적이 있다. 그러니까 타인은 자신이 어찌할 수 없는 자유를 가지고 있다는 것이다. 그렇지만 사르트르의 말마저도 존재의 고통에 빠진 사람에게는 일종의 사치일 수밖에 없다. 그는 타자를 통제하려는 시도조차 하고 싶지 않기 때문이다. 일체의 문학적 과장법 없이, 그에게 타자란 글자 그대로 공포 자체, 즉 지옥이었던 것이다. 그래서 타인의 존재 자체를 무서워하는 사람은 행복을 바라지도 않는다. 그저 그렇게 무서운 타인과 만나지 않기를 바랄 뿐이다. 그래서일까, 존재의 고통이라는 저주에 걸린 사람은 아침에 눈뜨지 않기를 바란다. 혹은 더 적극적으로는 자살을 꿈꾼다.

1948년 6월 13일, 도쿄 타마 강 상수원지에서 내연녀와 함께 투신자살하며 서른아홉 살의 나이로 사망한 일본 작가 다자이 오사무가 바로 그런 사람이었다. 같은 해에 출간된 『인간실격(人間失格)』(민음사)은 오사무가 자신의 유년시절을 사로잡았던 타자에 대한 공포감을 이야기하면서 시작된다.

저는 화를 내는 인간의 얼굴에서 사자보다도, 악어보다도, 용보다도 더 끔찍한 동물의 본성을 보게 되는 것이었습니다. 평상시에는 본성을 숨기고 있다가 어떤 순간에, 예컨대 소가 풀밭에서 느긋하게 잠자고 있다가 갑자기 꼬리로 배에 앉은 쇠등에를 탁 쳐서 죽이듯이, 갑자기 무시무시한 정체를 노여움이라는 형태로 드러내

공손

는 모습을 보면 저는 언제나 머리털이 곤두서는 듯한 공포를 느꼈습니다. 이 본성 또한 인간이 되는 데 필요한 자격 중 하나일지도 모른다고 생각하면 저 자신에 대한 절망감에 휩싸이곤 했습니다.

타자가 무섭다면 우리는 그에게 화를 낼 수 없다. 작가가 자신이 인간으로서는 실격이라고 생각했던 것은 바로 이 때문이었다. 타자가 무섭다면 우리는 자신의 욕망을 당당하게 주장할 수 없다. 항상 타자의 욕망에 맞추어 살아갈 수밖에 없는 것이다. 이런 상태라면 이미 우리는 죽은 것 아닌가. 살아 있다는 것은 자신의 욕망을 관철시키려는 의지를 가지고 있다는 것이니까. 그렇다, 자신의 욕망 자체를 부정하지 않으면서 타자의 욕망에 순종할 수는 없다. 어떻게 이것이 인간의 삶이라고 할 수 있을까. 그냥 감독이 시키는 대로 연기하는 배우의 삶일 뿐, 허깨비의 삶에 불과한 것이다. 그래서 작가가 자신의 분신, 요조의 유년시절 경험을 통해 자신이 어떤 식으로 타자를 무서워했는지 묘사하는 대목은 서럽고 또 서럽기만 하다.

언젠가 아버님은 도쿄로 가시기 전날 밤, 아이들을 손님방에 모아놓고 이번에는 어떤 선물이 좋을지 한 사람 한 사람한테 웃으며 물으시고는 아이들의 대답을 일일이 수첩에 적어 넣으셨습니다. 아버지가 아이들을 그렇게 친밀하게 대하시는 것은 드문 일이었습니다. "요조는?" 아버지가 물으셨을 때 저는 우물쭈물 대답을 못 하고 말았습니다. 뭐가 갖고 싶지? 누군가 이렇게 물으면 저는 그 순간 갖고 싶은 게 아무것도 없어져 버리곤 했습니다. 아무래도 상관없어. 어차피 나를 즐겁게 해 줄 것 따위는 없어. 그런 생각이 꿈틀 일어났던 것입니다. 그러면서 남이 준 것은 아무리 제 취향에 맞지 않아도 거절도 못 했습니다. 싫은 것을 싫다고 하지도 못하고, 또 좋아하는 것도 쭈뼛쭈뼛 훔치듯이 전혀 즐기지도 못하고, 그러고는 표현할 길 없는 공포에 몸부림쳤습니다. 즉 저에게는 양자택일하는 능력조차도 없었던 것입니다. 이것은 훗날 저의 소위 '부끄럼 많은 생애'의 큰 원인이 되기도 한 성격의 하나였던 것 같습니다.

요조에게 아버지는 사랑하는 존재가 아니다. 그냥 언제든지 화를 낼 수 있는 타자일 뿐이었다. 그런데 아버지가 어느 날 요조에게 묻는다. 도쿄에 갔다 올 때, 어떤 선물을 받고 싶으냐는 것이다. 앗, 위기가 다가왔다. 타자로서 아버지가 무서웠던 요조는 달팽이가 촉수로 앞길을 가늠하듯이 아버지의 내면을 읽으려고 한다. '도대체 아버지는 자신이 어떤 선물을 원한다고 생각하고 있는 것일까?' 어린 요조에게 어떻게 가지고 싶은 것이 없겠는가. 그렇지만 아버지가 질문하는 순간, 요조는 자신의 욕망을 들여다보지 못하고 그저 아버지의 욕망만을 읽어내려고 한다. 잘못 읽으면 불호령이 떨어질 테니까. 그래서 요조는 자신이 원하는 것을 이야기하지 못하고 우물쭈물했던 것이다. 수줍은 듯이 보였지만, 사실 요조를 휘감고 있는 감정은 공포였다.

　방금 읽은 구절 다음에는 요조의 공포를 수줍음으로 오해한 아버지가 넌지시 '사자춤 탈'을 이야기한다. 그날 밤 요조는 아버지 방에 몰래 들어가 아버지의 수첩에 '사자춤'이라는 글자를 써

넣게 된다. 마치 자신이 원하는 것을 아버지가 맞추었지만 면전에서는 수줍음 때문에 말하지 못했던 것처럼. 그렇지만 진실은 그 반대였다. 내가 원하는 것이 중요한 것이 아니라, 아버지가 원하는 것을 원하고 싶었던 것이다. 그래야 아버지라는 타자로부터 "소가 풀밭에서 느긋하게 잠자고 있다가 갑자기 꼬리로 배에 앉은 쇠등에를 탁 쳐서 죽이는" 것과 같은 분노를 피할 수 있을 테니까 말이다. 요조의 행동에서 우리는 내면의 공포가 외면의 수줍음, 항상 타자의 말에 순종적인 공손함으로 드러나는 메커니즘에 주목할 필요가 있다. 스피노자가 위대한 이유는 그가 이 메커니즘을 정확히 포착하고 있었기 때문이다.

> 공손함(humanitas)이나 온건함(modestia)은 사람들의 마음에 드는 일은 하고 그렇지 않은 일은 하지 않으려는 욕망이다.
> ― 스피노자, 『에티카』에서

자신의 말을 잘 듣는 아이, 즉 투정을 부리지 않고 너무나 의젓한 아이를 보면 어른들은 미소를 띠며 말하곤 한다. "아이가 정말 공손하네요." 혹은 "참 착하고 순한 아이야." 그렇지만 이걸 아는가? 아이는 그런 평판을 듣기 위해 얼마나 당신의 욕망에 순종하는지를. 그리고 그만큼 아이는 또 얼마나 자신의 욕망을 부정하고 있는지를. 스피노자의 말대로 공손함이나 온건함은 "사람들의 마음에 드는 일은 하고 그렇지 않은 일은 하지 않으려고 할 때"의 감정이다. 표면적으로 타인을 배려하는 공동체 의식이 있는 것처럼 보이지만, 그 이면에는 타인들, 혹은 공동체에 대한 공포가 드리우고 있는 짙은 그늘을 보아야만 한다. 그러니까 공손한 아이나 온건한 아이는 타인이 화를 폭발할까 봐 자신의 욕망, 그러니까 자신이 마음에 드는 일과 마음에 들지 않은 일을 주장하지 않는 것뿐이다.

측은한 우리 요조도 마찬가지였다. 자신의 욕망을 계속 부정하는 생활을 유지하려다가 요조는 폐인이 되어 버린다. 스물일곱 살인데도 불구하고 요조는 마흔 살 이상으로 보일 정도로 죽어 가고 있었던 것이다. 시체가 되어서 정말로 자신이 원하는 대로 살지 못하는 존재, 다른 사람이 마음대로 다뤄도 순응하는 존재. 얼마나 공손한가, 시체는. 굴리면 구르고, 팔다리를 접으면 접힌다. 옷을 입히면 입고, 해부를 하면 그대로 메스를 받아들이니까. 그렇게 시체가 되어 가는, 즉 폐인이 되어 버린 요조에 대해서 여전히 주변 사람들은 이렇게 말한다. "우리가 알던 요조는, 정말이지 순수하고, 자상하고, 술만 마시지 않는다면, 아니 마셔도…… 하나님처럼 좋은 사람이었어요." 하나님도 모른다, 부처님도 모른다, 우리 요조의 공포와 외로움을.

공손

온건한 사람은 표면적으로는 타인을 배려하는 공동체
의식이 있는 것처럼 보이지만, 그 이면에는 타인에 대한
공포가 드리우고 있는 짙은 그늘이 있다. 말 잘 듣는 아
이는 그 공포감으로 인해 자신의 욕망을 부정하고 있는
것이다.

다자이 오사무

太宰治

1909-1948

『인간 실격』(1948)은 기녀와의 관계, 공산주의 학생운동, 긴자의 카페 여급과 동반 자살하려다 여자만 죽고 자살방조죄로 구류된 일, 글쓰기에 몰두하다 졸업을 못한 일, 그리고 무엇보다 이러한 일련의 사건들로 인해 가족으로부터 의절당한 정신적 충격, 폐결핵을 앓고 아내에게 속아 정신병원에 입원한 일 등 작가의 개인적인 고뇌와 경험이 고스란히 녹아 있는 소설이다. 또한 다섯 번째 시도한 자살로 생을 마감한 작가의 마지막 작품이다.

저는 누구에게나 상냥하게 대했지만 '우정'이라는 것을 한 번도 실감해 본 적이 없었고 모든 교제는 그저 고통스럽기만 할 뿐이어서 그 고통을 누그러뜨리려고 열심히 익살을 연기하느라 오히려 기진맥진해지곤 했습니다. 조금 아는 사람의 얼굴이나 그 비슷한 얼굴이라도 길거리에서 보게 되면 움찔하면서 일순 현기증이 날 정도로 불쾌한 전율이 엄습할 지경이어서, 남들한테 호감을 살 줄은 알았지만 남을 사랑하는 능력에는 결함이 있는 것 같았습니다. (……) 그럴 때 저에게 미약한 구원은 시게코였습니다. 시게코는 그때쯤에는 저를 아무 거리낌 없이 '아빠'라고 부르고 있었습니다.

"아빠, 기도하면 하느님이 뭐든지 들어주신다는 게 정말이야?"

(……)

"시게코는 하느님한테 무엇을 부탁하고 싶은데?"

"시게코는 말이야, 진짜 아빠를 갖고 싶어."

화들짝 놀라고 아찔하게 현기증이 났습니다. 적(敵). 내가 시게코의 적인지, 시게코가 나의 적인지. 어쨌든 여기에도 나를 위협하는 끔찍한 인간이 있었구나. 타인. 불가사의한 타인. 비밀투성이 타인. 시게코의 얼굴이 갑자기 그렇게 보였습니다.

공손

철학자의
어드바이스

세상에는 세 종류의 인간이 있다. 첫째 부류는 모든 사람에게서 온화하다고 칭찬이 자자한 사람이다. 두 번째 부류는 모든 사람으로부터 악당이라고 지탄받는 사람이다. 세 번째 부류는 칭찬도 받고 욕도 먹는 사람이다. 모든 사람에게 욕을 먹는 두 번째 부류의 인간은 그냥 쓰레기이니까 조심하면 된다. 반면 진짜로 위험한 것은 첫 번째 부류의 인간들이다. 자신의 욕망을 주장하기보다 항상 타인의 욕망을 따르려고 하니 온화하다느니 공손하다느니 하는 칭찬을 받는 것이다. 죽을 때까지 타인의 욕망을 따르는 데 성공한다면, 그는 폐인이 될 것이다. 살아도 살아 있는 사람이 아니니까. 자신의 욕망을 철저히 제거하는 데 성공한 사람은 죽은 자일 수밖에 없다. 반면 타인의 욕망을 따르면서도 자신의 욕망을 부정하지 못한다면, 첫 번째 부류의 인간은 정말로 위험한 존재로 탈바꿈한다. 억압된 욕망을 자신보다 약한 존재에게 폭발시킬 것이기 때문이다. 그들이 가정에서 약한 아내나 자식들에게 무자비한 폭력을 행사하는 것도 이런 이유에서다. 강자에게 굽실거리는 데서 오는 스트레스를 풀기 위해 약자를 공격하는 셈이다. 한마디로 종로에서 뺨 맞고 한강에서 눈 흘기는 격이다. 첫 번째 부류의 남자를 만날 때 여자들은 그의 공손함과 온화함에 속아서 결혼을 결심하기도 한다. 그렇지만 얼마 지나지 않아 그녀들은 자신의 어리석은 선택이 얼마나 파괴적인 결과를 낳게 되는지 온몸으로 경험하게 될 것이다. 그러니 공손하고 온화한 사람을 조심하라! 모든 사람으로부터 칭찬받는 사람을 조심하라! 법 없이 살 사람을 조심하라! 이건 생활의 철칙이다. 결국 우리가 가까이 해도 되는 유일한 인간들은 세 번째 부류의 사람들이다. 이런 부류에 속한 사람은 타인들에게 자신의 욕망을 당당하게 표현하니, 적과 동지가 명확히 구분될 수밖에 없다. 그래서 칭찬도 받고 욕도 먹는 것이다. 만일 그의 욕망이 자신의 욕망과 부합된다면, 이런 사람과는 주저하지 말고 사랑에 빠져도 된다.

36

미움
ODIUM

내가 파괴되거나
네가 파괴되거나

『피아노 치는 여자』.
엘프리데 옐리네크

사랑하는 남녀가 섹스에 몰입하는 이유는 무엇일까? 단순한 성욕일까? 아니, 그 이상이다. 이 세상에 둘만 있다는 경험, 그리고 완전히 자신이 현재를 호흡하고 있다는 느낌, 이것이 사랑하는 남녀가 섹스에 몰입하는 진정한 이유다. 두 사람의 미래가 어떻게 될지, 격정적인 섹스에서는 일말의 불안감도 남아 있지 않는 법이니까. 뜨겁고 거대한 모닥불 앞에서는 차가운 눈발도 그 종적을 감추는 것처럼 말이다. 그래서일까, 이별을 앞둔 연인들은 서로를 격정적으로 쓰다듬으려고 한다. 미래의 불안감이 클수록 우리는 현재에 몰입하여 삶을 향유하고 싶다. 마침내 거친 호흡과 몸부림으로 성적인 희열이 극에 도달할 때, 여인들은 지금 함께 있을 수 있는 현재를 소중하게 만끽하는 데 성공한 것이다. 이것은 신적이고 관념적인 사랑으로는 결코 알 수 없는 것이며, 인간적이고 에로틱한 사랑만이 가져다 줄 수 있는 축복인 셈이다. 사랑이 현재를 호흡하고 살아가도록 하는 데 가장 소중한 감정인 것은 이런 이유에서다.

불행히도 에로틱한 사랑을 제대로 느낄 수 없도록 사육된 어느 여류 피아니스트가 있다. 그녀는 사실 에로틱한 사랑만이 자신의 삶을 긍정하는 결정적인 계기라는 것을 감지하고 있다. 그러나 몸이 말을 듣지 않는다. 젊은 제자의 격정적인 애무도 그녀의 온몸을 이완시키는 데 실패할 정도로, 그녀의 몸, 그녀의 성기는 이제 완전히 말라 버린 것이다.

클레머가 아직도 분주하게 그녀의 성기 안에서 손을 놀리는 동안 에리카는 그의 성기를 팔 하나 간격을 두고 잡고 있다. 에리카는 클레머에게 당장 그만두지 않으면 가 버릴 테니 멈추라고 한다. 에리카의 갑작스러운 의지가 그에게는 그리 간단하게 받아들일 수 있는 요구가 아니기에 그녀는 이 말을 여러 번 반복해야 했다. 클레머의 머리는 분노와 열정으로 멍청해진 모양이다. 클레머는 자신이 뭘 잘못 들었나 하고 멈칫한다. 음악사를 살펴봐도 다른 곳을 들춰봐도 구애하는 남자가 그냥 그렇게 쫓겨나는 법은 없다. (……) 에리카는 걸어가면서 그녀의 아랫도리 끝에 있는 구멍을 증오한다. 예술만이 달콤함을 무한히 약속해 준다. 조만간 아랫도리의 부패는 진전되어 더 많은 신체 부위를 차지할 것이다. 그러면 사람은 고통 속에서 죽고 마는 것이다. 에리카는 섬뜩함을 느끼며 자신이 175센티미터 길이의 크고 무감각한 구멍이 되어 관 속에 누운 채 흙이 되어 버리는 것을 상상한다. 에리카가 경멸하고 소홀히 했던 구멍이 이제 와서 그녀를 완전히 지배하게 된 것이다. 그녀는 이제 아무것도 아니다. 그리고 지금 그녀에게 이보다 더 간절한 것은 없다.

미움

영화로 더 유명한 엘프리데 옐리네크의 소설 『피아노 치는 여자(Die Klavierspielerin)』(문학동네)에서 가장 관능적이고 상징적인 부분을 읽어 보았다. 피아노 선생인 에리카는 금발의 잘생긴 공대생 제자 클레머의 성기만 붙들고 있을 뿐, 그와 사랑을 나눌 생각은 하지 않는다. 아니, 할 수가 없다. 어머니 때문이다. 정확히 말해, 어머니의 사육 때문이다. 어머니는 어린 에리카에게 클래식 음악의 길로 나아가라고, 오직 "예술만이 달콤함을 무한히 약속한다."고 가르쳤다. 그렇지만 이것은 단지 명분일 뿐, 어머니에게 중요한 것은 어린 딸이 밥벌이 노릇을 하는 것이었다. 위대한 피아니스트는 되지 못했지만, 어머니의 기대처럼 에리카는 이제 30대 중반 노처녀 피아노 선생으로 대학에서 학생들을 가르치고 있다. 이것만으로도 성공한 셈 아닌가. 일찍 죽은 남편 대신 에리카가 경제생활을 하는 덕에 두 모녀는 충분히 삶을 영위할 수 있으니까.

그렇지만 언젠가 에리카는 사랑에 빠져 어머니를 떠날 수도 있다. 에리카의 어머니가 진정으로 두려워했던 것이 바로 이것이다. 아무 벌이도 없이 노후를 홀로 보낸다는 것은 정말로 무서운 일 아닌가. 그래서 어머니는 에리카를 어린 시절부터 철저하게 사육하여 자신과 함께 있을 수밖에 없는 존재로 만들었던 것이다. 물론 그러기 위해 어머니는 에리카에게서 성적인 본능과 감각을 제거해야만 했다. 성욕이 걷잡을 수 없이 터져 나와 그것이 사랑으로 꽃을 핀다면, 에리카가 어떻게 자신과 함께 있으려고 하겠는가. 그래서 자신의 몸을 탐내는 클레머의 존재가 에리카에게서는 마지막 구원의 밧줄과도 같다. 그렇지만 불가능할 것만 같았던 사육은 이미 완성된 것일까? 에리카는 클레머라는 남성을 받아들이려 하지 않는다. 아니, 받아들일 수 있는 몸이 이미 아니었던 것이다.

구멍으로 상징되는 자신의 성기는 에리카의 몸, 그러니까 그녀의 실존을 상징한다. 그렇지만 에리카의 성기는 건강하고 젊은 남자 앞에서 전혀 기능하지 못한다. 이런 무감각이 온몸으로 확산된다는 두려움에 에리카는 처음으로 자신의 삶이 잘못되었다는 것을 깊게 자각하게 된다. 이렇게 자신의 삶을 망가뜨린 어머니에 대해 어떻게 미움의 감정이 들지 않겠는가. 스피노자도 말하지 않았던가.

> 미움(odium)이란 외적 원인의 관념을 동반하는 슬픔이다.
> — 스피노자, 『에티카』에서

어머니라는 '외적 원인'을 생각했을 때 발생하는 슬픔, 이것이 바로 어머니에 대한 미움이다. 그렇지만 인간은 기쁨을 지향하고 슬픔을 피하려는 존재다. 그래서일까, 스피노자도 『에티카』에서 "미워하는 자는 미워하는 대상을 멀리하고 소멸시키고자 한다."라고 강조했던 것이다. 가장 큰 복수는 물론 클레머가 아니더라도 다른 남자를 만나 사랑에 빠지는 것이다. 이럴 때 에리카는 미워하는 어머니를 드디어 멀리할 수 있기 때문이다. 그렇지만 이미 그녀의 아랫도리는 부패하였고, 아랫도리의 부패는 온몸에 퍼져 회복하기 어려운 상태에 이르렀다. 온몸에 만연되어 있는 불감증으로 어떻게 다른 남자를 사랑하고, 또 사랑받을 수 있다는 말인가.

자신은 사실 음악을 이해하지 못하면서도, 어머니는 자기 자식을 음악의 틀 속에 억지로 집어넣는다. 자식은 어머니의 우상이고, 어머니는 자식에게서 그저 약소한 대가를 요구할 뿐인데, 그것은 다름 아닌 자식의 삶 전체인 것이다.

결국 에리카가 할 수 있는 것은 어머니에게 더 이상 자신이 그녀의 소유물이 아니라는 사실을 가르쳐 주는 일밖에 없다. 어머니의 소유물이 되지 않으려고 에리카가 선택한 것은 다른 사람의 소유물이 되는 현장을 어머니가 목격하도록 만드는 것이었다. 에리카가 클레머를 선동하여 자기 집에 난입하고 자신을 감금하고 구타하도록 유도한 것도 그런 이유에서다. 감금과 폭력 앞에 있다는 것은 누군가가 자신을 통제하고 소유하고 있다는 것을 의미하기 때문이다.

에리카는 날카롭게 비명을 지르며 되는 대로 빌기 시작한다. 어머니는 이 비명을 듣고 그에게 육중한 분노를 터뜨린다. 남자가 딸에게서 더 이상 어머니가 지배할 여지를 남겨 두지 않고 있는지도 모른다. 그뿐만 아니라 새끼에게 어떤 일이 일어나고 있다는 동물적인 공포가 어머니를 사로잡고 있다.

이런 극단적인 조치로 에리카는 어머니를 멀리하는 데 성공할 수 있을까? 아마 힘들 것이다. 한때 어떤 남자에게 자식에 대한 소유권을 빼앗겼다고 해서, 어느 어머니가 자기 소유권을 순순히 포기하겠는가. 오히려 그 소유권이 더 공고화하면 했지 약해질 리는 만무하다. 심지어 지금 어머니는 "새끼에게 어떤 일이 일어나고 있다는 동물적인" 본능마저 되찾고 있지 않은가. 결국 어머니가 이 세상에 존재하는 한, 에리카는 자유로울 수 없다. 그래서일까, 칼로 자해를 한 뒤 피를 흘리며 남의 시선도 전혀 의식하지 않은 채 집으로 돌아가는 에리카의 모습에서 우리는 비극적인 결

미움

말을 예감하게 된다. "에리카는 어디로 가야 할지 알고 있다. 그녀는 집으로 향한다. 그녀의 걸음은 차츰 빨라지고 있다."

어머니를 죽이는 것으로 에리카는 빼앗긴 자유를 되찾을 수 있을까? 아마도 힘들 것이다. 이미 어머니는 어린 시절부터 딸을 사육함으로써 에리카를 내적으로 지배하고 있기 때문이다. 프로이트의 이야기를 빌리자면 이미 어머니는 에리카의 내면에 그녀의 '초자아'로 똬리를 틀고 있는 것이다. 그러니까 현실의 어머니가 아니라 내면에 군림하는 초자아로서의 어머니를 죽이지 않는다면, 에리카는 결코 자유를 회복할 수 없다. 사실 현실의 어머니는 에리카에게 어떤 힘도 발휘할 수 없는 처지가 아닌가. 이미 노쇠하여 딸에 의존할 수밖에 없는 할머니, 얼마 지나지 않아 죽음에 이를 수밖에 없는 노인, 바로 이 늙은 여자가 그녀의 어머니였으니까. 어머니를 죽인다고 하더라도, 에리카는 아무것도 좋아진 것이 없다는 현실에 직면하게 될 것이다. 그리고 마침내 자신이 진정으로 죽어야 하는 것은 자기 내면의 어머니였다는 사실을 알았을 때, 에리카는 절망할 것이다. 결국 자신이 죽어야 모든 것이 끝난다는 것을 알았으니까. 얼마나 씁쓸한 장면인가.

유대계 오스트리아 작가로 빈 대학교에서 연극과 예술사를 공부했으며, 페미니즘 색깔이 강한 작품들을 발표했다. 예술적 감수성이 풍부하면서도 도발적인 성 묘사 때문에 격찬과 비난이 동시에 쏟아졌지만, "비범한 언어적 실험"으로 진부한 사상에 복종하는 기성 사회에 대한 예리한 비판의식을 보여 2004년 여성으로서는 열 번째로 노벨 문학상을 받았다. 한편 오스트리아의 우경화에 대해 '범죄의 나라'라고 강하게 비판하여 조국에서는 '둥지를 더럽힌 여자'라는 꼬리표를 달기도 했다.

엘프리데 옐리네크
Elfriede Jelinek
1946-

옐리네크는 음대를 졸업했지만 어머니의 강압적인 음악 교육에 대한 반발심으로 문학에 눈을 돌리게 된다. 작가의 자전적인 요소가 강하게 드러나 있는 『피아노 치는 여자』(1983)는 영화 「피아니스트」의 원작으로 널리 알려지게 되었는데, 딸을 향한 어머니의 왜곡된 집착을 통해 또 하나의 불합리한 권력 관계를 폭로한 걸작이다.

수은처럼 매끄럽게 빠져나가는 에리카, 이 애가 지금 이 순간 어딜 돌아다니며 이상한 짓을 하는 것일까? 날마다 1초도 어긋나지 않을 만큼 정확한 시각에 에리카는 자기가 소속된 이 집에 돌아와야 하는데 말이다. 때로는 불안감이 어머니를 사로잡는다. 뭔가를 소유하고 있는 사람은 고통을 느끼게 되어서야 그 사실을 깨닫게 되는 법이다. 신뢰하는 것도 좋지만 감시도 마땅히 해야 한다는 사실을 말이다. 어머니의 주요 관심사는 자신의 소유물이 도망가지 않게, 가능하면 못 움직이도록 한곳에 묶어 놓는 일이다.

미움

　　　　　　　　사랑이라는 감정의 반대는 미움이 아니라 무관심이라
는 이야기가 있다. 한마디로 헛소리다. 정말로 누군가를 미워해 본 적이 없거나 누
군가로부터 미움을 받아 본 적이 없는 어린아이 같은 사람이나 할 수 있는 이야기
이니까 말이다. 한 번도 제대로 미움을 받아 본 적이 없는 사람이 타인에게 느낄
수 있는 감정은 사랑 아니면 무관심일 것이다. 당연히 이런 사람은 사랑의 반대가
무관심이라고 이야기하게 된다. 미움의 관계는 반드시 서로 헤어져야만 하는, 그
래서 둘 중 하나가 이 세상을 떠나야 끝날 수 있는, 한마디로 저주받은 관계다. 불
행히도 함께할 수밖에 없는 상황에 있다면, 미움이라는 감정은 상대방을 죽이거나
혹은 자살하는 것으로 우리를 내몰게 된다. 그래서 미움의 감정에 휩싸여 있는 사
람은 항상 처절하게 생각할 것이다. "저 사람과 무관심한 관계에 있었다면 얼마나
좋을까. 그랬다면 둘 중 하나가 죽어야 끝나는 관계도 없었을 테니까." 그러니 미
움만큼 비극적인 감정이 또 있을까. 어떤 인간에 대해 무관심한 관계를 소망하도
록 만들 정도로 처절한 감정이니 말이다. 그러나 어쩔 수 없다. 미움이란 살아야
겠다는 의지를 감소시켜서 우리를 고사목처럼 만들어 버리는 감정이다. 그러니 자
살하기 싫으면, 상대를 죽일 수밖에. 반대로 상대를 죽일 수 없다면, 내가 죽을 수
밖에. 자살을 선택했다면, 우리는 이렇게 꽃도 피우지 못하고 세상을 떠나는 자신
의 운명을 저주하게 될 것이다. 그렇지만 또 한편으로는 이제 더 이상 슬픔도 없으
리라는 사실에 안도하며 행복하게 눈을 감게 될 것이다. 반대로 미운 상대를 죽인
다면, 어떤 처벌을 받더라도 기꺼이 감내하게 되는 작은 기쁨을 조금씩 되찾게 될
것이다. 사랑의 반대가 미움이 아니라 무관심이라는 순진한 이야기를 하는 사람을
만나면, 그에게 미소를 띠울 일이다. 다행스럽게도 그는 미움이라는 비극적 관계
를 경험하지는 않았으니까.

4부

바람의
흔적

역동적 상상력 속에서는 모든 것이 활기를 띠고
그 무엇도 멈추지 않는다. 운동이 존재를 창조하며
소용돌이치는 대기는 별들을 창조하고,
외침은 이미지를 낳고, 외침은 말을, 생각을 준다.
── 가스통 바슐라르, 『공기와 꿈』에서

37

후회
POENITENTIA

모든 불운을
자기 탓으로
돌리는 나약함

『캐스터브리지의 읍장』,
토머스 하디

학창 시절 매번 시험을 볼 때마다 쓸데없는 후회가 엄습하곤 했다. 아직 답안지를 반도 채우지 못했는데 야속한 감독관은 어서 마무리하라고 재촉한다. 공부를 조금만 더 했더라면 이런 낭패는 없었을 텐데 하는 후회가 밀려왔다. 학생 신분을 벗어난 지 이미 오래지만 사정이 별반 나아진 것 같지는 않다. 차가운 바람에 옷깃을 여미는 연말이면, 비슷한 후회들은 어김없이 찾아오니까. 올 한 해 내게 주어진 모든 문제를 제대로 풀지 못했다는 자괴감도 한몫 단단히 한다. 이렇게 얼어붙은 몸을 녹이려고 커피 잔을 두 손으로 감싸 안는 순간, 수많은 후회의 감정들이 커피 향과 함께 피어오른다. "만일 그때 내가 그렇게 하지 않고 이렇게 했다면……." 후회는 항상 이런 문법으로 우리를 찾아오는 법이다. 미치 그렇게 할 수도 있고 저렇게 할 수도 있는 자유가 우리에게 있었던 것처럼 말이다.

　　토머스 하디가 소설 『캐스터브리지의 읍장(The Mayor of

Casterbridge)』에서 집요하게 응시하고 있는 것도 바로 이 '후회'라는 감정이다. 이 작품은 스물한 살 젊은 나이에 술김에 저지른 경솔한 '결정'으로 인해 인생의 여정이 바뀌고 결국 쓸쓸하게 죽어 가는 헨처드의 절절한 이야기다. 일자리를 잃은 스트레스로 인해 헨처드는 아내와 심하게 다툰다. 얼마나 남루한가, 사장에게는 한마디도 못하면서 애꿎게도 약한 아내에게 화풀이를 하는 우리 자신이. 스스로의 모습에 대한 부끄러움 반, 그리고 그걸 받아주지 않는 아내에 대한 서운함 반, 집에서 뛰쳐나온 헨처드는 마을 축제에서 만취하고 만다. 그리고 바로 이곳에서 그의 인생을 바꾸어 버리는 사건이 일어나고 만다. 술만 취하면 허세를 부리던 헨처드는 술집 여주인의 농간으로, 아내를 경매에 붙여 5기니를 받고 뉴손이라는 뱃사람에게 팔아 버린 것이다.

격분한 아내 수전은 핸처드의 얼굴에 결혼반지를 집어던지고는 갓난아기를 데리고 뉴손을 따라 가 버린다. 술이 깼을 때, 핸처드는 자신의 어처구니없는 행동을 뼈저리게 후회한다. 그러나 아무리 후회한다고 한들 엎질러진 물은 다시 담을 수 없는 법. 아내는 이미 뉴손과 함께 배를 타고 떠난 뒤였으니까. 하지만 그의 아내 수전도 홧김에 뉴손을 따라나섰지만 머지않아 후회의 나락으로 떨어지기는 마찬가지다. 남편에 대한 애정이 남아서였을까, 아니면 생면부지의 남자와 살아갈 일이 막막해서였을까? 그러나 홧김에 남편을 떠난 것도 이제 돌이킬 수 없는 일이 되어 버렸다. 너무나 격정적인 커플이 아닌가, 어쩌면 두 사람은 천생연분이었는지도 모를 일이다. 그토록 후회할 일을 과감히 그리고 단호하게 실천하다니 말이다. 두 사람이 다시 만나려면 얼마나 많은 세월이 흘러야 될지 그때는 짐작도 못 했을 것이다.

　18년의 시간이 흘렀다. 어느 날 수전은 딸 엘리자베스 제인을 데리고 캐스터브리지의 읍장으로 출세한 헨처드를 찾아온다. 그리고 그 둘은 재결합하는 데 성공한다. 아내를 잃고 난 후에 깊은 참회의 마음으로 핸처드는 금주를 맹세하고 성실하게 부와 명예를 쌓아 올린 것이다. 그 결과가 바로 캐스터브리지의 읍장이라는 지위였다. 아내와 엘리자베스를 기꺼이 받아들이면서 헨처드는 마침내 죄의식과 후회에서 벗어날 수 있었다. 그렇지만 핸처드는 이것 또한 더 큰 불행의 서막이라는 사실은 짐작도 못 했다. 자신의 딸이라고 믿었던 엘리자베스가 뱃사람 뉴손의 딸이라는 것을 알게 되었기 때문이다. 하지만 헨처드로서는 더 이상 어찌할 도리가 없었다. 그는 모든 것을 자기 탓으로 돌리고 있었기 때문이다. 아내의 어리석은 선택도, 엘리자베스 제인의 탄생도 모두 스물한 살 때 저지른 자신의 실수 때문이니, 결국 자신이 모두 감당해야만 하는 업보라고 생각했던 것이다.

　결국 『캐스터브리지의 읍장』에서 작가가 헨처드의 기구한 삶을 통해 보여 주고자 했던 것은, 바로 이 후회라는 감정의 내적 메커니즘이 아니었던가! 지나친 후회가 한 사람의 인생을 파멸시키는 과정을 섬세하게 추적하면서 말이다. 감정적으로야 핸처드의 생각은 타당해 보인다. 그렇지만 정말 수전이 헨처드를 떠난 것, 그리고 수전이 뉴손과 살면서 엘리자베스 제인을 낳은 것, 이 모든 것이 전적으로 헨처드의 탓이라고만 할 수 있을까? 헨처드가 아무리 자신을 경매에 붙였다고 할지라도 수전이 좀 더 신중한 여자라면 철없는 남편을 떠나지 않았을 수도 있었다. 또 경제적으로 넉넉했다면 친딸이 죽지 않고 살아서 재회할 수도 있었을 것이다. 어쩌면 이 비극은 스물한 살 젊은 나이에 처자식을 돌보아야 하는 헨처드를 실직으로 내몬 당시 사회 구조 때문에 예정돼 있던 것은 아닐까? 분명 일자리를 잃지 않았다면, 헨처드가 좌절하여 수전과 다투거나 술독에 빠질 일도 없었을 테니까 말이다.

'후회'라는 감정에서 짚고 넘어가야 할 부분이 바로 이 지점이다. 후회에는 모든 불운을 자기 탓으로 돌리는 정신적 태도, 다시 말해 다르게 행동할 수 있는 자유가 있었다는 의식을 전제하고 있는 것이다. 영민한 철학자 스피노자가 이 점을 간과할 리 없다.

> 후회(poenitentia)란 우리가 정신의 자유로운 결단으로 했다고 믿는 어떤 행위에 대한 관념을 수반하는 슬픔이다.
> ─『에티카』에서

'후회'에 대한 스피노자의 정의에서 "정신의 자유로운 결단으로 했다고 믿는"이라는 표현에 방점을 찍어야만 한다. 자신이 모든 불행을 직접적으로 초래할 수 있는, 일종의 전지전능한 힘을 가지고 있다고 믿을 때에만, 우리는 후회의 감정에 사로잡히게 된다는 것이다. 그렇지만 사실 모든 불운을 자기가 초래한 것이라고 믿는 것, 다시 말해 자신은 선택에서 절대적으로 자유로웠다고 믿는 것만큼 기대한 착각이 어디 있겠는가. 이보다 더 큰 오만이 또 있을까? 자의식이 강한 사람이라면 모든 불행을 객관적으로 보기보다는, 다시 말해 있는 그대로 보기보다는 모두 자신의 탓으로 돌리기 쉽다. 이런 사람은 후회라는 감정으로부터 자유롭기가 힘

후회

후회에는 모든 불운을 자기 탓으로 돌리는 정신적 태도,
다시 말해 다르게 행동할 수 있는 자유가 있었다는 의
식을 전제한다. 그렇지만 절대적으로 자유로운 선택을
했다고 믿는 것만큼 거대한 착각이 어디 있겠는가. 이보
다 더 큰 오만이 또 있을까? 결국 후회는 강한 자의식을
가진 사람에게 자주 찾아오는 감정이다.

들다. 결국 후회는 신과 같은 강한 자의식을 가진 사람에게 자주 찾아오는 감정이라고 할 수 있다.

예를 들어, 아버지가 음주운전으로 이 세상을 떠나게 되었다고 하자. 딸은 아버지의 죽음을 자신의 성적이 나빴던 탓이라고 믿을 수도 있다. 그날 아침에 좋은 성적표를 보여 드렸다면, 아버지가 밤에 술을 마시지 않았으리라는 생각이다. 그렇지만 아버지는 동창회에서 친구와 만나 술을 마셨고, 가까운 거리라 차를 직접 몰고 귀가하다가 사고를 당했을 뿐이다. 딸의 후회에는 자신이 모든 것을 결정할 수 있는 자유가 있었다는 것을 전제하고 있다. 자신이 더 열심히 공부해서 성적을 올렸다면 아버지는 죽지 않았을 것이고, 자신이 공부를 제대로 하지 않았기 때문에 아버지가 죽음을 맞이하게 되었다는 논리다. 한마디로 말해 이 논리에 의하면 딸은 아버지를 살릴 수도, 죽일 수도 있는 무소불위의 자유를 구가하고 있는 셈이다. 그러니 딸은 자기 때문에 아버지가 죽었다고, 그러니까 자신이 살인자라고 후회하고 있는 것이다.

스피노자의 정의가 중요한 것은, 여기서 후회라는 슬픈 감정에서 벗어날 수 있는 실마리를 얻을 수 있기 때문이다. 만약 어떤 행위가 자신의 자유로운 결단에서 이루어진 것이 아니라는 점을 알게 된다면, 비로소 후회라는 슬픈 감정으로부터 벗어날 수 있다. 그렇지만 이것은 이론적인 이야기일 뿐이다. 실제로 한 번 후회의 감정에 사로잡히면, 우리는 여간해서 이 감정을 떨쳐내기 어렵기 때문이다. 아버지가 술을 마신 것은 나의 성적이 떨어져서가 아니라 친구를 만났기 때문이라는 것을 뒤늦게 알았어도, 딸은 여

후회

전히 후회의 감정에서 벗어나지 못할 것이다. 여전히 자신의 참담한 성적 때문에 아버지는 울적해져서 친구를 만났다고, 딸은 여전히 그렇게 생각할 것이다.

토머스 하디
Thomas Hardy
1840-1928

『캐스터브리지의 읍장』(1886), 『테스』, 『이름 없는 주드』 등 웨식스(작가의 고향 도싯 주의 옛 이름) 시리즈를 통해 영국 문학사에 비극적 주인공의 원형을 창조한 작가 하디는 "빅토리아 시대의 중산층이 섹스의 판도라 상자에다 붙여 둔 봉인을 뜯어내려고 시도한 첫 번째 인물"이었다. 당시 비도덕적인 로맨스를 그렸다는 이유로 비난을 받았으나, 운명의 무게에 짓눌린 인간의 하릴없는 몸짓과 그 심리를 파고든 하디의 소설들은 지금도 스크린에서 끊임없이 현대적으로 재해석되고 있다.

『캐스터브리지의 읍장』은 19세기 중엽 영국 농촌에서 유행했던 '마누라 팔기(wife sale)'를 소재로 삼은 소설이다. 당시에도 인신매매는 불법이었지만 서민들은 그런 관행도 합법적으로 효력이 있는 줄 알았던 것이다.

이 하늘 아래에서 죄인에게는 아무리 뉘우치고 있을지라도 최소한의 위안도 허락되지 않는 것이다. 헨처드는 욥과 같은 마음으로 자신에게 저주를 퍼부었다. 헨처드처럼 격렬한 감정의 소유자는, 가난이라는 비루함을 지탱해 주는 마지막 정신적 지주라 할 수 있는 자존심을 상실했을 때면, 이렇게 자신을 저주하기 마련이다. "나만큼 용서받지 못할 인간이 또 있을까?"

존 파울즈는 하디의 창작 욕구를 이렇게 설명한다. "욕구와 단념, 영원히 사라지지 않는 추억과 끊임없는 억제, 서정적인 항복과 비극적인 의무, 야비한 진실과 그것의 고상한 사용법, 이 같은 양자 사이의 갈등과 긴장은 그 시대의 가장 위대한 예술가로 꼽히는 하디에게 창작의 원천이 되었고, 또한 그의 모든 것과 더 나아가서는 그가 살았던 시대의 전체 구조를 설명해 준다."
작가의 무덤은 웨스트민스터 사원의 '시인 코너'에 있는데, 유지에 따라 그의 심장만은 고향에 있는 아내의 무덤 옆에 묻혔다.

후회

후회는 유아적인 감정이다. 아이들은 모든 것을 자기중심적으로 느끼고 판단하는데, 비가 오는 것도 자신이 울어서라고 생각하고 무지개가 뜬 것도 자신이 방금 사탕을 먹어서 그런 거라고 생각한다. 심지어 아이들은 세계의 모든 것들이 자신에게 말을 걸고, 자신이 어떻게 행동하는지 예의주시하고 있다고 믿는다. 그래서일까, 아이들은 자기 뜻대로 세상이 되지 않을 때 그렇게 쉽게 짜증을 내곤 한다. 후회는 불행한 일의 원인을 자신에게 돌릴 때 발생하는 감정이다. 그래서 후회라는 감정에는 자기중심적으로 세상을 판단하는 유아적인 태도가 전제되어 있다. 자신의 어떤 행동이 세계를 변화시킬 수 있다고 믿지 않는다면, 후회라는 감정은 생길 수도 없다. 후회에 금방 젖어드는 사람에게는 대학에 떨어진 것도 오로지 자기 탓이다. 대학 정원 같은 구조적 문제라든가 학과 선택에 있어서 부모님의 강요 혹은 공부에 몰두하기 힘든 가정환경 같은 건 전혀 고려하지 않는다. 실연당한 것도 완전히 자기 탓이라고 믿는다. 애인이 더 멋진 이성을 만나서 자신을 떠난 것일 수도 있고, 아니면 애인이 학업 때문에 자신을 멀리한 것일 수도 있는데 말이다. 결국 후회라는 슬픈 감정에서 벗어나기 위해 우리는 유아적 태도를 벗어나야만 한다. 이것은 물론 자기중심적으로 세상을 바라보는 것이 아니라, 세상이 자기 뜻대로 되지 않는다는 것을 제대로 인식해야 가능하다. 한마디로 타자가 자기 뜻대로 되지 않는다는 것, 즉 타자의 타자성을 받아들여야 후회라는 감정에서 조금씩 벗어날 수 있다는 것이다. 이 순간 우리는 몇 가지 지혜를 덤으로 얻을 수 있다. "모든 것이 나의 뜻대로 되는 것은 아니다." "행복을 소원해도 그렇게 되지 않을 수도 있다." "예기치 않은 행복이나 불행이 나에게 올 수도 있다."

38

끌림
PROPENSIO

사랑으로
꽃필 수 없어
아련하기만 한
두근거림

『연인』,
마르그리트 뒤라스

산에서 길을 잃으면 작은 개울을 따라 내려가라는 말이 있다. 높은 곳의 물은 낮은 곳으로, 그리고 지름길을 따라 평지로 내려가기 때문이다. 대개의 경우 오랜 경험에서 우러나오는 이런 종류의 지혜는 결정적인 순간에 참 많은 도움을 준다. 그렇지만 모든 법칙에는 예외가 있는 법. 젊은 시절 지리산에서 길을 잃고 헤매던 적이 있었다. 다행스럽게도 작은 개울을 발견한 나는 쾌재를 불렀다. 드디어 산에서 내려갈 수 있게 되었구나 하고 말이다. 그런데 어찌된 일일까? 개울을 따라 서너 시간을 내려가는데, 갑자기 개울이 사라져 버리는 것 아닌가. 아마 개울물이 땅 속으로 들어가 지하수로 변신한 모양이다. 그렇다. 점점 더 커져서 마침내 바다로 이어지는 개울도 있지만, 불행히도 얼마 지나지 않아 흔적도 없이 사라져 버리는 개울도 있다. 수십 년이 지난 지금도 그때의 당혹감을 잊을 수 없으며, 나를 허탈하게 만들었던 그 개울 또한 눈앞에 선하기만 하다.

우리의 사랑도 이와 마찬가지 아닐까 싶다. 사랑으로 만개하는 줄 알았지만 그러지 못한 아련한 감정도 있기 때문이다. 스피노자가 말한 끌림이라는 감정이 바로 그것이다.

> 끌림(propensio)이란 우연에 의해 기쁨의 원인이 될 수도 있는 그 어떤 사물의 관념을 수반하는 기쁨이다.
> — 스피노자, 『에티카』에서

스피노자에 따르면 사랑의 감정은 타자와 마주쳤을 때 발생하는 기쁨으로 설명된다. 그렇지만 타자로부터 유래한 기쁨은 꽃으로 만개할 수도 있지만, 안타깝게도 만개하지 못할 수도 있다. 전자가 '사랑'이라는 감정이라면, 후자가 '끌림'이라는 감정이다. 스피노자의 영민함은 이 두 종류의 기쁨을 구별한다는 데 있다. 사랑과 끌림을 구분하는 결정적인 계기가 '우연'이란 말이다. 그러니까 이렇게 정리할 수도 있겠다. 타자와의 마주침에서 발생하는 기쁨이 필연적일 때, 우리는 이 기쁨을 사랑이라고 한다. 반면 그런 기쁨이 우연적일 때, 우리는 그것을 끌림이라고 말해야 한다. 그렇다. 사랑은 내게 필연적인 기쁨이다. 여기서 중요한 것은, 내게 사랑을 가져다주는 그 사람만이 나의 기쁨을 지속시켜 줄 수 있다는 점이다. 그러니 필연적인 기쁨이다.

반면 우연적인 기쁨에서 연유하는 끌림은 이와는 다르다. 반드시 그 사람이 아니어도 상관이 없다. 오히려 그가 가진 유머감각, 혹은 부유함 등이 결정적인 작용을 할 수도 있다. 여기서 중요한 것은 상대방이 가진 것이 나에게 매력적이냐 아니냐 하는 것은 지금 나의 현재 상태에 의해 결정된다는 점이다. 내가 우울하면, 그녀의 유머감각은 분명 내게 기쁨을 줄 수 있다. 내가 가난하면, 그가 가진 돈이 곧 나의 즐거움이 될 수 있다. 반드시 그 사람이 아니어도 된다는 것, 이것이 우연적인 기쁨의 핵심적인 요소다. 그래서 너무나 우울해서 외로울 때 누군가 따뜻하게 대해 주면 우리는 그와의 만남을 기쁘게 생각할 수도 있다. 그렇지만 이것은 우연적인 기쁨에 지나지 않을 때가 많다. 만약 내게 우울함이 가시고 행복함이 찾아올 때, 이런 우연적인 기쁨은 첫눈처럼 덧없이 사라질 테니까 말이다.

1984년에 출간한 자전적 소설 『연인(L'Amant)』(민음사)에서 마르그리트 뒤라스가 추억하고자 했던 것도 바로 이것, '끌림'이다. '연인'이라는 제목 때문에 작가가 '사랑'을 다루고 있다고 착각하지 말자. 프랑스의 식민지였던 베트남에 사는 백인들이지만 이미 가세가 기운 집, 그리고 큰오빠만 편애하고 딸을 아끼지 않는 어머니, 이런 조건에서 열다섯 살 어린 소녀가 부유한 중국인 사업가의 아들, 그것도 삼십 대 후반의 남자에게 끌린 것은 어쩌면 당연한 일인지도 모른다. 소녀와 남자가 운명적으로 만난 곳은 메콩 강의 어느 선착장. 치명적인 매력을 가지고 있는 소녀와 리무진을 타고 있는 남자의 랑데부였다. 돈이 많은 데다 자상하고 섬세하기까지 한 남자, 그가 소녀를 달콤하게 유혹한다. 어떻게 이런 유혹을 뿌리칠 수 있겠는가, 불행한 삶은 조그마한 행복에도 달뜨기 마련인데. 그렇지만 나중에 소설가로 성장하게 될 영민함이 빛을 발해서일까? 소녀는 그를 사랑하는 것이 아니라 그에게 끌리고 있다는 것을 자각하고 있었다.

거실 안은 어두웠으나 그녀는 차양을 걷어 올리라고 말하지 않는다. 그녀는 아주 뚜렷한 어떤 감정도 없이, 증오심도, 혐오감도 없이 서 있다. 아마도 어느새 욕망이 고개를 든 것이다. 그러나 그녀는 그런 문제에 아직은 무지하다. 그 전날 밤, 그가 그녀에게 집에 가자는 제안을 했을 때 그녀는 선뜻 승낙했다. (……) 그는 떨고 있다. 처음에는 그녀를 바라보고만 있다. 마치 그녀가 말하기를 기다리는 것처럼. 그러나 그녀는 말하지 않는다. 그러자 그는 움직이지도 않는다. 그녀의 옷을 벗기지도 않는다. 다만 그녀를 사랑하고 있다고, 미친 사람처럼 사랑하고 있다고 말한다. 아주 낮은 소리로 그렇게 말한다. 그러고 나서 침묵한다. 그녀는 아무런 대답도 하지 않는다. 그녀로서는 그를 사랑하지 않는다고 말할 수도 있었다. 그녀는 아무 말도 하지 않는다. 불현듯 그녀는 알게 된다. 그는 자기를 알지 못하고, 앞으로도 결코 알 수 없을 것이며, 그토록 퇴폐적인 모습들을 인식할 능력이 없다는 것을. 그녀를 붙잡기 위해서는 너무나도 많은 우여곡절을 겪어 내고 치러 내야 하는데, 그로서는 결코 해낼 수 없을 것이다. 오직 그녀만이 알고 있을 뿐이다. 그녀는 알고 있다. 그에 대해 아는 바가 전혀 없다는 사실을 인식했을 때, 그녀는 갑자기 깨닫게 된다. 나룻배에서 이미 그가 그녀의 마음을 끌었다는 것을. 그가 마음에 든다.

소녀는 얼나싯 실 나이에 걸맞지 않는 성숙함을 보인다. 그 나이의 소녀라면 낯선 욕망에 사로잡혀 자신도 모르게 사랑을 읊조리기 쉬울 것이다. 그렇지만 소녀는 자신의 감정을 너무나도 잘 알고 있었다. 자신은 사랑에 빠진 것이 아니라, 그에게 끌리고 있다는 사실을 말이다. 그녀의 감정이 사랑이 되기 위해서는 어떤 우연적인 조건과는 무관하게, 그와 함께 있음으로 인해 기쁨을 느껴야만 한다. 그렇지만 지금 소녀는 자신의 감정이 우연적인 조건에 지배되고 있다는 사실을 너무나 잘 알고 있다. 경제적인 문제와 가족 간의 갈등처럼 집안 사정이 그토록 남루하지 않았다면, 소녀는 결코 나이 많은 중국 남자에게 끌리는 일은 없었을 것이다. 그렇지만 우리는 이제 알고 있다. 그것 없이는 자신이 제대로 존재하기 어려울 때만이, 우리는 그것을 필연적인 만남이라고 할 수 있다. 반면 다른 것이 그 자리를 대체할 수 있어서 그것 없이도 살 수 있다면, 그것은 우연인 것이다.

그렇게 그 동양인 남자에게서 느낀 설렘과 기쁨이 소녀에게는 우연적인 것에 지나지 않았다. 그에 대한 자신의 감정은 사랑이 아니라 단지 끌림에 불과하다는 것, 소녀는 그걸 너무나 잘 알고 있었던 것이다. 표면적으로 불행한 사람은 그녀보다 스무 살도 더 많은 남자 쪽으로 보일 것이다. 그는 소녀에게 끌렸던 것이 아니라 그녀를 사랑했기 때문이다. 사랑하는 사람이 결코 자신을 사랑하지 않으리라는 사실을 아는 것만큼 가슴 아리는 일이 또 있을까? 그렇지만 사랑에 빠진 자신의 마음을 그가 어떻게 할 수 있겠는가. 수십 년이 흐른 뒤, 남자가 전화를 건다.

그는 그녀를 생각하며 슬퍼했다고 말했다. 그러고는 무슨 말을 해야 할지 몰라 했다. 그는 잠깐 뜸을 들인 후 이렇게 말했다. 그의 사랑은 예전과 똑같다고. 그는 아직도 그녀를 사랑하고 있으며, 결코 이 사랑을 멈출 수 없을 거라고. 죽는 순간까지 그녀만을 사랑할 거라고.

    과연 이 남자, 수십 년을 한결같이 한 여인을 사랑했던 이 남자는 정말 불행하다고 할 수 있을까? 이런 의문이 드는 것은 어쩌면 진짜로 불쌍한 사람은 소녀, 그러니까 뒤라스였을 수도 있다는 느낌이 들기 때문이다. 사랑으로 꽃필 수 없어 아련하기만 한 감정, 끌림에만 머물러 있었던 사람은 그가 아니라 바로 그녀였으니까. 그래서 책을 덮으면서 우리는 소망해 본다. 뒤라스도 다른 어떤 남자에게서 우연적인 끌림이 아니라, 그가 아니면 자신의 존재 이유마저 없어질 그런 필연적인 사랑을 한 번이라도 느껴 보았기를. 그러지 못했다면 그녀의 삶은 정말로 불행할 수밖에 없다. 사랑이 아니라면 그 누가 자신이 어떤 꽃인지를 알 수 있겠는가. 불행 중 다행이랄까, 그녀도 분명 다른 남자에게서 사랑을 느꼈던 것 같다. 그게 아니라면 어떻게 그녀가 자신을 사랑했던 동양인 남자를 회상하는 자전적 소설을 쓸 수 있었겠는가. 평생 끌림만을 경험했다면, 그녀는 결코 그 중국 남자의 사랑을 음미는커녕 이해할 수조차 없었을 테니까.

    끌림

끌림은 사랑이 아니다, 사랑은 나의 본질과 관련되기 때문이다. 비유하자면, 음식이 배가 고파서 맛있는 것과 입맛에 맞아서 맛있는 것은 질적으로 다른 것이다. 그러니까 끌림을 사랑으로 착각하지 않으려면, 우리의 삶이 사랑에 허기질 정도로 불행한 상태는 아닌지 스스로 점검해 봐야 한다.

마르그리트 뒤라스
Marguerite Duras
1914-1996

자전적 소설 『연인』(1984)의 주인공처럼, 뒤라스는 프랑스의 식민지였던 베트남(인도차이나)에서 태어났는데 프랑스어 교육 공무원이었던 아버지를 일찍 여의고 가난하게 살았다. 소르본 대학교에서 법학과 정치학을 공부했으며, 영화 「히로시마 내 사랑」(1959)의 시나리오를 쓰는 등 알랭 로브그리예와 함께 '누보로망' 문학과 영화를 이끌었다.

노년에 알코올중독과 간경화증으로 고생했으나 『연인』으로 '공쿠르상'을 수상하고, 작품이 영화화되면서 국제적으로 명성을 얻게 되었다. 이 소설은 가난한 백인 소녀와 부유한 동양 남자 사이의 연애 이야기이지만, 실은 가족에 대한 아픔을 말하고 있다. "슬픔이 내 연인이라고. 어머니가 사막과도 같은 자신의 삶 속에서 울부짖을 때부터 그녀가 항상 나에게 예고해 준 그 불행 속에 떨어지고 마는 내 연인이라고." 줄리아 크리스테바는 "뒤라스의 작품에서는 죽음과 고통이 텍스트의 거미줄이다."라고 설명한다.

그런데 죽음은 나에게서 떠나가지 않았다. 나는 큰오빠를 죽이고 싶었던 것이다. 나는 그를 죽이고 싶었고, 한 번만 딱 한 번만 그를 이기고 그가 죽는 것을 보고 싶었다. 어머니의 면전에서 그녀가 사랑하는 그 아들을 제거해 버림으로써, 큰아들을 그렇게도 편애한 어머니를 벌하고 싶었기 때문이었다.

뒤라스가 계속 감각적인 글을 쓸 수 있었던 것은 예순여섯 살 때 그녀를 찾아온 20대 청년 얀 앙드레아가 끝까지 그녀의 곁을 시켜 주었기 때문이기도 하다. "뒤라스는 내가 그녀와 나눈 것을 다른 사람들과 공유하는 걸 용납하지 못했다. 독점욕이 강한 그녀에게 그건 엄청난 고통이었다." 『연인』은 뒤라스가 구술하고 얀이 타이프를 쳐서 완성한 원고이다.

철학자의
어드바이스

────────────────

너무나 서둘러 일찍 결혼하는 여성이 있다. 이건 그녀의 행복지수가 매우 낮기 때문에 일어난 일이라고 할 수 있다. 불행한 가족과 함께 유년시절을 보낸 사람은 행복지수가 매우 낮다. 그래서 그녀는 누군가가 조금만 잘해 주어도 금방 그 사람에게 끌리게 된다. 당연한 일이다. 밥을 먹을 때마다 '식충'이라고 놀림을 받을 정도로 천덕꾸러기 대접을 받았던 여자가 있다고 하자. 그녀에게 어떤 남자가 "정말 맛나게 잘 드시네요."라고 친근하게 이야기한다면, 그녀가 어떻게 그를 거부할 수 있겠는가. 그녀는 곧 가족을 떠나 그와 새로운 삶을 꾸리려고 할 것이다. 그렇지만 그 남자와의 생활이 어느 정도 안정이 되면, 그녀는 금방 그에게 심드렁해질 것이다. 아니면 지금 살고 있는 남자보다 조금 더 잘해주는 남자가 생기면, 그녀는 금방 새로운 남자에게 또 끌리게 될 것이다. 어린 시절을 불행하게 보냈지만 그 대가로 화려한 연예인이 되는 데 성공했던 여배우들의 경우에 대부분 결혼 생활이 비극적으로 파탄 나는 데도 다 이유가 있는 것이다. 그렇지만 끌림은 사랑이 아니다. 끌림이 나의 과거 상태에 의존한다면, 사랑은 나의 본질과 관련되기 때문이다. 비유하자면, 어떤 음식이 배가 고파서 맛있다고 느끼는 것과 내 입맛에 맞아서 맛있다고 느끼는 것은 질적으로 다른 것이다. 그러니까 허기짐이 없을 때에만 내 입맛에 맞는 음식을 찾을 수 있는 것처럼, 누군가를 사랑하기에 앞서 나의 삶 자체가 지나치게 불행한 건 아닌지 점검해 봐야 한다. 다시 말해 끌림을 사랑으로 착각하지 않으려면, 우리의 삶이 어느 정도는 행복하도록 스스로를 배려해야 한다는 것이다.

39

치욕
PUDOR

잔인한
복수의 서막

「토요일」,
이언 매큐언

간만에 장인어른, 그리고 사랑스러운 아들과 딸이 한자리에 모였다. 인생에서 부족한 거라곤 하나도 없는 외과의사 헨리 퍼론에게 모처럼 온 가족이 모인 행복한 저녁식사 시간이 찾아온 것이다. 그런데 아내 로설린드가 잔뜩 겁을 먹은 표정으로 집에 들어선 것도 이 순간이었다. 뒤에 칼을 든 박스터와 그의 똘마니의 그림자와 함께. 헨리의 뇌리에는 낮에 있었던 교통사고가 즉각 떠올랐다. 박스터를 대장으로 하는 불량배 세 명에게 포위되었을 때, 헨리는 자신이 가진 의학 지식으로 박스터를 궁지에 빠뜨린 적이 있었기 때문이다. 그렇게 헨리의 시도는 성공했고, 폭력을 당할 위기는 무사히 넘겼었다. 그런데 지금 헨리는 뒤늦게 자신이 뒷골목 인간의 자존심을 건드린 것이 어떤 결과를 초래하게 되었는지를 깨닫고 있는 중이었다.

교통사고 현장에서 박스터 일당에게 포위되었을 때, 헨리는 심각한 위기에 직면했었다. 두목 박스터는 헨리를 압도하고 있었던 것이다. 그때 의사였던 헨리는 박스터가 헌팅턴병을 앓고 있음을 간파한다. 헌팅턴병은 대뇌가 위축되어 생기는 불치병이다. 이 병이 심해지면 정상적으로 걸을 수도 없고, 명료하게 말하거나 생각하지도 못하게 된다. 심지어 소변도 제대로 통제할 수 없고 남성의 경우 발기가 되지 않을 수도 있다. 한마디로 백치나 바보로 전락하는 무서운 병이다. 헨리가 이것을 알아보는 순간 바로 전세가 역전된 것이다. 의사 앞에서는 어떤 불량배도 유순한 환자로 변할 수밖에 없기 때문이다. 순발력을 발휘하여 의사로서의 포지션을 잡은 헨리 앞에서 박스터는 불치병 환자로 전락한 것이다. 결국 박스터는 자기 똘마니들이 보는 앞에서 환자가 되어 헨리에게 꼼짝 못하는 연약함을 드러내 보이고 만 것이다.

이 지점이 이언 매큐언의 소설 『토요일(Saturday)』(문학동네)에서 가장 극적인 장면이다. 사실 박스터는 헨리 퍼론이 의학 지식으로 자신을 압박했을 때, 극도의 치욕감으로 위축된 것이다. 환자라는 포지션에 던져진 순간, 박스터는 똘마니들 앞에서조차 온순한 모습을 보일 수밖에 없었다. 그렇지만 건달에게 이렇게 약점이 들통 나는 건 결코 수용할 수 없는 치욕이었던 셈이다. 작가는 참혹한 복수를 꾀하도록 만든 박스터의 치욕감을 이렇게 묘사한다.

박스터로서는 자신이 약간의 모욕과 약간의 권력 남용에 속아 넘어갔다고 느끼는 것도 당연하다. 생각할수록 괘씸한 마음이 드는 것이다. 또 한 차례의 급격한 정신적 기상 변화, 새로운 기분 전선이 다가오고 있는 것이다. 불안하다. 그는 혼잣말을 멈추고 퍼론에게 바짝 다가와서는 금속성 구취를 풍긴다. "이 구정물 같은 새끼." 박스터는 이렇게 내뱉더니 그의 가슴을 밀친다. "나를 갖고 놀아? 애들 앞에서? 내가 신경이나 쓸 것 같아? 어, 그래, 너, 아주 씹새끼야."

　의사와 환자라는 프레임에서 우월한 지위에 있는 사람은 의사이고, 두목과 똘마니라는 프레임에서 우월한 사람은 물론 두목이다. 접촉 사고가 났을 당시에, 헨리는 박스터와 두 똘마니들보다 열등한 지위에 있었다. 체육관에서 몸을 단련하는 데 대부분의 시간을 보낸 강건한 뒷골목 건달 앞에서 도서관에서 평생을 보낸 나약한 외과의사가 얼마나 힘을 쓸 수 있겠는가. 그렇지만 순간적인 기지로 헨리는 무지한 박스터에게 의사와 환자라는 거미줄을 던졌다. 한순간에 헨리가 건달들보다 우월한 위치로 역전된 것이다. 당혹감을 느끼지 않을 수 없었지만, 박스터로서는 어찌할 도리가 없었다. 자신도 모르게 여느 불치병 환자처럼 지푸라기라도 잡고 싶은 심정으로 온순해져서 헨리의 진단에 귀를 기울이고 있었으니까. 어쩌면 박스터의 반응은 너무나 자연스러운 모습 아닌가. 아무리 폭력적인 사람일지라도 자신의 생명에 영향을 미칠 수 있는 의사는 어쨌든 신과 같은 존재로 보일 테니까 말이다.
　박스터는 심한 치욕감을 느꼈다. 똘마니들 앞에서 나약한 외과의사에게 좌지우지되는 모습을 보였기 때문이다. 작가는 박스터의 치욕을 다음과 같이 근사하게 묘사하기도 한다. "장수가 우유부단하였으며, 대원들은 투항했으니, 더 이상의 치욕은 있을 수 없다." 그렇지만 그는 이미 외과의사 헨리가 던진 거미줄, 그러니까 의사와 환자라는 그물에 걸려들어 버렸다. 그러니 박스터는 거미줄에 걸린 나방처럼 몸부림을 칠 뿐 이미 그 구조에서 빠져나올 수는 없었다. 박스터는 분통이 터졌지만 헨리에게 욕지거리만 내뱉을 뿐이다. 물론 그렇다고 해서 박스터의 치욕이 해소되지는 않았다. 이제 스피노자의 도움으로 치욕에 대해 더 생각해 볼 차례다.

> 치욕(pudor)은 우리가 타인에게 비난받는다고 생각되는 어떤 행동의 관념을 동반하는 슬픔이다.
> ─ 스피노자, 「에티카」에서

스피노자가 말한 것처럼 치욕은 타인이 자신의 어떤 행동을 비난한다고 생각할 때 우리 내면에 발생하는 슬픈 감정이다. 그러니까 실제로 타인이 비난하지 않을 수도 있다. 중요한 것은 타인이 비난한다고 우리가 생각하느냐의 여부이기 때문이다. 실제로 타인이 나를 비난하고 있지만 본인은 그것을 비난이라고 생각하지 않을 수도 있다. 그러면 치욕을 느끼지 않을 것이다. 반대로 타인이 나를 비난하려는 의도가 아닌데도 내가 비난받았다고 생각한다면, 그때 치욕을 느끼게 된다는 것이다. 박스터의 경우도 마찬가지다. 자기 똘마니들이 실제로 박스터를 비난했을 수도, 혹은 비난하지 않았을 수도 있다. 그렇지만 박스터는 그들이 두목인 자신을 비웃고 있다고 생각한 것이다. 뒷골목 세계에서 유일한 자긍심은 졸개들로부터 존경받는 것 아닌가. 그런데 지금 박스터는 졸개들이 보는 앞에서 어딘가 장애가 있는 불치병 환자로 대접받았

치욕은 타인이 자신의 어떤 행동을 비난한다고 생각할
때 우리의 내면에 발생하는 감정이다. 그러니까 실제로
타인이 비난하지 않을 수도 있다. 중요한 것은 타인이
비난한다고 우리가 생각하느냐의 여부다.

던 것이다.

더 심각한 것은 헌팅턴병에 걸려서 말이나 행동도 제대로 못하는 바보, 혹은 소변도 못 가리고 발기도 안 되는 무기력한 남자가 되어 버렸다는 박스터의 열등감일 것이다. 사회적인 영향력이 없는 남자들이 자랑할 것이 무엇이겠는가. 그것은 짐승과도 같은 야수성과 과감성 아닌가. 그것은 바로 동물과도 같은 판단력과 왕성한 정력으로 상징되는 것이다. 헨리는 바로 이것을 건드린 것이다. 그러니 헌팅턴병이라는 의사의 진단 때문에 박스터는 똘마니들이 자신의 권위를 조롱하게 되었다고 생각하는 것이다. 누가 바보의 말을 들을 것이며, 누가 성기마저 제대로 작동하지 않는 무력한 남자의 말을 들을 것인가. 아무리 뒷골목의 건달이라도 이런 경우 치욕을 느끼지 않을 수 없게 된다. 지적이라고 확신하는 사람은 자신의 무지가 폭로되었을 때 치욕을 느끼는 것처럼, 거친 야수성을 자랑하는 건달은 자신의 허약성이 폭로될 때 치욕을 느끼기 마련이니까.

행복이 예감되는 저녁 만찬에 박스터가 똘마니들을 데리고 난입한 것, 이것은 치욕을 갚기 위한 불가피한 선택이었다. 똘마니들에게 자신이 헨리보다 우위에 있다는 것을 보여 주지 않는다면, 어떻게 치욕을 되갚아 줄 수 있겠는가? 박스터가 취할 수 있는 방법은 사실 단순하기까지 하다. 의사와 환자라는 프레임을 찢어 버리고 터프한 건달과 나약한 시민이라는 프레임을 받아들이는 것이다. 잊지 말자, 뒷골목 건달에서부터 상류층 인사까지 인간이라면 누구나 타인으로부터 좋은 평판을 받으려는 욕망을 가지고 있다는 사실을. 물론 이런 욕망은 허영일 수도 있고, 덧없는 인간의 자존심일 수도 있다. 그렇지만 이것이 바로 평범한 우리 인간의 자화상 아닌가. 이런 허영과 자존심이 좌절되었을 때, 인간은 치욕감에 몸을 떨게 된다. 치욕을 푸는 길은 그것을 가져다준 사람에게 복수하는 길밖에 없다. 명예를 되찾는 유일한 방법인 셈이다. 토요일, 헨리가 당혹감 속에서 알게 된 것도 바로 이것이다. 타인에게 가한 치욕은 언젠가 예상치 못한 파국을 낳을 수도 있다는 사실을. 그것이 어떤 종류의 치욕이든 치욕을 가한 사람은 치욕을 받은 사람에게 치명적인 보복을 당하리라는 사실을.

이언 매큐언
Ian Russell McEwan
1948-

영국 소설가 이언 매큐언은 『암스테르담』으로 '부커 상'을 수상했으며, 영화 「어톤먼트」(2007)의 원작인 『속죄』로 널리 알려져 있다.

9·11테러 이후 지구적 차원에서 벌어지는 테러가 어떻게 평범한 도시인들의 일상과 연결되는지를 놓고 작가들의 고민이 이어져 왔다. 『토요일』(2005)은 2003년 전 세계적으로 이라크 반전시위가 일어나고 있는 어느 토요일 의사 헨리 퍼론의 하루를 묘사한다. 헨리는 섹스, 테니스, 가족 행사 등 지극히 개인적인 삶에 충실하면서 동시에 전쟁과 테러 같은 국제정치 문제를 고민하기도 한다. 하지만 전 지구적 차원의 폭력이라 할지라도 개인의 일상과 맞닥뜨리지 않는 한 '이미지'와 '담론'에 불과하다. 작가는 이 괴리에 대해 작품 서문에 솔 벨로의 소설 『허조그』를 인용한다.

어떤 도시에서, 어떤 세기에, 과도기에, 대중의 한 사람으로, 과학에 의해 왜곡되어, 조직화된 권력 아래에서, 가공할 규모의 통제를 당하며, 기계화가 빚어낸 조건 속에서, 혁명의 희망이 실패로 돌아간 뒤, 결코 공동체가 아니며 개인의 가치가 폄하되는 사회에서, 개인의 자아를 하찮은 것으로 만든 다수의 복합 권력에 기대어. 외국의 적과 싸우는 데는 수십억의 군사비를 지출하면서 국내 치안에는 인색한 권력, 자신들의 위대한 도시 안에서 벌어지는 야만과 포학 행위를 묵인하는 권력 말이다.

『토요일』에서 품위 있는 시민 헨리 퍼론은 대낮에 깡패들과 맞닥뜨리고도 반전시위에 정신을 빼앗긴 경찰의 도움을 받지 못한 채 완벽할 줄 알았던 토요일 하루를 폭력 속에 망치게 된다.

치욕

철학자의
어드바이스

'역린(逆鱗)'이라는 말이 있다. 중국 고전 『한비자』에 등장하는 개념인데, '거꾸로 된 비늘'이라는 뜻이다. 용의 머리 뒤편에는 다른 비늘 방향과 반대로 되어 있는 비늘이 모인 부분이 있다고 한다. 용을 탄 사람이 잘못해서 그 부분을 만지게 되면, 용은 화를 내며 고개를 돌려 자기 등에 타고 있는 사람을 물어 죽인다. 한비자가 용의 거꾸로 된 비늘로 이야기하고 싶었던 것은 무엇일까? 그것은 사람마다 '역린'이 있으니, 그 부분을 건드리지 않는 것이 신상에 좋다는 것이다. 어떤 이에게는 빠지지 않는 뱃살이 역린일 수도 있다. 누군가 뚱뚱한 사람에게 "어머, 건강해 보여서 너무 다행이지."라고 말했다고 하자. 뚱뚱한 사람은 그 말에 모욕감을 느끼고는 자신의 치부를 건드린 그 사람에게 적의와 반감을 품을 수도 있다. 또 어떤 이에게는 못 배운 부모가 역린일 수도 있다. 이 경우 "어머니는 무슨 과 나왔니?"라고 가볍게 되묻는 것조차 상당히 위험한 일이다. 그로부터 뿜어져 나오는 강한 살의를 견디기 힘들 테니까 말이다. 또 어떤 이에게는 이혼 경력이 역린일 수도 있다. 이 경우 "요즘엔 돌아온 싱글이 대세야."라는 말도 하지 않는 것이 현명하다. 이혼한 사람은 그 말을 자신에 대한 동정으로 느낄 수 있을 테니까. 잊지 말아야 할 것은 사람마다 역린은 전혀 다르다는 점이다. 어떤 사람은 외모에 대해 지적을 받으면 강한 반감을 표현하지만, 어떤 사람은 그저 가벼운 농담으로 받아들일 수 있다. 또한 외모를 역린으로 갖고 있는 사람도 그가 처한 상황과 분위기에 따라 외모가 역린이 되지 않을 수도 있다. 그러니까 좋은 인간관계를 꿈꾸는 사람이라면 만나고 있는 사람의 역린을 먼저 파악할 일이다. 역린만 건드리지 않고 보호해 준다면, 우리는 타인과 좋은 관계를 유지할 수 있기 때문이다. 그렇지만 웬만한 섬세함이 아니고서는 사람마다 다른 역린, 그리고 상황마다 옮겨 다니는 역린을 파악한다는 것은 여간 어려운 일이 아닐 것이다.

40

겁

PUSILLANIMITAS

실패를
예감하는
위축된 자의식

『여명』,
시도니가브리엘 콜레트

흥미로운 일이다. 강한 자는 생각을 많이 하지 않고, 약자는 생각을 많이 한다는 사실이. 철학자 니체의 지적이 옳기는 한가 보다. 물론 그렇다고 해서 강자가 생각이 없다는 것은 아니다. 단지 강자는 생각한 것을 실천으로 옮기기 때문에, 생각이 별로 없는 것처럼 보일 뿐이다. 반면 약자는 너무나 생각이 많은 것처럼 보인다. 이것은 약자에게는 실천으로 옮기지 않는 생각이 너무나 많기 때문에 그렇게 보이는 현상이다. 그래도 실천으로 옮기지 않는 생각을 많이 가지는 것이 실천으로 옮기지 못하는 자신의 나약함을 정당화하는 데 생각을 이용하는 것보다는 바람직할지도 모르겠다. 후자는 나약을 넘어 자신의 삶을 날조하는 것이니까 말이다. 자신의 진실을 은폐하기 위해 짙고 두터운 가면을 쓴다고나 할까. 새로운 사랑을 감당하기 어려워하는 어느 여인네의 구질구질한 자기 합리화 이야기가 서럽게 다가오는 것도 이런 이유에서일 것이다.

"생활방식을 바꾸고 다시 시작하는 것, 새로 태어나는 것이 내게는 그다지 힘든 일이 아니었어. 하지만 지금 원하는 건 그런 게 아냐. 이제는 내가 한 번도 해보지 못한 것을 시작하고 싶어. 알 겠어, 비알? 열여섯 살 이후 처음으로, 사랑이라는 것과 무관하게 살고 싶고, 사랑이라는 것과 무관하게 죽고 싶어. (……) 이해해 주 겠지? 이제 30년 동안 지겹도록 나를 괴롭혔던 그놈의 사랑 때문 에 죽고 사는 것이 아니라, 슬프면 그냥 슬프고 기쁘면 그냥 기쁘 고 그렇게 살려고 해. 요즘은 그래. 근사한 일이지. 너무 근사해. 하 지만…… 근데 말이야, 산모들은 해산 후 처음으로 깊은 잠을 자다 가도 아기 울음소리에는 반사적으로 벌떡 깨곤 하거든…… 우습 지, 아직도 사랑에 대해 반사적으로 행동하게 되나 봐. 사랑을 거 부했다는 것을 잊어버리고, 사랑을 마다하지 않거든, 비알."

방금 읽은 대사는 1980년대에 영화로도 인기를 끈 『여명(La Naissance du jour)』(문학동네)의 한 장면이다. 이 작품은 작가 콜레 트의 서글픈 체험이 그대로 묻어 있는 일종의 자전소설이다. 그래 서일까, 정말 경험해 본 사람만이 묘사할 수 있는 섬세한 감정 묘 사가 압권이다. 방금 읽은 구절만으로도 우리는 불혹의 나이 마흔 을 넘은 어느 여인이 어떻게 사랑에서 해탈하고자 발버둥치고 있 는지를 생생하게 경험하게 된다. 몇 번 이혼한 경험이 있는 그녀 로서는 사랑이란 정말로 매력적이지만 끔찍한 것이기도 하다. 모 든 꽃이 그런 것처럼 사랑도 수줍게 꽃망울을 내밀고는 어느 사이 엔가 세상의 모든 아름다움을 무화시키듯 절정에 이른다. 그렇지 만 비바람에 떨어져 무심한 인파에 짓밟히는 꽃들처럼 사랑도 그

겁

렇게 퇴락을 맞게 되어 있다. 이제야 그녀는 "직접 불에 데 봐야 비로소 뜨거움을 알 수 있다."는 어머니의 가르침을 이해하게 된 것이다. 그런데 이런 그녀에게 30대 중반의 멋진 남자 비알이 사랑으로 다가오려고 한다. 어쩔 것인가?

다시 한 번 질 수밖에 없는 꽃과 같은 사랑을 시작해야 하나? 아니면 이제 사랑의 뜨거움에 충분히 데어 봤기에, 이쯤에서 사랑의 꽃이 개화하는 것을 막아야 하는가? 콜레트, 그리고 작중 화자 '나'는 사랑의 싹을 자르기로 결심한다. 이런 결정에 이르도록 만든 그녀의 감정은 무엇이었을까? 스피노자라면 그것을 겁, 혹은 겁먹음의 감정이라고 말했을 것이다.

> 겁남(pusillanimitas)은 동료가 감히 맞서는 위험을 두려워하여 자기의 욕망을 방해당하는 그런 사람에 대해 언급된다.
>
> ― 스피노자, 『에티카』에서

불혹의 여인에게 싱그러운 연하의 남자가 다가오는 것은 설레는 일이지만, 동시에 부담스러운 일이기도 하다. 지금은 열정적으로 사랑에 몸을 맡길 수 있지만, 불혹의 여인은 늦가을 단풍과도 같은 사랑이 무서운 것이다. 얼마 지나지 않아 자신의 성적인 매력은 감퇴할 테지만, 연하의 남자는 더 왕성한 욕망을 드러낼 테니까 말이다. 그렇지만 이런 경우 대부분의 여자들은 기꺼이 사랑에 몸을 맡긴다. 위험하지 않는 사랑, 안전한 미래를 보장하는 사랑이 없다는 것, 그래서 사랑은 언제나 목숨을 건 모험일 수밖에 없다는 걸 잘 알고 있으니까. 콜레트도 여느 여자들과 다르지 않았다. 그녀도 비알과 사랑을 불태우고 싶었다. 이것이 그녀의 숨길 수 없는 진실이었다.

비알과 나이 차이가 많이 난다거나 비알을 몹시도 흠모하는 20대의 파릇파릇한 여자 클레망이 있다는 것도 잊어버린 채, 그녀는 비알과 사랑을 나누고 싶었다. 그것이 바로 그녀의 정직한 욕망이다. 그녀는 "윗도리를 벗은 채 약간 흥분해 있는 이 청년에게서 사랑의 밤을 느끼게 하는 향내를 맡았다." 이만큼 그녀의 욕망을 명료하게 보여 주는 것도 없을 것이다. 그렇지만 그녀는 겁이 났던 것이다. 물론 그녀는 마음속으로 자신의 비겁함을 정당화한다. 자신이 비알과 비슷한 또래의 여자였다면 다시 한 번 거침없이 사랑에 운명을 걸었을 것이라고 자위하면서. 그렇지만 이 나이에 그런 열정적인 사랑을 다시 시작하는 것이, 그녀는 너무 두려웠던 것이다. 또 뜨거운 사랑에 온 몸과 마음이 데는 것에 겁이 났으니까.

그녀가 비알을 떼어내려고 선택한 전략은 사랑에 초탈한 제스처를 보이는 것이었다. "사랑이라는 것과 무관하게 살고 싶고, 사랑이라는 것과 무관하게 죽고 싶어." 갑자기 전 남편이 했던 말을 그녀는 지금 반복하고 있다. 전 남편은 소설가 아내에게 이렇게 말하지 않았던가. "그런데 당신은 사랑이나 불륜, 약간은 근친상간적인 애정 관계, 결별 같은 것들을 다루지 않는 책은 쓸 수 없는 거요? 인생에서 그런 거 말고 다른 건 존재하지 않는 건가?" 그렇지만 사랑은 누군가를 통해 내가 완전해지고 있다는 축복과도 같은 감정 아닌가. 그러니 모든 사람들은 사랑에 그토록 목숨을 거는 것이다. 제대로 행복하기 위해서, 자신이 어디까지 성장

겁

할 수 있는지 그 잠재성에 감동하기 위해서, 우리는 사랑에 생명마저 거는 것 아닌가.

비알은 그래서 성숙하지 못한 남자였다. 그녀가 사랑에 너무나 겁을 먹고 있다는 걸 알았다면, 비알은 그녀에게 그 이상의 희망과 용기를 주었어야만 했다. 겁먹은 사람을 성숙한 사람이라고 비알은 착각하고 있었던 것이다. 몇 차례 이별을 경험했다고 해서 우리에게 용기나 성숙이 생기는 것은 아니다. 오히려 사정은 정반대다. 우리는 상처받고 또 상처받아 아직도 아물지 않는 흉터를 가지고 있게 되었다고 말하는 게 더 진실에 가까울 것이다. "사랑이라는 것과 무관하게 살고 싶고, 사랑이라는 것과 무관하게 죽고 싶어." 이 대사는 사랑이 무섭다는 것이지, 사랑을 저주한다는 의미는 아니기 때문이다. 하지만 사랑이 없는 채로 살고 죽는 것이 무슨 의미가 있다는 말인가. 그건 그녀도 알고, 동시에 그도 알았던 것 아닐까?

사랑에 겁을 먹고 있는 여자를 사랑으로부터 초탈한 사람이라고 비알이 착각한 것, 수많은 경험을 통해 그녀가 엄청 성숙한 여인이라고 비알이 오해한 것, 이것이야말로 그녀에게 비극이 아니었을까? 사실 그녀는 비알이 자신의 겁마저도 품어 줄 너른 가슴을 요구했던 것이다. 그러나 어쩌겠는가, 수녀나 비구니와 같은 삶을 선택한 그녀를 놓아줄 수밖에. 그녀의 소원대로 비알은 그녀 곁을 떠난다. 그렇지만 그녀에게 '사랑과 무관한 삶', 즉 사랑으로부터 해탈한 삶이 과연 도래할까? 결코 그럴 리도 없고, 그럴 수도 없고, 그래서도 안 된다. 다행스럽게도 그녀는 여전히 비알을 그리워하고 있다.

나 역시 감상적으로 비알을 노래하는 것이 아니라 그가 그리
울 뿐이다. 그렇다, 나는 그가 그립다. 그가 조금 덜 그리워질 때쯤
이면 그에 대해 더 근사하게 과장할 필요를 느낄 것이다.

　　우리의 인생은 사랑이 없다면 아무것도 아닌지도 모른다. 사
랑으로부터의 해탈, 그것은 오직 마지막 숨을 내뱉은 뒤에나 가능
할 뿐이니까.

접

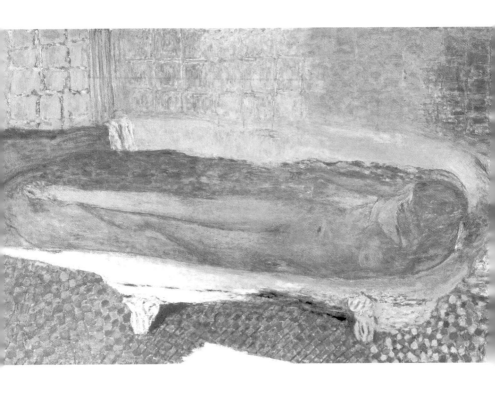

사랑에 겁을 먹고 있는 여자를 사랑으로부터 초탈한 사
람이라고 비알이 착각한 것, 수많은 경험을 통해 그녀가
엄청 성숙한 여인이라고 비알이 오해한 것, 이것이야말
로 그녀에게 비극이 아니었을까?

시도니가브리엘 콜레트
Sidonie-Gabrielle Colette
1873-1954

콜레트는 금기시되는 감정까지 솔직하게 표현하여 당시 '우리의 콜레트'라 불리는 파리의 문화 아이콘이 되었다. 모리스 라벨의 오페라 「어린이와 마술」의 극본을 썼고, 자신의 소설 「지지」의 브로드웨이 뮤지컬 공연 때는 직접 오드리 헵번을 주인공으로 발탁하기도 했다.

자전적 소설인 「여명」(1928) 또한 여성의 내밀한 욕망을 섬세하게 드러내 보인다.

과거에 존재했던 '또 하나의 나'가 내 안에서 슬그머니 잠을 깨어 엉큼하게 다시 살아나는 것이 느껴졌다. 나는 비알을 좀 더 잘 살펴보기 위해 또 다른 나를 한껏 이용했다. 몸과 몸의 만남에 대해 열정적이고, 몸이 말하는 것을 사랑의 약속으로 해석하는 데 선수인 '또 하나의 나'…… 매일매일 해수욕을 하면서 그의 벗은 몸을 보아 왔기에 나는 그의 몸 윤곽들에 친숙해졌다. 이집트인 같은 어깨, 원통형의 단단한 목, 그리고 무엇보다도 온몸에 흐르는 윤기와 헝클어진 듯하고 신비로운 분위기…… 그런 몸을 가진 비알은 쾌락을 기준으로 한 계급사회, 다시 말해서 동물적인 위계 사회에서 우월한 위치에 속한다. 내게 시간이 얼마 남지 않았음을 느끼면서, 나는 모든 감각기관을 총동원하여 금지된 구경거리가 부여한 흥분을 음미하고 있었다.

엘렌 식수는 콜레트를 "여성적 글쓰기의 대표적인 예"로 소개한다. 아버지의 파산, 유명한 남편의 외도로 인한 고통, 벨에포크 시대 물랑루즈의 팬터마임 배우, 서른 살 어린 양아들과의 스캔들, 세 번의 결혼, 그리고 레지옹도뇌르 훈징 수훈 등 여성 작가로서 모든 것을 겪고 누렸던 콜레트는 팔레루아얄 아파트에서 고양이들에 둘러싸여 전설적인 생을 마감했다. 국장으로 치러진 그녀의 장례식에는 19세기 빅토르 위고 때처럼 많은 인파가 몰렸다고 한다.

철학자의
어드바이스

인간은 겁이 많은 존재다. 그래서 종교까지 만들었는지도 모른다. 비가 오지 않아 농사를 망칠까 봐 두려워 기우제를 지내기도 한다. 그렇지만 비가 오는 것과 기우제를 지내는 것 사이에 무슨 연관이 있다는 말인가. 그저 막막하게 비가 오기를 기다리는 것보다는 뭐라도 해야 미래에 대한 공포에서 조금이나마 벗어날 수 있었을 것이다. 결국 미래에 벌어질 수 있는 가장 불행한 일에 대한 공포, 이것이 바로 겁이라는 감정의 정체다. 그러니까 겁이 많은 사람은 미래의 불행에 미리 젖어 현재 자신이 하고 싶은 일을 돌보지 않게 된다. 이빨이 썩을까 봐 달콤한 초콜릿을 먹지 못하는 사람, 실연의 공포 때문에 프러포즈를 거부하는 사람, 시험의 공포 때문에 공연을 즐기지 못하는 사람, 사고가 날까 봐 여행을 가지 않으려는 사람…… 한마디로 겁이 많은 사람은 실패를 두려워하는 사람이다. 결국 겁이라는 감정에서 빠져나오는 유일한 방법은 현재 자신의 욕망에 몰입하고 그것을 관철시키려는 자세 이외에 다른 방법은 없다. 그러니 더 강한 욕망의 대상을 만나려고 노력해야 한다. 웬만한 욕망의 대상으로는 항상 미래의 실패가 떠오를 수밖에 없기 때문이다. 그래서 미래의 모든 희망과 절망을 염두에 둘 수 없을 정도로, 우리는 아주 매력적인 그리고 강렬한 대상을 만나야만 한다. 너무나 근사해서 뿌리칠 수 없는 초콜릿을 발견하면 이빨이 썩는 것쯤이 무슨 대수이겠는가. 너무나 매력적이어서 한 번의 키스라도 좋다고 생각되는 사람을 만난다면, 나중에 올 실연이 뭐 그리 두렵겠는가. 너무나 환상적인 공연이어서 현장에 있는 것 자체만으로 지상의 행복을 느낀다면, 내일 시험이 중요하겠는가. 그러니 이런 매혹적인 대상과의 우연적인 마주침을 위해서라도 우리는 움츠러들지 말고 바깥으로 자주 나가야만 한다. 기적과도 같은 우연을 기다리면서 말이다.

41

확신
SECURITAS

의심의
먹구름이
걷힐 때의
상쾌함

『레베카』,
대프니 듀 모리에

의심한다는 것, 그것은 불행일 수도 있고 행복일 수도 있다. 아무나 의심하지 않기 때문이다. 내 생존과 밀접한 관련이 있는 사람과의 사이에 의심이 생길 수 있는데, 이것은 불행한 의심이다. 반면에 사랑하는 이가 아니라면 생길 수조차 없는 의심과 맞닥뜨릴 수도 있는데, 이건 부럽기까지 한 행복한 의심이다. 그래서 나의 생사여탈을 쥐고 있는 사람도 강자지만, 내가 사랑하는 사람도 강자로서 다가온다. 아무리 가녀리고 약한 여인이라도 그녀와 사랑에 빠진 남자에게는 어쩔 수 없는 강자일 수밖에 없다. 하긴, 이것이 바로 사랑의 힘 아닌가. 그래서 모든 의심은 강자에 대한 감정이라고 할 수 있다. 그런데 강자의 조그만 변덕도 약자에게는 치명적인 생채기를 남길 수 있다. 그러니 약자는 항상 강자의 내면에 대해 의심의 눈초리를 던질 수밖에 없는 법이다.

하물며 부유한 귀족이면서 매력적이기까지 한 남자를 사랑하여 결혼에 이른 어린 여인에게 사랑의 위력은 얼마나 대단할지 말해서 무엇 하겠는가. 그렇지만 동시에 이 어린 여인은 부유하고 멋진 남편을 항상 의심할 수밖에 없는 운명에 던져진 것이기도 하다. 더군다나 남편을 따라 들어간 대저택 생활은 그녀에게 더 커다란 의혹을 갖도록 만든다. 맨덜리 성은 아직도 그 유명한 남편의 전부인 레베카의 흔적으로 가득하기 때문이다. 비운의 사고로 죽고 사라졌건만, 레베카는 여전히 저택의 모든 공간, 모든 식솔들, 심지어는 남편까지 지배하고 있는 것만 같다. 아무리 소중한 남편의 집이라지만, 레베카와 함께 살고 있다는 느낌이 어떻게 유쾌할 수 있겠는가.

"도대체 왜 나랑 결혼한 거지? 나를 사랑하기라도 한 걸까?" 대저택의 새로운 안주인이 된 '나'는 결혼 생활에 적응하기는커녕 너무나 불안하다. 물론 이런 불안감의 핵심에는 남편 맥심의 사랑에 대한 깊은 의심이 깔려 있다. 앨프레드 히치콕의 영화로도 더 유명한 대프니 듀 모리에의 소설 『레베카(Rebecca)』(현대문학)는 '나'라는 화자, 즉 젊은 드 윈터 부인이 아름다운 전 부인 레베카를 잊지 못하는 남편에 대한 의심과 불안을 배경으로 이야기가 진행된다. 그렇지만 얼마 지나지 않아, 맥심은 '나'에게 충격적인 고백을 한다. 레베카는 모든 사람에게 현모양처의 연기를 했을 뿐, 사실 악녀의 화신과도 같은 여자였다는 사실을. 심지어 맥심은 그걸 못 견디고 끝내 레베카를 총으로 쏴 죽이고는 보트 사고로 위장해 버린 사실.

    "레베카, 당신은 나를 경멸하겠지? 내가 당한 치욕과 자기혐오를 이해하지 못하겠지?"

나는 아무 말도 하지 못했다. 그저 맥심의 두 손을 내 가슴에 끌어당겨 쥐었다. 난 그의 치욕에는 관심이 없었다. 그가 말한 그 어느 것도 중요하지 않았다. 단 한 가지 생각만 계속 메아리쳤다. 맥심은 레베카를 사랑하지 않았다. 한 번도 사랑한 적이 없다. 함께 행복했던 순간도 없었다. 맥심은 계속 말하고 나는 계속 들었지만, 그 외의 다른 말은 의미가 없었다. 내겐 중요하지 않았다.

(……)

"여보, 맥심, 내 사랑." 나는 그의 손을 가져다 내 얼굴 위에 놓았다. 그리고 거기 입술을 대었다.

"당신은 이해할 수 있소?"

"그래요, 이해해요." 하지만 나는 그의 시선을 피해 얼굴을 돌렸다. 내가 그를 이해하고 말고가 어찌 중요한가? 내 마음은 깃털처럼 공중을 날았다. 맥심은 레베카를 사랑하지 않았다.

두 사람 사이에서 의심과 불안이라는 암울한 분위기를 조장했던 레베카라는 유령이 사라지는 순간이다. 남편은 전 부인을 사랑했던 적이 없고, 심지어 증오하기까지 했다. 더군다나 남편은 마치 나이 어린 자신이 마리아라도 되는 것처럼 자기 앞에서 모든 죄를 고해성사하기까지 한다. 철저하게 자신의 속내를 보이는, 오직 사랑하는 사람만이 할 수 있는 행동 아닌가. 모든 의심이 봄눈 녹듯이 사라지자, 드 윈터 부인의 마음은 "깃털처럼 공중을 나는"것처럼 가벼워졌다. 이제야 그녀는 남편이 지금까지 사랑한 사람은 오직 자신뿐이라는 걸 알게 된 것이다. 이때 드 윈터 부인의 마음을 사로잡고 있는 감정이 '확신'이 아니라면 도대체 무엇이겠는가.

> 확신(securitas)은 의심의 원인이 제거된 미래 또는 과거 사물의 관념에서
> 생기는 기쁨이다.
> — 스피노자, 『에티카』에서

스피노자의 말대로 확신은 의심이 없다면 발생할 수도 없는 감정이다. 의심을 충분히 일으킬 만한 원인이 사라져야만 확신의 기쁨이 찾아오니까 말이다. 낯선 여행길을 지도에 의지해 가고 있다고 하자. 교차로에서 호텔로 가는 길이 이쪽인지 저쪽인지 알 수가 없다. 지도를 몇 번이나 꼼꼼히 보아도 의혹은 풀리지 않는다. 그렇지만 어쩌겠는가? 이쪽이든 저쪽이든 선택은 해야 한다. 그렇게 선택한 길을 갈 때 시간이 지날수록 의구심은 더 커지기 마련이다. 가지 않은 길이 목적지로 가는 진짜 길일 수 있다는 생각이 더 들 테니까. 그럴 때 갑자기 저 멀리 호텔이 보인다면, 우리는 주체할 수 없는 기쁨을 느끼게 된다. 만일 그동안 의심이 작았다면 확신이 가져다주는 기쁨의 강도도 보잘것없을 테지만, 의심이 크고 깊었다면 확신은 그 어떤 감정보다 더 강한 희열이 되어 돌아올 것이다.

그렇지만 확신에는 어떤 흉터, 그러니까 의심을 품었던 상처가 그대로 남아 있을 수밖에 없다. 언제든지 이 상처는 다시 드러날 수 있고, 확신은 다시 저 멀리 물러나고 의심이 그 자리를 차지할 수도 있다. 그러니까 확신과 의심은 동전의 양면과도 같은 비극적 숙명에 서로 묶여 있는 셈이다. 앞면이 보이면 뒷면은 보이

확신

확신은 의심이 없다면 발생할 수도 없는 감정이다. 의심
을 일으킬 만한 원인이 사라져야 확신의 기쁨도 찾아오
니까. 만약 의심이 크고 깊었다면, 확신은 그만큼 더 강
한 희열을 안겨줄 것이다. 그렇지만 확신에는 어떤 흉
터, 그러니까 의심을 품었다는 흔적이 남아 있을 수밖에
없다.

지 않고, 뒷면이 보이면 앞면이 보이지 않는 모양새다. 바로 이 부분이 중요하다. 어떤 사람에 대한 확신과 의심은 동시에 존재하는 법이다. "이제 나는 당신을 확실히 믿어요." 사실 이것은 사랑하는 사이에서는 발화되어서는 안 될 말이다. 애당초 의심이 없었다면 이런 말은 할 필요도 없을 테니까. 거꾸로도 마찬가지다. "이제 내가 당신을 어떻게 믿을 수 있을까요." 이 말에도 상대방에 대한 어떤 확신이 전제되어 있는 것이다. 이처럼 확신과 의심의 동전 굴리기는 사랑에 빠진 두 사람의 정신을 분열시키고, 끝내 사랑을 비극으로 물들이기 쉬운 법이다.

드 윈터 부인의 확신에는 무언가 비극적인 결말, 혹은 새롭게 증폭되는 의심이 예감되어 있는 건 아닐까? 더군다나 레베카가 악녀였다는 사실은 오직 그의 남편 맥심만이 아는 것이었다. 레베카가 유혹했다는 남자들을 제외하고는, 대저택의 모든 식솔들이 레베카를 완벽한 현모양처로 기억한다. 게다가 레베카가 유혹했던 남자들 얘기도 남편 맥심의 입에서만 나온 것 아닌가. 그러니까 맥심만 죽는다면, 레베카는 그 누구도 의심하지 않는 완전한 현모양처였던 셈이다. 한 점의 의혹이 일지 않겠는가? 어떻게 그토록 완벽하게 허점 하나 남기지 않고 연기를 할 수 있었단 말인가. 그런데 어느 폭풍우 몰아치는 날 우연하게 바다 속에서 레베카의 시체와 보트가 발견되면서 사고사로 종결이 났던 사건은 다시 맥심을 위기에 몰아넣는다. 바로 이런 위기 속에서 맥심은 아내에게 레베카의 전모를 고백했던 것이다.

혹시 맥심은 나약한 악마가 아니었을까? 아내를 죽인 자신의 죄를 변명하기 위해 레베카를 악녀로 만든 건 아닐까? 만약 그렇다면 이제 남편의 사랑을 확신하던 드 윈터 부인이 악마의 두 번째 희생양이 될지도 모를 일이다. 의심과 확신의 드라마를 펼쳤던 『레베카』가 끝날 즈음, 남편의 사랑이었던 대저택은 화염에 휩싸인다. 레베카의 저주일까, 아니면 그녀를 숭배하던 하녀가 저지른 복수였을까? 아니면 대저택을 불태워서 완전히 새로운 삶을 도모하려는 맥심의 흉계였을까? 어쨌든 대저택과 함께 레베카를 알았던 모든 사람들은 뿔뿔이 흩어지게 될 것이다. 그리고 우리 여주인공은 남편 맥심과 함께하게 될 것이다. 그녀는 과연 평안할까? 새로운 의심, 과거보다 더 깊은 의심을 던지며 소설은 이렇게 마무리된다.

대프니 듀 모리에

Daphne Du Maurier

1907-1989

모리에의 열렬한 팬이었던 히치콕은 『자메이카 여인숙』, 『새』, 『레베카』(1938) 등을 영화로 만들었으며, 특히 『레베카』는 오스트리아 뮤지컬로 각색되어 대표적인 빈 뮤지컬로 인기를 끌고 있다.

『레베카』에서 죽었으나 살아 있는 사람처럼 맨덜리 저택을 지배하고 있는 레베카, 과거에서 벗어나고 싶어 하는 맥심. 그리고 보잘것없는 신분으로 대저택의 주인과 사랑에 빠진 '나'의 구조는 샬럿 브론테의 『제인 에어』를 연상시킨다.

"이제 알았나요? 당신은 절대 레베카 마님을 이길 수 없지요. 그분은 아직도 이곳 안주인이니까. 진짜 드 윈터 부인은 바로 그분이지요. 그림자이고 유령인 건 그분이 아니라 당신이라고요. (……) 교회 지하 묘지에 누워 있어야 할 사람은 그분이 아니라 당신이에요. 죽어야 할 사람은 드 윈터 부인이 아니라 당신이라고요."

이 섬뜩한 위협 앞에서 두려움에 떨고 있는 '나'를 어른으로 만든 힘은 바로 남편이 자신을 사랑한다는 '확신'이었다. "두 번 다시 어린아이가 되지는 않을 것이다. 더 이상 나는 없다. 우리가 있을 뿐이다. 우리는 함께 맞서리라."

공감과 슬픔으로만 받아들였던 침묵이 실은 수치심과 당혹스러움에서 나온 것이었다니. 돌이켜 보면 왜 진작 깨닫지 못했는지 의아할 정도다. 스스로 쌓은 벽을 깨지 못해 고통 받는 사람이 세상에는 얼마나 많을까? 그렇게 진실 앞에서 눈감아 버리는 아둔함이 얼마나 높고 거대하고 뒤틀린 장벽을 쌓아 올리는 것일까? 내가 바로 그런 짓을 했다. 마음속에 잘못된 그림을 그리고는 그 앞에 그저 앉아만 있었다. 진실을 알아내려는 용기가 없었던 것이다. 내가 단 한 걸음만 나아갔어도 맥심은 넉 달 전, 아니 다섯 달 전에 이 모든 이야기를 내게 해 주었을 텐데.

확신

철학자의
어드바이스

"나는 너를 믿어!" 정말 무서운 말이다. 이 말을 들었을 때, 지혜로운 사람만이 상대방의 깊은 의심을 읽어낼 수 있다. 그리고 용수철이 눌려진 것처럼 압력을 받아내고 있는 이 조용한 의심은 언제든 튕겨져 나올 준비를 하고 있는 것이다. 대부분의 평범한 사람들은 확신과 의심 사이를 저울추처럼 움직이며 살아가고 있다. 그것은 우리가 자신이 가진 역량보다는 타인에게 더 많이 의존해서 살아가기 때문이다. 자신의 믿음대로 타인이 움직일 때 행복해지고, 그러지 못할 경우에 불행해질 것이라고 생각하는 셈이다. 여기서 우유부단함과 소심함이라는 감정도 덤으로 자라나게 된다. 확신과 의심이라는 치명적인 변증법에서 벗어나는 방법은 하나의 슬로건을 따르는 것으로 충분하다. "아님 말고!" 그러니까 자신이 할 수 있는 것을 모두 한 다음에 그 결과가 좋지 않으면 쿨하게 포기하는 것이다. 그러니 상대방이 어떻게 하느냐는 전혀 신경 쓸 일이 아닌 게 된다. 예를 들어 내가 누군가를 사랑한다면, 그것만으로 충분하다. 그러니 상대방이 나를 사랑하는지의 여부를 확신하거나 의심할 이유도 없는 것이다. 만일 상대방이 나를 사랑하면, 그것을 그저 행운이라고 생각하면 될 뿐이다. 그러니까 진짜 고민해야 할 것은 상대방이 나를 사랑하는지의 여부가 아니라, 정말로 내가 상대방을 사랑하는지가 될 것이다. 이것은 사랑에만 적용되는 게 아니다. 모든 인간관계, 혹은 세상과의 관계에서도 그대로 적용되는 일이다. 타인에 대해 확신을 갖거나 의심을 품을 이유는 없다. 그저 묵묵히 그리고 당당하게 자신이 해야 할 일을 할 뿐이다. 의심과 확신에 갇힌 사람이라면 이제 시선을 밖이 아니라 안으로 돌리도록 하자. 그러면 아마도 너무나 의존적이고 나약한 자신을 발견하게 될 것이다. 이런 나약함을 극복하지 않는다면, 아마 우리는 영원히 확신과 의심 사이를 방황하는 길 잃은 영혼으로 남게 될 것이다.

42

희망
SPES

불확실해서
더 절절한
기다림

『위대한 유산』,
찰스 디킨스

나는 그녀를 사랑하노라, 사랑해, 그녀를 사랑해! 그러자 과거에 대장장이 소년이었던 내게 그녀가 배필로 예정되었다는 것에 대한 감사의 감정이 복받쳐 올랐다. 그런 다음에는 이런 생각이 이어졌다. 만약 내가 염려했던 대로 그녀가 이 운명에 대해 아직 열렬한 감사의 마음을 전혀 느끼지 않고 있다면, 그녀는 과연 언제쯤 나에게 관심을 보이기 시작할까?

예언은 신비한 매력을 가진다. 특히 멋진 미래를 약속받는다는 것만큼 가슴 설레는 일도 없을 것이다. 대장장이 소년이었던 핍도 그랬다. "에스텔러를 사랑하라!" 미스 해비셤의 예언과도 같은 주문 때문인지, 그의 가슴은 행복으로 터질 것만 같았다. 언감생심! 사랑은 꿈도 꿀 수 없을 것만 같았던 에스텔러와 연인이 되고 마침내 결혼도 할 수 있다니, 그야말로 꿈만 같은 일 아닌가. 그렇지만 핍은 불안하기만 하다. 미스 해비셤이 원한다고 해서 에스텔러는 과연 보잘것없는 자신에게 관심을 가져 줄까? 그렇지만 미스 해비셤의 예언은 불가능해 보이던 희망을, 에스텔러를 차지할 수 있으리라는 희망을, 볼품없는 핍의 가슴에 아주 깊게 새겨 넣은 것이다. 이것이 바로 예언이 가진 힘 아닌가. 희망은 이렇게 예언처럼 우리에게 다가오는 법이다.

핍이라는 불우한 소년의 희망과 좌절에 대한 기록, 이것이 바로 찰스 디킨스의 『위대한 유산(Great Expectations)』(민음사)이다. 19세기 소설이지만 지금도 우리의 손에 디킨스의 소설이 들려 있는 이유는 무엇일까? 그것은 자본주의 속에서도 작동할 수밖에 없는 인간의 가장 심오한 감정, 즉 희망을 다루고 있기 때문이다. 그렇다면 인간이 궁극적으로 바라는 것은 무엇일까? 그것은 타인으로부터 관심과 사랑을 받는 것이다. 19세기 영국도 그랬지만 지금 우리도 자본주의 사회에 살고 있다. 어렵게 생각하지 말자. 이것은 우리가 돈을 많이 가질 때 더 많은 관심과 사랑의 대상이 되는 사회에 살고 있다는 것을 의미하니까. 소설의 원제목도 '큰 재산을 얻거나 물려받을 가능성에 대한 기대'를 뜻한다. 비천한 대장장이 소년의 인생역전은 뭐니 뭐니 해도 일확천금 아니겠는가.

핍은 에스텔러가 돈 많은 남자를 선택하리라는 것을 알 수 있었다. 그만큼 에스텔러는 아름답기는 하지만 역시 속물이었으니까. 결국 미스 해비셤의 예언이 실현되려면, 핍은 자신을 위대하게 만들어 줄 수 있는 '위대한 유산'을 받아야만 했다. 막대한 유산을 받을 수도 있을 가능성이야말로 에스텔러와 연인이 될 수 있는 가능성을 보장할 테니까. 결국 위대한 유산에 대한 희망은 사랑에 대한 희망과 밀접하게 연결되어 있었던 셈이다. 이렇게 사

희망

랑에 대한 희망은 돈에 대한 희망으로 연결된다. 불행히도 이때 핍은 자신이 돈만 밝히는 속물이 될 위험에 노출되어 있다는 것은 자각하지 못한다. 그러나 다행히도 '위대한 유산'이 좌절되면서, 핍은 그런 위험에서 벗어나게 된다. 잘못됐으면 돈으로 묶인 환상적인 속물 커플이 탄생할 뻔했던 것이다.

어떤 것에 대해서든 희망을 품어 본 사람이라면 안다. 희망이라는 감정이 또한 얼마나 불안한 감정인지를 말이다. 에스텔러와 손을 잡고 산책하는 장면, 혹은 그녀와 키스를 나누는 장면을 그리는 것만으로도 핍은 행복했을 것이다. 그렇지만 과연 그의 희망은 이루어질 수 있을까? 여기에 바로 희망의 감정이 가진 짙은 어둠이 존재한다. 감정의 철학자 스피노자가 이 대목을 놓칠 리가 없다.

> 희망(spes)은 우리들이 그 결과에 대하여 어느 정도 의심하는 미래나 과거의 사물의 관념에서 생기는 불확실한 기쁨(inconstans laetitia)이다.
> ― 스피노자, 『에티카』에서

'결과가 어느 정도 의심되는 기쁨', 그러니까 '불확실한 기쁨'이 바로 희망이다. 여기서 우리는 '불확실'이라는 단어에 강조점을 찍어야만 한다. 그렇게 된다면 너무나 기쁠 텐데, 그렇게 되지 않을 수도 있다. 이것이 바로 '불확실성' 아닌가. 바로 이런 맥락에서, 희망이라는 감정 뒤에는 우리의 삶을 뒤죽박죽으로 만들수 있는 힘이 숨겨져 있다. 자신의 희망대로 상황이 펼쳐진다면 행복하겠다는 생각이 크면 클수록, 현재 우리가 느끼는 불확실성은 그만큼 우리의 숨통을 조여 올 것이다. 희망이 주는 불확실성을 견디기에 너무나 나약하다면, 우리는 희망이 넌지시 보여 주는 기쁨의 상태를 생각하지 않으려고 몸부림 칠 것이다. 희망이 약속하는 기쁨을 생각하지 않을 때, 우리는 미래의 불확실성에 몸을 떨 필요가 없을 테니까. 희망은 그것이 안겨 주는 기쁨이라는 앞면과 불확실성이라는 뒷면을 가진 동전과도 같다. 그러니 사실 어느 하나를 제거할 수는 없는 것이다. 하나가 제거되면, 나머지 다른 하나도 동시에 사라질 수밖에 없다.

항상 그림자를 곁에 두고 있는 나무를 생각해 보자. 나무가 자라면 자랄수록 그림자도 그만큼 더 커지고 길어진다. 그림자의 검은빛을 싫어하는 사람이 있다고 하자. 동시에 그는 큰 나무의 웅장함도 포기하지 않으려고 한다. 그렇지만 나무를 그대로 두고 그림자를 반으로, 나아가 반의 반으로 줄이려는 그의 소원은 이루어질 수 있을까? 불가능한 일이다. 그림자를 줄이기 위해서는 크고 웅장한 나무를 자르지 않을 수 없을 테니까. 희망도 마찬가지다. 미래의 불확실성이 싫어서 그것을 줄이려고 한다면, 우리는 희망 자체를 그만큼 잘라내야 한다. 잊지 말자. 나무가 있어서 그림자가 생기는 것처럼, 희망에 따른 그 미래의 설렘이 있기에 불확실성도 발생한다는 사실을 말이다. 따라서 불확실성이 견디기 힘들도록 무섭다는 이유로 희망의 싹을 자르려고 한다면, 그것은 어리석은 일이 될 것이다.

『위대한 유산』은 고아 소년 핍이 미몽에서 깨어나는 과정을 그린 슬픈 소설이다. 돈이 지고한 가치로 군림하는 사회에서 사랑받으려는 인간의 희망이 어떻게 왜곡되고 굴절되는지, 그리고 마

희망

침내는 어떻게 파국에 이르는지를 이보다 더 명확하게 보여 주었던 작품도 없으리라. 그렇지만 작가가 더 중요하게 의도한 바는, 자본주의에 오염된 인간의 가짜 희망을 통해 진정한 희망이 무엇인지를 역설적으로 보여 주려고 했던 것 아닐까? 소설의 표면적인 줄거리만 보면 위대한 유산이 좌절되고 에스텔러가 돈만 많은 속물 신사와 결혼하는 것으로 마무리된다. 핍의 희망은 좌절된 것이고, 미스 해비셤의 예언은 헛소리였던 것이다. 어쩌면 핍으로서는 잘된 일 아닌가? 그 속물이 바로 자신일 수도 있었을 텐데. 에스텔러를 포기하면서 핍이 버린 것은 돈을 욕망했던 자기 자신의 속물근성인지도 모른다. 그러니까 핍은 실패한 것이 아니다. 핍은 돈으로부터 자유로워진 것이다.

　　돈으로 사랑을 얻을 수도 있고 잃을 수도 있다면, 우리는 오직 돈만 희망할 수밖에 없을 것이다. 하지만 인간의 희망은 여전히 사람 그 자체를 향해 있어야 하는 것 아닌가? 작가는 21세기의 핍이라고 할 수 있는 우리에게 슬픈 미소를 띠며 묻고 있다. 그렇다고 지금 돈이냐 사랑이냐라는 거친 이분법을 강요하고 있는 것은 아니다. 사랑하는 사람을 위해 돈을 버는 것을 부끄러워할 필요는 없다. 아니, 너무나 당당하고 멋진 일 아닌가. 과거 원시인들도 사랑하는 가족이 생기면, 위험을 무릅쓰고 동물들을 사냥하러 가지 않았는가. 중요한 것은 사냥감이나 돈은 사랑을 위한 수단이지 사랑의 목적이 아니라는 점이다. 그렇지만 돈을 벌었다고 해서 나를 사랑해 주는 사람이 우리에게 오는 것은 아니다. 아니, 올 수도 있다. 그렇지만 그가 사랑하는 것은 돈을 가진 나, 그러니까 내가 가진 돈일 것이다. 이런 깨달음에 이르는 것, 즉 핍이 받은 진정한 '위대한 유산'은 바로 이 깨달음이 아니었을까? 속물은 속물을 만나고, 진지한 사람은 진지한 사람을 만나는 법이다. 이것은 불확실성을 내포하는 단순한 희망이 아니라, 경험이 쌓이면 누구나 확실히 알게 되는 삶의 진리가 아닌지.

희망

인간의 희망은 여전히 사람 그 자체를 향해야만 한다.
속물은 속물을 만나고, 진지한 사람은 진지한 사람을 만
나는 법이다. 이것은 불확실성을 내포하는 단순한 희망
이 아니라, 경험이 쌓이면 누구나 확실히 알게 되는 삶
의 진리가 아닌지.

찰스 디킨스
Charles John Huffam
Dickens
1812-1870

『올리버 트위스트』, 『크리스마스캐럴』 등 친숙한 작품으로 잘 알려진 영국 산업혁명 시대 대표 작가 찰스 디킨스는 사회적 약자를 배려하고 강자의 위선을 경계하는 이야기들을 지었다. 그의 묘비에는 이렇게 적혀 있다. "찰스 디킨스는 가난한 자, 고통당하는 자, 억압받는 자들에게 공감했으며, 그의 죽음으로 세상은 영국의 가장 훌륭한 작가 가운데 하나를 잃었다."

『위대한 유산』(1861)에서 '막대한 상속'과 사랑의 결실에 대한 희망은 모두 꿈에 불과한 것이 되지만, 주인공 핍은 결국 진실을 볼 줄 아는 성숙한 인간이 된다. '신사'라는 인간들은 사실 야비한 족속인 데 반해 무서운 죄수 매그위치는 순수한 마음의 소유자라는 것, 고마운 후원자라고 생각했던 미스 해비셤이 실은 살아 있는 유령이었다는 것을 깨닫는다. 결국 "한 어린아이를 양녀로 삼아 자신의 사무친 원한과 버림받은 애정과 상처받은 자존심에 대한 복수를 해 줄 도구로 길러 내는 쓰라린 잘못"을 범한 미스 해비셤에게 핍은 '위대한 용서'를 보여 준다.

하지만 또한 미스 해비셤이 햇빛을 차단해 버림으로써 무한히 많은 다른 것들을 차단해 버렸다는 것, 그녀가 세상을 등짐으로써 치유의 힘이 있는 수많은 자연스러운 영향으로부터 자신을 격리해 버렸다는 것, 그리고 그녀의 마음이 자기 혼자만의 생각에 빠져 창조주께서 정해 놓은 질서를 거스르는 모든 마음이 언제나 틀림없이 그러는 것처럼 점점 병들어 갔다는 것 등도 나는 마찬가지로 잘 알고 있었다. 그런 내가 어떻게 그녀를 동정심 없이 바라볼 수 있었겠는가?

희망

철학자의
어드바이스

"어떤 사람이 되고 싶다.""그곳에 반드시 가고 싶다." "그 사람을 만나고 싶다." 이렇게 인간이라면 누구나 어떤 희망을 갖고 산다. 그렇지만 희망은 어른보다는 아이들이 더 많이 품고 있다. 무슨 이유에서일까? 아이들은 희망이 가진 불확실성보다 그것이 이루어졌을 때 갖게 되는 기쁨에 더 주목하기 때문이다. 그래서 아이들은 마음껏 희망을 품을 수가 있다. 반면 어른들은 희망이 실현되었을 때의 기쁨보다는 그것이 지닌 불확실성에 더 신경을 쓴다. 여러 다양한 일들을 처리해야 하는 어른들에게 이런 불확실성은 여간 귀찮은 것이 아니다. 그래서일까, 어른들은 삶과 미래의 불확실성을 제거하기 위해 기꺼이 희망을 현실이라는 제단에 바치고 만다. 그러면서 우리는 희망에 부푼 삶이란 어린아이와 같은 유치한 삶에 불과하다고 애써 자신을 위로한다. 이솝 우화에 등장하는 일종의 '신포도' 전략인 셈이다. 따먹기 힘드니까 아예 포도가 시다고 미리 폄하해 버리는 것이다. 그러면 포도를 따먹지 못하는 자신의 나약함을 은폐할 수 있으니까. 그런데 이걸 알고 있는가? 희망을 낮추거나 아예 없애 버리는 순간, 우리에게는 설레는 미래도 사라진다는 사실을. 이럴 때 그냥 하루하루 매너리즘에 빠진 삶만이 우리에게 남을 뿐이다. 커다란 나무도 작은 씨앗에서부터 시작되는 법이다. 조그만 희망들을 품어 보도록 하자. "나는 화가가 될 거야. 멋진 유화를 그릴 거니까.""나는 플라밍고 기타를 배울 거야.""나는 마추픽추에 갈 거야.""나는 키스 자렛을 만나 그의 연주를 듣고 CD에 사인을 받을 거야." 이런 작은 것부터 시작하면 된다. 그러면 내 마음에 희망은 더욱더 많아질 것이고, 그만큼 기쁨과 행복도 내 곁에 더 머물 테니까.

43

오만
SUPERBIA

사랑을 좀먹는
파괴적인
암세포

『위험한 관계』,
피에르 쇼데를로 드 라클로

서양 지성사에서 가장 극적인 순간은 18세기 계몽주의 시대였다고 할 수 있다. 지금까지 신으로부터 억압받았던 모든 인간적인 것들이 일순간에 해방되었기 때문이다. 학교에서 매우 엄한 선생님이 갑작스러운 질병으로 수업을 포기하고 병원으로 사라졌을 때, 교실 안의 분위기를 상상해 보라. 모든 억눌렸던 것들이 화산 폭발처럼 걷잡을 수 없는 열기가 되어 일순간 터져 나올 것이다. 바로 이것이 계몽주의 시대 분위기였다. 특히 지금까지 종교적인 이유에서 철저하게 부정되거나 폄하되었던 남녀 사이의 에로스가 긍정되었다는 점은 매우 중요하다. 육체에 대한 긍정이야말로 서양인들에게는 신으로부터 해방되었다는, 그러니까 계몽되었다는 가장 큰 증거일 테니까 말이다. 과거 기독교가 정신적인 사랑의 가치만을 인정했다면, 이제 계몽된 이들은 이구동성으로 정신적인 사랑은 반쪽짜리 사랑에 지나지 않다고 선언하게 된 것이다. 아가페적 사랑은 절름발이 사랑에 불과한 것이 되고, 에로스적 사랑이 완전한 사랑의 권좌에 오르게 된 셈이다.

사실 남녀 사이에 정신적인 사랑만 있다면 사랑과 우정 사이에 무슨 차이가 있겠는가? 남녀는 살아 있는 인간이라면 엄연하게 구별되는 육체적 특징을 갖추고 있다. 남성과 여성의 성기만 생각해 보아도 남성의 육체와 여성의 육체가 서로를 필요로 한다는 것은 너무나 자명한 일 아닌가. 그러니 계몽된 남녀는 아담과 이브처럼 자신의 몸을 부끄러워하지 않을 뿐만 아니라 자신의 몸이야말로 지상에서 이룰 수 있는 가장 큰 행복인 에로스에 이르는 첩경이라는 것을 알게 된 것이다. 바로 이것이 계몽주의가 가진 가장 큰 힘 아니었을까? 그렇지만 에로스의 긍정은 축복만은 아니었다. 이제 남녀는 그에 수반되는 온갖 다채로운 감정들이 만들어 놓은 파도를 감당해야만 했기 때문이다. 그래서 우리는 1782년에 출간된 피에르 쇼데를로 드 라클로의 소설 『위험한 관계(Les Liaisons dangereuses)』(문학과지성사)를 기억해야만 한다. 에로스와 그와 관련된 온갖 감정들을 이 소설만큼 섬세하게 그려낸 작품도 없으니까.

소설은 희대의 바람둥이 발몽 자작과 그에 버금갈 정도의 요녀 메르테유 후작부인 사이에 벌어진 기묘한 내기, 혹은 밀고 당기기로 시작된다. 정숙하기로 유명한 투르벨 법원장 부인을 유혹하는 데 성공한다면, 발몽은 후작부인과 잠자리를 함께하기로 한 것이다. 그렇지만 법원장 부인을 유혹하는 과정에서 발몽은 여인을 정복한다는 단순한 승부욕이나 쾌락을 넘어 진짜 사랑에 빠지고 만다. 일이 복잡해진 것이다. 후작부인과의 계약에 따르면 발몽은 법원장 부인과 섹스는 해도 그녀와 사랑에 빠져서는 안 되

오만

기 때문이다. 어쨌든 발몽은 내기에 이겼으니 에로틱한 하룻밤을 준비하라고 메르테유 후작부인을 독촉한다. 그렇지만 그녀는 발몽이 사랑에 빠졌다는 것을 감지하고, 그가 사실은 실패한 것이라고 주장한다. 그러자 발몽은 후작부인에게 급히 서신을 보내 그녀가 오해하고 있다고, 자신은 결코 사랑에 빠지는 굴욕을 감당하지 않겠노라고 강변하게 된다.

그러니까 이번에는 지금까지의 사랑놀이와는 다른 겁니다. 그저 항복을 얻어내고 유리한 입장에 서는 것, 자랑하기보다는 오히려 이용하려는 것이 아닙니다. 이번에는 힘겨운 전투를 치르고 치밀한 작전을 사용해서 얻어낸, 그야말로 완벽한 승리라고 할 수 있습니다. 혼자 힘으로 어렵게 얻어낸 이 승리가 더없이 소중한 건 그리 놀라운 일은 아니잖습니까? 그 여자를 정복하면서 느꼈고 또 지금도 느끼고 있는 이 황홀한 쾌감은 바로 감미로운 영광의 감정일 겁니다. 분명히 그렇다고 생각하렵니다. 그래야 굴욕감을 느끼지 않을 테니까요. 노예를 정복했다고 하지만 어떤 점에서는 오히려 내가 예속되어 노예한테 매달려 있는 것인지도 모른다는, 내가 누리는 행복은 나 혼자 안에서 충만할 수 없는 것이라는, 더구나 행복을 즐길 수 있게 하는 힘이 여느 여자가 아닌 그 여자, 단 한 명의 여자에게만 한정되어 있다는 굴욕감 말입니다.

누군가를 사랑하는 순간, 바람둥이는 그 수명을 다할 수밖에 없는 법. 그러니 여자를 정복하는 것, 그래서 여자를 노예로 만드는 것 말고 바람둥이에게 또 다른 영광이 어디 있겠는가. 발몽이 메르테유 후작부인의 지적, 즉 바람둥이라는 명성에 걸맞지 않게 한 여자를 사랑하게 되었다는 지적에 굴욕감을 느끼는 것은 바로 이런 이유에서다. 사랑에 빠진다는 것은 기꺼이 누군가의 노예가 된다는 것에 다름 아니기 때문이다. 그래서 아직도 스스로 여자의 노예가 아니라 여자를 노예로 부르는 주인이고자 발버둥치고 있는 발몽 자작은 지금 오만을 포기하지 못하고 투르벨 법원장 부인을 자신이 정복했노라 우기고 있는 것이다. 물론 편지의 행간에는 발몽이 사랑에 빠졌다는 무수한 증거와 고백들이 난무하는데도 말이다. 발몽의 오만에 대하여 스피노자는 이렇게 말했을 것이다.

> 오만(superbia)이란 자신에 대한 사랑 때문에 자신을 정당한 것 이상으로 느끼는 것이다.
> — 스피노자, 『에티카』에서

발몽 자작은 여자에 휘둘리지 않고 여자를 휘두르는 자신의 모습, 혹은 그 명성을 너무나 사랑하는 사람이다. 그래서 순간적으로나마 투르벨 법원장 부인의 노예가 되어 버린 자신의 현실을 부정하려고 했던 것이다. 이런 오만 때문에 발몽 자작은 메르테유 후작부인의 치명적인 제안, 아직도 여자에 대해 주인으로 군림하고 있다는 증거를 보이려면 법원장 부인을 차갑게 버리라는 제안을 수용하고 만다. 그러나 불행히도 바로 이 순간 발몽은 자신의 오만이 어떤 결과를 초래할지 전혀 예측하지 못했다. 어쨌든 발몽은 법원장 부인을 차갑게 내치고 만다. 그렇지만 그는 이제 희대의 바람둥이가 아니라 이미 한 여자를 사랑하는 평범한 남자가 되

오만

'사랑한다'는 말의 동의어는 '알려고 한다'일지도 모른
다. 그런데 이제 모든 것을 알았다는 오만에 빠지는 순
간, 그래서 더 이상 알 것이 없다는 오만이 생기는 순간,
우리는 더 이상 그것을 사랑하지 않는 것이다.

어 있었다. 법원장 부인을 외면하는 순간, 발몽이 거의 정신분열에 가까운 자기분열을 느끼는 것은 어쩌면 당연한 일이었다. 머릿속에서 믿고 있던 자신의 모습과 실제 사랑을 느끼고 있는 자신의 모습 사이의 괴리를 확인하는 것은 잔혹하기까지 한 일이다.

겉으로는 아무리 투르벨 법원장 부인을 버렸다고 하더라도, 그만큼 발몽은 그녀를 그리워하며 그녀의 부재로부터 야기된 극심한 고통에 빠지게 된다. 이런 고통을 조금이나마 완화시키려는 듯, 발몽은 메르테유 후작부인에게 더욱 강하게 잠자리를 요구한다. 다른 여성보다 훨씬 더 예민한 성격을 가지고 있었던 메르테유 후작부인이 이런 발몽의 복잡한 내면을 간과할 리 없다. 발몽이 이제 법원장 부인을 버렸다며 당당히 잠자리를 요구했을 때, 후작부인은 발몽이 진짜로 사랑에 빠졌다는 것, 그리고 그녀 자신이 법원장 부인의 대용으로 전락했다는 것을 본능적으로 파악한다. 후작부인이 그와 약속한 잠자리를 계속 거부하는 건 이런 이유에서일 것이다. 사랑에 빠진 자신의 모습에 당혹감을 느끼는 발몽보다 더 극적인 캐릭터는 어쩌면 후작부인인지도 모른다. 그녀도 어느 사이엔가 발몽을 사랑하고 있었기 때문이다. 그러니 다른 여자를 사랑하는 발몽과는 잠자리를 함께할 수 없었던 것이다.

사랑하는 여인을 버렸지만 그 대가로 얻기로 한 섹스도 거부당한 남자, 그리고 어느 사이엔가 내기를 하며 경쟁하던 그 남자를 사랑하게 된 여자, 이 둘은 모두 어린아이가 되어 가고 있었다. 무언가를 빼앗아야만 하는 욕구 불만에 사로잡힌 두 사람 사이는 은밀한 애정 관계를 넘어 서로를 파괴하려는 극심한 증오에 휩싸이게 된다. 그 와중에 사랑에 배신당한 순진한 투르벨 법원장

오만

부인은 수녀원에 칩거하다 곧 죽어 버리고 만다. 사랑은 전염병처럼 세 사람의 남녀를 휩쓸고 지나가 그들을 모두 파괴해 버리고 만 것이다.

사랑에 빠지는 것은 결코 굴욕이 아니다. 그렇지만 사랑을 굴욕으로 생각했던 어떤 남자의 오만은 이처럼 비극적인 파장을 낳게 되었다. 그렇다, 누군가와 사랑에 빠지려면 우리가 마지막으로 버려야만 하는 것이 바로 오만이다. 그것이 어떤 식의 오만이든지 간에 말이다. 어쩌면 『위험한 관계』가 보여 주고자 했던 것은 바로 이것 아니었을까.

피에르 쇼데를로 드 라클로
Pierre Choderlos de Laclos
1741-1803

『위험한 관계』(1782)는 "사교계에서 수집한" 이야기를 바탕으로 프랑스혁명 직전 귀족들의 퇴폐적인 연애 풍속을 묘사한 소설이다. 이 작품은 루소의 『누벨 엘로이즈』와 함께 당시 유행하던 서간체 소설을 대표하는 베스트셀러였다. 『위험한 관계』는 오랫동안 악덕한 소설로 낙인찍히기도 했으나, 스탕달, 보들레르, 앙드레 지드 등은 섬세한 심리 묘사를 담은 작품의 진가를 알아보았다. 남편을 여읜 메르테유 후작부인은 정서적으로도 독립적인 '자유부인'이다. "자작님, 내가 왜 결혼하지 않았는지 아십니까? 괜찮은 혼처를 찾지 못해서 그런 게 아니예요. 어느 누구도 내 행동에 대해 말할 권리를 주지 않기 위해서입니다." 이처럼 여느 남자 못잖게 당당한 여성이기에 그녀는 더욱 다른 여인과 사랑에 빠진 발몽으로부터 자존심에 상처를 입은 것이다. 그래서 발몽이 사랑에 빠졌다는 의심이 확신으로 이어지는 순간, 그녀는 감정의 균형을 잃게 된다.

아닙니다. 난 그 여자한테 승리한 게 아니라 바로 당신한테 승리한 겁니다. 그래서 흥미로운 거죠. 감미로울 정도로 재미있답니다. 그래요, 발몽 자작님, 당신은 투르벨 부인을 많이 사랑했고 지금도 사랑하고 있습니다. 미칠 듯이 사랑하고 있죠. 하지만 내가 재미삼아 놀리면서 창피를 주었더니, 당신은 용감하게도 그 여자를 간단히 희생시키고 말았습니다. 당신은 놀림거리가 되느니 그런 여자를 천 명이라도 희생시킬 수 있는 사람이죠. 자존심이란 참으로 놀랍지 않은가요! 자존심은 행복의 적이라고 말한 성현들의 말이 옳다는 걸 알 수 있습니다.

이 소설은 200년이 지난 지금도 「사랑보다 아름다운 유혹」, 1930년대 올드상하이가 배경인 「위험한 관계」, 그리고 조선 시대로 옮겨 온 「스캔들」에 이르기까지, 영화의 단골 소재로 시대와 장소를 넘나들며 다양하게 변주되고 있다.

오만

　　　　　　　　　　　"너에 대해 나는 모르는 것이 없어." 오만한 사람의 내면을 이만큼 분명히 보여 주는 표어도 없을 것이다. 오만이라는 감정은 자신이 어떤 것에 대해 항상 전지전능하다는 자신감에서 싹트는 법이다. 그래서 오만은 항상 비극으로 끝나기 마련이다. 누구보다 잘 안다고 생각하는 바로 그것이 자신의 전지전능을 비웃기라도 하는 것처럼 오만한 사람을 파멸로 이끌기 때문이다. 자동차를 누구보다 잘 안다고 생각하는 사람은 자동차 사고로 죽기 쉽고, 암벽을 누구보다 잘 안다고 생각하는 사람은 추락사하기 쉽다. 이런 비극적인 결과가 발생할 때, 우리는 절로 탄식이 나온다. "도대체 자동차는 무엇이며, 자동차를 안다고 자임하던 나는 또 누구인가?" "도대체 암벽은 무엇이며, 암벽을 잘 안다던 나는 또 누구인가?" 사물에만 국한된 것이 아니다. 사람의 경우에도 마찬가지 아닌가. 우리를 배신하는 사람은 사실 우리가 가장 잘 안다고 확신하는 사람일 경우가 많다. 자동차도 암벽도 그리고 어떤 사람에 대해서도 다른 사람보다 내가 더 잘 알았던 이유는 무엇일까? 그것은 우리가 자동차를, 암벽을, 그리고 어떤 사람을 사랑했기 때문이다. 사랑을 하면 우리는 그 대상을 알려고 하기 때문이다. 그러니까 '사랑한다'는 말의 동의어는 '알려고 한다'일지도 모른다. 그런데 이제 모든 것을 알았다는 오만에 빠지는 순간, 그래서 더 이상 알 것이 없다는 오만이 생기는 순간, 우리는 더 이상 그것을 사랑하지 않는 것이다. 그러니 한때는 사랑받았던 그것이 이제 우리에게 복수를 하는 것이다. "네가 정말 나를 안다고 생각하니?" 모든 것을 알고 있다는 오만 때문에 우리는 순간순간 변하는 자동차의 상태를 민감하게 읽으려는 노력을 하지 않고, 암벽의 상태를 제대로 점검하려는 노력을 기울이지 않고, 또 애인의 상태에 예민하게 반응할 수 없었던 것이다. 그러니 복수를 당할 수밖에.

44

소심함
TIMOR

작은 불행을
선택하는
비극

『브람스를 좋아하세요…』,
프랑수아 사강

상처가 많은 사람들에게는 한 가지 특징이 있다. 그것은 과도한 피해의식에서 발생하는 소심함일 것이다. 항상 타인에게서 피해를 받을 것 같다는 느낌 속에서 사는 사람은 대개의 경우 적극적인 의사 표현이나 행동에 주저하는 법이다. 가만히 있어도 피해를 보는데 스스로 그런 피해를 자초할까 봐 두려운 것이다. 어떤 피해를 보았을 때, 차라리 자신이 아닌 남의 탓으로 생각하는 것이 더 심리적인 안정감을 제공할 테니 말이다. 어느 곳으로 여행을 가야 할까? 암스테르담으로 가자고 이야기하면, 그곳에서 발생할 수 있는 불편함은 모두 자기 탓이 되기 쉽다. 그러니 상대방이 프라하로 여행하자는 제안을 듣는 것이 현명하다. 그래야 나중에 예상치 못한 상황에서 자신을 탓하지 않고 상대방을 탓하기 쉬우니까 말이다. 어떤 음식을 먹어야 하는지? 어떤 영화를 보아야 하는지? 이 모든 경우도 마찬가지다. 이렇게 피해의식에 사로잡힌 사람들은 매사에 소극적일 수밖에 없다.

피해의식에 사로잡힌 사람의 심리적 메커니즘은 어렵지 않게 해부해 볼 수 있다. 여기서 그가 과거에 피해를 정말로 많이 받았는가의 여부는 중요하지 않다. 그것은 충분히 사후적으로 과장될 수 있기 때문이다. 즉 다른 사람에 비해 더 심한 상처가 아닌데도 불구하고 그것을 과장하여 큰 아픔으로 기억할 수도 있는 것이다. 정말로 심각한 것은 그가 미래에도 피해를 받을 수 있다는 지나친 염려와 불안감일 것이다. 이런 염려와 불안감은 확실한 현재보다는 불확실한 미래에 더 큰 관심을 기울이도록 만들기 때문이다. 이런 염려와 불안감은 특히 연하의 애인을 두었을 때 가장 극적으로 드러난다. 비록 지금은 서로 사랑하고 있지만, 사람도 사랑도 흐르는 시간을 피할 도리가 없기 때문이다. 연상의 남자 혹은 연상의 여자가 자신은 곧 늙고 추해져 더 이상 연인으로부터 사랑받지 못하리라는 두려움에 쉽게 사로잡히게 될 것이다.

　　미래에 예정되어 있는 것처럼 보이는 버려짐을 지나치게 두려워하는 순간, 연상의 남자나 여자는 현재 자신이 누리고 있는 사랑의 아름다움을 간과하기 쉽다. 심지어 그는, 혹은 그녀는 지금 누리는 사랑의 희열이 미래에 버림당하는 참혹함의 씨앗일 수 있다는 생각마저 하게 될 것이다. 그렇다면 이어지는 순서는 너무나 분명하지 않은가. 마침내 연상의 연인은 지금 자신에게 기쁨을 주는 연하의 애인과 결별을 선언하게 될 것이다. 연상의 여자 폴이 연하의 남자 시몽에게 슬픈 이별 의식을 마련한 것도 이런 맥락에서다.

　　폴은 처음 만났을 때 실내복 차림으로 경쾌하고 어리둥절한 표정을 짓고 있던 시몽을 떠올리고는 그를 원래의 그 자신에게로 돌려보내고 싶은 마음이 들었다. 그를 영원히 보내 버림으로써 잠시 슬픔에 잠기게 했다가, 예상컨대 앞으로 다가올 훨씬 멋진 수많은 아가씨들에게 넘겨주고 싶었다. 그에게 인생이라는 걸 가르치는 데에는 시간이 자신보다 더 유능하겠지만, 그러려면 훨씬 오래 걸리리라. 그녀의 손 안에 놓인 그의 손은 움직이지 않았다. 그의 손가락에서 맥박이 파닥이는 것을 느끼자 그녀는 갑자기 눈에 눈물이 고였는데, 그 눈물을 너무도 친절한 이 청년을 위해 흘려야 할지, 아니면 조금 슬픈 그녀 자신의 삶을 위해 흘려야 할지 알 수 없었다. 폴은 시몽의 손을 자신의 입술로 가져가 키스했다.

지금 폴의 눈, 서른아홉의 나이를 짐작할 수 있는 약간 주름 잡힌 여인의 눈에서 눈물이 연신 흐른다. 그녀는 한때 자신의 마음을 뒤흔들었던 젊은 청년 시몽과의 사랑을 접으려고 결심했기 때문이다. "브람스를 좋아하세요?"라고 물으며 자신의 삶을 장밋빛으로 물들여 주었던 사람과 헤어진다는 것이 어찌 슬프지 않겠는가. 아마 이 부분이 프랑수아즈 사강의 소설 『브람스를 좋아하세요…(Aimez-vous Brahms…)』(민음사)에서 가장 애틋한 장면일 것이다. 두 명의 남자 사이에서 갈등하던 폴은 지금 자신의 삶에 빛을 안겨 주었던 시몽을 떠나 6년 동안 사귀었던 바람둥이 로제에게로 돌아가려고 마음먹은 것이다. 물론 폴은 너무나 잘 알고 있다. 로제는 지금 폴이 시몽에게 빠져 있는 걸 견디기 힘들어하고는 있지만, 폴이 시몽을 버리고 로제에게 돌아가는 순간 로제는 또다시 그녀를 외로움에 방치하리라는 것을.

그렇지만 폴은 지금 두렵다. 시몽은 너무나 젊지만 자신은 점점 더 늙어 갈 것이고, 언젠가 시몽은 자신에게서 어떤 매력도 발견하지 못하게 될 것이다. 반면 로제는 지금처럼 다른 여자와 바람을 피우며 자신을 외롭게 만들지라도 그는 항상 낡은 가구처럼 자기 곁에 남아 있을 것이다. 경험적으로 폴은 너무나 잘 알고 있지 않은가, 로제는 한눈을 팔곤 하지만 그렇다고 해서 자신을 떠날 사람은 아니라는 걸. 더군다나 로제도 자신과 비슷하게 늙어 갈 것이다. 그러니 얼마 지나지 않아 로제의 바람기도 사그라들지 않을까. 그렇지만 시몽은 로제와는 전혀 다르다. 아직 삶의 절정에 이르지 않은 젊고 매력적인 연하의 남자였기 때문이다. 과연 시몽은 그의 삶의 절정에서도 여전히 폴을 사랑할 수 있을지. 그렇다, 폴이 진정으로 두려워하는 것은 바로 이 미래의 불확실성이었던 것이다.

영원히 홀로 남겨질 수 있다는 두려움이 지금 그녀를 사로잡고 있는 것이다. 익숙한 삶을 떠나 시몽을 선택하면 잠시 행복하겠지만 머지않아 버림받을지도 모른다. 로제를 선택하면 지금은 불행할 수 있지만 버려질 위험은 별로 없다. 그녀는 사랑의 위험을 감당하기에 너무나 소심했던 것이다. 불안한 사랑보다는 불행한 안정에 손을 들어 준 것이 어쩌면 자연스러워 보인다. 스피노자도 이렇게 말하지 않았던가.

소심함(timor)은 우리들이 두려워하는 큰 악을 더 작은 악으로 피하려는 욕망이다.

— 스피노자, 『에티카』에서

소심함

스피노자에게 선과 악은 우리와 무관하게 절대적으로 주어져 있는 것이 아니다. 우리에게 기쁨과 활력을 주는 것이 선이고, 반면 슬픔과 우울함을 안겨다주는 것이 악이니까 말이다. 하지만 폴의 비극은 그녀가 간만에 찾아온 사랑이 주는 현재의 기쁨을 긍정하지 못하고 시몽과의 사랑이 야기할 수도 있는 불안한 미래에 사로잡혀 있다는 데 있다. 그러니 시몽과의 사랑이 로제와의 쓸쓸한 삶보다 더 큰 악으로 느껴지는 것이다. 어쩌면 폴은 사랑의 충만함보다 홀로 버려져 있다는 외로움 속에서 어린 시절을 보낸 사람일지도 모른다. 여기서 주목해야 할 것이 한 가지 있다. 시몽과의 이별을 결정하면서 폴의 눈에서 흘렀던 눈물의 의미다.

만일 자신의 결정이 행복을 선택한 것이었다면, 폴의 눈물은 아무 의미도 없는 것이다. 하지만 폴도 자신의 결정이 소심함으로부터 연유한다는 사실을 알았던 것이다. 당연히 그녀는 사랑 앞에서 위축되는 자신의 모습이 몸서리쳐지게 싫었을 것이다. 홀로 버려질 수도 있다는 미래에 대한 막연한 공포 때문에 현재 만끽할수도 있는 사랑을 포기하는 자신이 너무나 불쌍했던 것 아닐까? 그러니 폴도 이렇게 느꼈던 것이다. "그 눈물을 너무도 친절한 이 청년을 위해 흘려야 할지, 아니면 조금쯤 슬픈 그녀 자신의 삶을 위해 흘려야 할지 알 수 없었다."라고 말이다. 마치 시몽의 미래를 위해 헤어지기로 결심한 것처럼 보이지만, 사실 그녀는 사랑을 감당할 만한 용기가 없었던 것이다.

어쩌면 사강이 폴의 슬픈 이야기를 통해 우리에게 하려고 했던 말은 사랑이란 용기 있는 자만이 감당할 수 있다는 진실 아니었을까? 50대 나이에 마약 복용 혐의로 법정에 섰을 때, 사강은 이런 말을 남겼다. "남에게 피해를 주지 않는 한, 나는 나를 파괴할 권리가 있다." 자기 파괴의 위험을 감당하며 사랑의 모험에 과감히 뛰어들지 않으면, 순간적으로는 편할 수 있다. 그렇지만 이런 편리한 안일함은 우리의 삶을 무기력하고 무겁게 만들어 버릴 것이다. 결국 아주 천천히 우리 삶은 자신의 의지와 무관하게 파괴되어 갈 것이다. 그래서 사강은 우리에게 외치고 있는 것이다. 타자로의 맹목적인 비약에 어떻게 위험이 없을 수 있겠느냐고. 매너리즘에 빠진 자신의 삶과 단절하여 마치 천 길 낭떠러지가 입을 벌리고 있는 심연을 건너뛰려는 용기가 없다면, 어떻게 우리가 사랑의 꿀맛을 맛볼 희망을 가질 수 있겠느냐고.

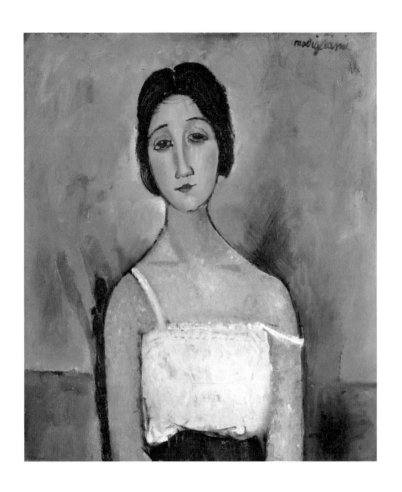

"저는 당신을 인간으로서의 의무를 다하지 않았다는 이
유로 고발합니다. 이 죽음의 이름으로, 사랑을 스쳐 지
나가게 한 죄, 행복해야 할 의무를 소홀히 한 죄로 당신
을 고발합니다. 당신에게 고독 형을 선고합니다."

프랑수아즈 사강

Françoise Sagan

1935-2004

'사강'은 프루스트의 소설 『잃어버린 시간을 찾아서』의 등장인물에서 고른 필명이다. 열아홉 살에 발표한 첫 소설 『슬픔이여 안녕』이 전 세계 베스트셀러가 되면서 "유럽 문단의 매혹적인 작은 악마"(프랑수아 모리아크)로 통하게 된다. 『브람스를 좋아하세요…』(1959)도 사강 특유의 삶의 권태를 묘사하면서 익숙함에 매몰된 삶을 경계한다. 오랫동안 자아를 잃고 현실에 안주하고 있는 폴에게 "브람스를 좋아하세요?"라는 시몽의 질문은, 정체성을 찾아 모험을 감행하던, 많은 가능성들을 앞에 두고 아직 미완성이었던 시절을 떠올리게 한다.

폴은 브람스의 콘체르토를 듣기 시작했다. 그녀는 첫 부분이 낭만적이라고 여겼지만 음악 중간에는 듣는 것을 잊어버리고 말았다. (……) 그녀의 집중력은 옷감의 견본이나 늘 부재중인 한 남자에게로 향해 있을 뿐이었다. 그녀는 자아를 잃어버렸다. 자기 자신의 흔적을 잃어버렸고 결코 그것을 다시 찾을 수가 없었다. "브람스를 좋아하세요?" 그녀는 열린 창 앞에서 눈부신 햇빛을 받으며 잠시 서 있었다. 그러자 "브람스를 좋아하세요?"라는 그 짧은 질문이 그녀에게는 갑자기 거대한 망각 덩어리를, 다시 말해 그녀가 잊고 있던 모든 것, 의도적으로 피하고 있던 모든 질문을 환기시키는 것처럼 여겨졌다.

시몽은 "미래를 준비하느라 현재를 망치기" 싫다며 직장도 등한시한 채 '행복한 몽유병자'처럼 폴 주위를 서성거린다. "시몽은 행복했다. 그는 자신보다 열다섯 살 연상인 폴에게 열여섯 살짜리 여자 아이에게보다 더 큰 책임감을 느꼈다." 잠깐 시몽이라는 새로운 세계에 발을 담가 보지만 폴은 결국 로제라는 현실로 돌아가고, 아울러 '자아'도 잃어버린다. "익숙한 그의 체취와 담배 냄새를 들이마시자 구원받은 듯한 기분이 들었다. 아울러 길을 잃은 기분도."

소심함

소심함과 대담함은 인간이 가질 수 있는 양극단의 감정이라고 할 수 있다. 결과가 뜻대로 되지 않을까 두려워하는 순간, 우리는 매시에 소심하게 된다. 반대로 결과가 항상 자신의 뜻대로 될 것이라고 확신하는 순간, 우리는 모든 일에 대담하게 된다. 소심함이든 대담함이든 두 감정 모두 극단적일 수 있다는 공통점을 갖고 있다. 그렇지만 소심함에는 미덕이 한 가지 있다. 미래가 뜻대로 되지 않을 때 소심한 사람은 그다지 충격을 받지 않을 것이다. 항상 실패를 예감하고 있기 때문이다. 반면 대담함에도 예상하기 힘든 후유증이 있기는 하다. 미래를 너무나 낙관적으로 보고 있었기에 대담한 사람은 비관적인 결과가 발생했을 때 심각한 타격을 받을 것이다. 그렇지만 미래란 항상 뜻대로 되지 않는 것이다. 미래는 나 자신과 타자가 씨줄과 날줄처럼 엮이면서 도래하는 것이기 때문이다. 아무리 스스로 미래의 모습을 합리적으로 예측할지라도, 타자는 우리의 예측 이상으로 움직이거나 아니면 우리의 예측 자체를 무화시킬 수 있다. 그러니 바라는 대로 되었다고 해도 혹은 되지 않았다고 해도 그 원인을 완전히 우리 자신에게만 돌릴 일이 아니다. 어쨌든 지나치게 대담한 사람에게는 소심함이 필요하고, 반대로 불필요하게 소심한 사람에게는 대담함이 필요한 법이다. 그래야만이 미래에 대해 균형 잡힌 시선을 갖출 수 있게 된다. 소심함과 대담함의 중도, 혹은 중용이라고나 할까. 여기서 소심한 사람을 대담하게 만드는 하나의 행동 강령을 추천하고 싶다. '아님 말고!' 최선을 다하는 것으로 만족하자는 것이다. 소심함을 극복하려면 그 결과가 뜻대로 되지 않을 때 '아님 말고!'라는 쿨한 자세를 갖는 반복적인 연습이 필요하다. 처음에는 실천하는 것마저 힘들 것이다. 그렇지만 얼마 지나지 않아 소심한 자신과는 다른 모습을 조금씩 갖추게 될 것이다.

45

쾌감
TITILLATIO

포기할 수 없는
허무한
찬란함

.

『도나 플로르와 그녀의 두 남편』,
조르지 아마두

마음과 몸 사이의 관계를 이해하는 두 가지 상이한 전통이 있다. 마음의 기쁨만을 중시하는 전통이 있고, 몸과 마음의 기쁨 모두를 중시하는 전통도 있다. 정신주의라고 불릴 만한 전자의 경우, 마음의 능력과 몸의 능력은 반비례 관계에 있다. 그러니까 마음의 기쁨을 위해서는 몸의 기쁨을 희생하는 건 불가피할 뿐만 아니라 필요한 선택이다. 결국 성적 쾌락은 정신적 쾌락의 장애물이라는 것이다. 서양과 동양의 주류 문명권, 그러니까 기독교나 유교의 정신주의가 표방하는 입장이다. 반면 관능주의라고 불러도 좋을 후자의 전통은 몸과 마음의 능력이 정확히 비례 관계에 있다고 생각한다. 다시 말해 몸이 기쁨으로 충만했을 때, 우리의 마음도 기쁨으로 들뜨게 된다는 것이다. 이런 사유 전통에서는 성적 쾌락과 정신적 쾌락은 우리 삶의 동일한 쾌락의 두 가지 표현 양식에 지나지 않는다.

우리에게 남미 문학이 가진 중요성은 바로 여기에 있다. 라틴아메리카 문화는 몸의 쾌락이 마음의 쾌락과 불가분의 관계에 있다는 것, 그러니까 쾌락은 관능적인 기쁨이라는 사실을 가르쳐 주기 때문이다. 조르지 아마두의 소설『도나 플로르와 그녀의 두 남편(Dona Flor e Seus Dois Maridos)』(열린책들)도 마찬가지다. 도나 플로르라는 매력적인 여성이 삶의 희열을 두 가지 기쁨, 그러니까 마음의 기쁨과 몸의 기쁨이 모두 필요하다는 사실을 자각하는 과정을 다룬 소설이다. 약사이자 신사인 테오도로와 재혼했지만, 플로르는 이미 고인이 된 첫 번째 남편 바지뉴를 잊지 못한다. 오히려 테오도로와의 결혼생활이 지속될수록 그녀는 바지뉴를 더욱 갈망하게 된다. 두 번째 남편은 그녀에게 정신적 기쁨을 제공하지만, 육체적 기쁨은 전남편만큼 안겨 주지 못하기 때문이다. 그녀의 열망이 너무 컸던 탓일까? 바지뉴는 일종의 환각이나 유령의 형식으로 플로르 앞에 나타나더니 남의 아내가 된 그녀를 당당하게 다시 유혹한다.

물론 처음에 도나는 바지뉴의 유혹에 저항하려고 했다. 그렇지만 그녀는 점점 육체적 기쁨이 없다면 자신이 누릴 수 있는 기쁨도 기형적일 수밖에 없다는 사실을 자각하게 된다. 이런 그녀의 깨달음은 바지뉴의 입을 통해 명료하게 표현된다.

"당신의 집, 부부간의 정절, 존경, 질서, 배려, 안정. 그런 걸 주는 건 그자의 몫이야. 그자의 사랑은 고상한 (그리고 따분한) 것들로 이루어져 있고, 당신이 행복하려면 그게 필요해. 하지만 당신이 행복하려면 내 사랑도 필요하지. 이 음탕하고 못되고 비뚤어진 사랑, 난삽하고 거친 사랑, 당신을 괴롭히는 사랑이. (······) 그는 당신의 외면적 얼굴, 나는 당신의 내면적 얼굴, 당신이 외면할 방법도 모르고 그럴 수도 없는 연인이야. 우리는 당신의 두 남편, 당신의 두 얼굴, 당신의 긍정적인 면이자 부정적인 면이지. 당신의 행복을 위해서는 우리 둘 다 필요해."

인간에게는 두 가지 시간이 존재한다. 하나는 지속이란 시간이고, 다른 하나는 순간이란 시간이다. 지속은 우리에게 예측 가능한 시간을 주면서 심리적으로 안정감을 안겨 준다. 반면 순간은 첫 만남처럼 과거 자신의 안정적인 모습을 파국으로 몰고 가는 위험한 시간이다. 그러니까 일상적으로 사용하는 순간이라는 용어와는 조금 다르다. 1초, 1초, 그렇게 흘러가는 시계의 초침이 가리키는 것이 순간이 아니다. 초침의 누적으로 분침이 움직이고 분침이 쌓여서 시침을 움직이는 지속의 시간을 무력화시키는 사건이 발생할 때, 바로 그때가 순간이다. 예를 들어 어떤 남자를 보자마자 인생이 앞으로 완전히 달라질 것 같은 느낌이 들 때, 그래서 결코 과거로는 되돌아갈 수 없다고 느낄 때, 바로 그때가 '순간'인 셈이다.

지속의 시간은 결혼 생활에서 쉽게 확인된다. 왜냐고? 결혼 생활은 질서와 조화, 그리고 안정을 중시하기 때문이다. 반면 순간의 시간은 열정적인 연애를 통해 폭발한다. 연애란 결혼과는 달리 무질서, 격정, 그리고 환희의 감정이 지배하고 있기 때문이다. 플로르는 지금 지속되는 결혼 생활에 지쳐 있는 것 아닌가? 그러니 첫 번째 남편 바지뉴가 지속의 나태한 매너리즘을 파괴하는 환상으로 그녀 앞에 출현할 수 있었던 것이다. 굳이 프로이트의 꿈이론을 언급하지 않더라도 환상도 억압된 것이 연극적으로 실현되는 것 아닌가. 그러나 조금만 깊이 생각해 본다면, 지속과 순간은 항상 서로를 배경으로 해서만 출현한다는 것을 알 수 있다. 지속되는 시간이 있어야 그것을 끊어내는 순간의 시간을 찾고자하는 욕망이 가능할 것이고, 반대로 순간의 시간에서 순간으로 그치는 것이 아니라 그것을 지속의 시간으로 만들고자 하는 욕망이 발생할 수 있기 때문이다.

작가가 여주인공의 이름을 '플로르'라고 지은 것은 무척 의미심장하다. 플로르(Flor), 그것은 바로 꽃 아닌가? 그렇다, 지금 작가는 삶에서 가장 행복한 순간, 그러니까 꽃으로 활짝 피는 순간을 문학적으로 포착하려는 것이다. 하긴 꽃만큼 순간의 시간을 상징하는 비유가 또 어디 있을까. "이제는 죽어도 좋다." 이런 탄식이 흘러나오는 순간, 그것은 바로 마음과 몸이 동시에 기쁨으로 충만해지는 순간 아닌가. 스피노자는 이런 감정을 쾌감이나 유쾌함이라고 말한다.

> 정신과 신체에 동시에 관계되는 기쁨(laetitia)의 정서를 쾌감(titillatio)이나 유쾌함(hilaritas)이라고 한다.
> ── 스피노자, 『에티카』에서

삶을 풍성하게 만드는 우리의 감정은 몸과 마음 그 어느 하나라도 없다면 불가능한 것이다. 당연히 기쁨도, 그것이 완전한 기쁨이라면, 몸이나 마음 중 어느 하나를 희생해서 얻을 수 있는 것이 아니다. 몸과 마음이 모두 기쁨으로 충만할 때, 다시 말해 우

쾌감

완전한 기쁨은, 몸이나 마음 중 어느 하나를 희생해서
얻을 수 있는 것이 아니다. 몸과 마음이 모두 기쁨으로
충만할 때, 다시 말해 우리의 삶이 쾌감으로 전율할 때,
바로 그 시간이 우리가 꽃으로 피어나는 순간이다.

리의 삶이 쾌감으로 전율할 때, 바로 그 시간이 우리가 꽃으로 피어나는 순간이다. 바지뉴의 유혹을 긍정하는 순간, 플로르는 꽃처럼 피어나게 된다. 그렇지만 바지뉴라는 '환각'으로부터 플로르가 꽃으로 피어날 수는 없는 법. 살아 있는 남자와의 사랑을 통해서만 그녀는 완전한 기쁨을 얻을 수 있을 테니까. 결국 플로르는 남편 테오도르와도 격식에서 벗어나 진심으로 결합하는 섹스를 통해 바지뉴라는 환각 없이도 육체적 희열을 얻는 데 성공한다. 바로 그 순간 바지뉴라는 유령은 눈사람처럼 녹아 사라진다.

바지뉴는 다시 저승으로 돌아간 것일까? 그렇지 않다. 바지뉴라는 환각이 깨닫게 해 준 육체적 기쁨, 그러니까 관능적 기쁨의 중요성은 영원히 플로르와 함께할 테니까. 어쩌면 바지뉴가 사라진 것은 그녀의 내면으로 들어와 버렸기 때문인지도 모른다. 그보다는 몸을 통해 기쁨을 얻었기에 바지뉴를 원하던 욕망이 충족되었다고 하는 편이 정확한 분석일 것이다. 그래서 플로르의 다음 절규는 중요한 것이다.

나는 사랑 없이는 살 수 없어요, 그의 사랑 없이는. 차라리 그이와 함께 죽는 게 나아요. 그를 곁에 둘 수 없다면, 길을 지나는 모든 남자한테서 필사적으로 그를 찾을 거예요. 나는 모든 남자의 입에서 그의 맛을 찾으려 애쓸 것이고, 굶주린 늑대가 되어 울부짖으며 거리를 쏘다닐 거예요. 그이가 곧 나의 덕이에요.

사랑은 정신적일 때 위대한 것이라고 믿는 사람이라면, 플로르의 다짐이 영 마음에 들지 않을 것이다. 지금 그녀는 선언하고

쾌감

있지 않은가. 만일 남편에게서 바지뉴로 상징되는 관능적인 쾌감을 얻지 못한다면, 그녀는 기꺼이 다른 남자들에게서 그것을 찾을 것이라고. 돌아보면 정신적인 사랑이란 사실 과거 자신에게 관능적인 쾌감을 안겨 주었던 사람에 대한 아련한 기억에 지나지 않는 것은 아닐지. 그러니까 정신적 사랑은 사랑의 기억만을 추억하는 사랑일 수 있다는 것이다. 이제 정직하게 스스로 되물어 보자. 만일 몸과 마음이 함께 어울려 극한의 쾌감을 누릴 수 있는 기회가 다시 찾아온다면, 당신은 과연 한때 자신에게 그런 쾌감을 안겨 주었지만 지금은 너무나 무료하게 느껴지는 사람과 함께 있을 수 있겠는가? 한때 꽃을 피웠던 기억으로 살 것인가, 아니면 새롭게 꽃을 피울 것인가? 조르지 아마두로 상징되는 남미의 정신은 도전적으로, 진지하게 묻는다. 당신은 자신의 바지뉴를 잊고 있는 것은 아닌지, 그래서 새롭게 꽃을 피우지 못하고 있는 것은 아닌지.

조르지 아마두

Jorge Amado

1912-2001

카카오 농장주의 아들로 태어나 어린 시절에 노동자들의 고단한 삶을 지켜보며 자랐던 아마두는 그들의 고단한 삶을 기록한 소설들을 발표했다. 1945년에 브라질 공산당 소속으로 국회의원에 당선되었으나 곧 정치적 박해를 받아 망명생활을 하게 되었고, 가난한 삶을 사실적으로 묘사한 작품 『바이아 연작』은 금서가 되어 불태워졌다. 그러나 조국으로 돌아와 문학에만 몰두한 후에는 사회적 리얼리즘을 버리고 남미 특유의 유머와 낭만적 감성을 담은 소설들을 발표하여 브라질의 국민작가가 되었다.

『도나 플로르와 그녀의 두 남편』(1966)에서 작가는 능력 없는 바람둥이였으나 육욕을 만족시켜 주었던 죽은 전남편에 대한 환상의 세계, 그리고 열정은 없으나 사회적 안정과 가정의 따뜻함을 제공하는 재혼한 남편과 함께하는 현실 사이의 괴리를 통해 인간의 다층적인 욕망을 유쾌하고 재치 있게 표현했다.

　도나 플로르는 육욕이라는 사악한 감정의 노예가 되어, 곧바로 바지뉴에게 굴복하게 될까 두려웠다. 의지로 통제하기는 이제 불가능했다. 굳은 결심은 바지뉴의 모습을 보는 순간 사라졌고, 그가 다가올 때면 어떤 현기증 같은 게 덮쳐서 그 유혹자의 손에 놀아나게 되었다. 그녀는 이제 자기 육체의 주인이 아니었다. 반항적인 육체는 더 이상 그녀의 정신에 복종하지 않고 바지뉴의 욕망에 복종했다.

『연금술사』의 작가 파울로 코엘료는 무명 시절의 자신을 지속적으로 독려해 주었던 아마두를 '나의 진정한 수호자'라며 존경한다.

쾌감

철학자의
어드바이스

정신과 육체에서 모두 기쁨, 즉 쾌감은 자주 찾아오는 경험은 아니다. 일단 몸을 움직여야만 우리는 쾌감을 소망할 수 있다. 섹스, 춤, 그리고 스포츠가 쾌감을 찾을 수 있는 대표적인 사례다. 춤이나 스포츠에서도 마찬가지지만 섹스에서도 쾌감이 항상 일어나는 것은 아니다. 그렇지만 한 가지 확실한 점이 있다. 몸에 기쁨이 찾아오는 경우에 우리는 정신에서도 반드시 기쁨을 느끼지만, 반대로 정신의 기쁨이 필연적으로 몸의 기쁨을 초래하지는 않는다는 사실이다. 그다지 마음에 들지 않았던 남자와 얼떨결에 섹스를 나누게 되었다고 하자. 기대하지도 않았음에도 우리는 너무나 흡족하게 섹스를 즐길 수도 있다. 섹스를 마친 후 그 상대방은 완전히 다른 남자로 보이게 될 것이다. 이제 그 남자만 생각해도 정신은 기쁨으로 가득 찰 테니까 말이다. 반대의 경우도 생각해 볼 수 있다. 함께 있다는 생각만으로 정신을 기쁨에 젖어들게 하는 남자가 있다. 기대감을 품은 채, 그와 하룻밤을 보냈다고 하자. 그런데 불행히도 그는 섹스에 서툴 뿐만 아니라 전혀 상대방을 배려하지도 않았다. 그 후 과연 이 남자를 떠올렸을 때, 여자는 기쁜 감정을 품을 수 있을까? 거의 불가능한 일일 것이다. 여기서 우리는 한 가지 교훈을 얻어야 한다. 우리의 몸은 항상 옳지만, 정신은 그릇될 수도 있다는 사실을 말이다. 스피노자가 "우리는 자신의 몸이 무엇을 할 수 있는지를 알지 못하고 있다."라고 이야기했던 것도 다 이유가 있었던 셈이다. 그래서 우리는 자신의 몸이 어느 때 행복을 느끼는지, 그리고 어느 때 불행을 느끼는지 계속 응시해야만 한다. 아무리 정신으로 "이럴 때 자신은 틀림없이 행복할 거야."라고 생각해도 직접 몸으로 겪은 기쁨을 느끼지 못한다면, 우리는 결코 행복할 수 없을 테니까 말이다.

46

슬픔
TRISTITIA

비극을
예감하는
둔탁한 무거움

『미국의 비극』,
시어도어 드라이저

기쁨과 슬픔은 상대적이다. 그러니까 순수한 기쁨이나 순수한 슬픔은 있을 수 없다는 것이다. 왜냐고? 현재의 슬픔은 과거를 기쁨으로 치장하고, 반대로 현재의 기쁨은 과거를 슬픔으로 기억하도록 만들기 때문이다. 예를 들어 볼까. 아무리 부모가 나를 아껴 주었다고 하더라도, 우리는 멋진 남자와 사랑에 빠지는 순간 부모에 대해 자신이 느꼈던 감정을 슬픔이라고 기억할 것이다. 반대의 경우도 마찬가지다. 과거 권위적인 부모로부터 기를 펴지 못하고 살았던 사람이 있다고 하자. 설상가상이라고나 할까, 지금 그는 배우자의 심한 폭력에 휘둘리는 불행한 삶을 살고 있다. 당연히 그는 권위적인 부모와 함께 살았던 삶을 기쁨으로 기억하기 쉽다. 이제야 우리는 한때 기쁨을 선사했던 여자가 어느 사이엔가 슬픔의 대상이 되는 이유를 짐작할 수 있겠다. 그녀보다 더 커다란 기쁨을 주는 여자가 나타난 것이다. 클라이드라는 남자의 고뇌는 그래서 발생한 것이다. 손드라의 등장으로 한때 기쁨의 대상이었던 애인 로버타가 이제는 슬픔, 나아가 저주의 대상으로 바뀌고 말았다.

만약 로버타와 함께 뱃놀이를 하던 중에 보트가 뒤집힌다면? 이렇게 골치 아픈 문제로 머리가 터질 것 같은 때에 말이다. 이 얼마나 좋은 기회인가! 나의 장래를 망치려 드는 이 엄청난 난제로부터 빠져나오는 데 이보다 더 좋은 방법이 또 있을까! 아냐, 잠깐. 그런 무서운 죄를 범하지 않고도 문제를 해결할 방법은 없을까? 그런 무시무시한 일을 생각해서는 안 되지. 그런 흉악한 짓을⋯⋯ 하지만 만일, 그런 사고가 우연히 일어난다면? 그러면 로버타와의 모든 시끄러운 관계도 한순간에 깨끗이 끝나는 것 아닌가? 로버타로서는 그 순간만 지나면 더 이상 아무런 공포도 느끼지 못할 것이고, 그렇게 장애물이 없어지고 나면 클라이드도 손드라와의 관계에서 더 이상 골머리를 썩일 일이 없을 것이다. 그렇게 되기만 한다면 지금 당면한 이 난처한 문제는 깨끗이 해결되어 그의 앞날은 참으로 맑게 개고 기쁨에 넘치리라. 계략을 꾸미려는 것이 아니다, 우연히 익사 사고가 일어나기만 한다면, 그때는 찬란한 미래가 열릴 것이다.

방금 우리는 시어도어 드라이저의 소설 『미국의 비극(An American Tragedy)』에서 한 대목을 읽어 보았다. 주인공 클라이드는 한때 가장 사랑했던 여자 로버타를 죽여야겠다는 무서운 생각에 골몰하고 있다. 비록 아무것도 가진 것 없는 여공에 지나지 않지만 한때 로버타와의 연애는 클라이드를 행복하게 했었다. 스피

슬픔

노자가 말했던 것처럼, 행복은 자신이 과거보다 더 완전해졌다는 느낌에 다름 아니니까. 그렇지만 클라이드는 로버타와 결혼까지 할 생각은 없었다. 그에게 결혼은 신분 상승의 지름길이었기 때문이다. 하지만 로버타는 너무나 가난했고, 그만큼 피해의식을 갖고 있는 여자였다. 물론 클라이드가 로버타를 사랑했다는 것, 그것은 어김없는 사실이었으리라. 불행이라면 불행이랄까, 그러던 그에게 미모와 부를 겸비한 매력적인 여자 손드라가 나타난 것이다.

다시 신분 상승을 꿈꿀 수 있는 기회가 클라이드에게 찾아온 것이다. 손드라만 차지하면 그의 오래된 꿈은 손에 잡힐 듯 가까워 보였다. 이런 희망에 부풀수록 그에게 로버타는 신분 상승의 길을 가로막는 장애물로 느껴질 수밖에 없다. 어쩔 것인가? 신분 상승이라는 파랑새를 쫓고 있던 클라이드에게는 사실 선택의 여지가 없어 보인다. 손드라와 꿈꿀 수 있는 장밋빛 미래는 로버타에게서 얻는 현실적 안정감보다는 훨씬 더 소망스러워 보였기 때문이다. 마침내 손드라와의 연애가 클라이드에게 기쁨이라는 감정을 안겨 주자, 반대로 로버타와의 만남 자체는 그에게 하나의 슬픔으로 밀려오게 된다. 더군다나 클라이드가 자신을 멀리한다는 여자의 직감 때문인지, 로버타는 이제 거의 절망적인 스토커처럼 그에게 집착하기까지 한다. 물론 이런 집착이 클라이드를 자신으로부터 더 멀어지게 만든다는 것쯤은 로버타 자신도 잘 알고 있지만 말이다. 결국 점점 더 클라이드는 로버타를 만나면 기쁨은커녕 우울한 슬픔에 빠져들게 된다.

슬픔(tristitia)은 인간이 더 큰 완전성에서 더 작은 완전성으로 이행하는 것이다.

— 스피노자, 『에티카』에서

스피노자의 말대로 슬픔은 더 완전하다는 느낌에서 덜 완전하다는 느낌으로 이행하는 감정이다. 당연히 우리는 덜 완전해지는 느낌에서 벗어나려고 노력할 것이다. 인간은 기쁨을, 그래서 행복을 추구하는 존재니까 말이다. 그래서 클라이드는 불행히도 이제 슬픔의 원인이 되어 버린 로버타를 제거하려고 꿈꾸는 것이다. 행복해지고 싶으니까. 이 얼마나 비극적인 상황인가! 한때 기쁨의 원천이었던 여자가 이제는 슬픔의 원인으로 전락한 것이다. 그렇지만 멀쩡한 여자를 죽이고도 무사할 리 없다. 그래서 지금 클라이드는 로버타의 사고사를 꿈꾼다. 아무도 자신의 죄를 묻지 않는 완전한 사고사. 그래서 자신의 행복을 가로막는 장애물이 합법적으로 완전히 사라지는 꿈이 이루어지면, 그의 말대로 '찬란한 미래'가 열릴 테니까 말이다.

소설 제목에서부터 이미 암시된 비극의 그림자는 이제 클라이드에게 조용히, 그렇지만 무겁게 다가오고 있다. 로버타가 클라이드와 함께 보트를 타다가 물에 빠져 죽는 일이 실제로 벌어진 것이다. 물론 클라이드는 물에 빠진 그녀를 구할 생각은 애초에 없었다. 아니, 정확히 말해 사고사가 나지 않았다면 사고사를 위장해서라도 그녀를 죽일 생각으로 보트에 탔던 것이다. 그런데 정말 사고사가 난 것이다. 그렇지만 이 순간 예기치 않은 비극적인 결말이 자신에게 다가오고 있다는 것을 클라이드는 알고 있었

슬픔

을까? 그를 체포한 사법당국은 로버타의 죽음이 사고사가 아니라 의도적인 살인의 결과라고 판결한 것이다. 마침내 한때 자신이 사랑했던 여자도 죽고 신분 상승의 꿈도 허망하게 날아간 채, 클라이드는 전기의자에 앉아 비극적인 삶을 마무리하게 된다.

아침 드라마의 한 장면처럼 들리는 드라이저의 비극이 결코 통속적으로만 보이지 않는 이유는 무엇일까? 지금 우리도 여전히 부와 사랑, 혹은 자본과 인간 사이에서 흔들리고 있기 때문이다. 그렇다고 해서 부와 사랑 중 후자를 선택해야 한다는 사치스러운 교훈을 읊조려서는 안 된다. 살기가 막막한 사람에게 사랑은 근사한 생계 수단, 혹은 유일한 생계 수단일 수도 있기 때문이다. 그렇지만 자본주의 사회에서는 부와 사랑 중 어느 것을 선택해도 비극은 불가피하다. 사랑을 선택하는 순간, 두 사람은 생계의 불안 속에서 살게 될 것이다. 이런 불안이 지속되면, 두 사람은 처음과는 달리 둘의 만남이 축복이라기보다는 저주라고 느끼게 될 테니까. 물론 그렇다고 해서 돈을 선택하는 순간, 사정이 더 나아지는 것도 아니다. 클라이드는 로버타로 상징되는 사랑을 포기할 수밖에 없기 때문이다. 항상 어떤 선택은 동시에 어떤 포기를 야기하는 법. 바로 이런 아이러니 때문에 클라이드의 비극이 결코 통속적이지만은 않게 보이는 것이다.

표면적으로 클라이드는 손드라와 로버타를 두고 고민하고 있는 것처럼 보이지만, 사실 그는 부유함과 사랑 사이에서 고뇌하고 있다고 할 수 있다. 자본주의 체제 아래에서만 발생할 수 있는 고뇌일 것이다. 어쩌면 앞으로 당분간 우리는 클라이드가 먼저 서 있던 그 자리에 다시 서게 될지도 모른다. 그래서 클라이드의 갈등과 선택을 반복하기 전에 우리가 명심해야 할 것이 있다. 부와 사랑, 둘 중 어느 것이 기쁨을 주고 어느 것이 슬픔을 주는지가 문제의 핵심은 아니다. 중요한 것은 두 가지 중 어느 하나를 선택하도록 강요하는 자본주의 자체가 바로 슬픔의 기원이라는 통찰일 테니까 말이다. 자본주의는 항상 자신의 위엄을 위해 우리를 생계 불안 속으로 던져 넣는다. 오직 그럴 때에만 자본은 우리가 자신에게 고개를 숙인다는 사실을 잘 알고 있으니까. 나약하고 여린 우리가 비극을 만드는 이 거대한 룰렛 게임에서 벗어날 수 있을까? 지금 드라이저가 슬픈 표정으로 우리에게 묻고 있는 것은 바로 이것인지도 모른다.

부와 사랑, 둘 중에 어느 것이 기쁨을 주고 어느 것이 슬
픔을 주는지가 문제의 핵심은 아니다. 중요한 것은 두
가지 중 어느 하나를 선택하도록 강요하는 자본주의 자
체가 바로 슬픔의 기원이라는 통찰일 테니까 말이다.

존 스타인벡의 『분노의 포도』가 1930년대 미국의 대공황을, 피츠제럴드의 『위대한 개츠비』가 1920년대 미국의 거품경제 시대를 보여 준다면, 『미국의 비극』(1925)은 1910년대 급속히 퍼진 자본주의 가치가 어떻게 인간의 정신을 왜곡시키는지를 그리고 있다.

시어도어 드라이저
Theodore Dreiser
1871-1945

발자크와 에밀 졸라를 탐독했던 드라이저는 미국 문학사에서 자연주의를 대표하는 소설가이며, 미국 판 『죄와 벌』로 불리는 『미국의 비극』은 우리나라에서도 「젊은이의 양지」라는 제목의 영화로 소개되어 인기를 끌었다. 외모는 매력적이지만 아직 가치관을 확립하지 못한 한 청년의 헛된 꿈을 통해, 작가는 급격한 도시화와 소외, 성숙하지 못한 인간과 비뚤어진 성공 신화가 야기한 '미국의 비극'을 그리고 있다.

이 동정과 혐오가 교차하는 마음 상태가 얼마간 지속되는 사이에, 드디어 클라이드는 어떻게 해서라도 로버타와 관계를 끊을 방법을 찾아야겠다고 결심했다. 비록 로버타를 죽음으로 몰아넣는 한이 있더라도 말이다. 그녀와 결혼하겠다는 약속을 한 것도 아니지 않은가. 만일 로버타가 순순히 물러나지 않는다면, 지금 자신의 처지가 위태로워질지도 모른다. 그러나 자기가 먼저 꼬드기지만 않았어도 이처럼 귀찮은 관계가 생겼을 리도 만무한데…… 클라이드는 새삼스럽게 로버타에 대해 연민을 느꼈다. 이제 와서 걸림돌이 되니까 일방적으로 이별을 강요한다는 것은 너무나 염치없고 교활한 수작이라는 생각도 들었다.

작가 자신도 주인공 클라이드처럼 가난한 아버지의 편협한 가톨릭 신앙에 반항적이었다. 신문기자의 경험으로 건조하지만 진실을 파헤쳐 나가는 듯한 문체로 주제의식에 집중했으며, 뉴욕 주에서 발생한 실제 살인사건 기사에 매혹되어 구상한 소설이 바로 『미국의 비극』이다.

철학자의
어드바이스

타자와의 마주침이 없다면 감정도 존재할 수 없다. 타자를 만나서 삶이 충만해진다고 느낄 때의 감정이 기쁨이라면, 슬픔은 그와 반대로 타자를 만나서 삶의 충만함이 훼손된다고 느낄 때의 감정이다. 물론 그렇다고 해서 절대적인 기쁨이나 절대적인 슬픔 따위는 존재할 수 없다. 불행히도 우리는 영원을 구가하는 신이 아니라 언젠가는 사라질 수밖에 없는 유한한 인간이기 때문이다. 그래서 우리에게 모든 것은 상대적이거나 조건적일 수밖에 없는 법이다. 달리 표현하자면 우리의 감정도 역사를 가지고 있다는 것이다. 원치 않은 타자와의 관계가 지속되면 우리는 슬픔이라는 감정에 지배된다. 이럴 때 우리에게 상대적으로 조금만 더 잘해 주는 타자가 등장하면, 우리는 너무나 쉽게 기쁨의 감정에 빠져들게 된다. 당연히 우리는 내게 기쁨을 안겨 준 그 타자와 함께 있으려고 할 것이다. 그렇지만 이 타자보다 더 많은 기쁨을 주는 타자가 또 나타날 가능성은 언제든 있는 법이다. 그러니 새로운 타자가 기쁨의 대상이 되는 만큼, 과거 기쁨을 주었던 타자는 자연스럽게 슬픔의 대상으로 밀려날 수밖에 없다. 이건 슬픔의 경우도 마찬가지 아닌가. 지금 우리에게 슬픔을 주는 타자일지라도, 나에게 더 심한 슬픔을 주는 또 다른 타자가 등장하는 순간, 과거의 타자는 자신도 모르는 사이에 기쁨의 대상으로 변할 수 있기 때문이다. 물론 그렇다고 해서 회의주의에 빠질 필요는 없다. 그저 기쁨을 주는 대상이 있다면 그것을 결코 놓쳐서는 안 된다는 것을 말하고 싶은 것이다. 그리고 슬픔을 주는 대상이라면 단연코 그것을 제거하거나 아니면 그것으로부터 떠나야 한다. 이것이 우리가 할 수 있는 최선의 선택이다. 여기서 '변덕'이나 '변심'을 이야기하는 사회적 평판에 대해서는 철저하게 '쿨'해질 필요가 있다. 선택의 결과를 스스로 책임지겠다는 단호한 의지가 아니라면, 우리는 결코 자기 감정의 주인이 될 수 없으니까. 그냥 지금 내 앞에 있는 타자가 기쁨을 주는지, 그렇지 않은지에만 집중하자.

47

수치심
VERECUNDIA

마비된 삶을
깨우는
마지막 보루

『더블린 사람들』,
제임스 조이스

어느 사이엔가 서울역은 노숙자들의 든든한 안식처가 된 지 오래다. 겨울에는 추위를 막아 주고 여름에는 비를 막아 주니, 어쩌면 그들에게 서울역은 마지막 남은 은신처라고 할 만하다. 이 노숙자들은 서울역을 지나다니는 일반 시민들의 시선에는 아랑곳없다. 그뿐만 아니라 자신의 처지를 의식하는 일도 별로 없다. 그래서 간혹 노숙자는 강시 혹은 좀비처럼 보이기도 한다. 생물학적으로 살아 있는 것은 맞지만, 그들의 영혼과 감정은 이미 싸늘하게 죽어 있기 때문이다. 한마디로 노숙자는 자신이나 세상에 대해 마비된 존재다. 마비되어 있는 사람에게서 자존심은 찾으려야 찾을 수가 없다. 자존심을 갖는다는 것은 타인의 시선을 의식하면서 스스로 반성하지 않고는 불가능하기 때문이다. 하긴, 자존심을 느낀다면 어떻게 노숙자로서 살아갈 수 있겠는가. 그러니 '마비' 상태가 편리한 법이다.

어떻게 해야 노숙자를 하나의 인격자로서 깨울 수 있을까?

아니, 어떤 순간에 노숙자가 자존심을 가진 인간으로 부활할 수 있을까? 아일랜드 작가 제임스 조이스가 중요한 이유도 바로 여기에 있다. 조이스는 『더블린 사람들(Dubliners)』(민음사)에서 인간의 정신적 마비에 대해 깊이 숙고하고 있기 때문이다. 이 작품을 통해 작가는 더블린 사람들의 총체적인 마비 현상을 다루고 있다. 피상적으로는 더블린 시민들이 소설의 주인공처럼 보이지만, 사실 이 소설의 진정한 주인공은 모든 주민들을 마비시키는 '더블린'이라는 도시이다. 이 소설에서 가장 중요한 단편은 그 대미를 장식하고 있는 「망자(The Dead)」라고 할 수 있다. 자신의 고향 더블린의 마비 증세를 탈출구도 없이 그려낸 것이 미안했던지, 작가는 마지막 단편에서 마비로부터 벗어나는 실마리를 묘사하고 있기 때문이다.

「망자」에서 조이스는 마비, 즉 진짜 감정을 느끼지 못한 채 습관적으로 살아가는 삶으로부터 깨어나기 위해 필요한 한 가지 감정에 주목한다. 그것은 바로 수치심이다. 수치심에 대한 스피노자의 정의를 읽어 보면, 수치심이 어떻게 마비로부터 깨어나는 계기가 될 수 있는지 어렵지 않게 납득할 수 있다.

> 치욕(pudor)이란 우리가 부끄러워하는 행위에 수반되는 슬픔이다. 반면 수치심(verecundia)이란 치욕에 대한 공포나 소심함이고 추한 행위를 범하지 않도록 인간을 억제하는 것이다.
> — 스피노자, 『에티카』에서

스피노자는 "치욕이란 우리가 다른 사람으로부터 비난받는다고 생각되는 자신의 어떤 행동에 대한 관념을 동반하는 슬픔"
이라고 정의한 적이 있다. 예를 들어, 강자에게 아부하고 약자에
게는 군림할 때, 혹은 자신의 안위만을 걱정하느라 사랑하는 사람
을 돌보지 않을 때, 우리는 다른 사람들로부터 비난받을 수 있다.
바로 이럴 때 우리는 치욕에 몸을 떨기 마련이다. 스피노자의 말
대로 '치욕'은 슬픈 감정인 셈이다. 인간이라면 누가 이런 슬픈 감
정을 기꺼이 감당하려고 하겠는가. 그래서 우리는 치욕을 가급적
피하려고 한다. 인간이란 기쁨은 가급적 유지하려 하고 슬픔은 멀
리하려는 존재이니까. 그래서 '수치심'이라는 감정이 중요한 것이
다. 수치심은 앞으로 치욕을 당하면 어쩌나 하는 공포감이나 소심
함으로 드러나기 때문이다. 스피노자가 치욕과 수치심을 구별하
는 것도 이런 이유에서다. 치욕은 슬픈 감정이지만, 수치심은 그
런 슬픈 감정이 들지 않도록 하려는 원동력이니까. 그러니까 수치
심을 갖고 있을 때, 우리는 치욕의 상태에 있는 것은 아니다. 오히
려 상황은 정반대라고 할 수 있다. 수치심을 갖고 있을 때, 우리에
게는 치욕을 멀리할 수 있는 가능성이 생기는 법이니까.

　　수치심을 갖고 있는 사람은 다른 사람에게 비난받을 짓을
애초에 하려고도 하지 않을 것이다. 잊지 말아야 할 것은, 수치심
을 느낄 때 우리는 타인의 시선을 의식할 뿐만 아니라 동시에 자
신의 행동 또한 강하게 반성할 수밖에 없다는 점이다. 이것은 나
의 정신과 감정이 살아 있다는 증거다. 그러니 마비된 상태로 살
아가는 사람에게서는 수치심을 찾을 수 없는 것이다. 이제 우리는
「망자」를 읽을 준비를 갖춘 셈이다. 다음은 주인공 게이브리얼이
아내 그레타로부터 젊은 시절 첫사랑 이야기를 듣고 수치심을

느끼는 장면이다.

자신이 빈정대는 말은 먹히지도 않는데, 이 인물, 가스공장에
다녔다는 소년이 망자의 세계에서 아내의 마음에 떠올랐다는 게
게이브리얼은 창피스러웠다. 게이브리얼이 아내와 둘이서만 함께
보낸 내밀한 생활에 대한 추억으로 흠뻑 젖어 있고, 애틋함과 기쁨
과 욕망으로 부풀어 있는 동안, 아내는 마음속으로 남편을 다른 남
자와 비교하고 있었던 것이다. 자신의 사람됨에 대한 부끄러운 자
의식이 엄습해 왔다. 자신이 이모들에게 똘마니 노릇이나 하는 우
스꽝스러운 인물로, 속물들에게 일장 연설이나 늘어놓고 자기의
얼토당토않은 욕정을 그럴싸하게 꾸미는, 안절부절못하는 소인이
면서 호의나 베풀려고 드는 감상주의자로, 그리고 거울 속에 흘낏
비친 그 처량하고 한심한 작자로 스스로의 눈에 비쳐졌다. 수치심
으로 벌겋게 달아오른 이마를 아내가 볼까 봐 게이브리얼은 본능
적으로 빛을 더욱 등졌다.

그레타의 첫사랑은 마이클 퓨리라는 소년이었다. 소년은 밤
새도록 비를 맞으며 그녀를 기다리다 폐렴으로 허무하게 죽는다.
이것이 바로 사랑 아닌가. 자신을 돌보지 않고 사랑하는 사람만
을 하염없이 기다릴 수 있다는 것, 이것만큼 사랑의 순수성을 보
여 주는 것이 또 있을까. 어느 여자가 이런 순수한 사랑의 기억을
선사한 남자를 잊을 수 있겠는가. 당연히 그레타도 여전히 그 소
년을 그리워한다. 아니 정확히 말해 남편 게이브리얼이 순수한 사
랑을 점점 잃어 갈수록, 그레타는 퓨리라는 소년을 더욱더 그리워

수치심

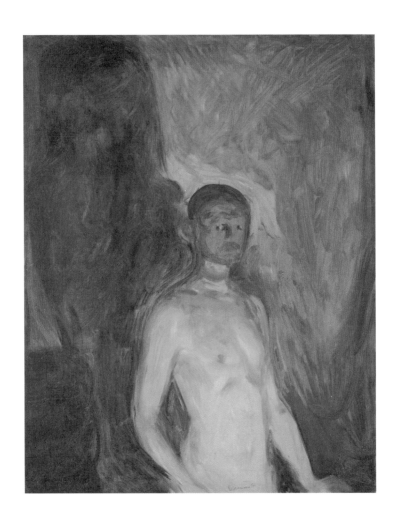

수치심은 앞으로 치욕을 당하면 어쩌나 하는 공포감이
나 소심함으로 드러난다. 따라서 수치심을 느낄 때에 비
로소 우리는 타인의 시선을 의식할 뿐만 아니라 동시에
자신의 언행을 반성하게 된다. 그러니 마비된 상태로 살
아가는 사람에게서는 수치심을 찾아보기 힘들다.

하게 되었던 것이다. 이런 절절한 그리움이 마침내 겉으로 드러난 순간 게이브리얼은 억누를 수 없는 수치심을 느끼게 된다. 단순한 질투심에서 그런 것은 아니다. 오히려 지금 게이브리얼이 아내의 그리움을 통해 순수한 마이클과는 달리 자신은 너무나 속물이 되어 버렸다고 느끼고 있다는 사실이 중요하다.

　게이브리얼은 아내의 그리움이 결국 자신의 타락 때문이라는 것을 깨닫게 된 것이다. 한때 가장 순수하게 아내를 사랑했던 자신은 어느 사이엔가 사라지고, 그 자리에 더블린 관습에 찌든 누추한 속물이 들어선 것이다. 그가 수치스럽게 생각했던 것은 바로 이것이었다. 어쨌든 지금 수치심을 통해 게이브리얼은 지금까지 자신을 옥죄고 있던 마비에서 서서히 풀리고 있다. 수치심이란 관문을 통과했을 때 게이브리얼은 어떻게 되었을까? 조이스는 마비에서 풀린 게이브리얼의 모습을 감동적으로 묘사하며 소설을 마무리한다.

　　옆에 누워 있는 아내가 살고 싶지 않다고 말하던 연인의 눈을 그토록 오랜 세월 동안 마음속에 고스란히 담아 두고 있었던가 하는 생각이 들었다. 게이브리얼의 눈에 눈물이 그렁그렁했다. 어떤 여자에 대해서도 몸소 이런 감정을 느껴 본 적이 없었으나, 이런 감정이야말로 바로 사랑이려니 싶었다. 그의 눈에는 눈물이 더욱 가득 고였고, 어두운 한쪽에서 빗물 듣는 나무 밑에 선 젊은이의 모습이 보이는 듯한 상상이 들었다.

　게이브리얼의 절절한 눈물에서 우리는 그가 어떤 마비 증세를 보이고 있었는지 짐작하게 된다. 그건 게이브리얼이 그녀를 자신만의 고유한 내면을 갖고 있는 하나의 인격체가 아니라, 집안일을 돌보고 필요하면 자신의 욕정을 해소할 수 있는 아내로만 보았던 것과 관련이 있다. 그렇지만 이제 게이브리얼은 아내가 아니라 그레타를 발견한 것이다. 그에게 아내는 그의 뜻대로 되는 존재이지만, 그레타는 자기만의 역사와 내면을 갖추고 있는 타자라고 할 수 있다. 더군다나 그레타의 내면은 자기처럼 더블린의 관습에 찌들지 않고 순수한 사랑을 품고 있는 고귀한 것이었다. 자신이 매너리즘을 상징한다면, 그레타는 순수성을 상징했던 것이다. 게이브리얼이 발견한 것은 바로 이것이었다. 이 대목에서 게이브리얼은 자신을 속물근성에서 구원할 수 있는 여신으로서 그레타를 재발견하고 있는 것이다. 그러니 어떻게 눈물이 나지 않을 수 있겠는가, 어떻게 그녀가 사랑스럽지 않겠는가. 그녀를 놓친다면 자신은 결코 더블린의 마수로부터 구원받을 수 없다는 것을 게이브리얼은 너무나 잘 알게 되었으니까.

제임스 조이스

James Augustine
Aloysius Joyce
1882-1941

조이스는 조국 아일랜드를 떠나 유럽을 방랑하며 살았지만 『더블린 사람들』(1914), 『젊은 예술가의 초상』, 『율리시스』 등 '더블린 3부작'을 통해 더블린을 문학사의 위대한 도시로 만들었다. "더블린은 수천 년 동안 유럽의 수도 가운데 하나였고, 대영제국 제2의 도시이고 베네치아보다는 거의 세 배나 큰 도시이다. 그럼에도 불구하고 여태까지 어떤 예술가도 이를 세상에 제시한 적이 없었다는 것은 이상한 일이다."

조이스의 소설들에는 경제적 추락을 비관하는 술주정뱅이 아버지에 대한 상심, 남편의 폭력을 신앙심으로 참아내는 어머니에 대한 반발, 무너져 가는 가정과 억압적인 환경에서 벗어나려고 사창가를 찾을 때 느낀 해방감과 죄의식 등 자전적인 고뇌가 응축돼 있다.

특히 『더블린 사람들』은 정신적 '마비'로 인해 정체성을 잃은 인간들에 대한 섬세한 보고서다. 「망자」에서 주인공 게이브리얼은 대단치도 않은 파티에서 연설을 하면서 스스로 자랑스러워하는가 하면 무식한 청중이 못 알아들을까 봐 전전긍긍하기도 한다. "그러나 우리는 회의적이고, 이런 구절을 써도 좋다면, 사상에 시달리는 시대에 살고 있습니다. 그래서 저는 때때로 이 새 세대가 아무리 교육, 아니, 교육의 할아버지를 받았다 하더라도, 전 시대의 자산인 인간애, 환대, 다정다감 등의 특질은 결여되고 있다는 우려를 금할 수 없습니다."

게이브리얼은 스스로를 책임 있는 시민이자 멋진 지식인으로 생각하지만, 오히려 그 자신이 '편협한' 생각에 갇힌 '우스꽝스러운' 인간이라는 것을 애써 외면한 채 살아가는 '마비된' 인간임이 드러난다. 그러나 작가는 언뜻언뜻 거울 속에 비치는 게이브리얼의 모습을 통해 자각의 가능성을 조심스럽게 소망한다. "흔들 거울이 있는 데를 지나치면서 자신의 몸이 모두 눈에 들어왔다. 딱 벌어지고 꽉 찬 셔츠 가슴팍과 거울에서 볼 때 항상 곤혹감을 안겨 주던 얼굴 표정과 번들거리는 금테 안경까지."

수치심

철학자의
어드바이스

'후안무치(厚顔無恥)'라는 말이 있다. 얼굴이 두꺼워 수치스러운 줄 모른다는 말이다. 최소한 잘못된 행동을 했으면 얼굴이라도 붉게 상기되는 것이 정상이다. 삶을 살아가다 보면 이렇게 낯짝이 두꺼운 사람을 많이 보게 된다. 정말 화가 나는 상황이다. 이런 사람들은 잘못을 저질러 놓고도, 혹은 인간으로서는 해서는 안 될 일을 해 놓고도 부끄러운 줄을 모른다. 오히려 그것이 뭐가 대수냐는 식으로 당당하기까지 하다. 지하철에서 빈자리가 생기면 가방을 던지거나 심지어 자신의 거대한 몸을 날리는 아주머니들, 새치기를 해 놓고서는 태연자약하게 친구와 전화 통화를 하는 직장인들, 가장 늦게 엘리베이터를 타서 정원 초과를 유발해 놓고도 내리려고 하지 않는 아저씨들. 한때 그들은 섬세한 감성을 지닌 여학생, 혹은 민주주의라는 대의명분을 위해 헌신했던 청년들이었을 것이다. 그렇지만 어느 사이엔가 그들은 뱀처럼 이기적인 존재가 되어 버린 것이다. 결국 얼굴이 두꺼운 사람은 철저하게 자기만을 위하는 사람이다. 그러니 타인의 시선에서 자신의 행동이 어떻게 비칠지 고민하지 않는다. 수치심은 타인의 시선을 의식하지 않는다면 발생할 수도 없는 감정이다. 타인의 시선에 비추어도 자신의 행동이 당당할 때, 그러니까 수치심을 전혀 느끼지 않을 때, 우리는 자존감, 혹은 자긍심을 느끼게 된다. 자긍심과 자존감을 회복하기 위해, 우리는 수치심을 느낄 수 있어야 한다. 그렇다면 어떻게 잃어버린 수치심을 다시 찾을 수 있을까? 타인의 시선을 다시 느끼는 것 외에 별다른 방법은 없다. 특히 자신을 사랑하는 타인이면 더 효과적일 것이다. 딸이 곁에서 보고 있는데도 몸을 날려 빈자리를 잡으려는 어머니는 없을 것이고, 후배가 지켜보고 있는데도 새치기를 하면서 시치미를 떼는 여자도 없을 것이다. 또 아무리 뻔뻔한 아저씨일지라도 최근에 만나 호감을 느끼는 여자가 옆에 있다면 결코 만원 엘리베이터 안으로 걸어 들어가지도 않을 테니까 말이다.

48

복수심
VINDICTA

마음을 모두
얼려 버리는
지독한 냉기

『빙점』
미우라 아야코

"남에게 희생을 당할 만한 충분한 각오를 가진 사람만이 살인을 한다." 우리 시인 김수영이 1963년에 쓴 시 「죄와 벌」에 등장하는 구절이다. 복수를 굳게 다짐해 본 사람이라면 누구나 안다. 자신은 복수의 대가로 사회적 처벌, 혹은 양심의 가책 등 엄청난 대가를 치르게 된다는 사실을. 이런 모든 대가를 감내하겠다고 입술을 앙다물지 못하는데 어느 누가 자신과 상대 모두를 파괴시키는 복수를 감행할 수 있겠는가. 대부분 우리는 막상 복수를 실행하려는 순간, 주저하게 된다. 모든 상황이 완전히 변해 버릴 혁명적인 상황인데, 어떻게 주저하지 않을 수 있겠는가. 타인을 한 번도 잔인하게 대해 본 적 없는 한 의사가 시청 앞에서 오랫동안 망설이고 있는 건 어쩌면 당연한 일인지도 모른다. 지금 그는 아내에 대해 경천동지할 복수를 시행하려는 참이기 때문이다.

　　시청의 낡은 문기둥 옆에 선 채 게이조는 아직도 망설이고 있었다. '나는 요코를 진심으로 사랑할 수 있을까?' 게이조는 코트 깃을 세웠다. '본심은 요코를 사랑하려는 것이 아니다. 나쓰에에게 범인의 자식을 키우게 하고 싶었던 것이다. 나를 배반하고 무라이와 정을 통한 나쓰에 때문에 그날 루리코는 살해되었다. 나는 그런 나쓰에가 요코의 출생의 비밀을 알고 괴로워할 날을 위해 그 아기를 데려온 것이다. (……) 나쓰에의 부정을 일시적인 마음의 방황으로 돌리고, 어떻게든 용서할 수는 없는가? 한 번은 나도 용서를 했다. 루리코의 죽음을 미칠 듯이 슬퍼하는 나쓰에를 나는 용서했다. 그러나 진심으로 루리코의 죽음을 슬퍼했다면, 또다시 무라이의 품에 안겼을 리가 없다. (……) 무라이도 내가 나쓰에를 얼마나 사랑하는지를 알고 있을 것이다. 그런 나를 나쓰에와 무라이는 배신했다.' 나쓰에의 흰 목덜미에서 본 보랏빛 멍이 지금도 게이조의 가슴에 아프도록 깊이 새겨져 있다.

시청 건물의 낡은 문기둥처럼 어느 남자가 차갑게 변하여 얼음이 되고 있다. 얼음은 주위의 것도 얼게 만드는 힘이 있다. 그래서일까, 이미 얼음이 되어 버린 그에게 남은 것은 이제 자신의 마음을 싸늘하게 얼려 버린 여자에게 받은 만큼 되돌려주는 것이다. 어떻게 하면 그녀를 가장 차갑게 얼릴 수 있을까? 미우라 아야코의 베스트셀러 『빙점(氷點)』은 무엇보다도 먼저 얼음처럼 차가워진 사람들이 마침내 어떻게 서로를 얼려 버리는지, 그 화학적 메커니즘에 대한 보고서로 기억될 필요가 있다. 병원의 원장 게이조는 아내 나쓰에의 배신으로 그 부드러운 심장이 돌처럼 딱딱하게 되었다. 나쓰에가 무라이라는 젊은 의사와 연정에 빠지는 날,

복수심

어린 딸 루리코는 참혹한 시체로 변하고 만다. 무라이와 함께 있고 싶다는 욕망 때문에 세 살 난 딸을 나가 놀라고 방치하여 야기된 사건이다. "무라이와 나쓰에가 자신들의 손으로 죽인 건 아니지만 그래도 그들이 루리코를 죽인 거나 마찬가지다."

아내의 행동을 한때의 열정이라고, 부주의한 실수라고 스스로 마음을 다잡으면서 용서할 생각도 있었다. 실제로 그는 아내를 용서하려고도 했다. 그렇지만 게이조의 조그만 기대는 속절없이 산산이 부서지고 만다. 딸 루리코가 죽은 지 얼마 지나지 않아 아내 나쓰에에게서 무라이와 키스를 나눈 흔적을 발견했기 때문이다. 그녀의 매력적인 목덜미에 보랏빛 멍이 선명하게 찍혀 있었던 것이다. 용서하려는 마음은 일순간에 냉각되고 그 자리에 잔혹한 복수심이 자리를 차지하게 된다. 어떻게 이토록 마음을 산산이 찢어 놓을 수 있다는 말인가. 게이조는 복수심에 치를 떤다. 자신의 마음을 싸늘하게 얼려 버린 것처럼 나쓰에의 마음도 싸늘하게 얼려 버릴 궁리를 하게 된다. 어떤 방법이 좋을까?

게이조가 마침내 생각해 낸 방법은 잔혹하다 못해 섬뜩하기까지 하다. 자신들의 딸 루리코를 죽이고 자살한 살인마의 딸을 입양하겠다는 계획이다. 그 아기가 바로 요코다. 마침 더 이상 아이를 갖지 못하는 나쓰에가 루리코의 빈자리를 대신할 여자아이를 입양하겠다고 남편을 조르고 있던 참이다. 언젠가 자신이 범인의 딸을 키우고 있었다는 것을 알게 되는 날 아내도 싸늘한 얼음처럼 변할 것을 기대하는 마음이다. 그러기 위해서는 또한 입양한 딸 요코에게 충분히 정을 붙일 시간을 주어야 한다. 그리고 어느 순간 아내 나쓰에가 자신이 사랑하는 요코가 살인마의 딸이라는 사실을 알게 만드는 것이다. 그때는 아내도 지금의 자신처럼 싸늘하게 얼어 버릴 것이다. 그래야만 아내도 지금 자신이 얼마나 싸늘하게 식은 심장을 가지고 사는지, 그리고 그것이 얼마나 고통스러운 것인지 알게 될 테니까.

이렇게 게이조는 지금 시청 앞에서 복수의 한 걸음을 내딛으려는 중이다. 입양과 관련된 업무를 처리하는 순간, 아내 나쓰에에 대한 복수의 문은 활짝 열리게 된다. 복수심이라는 감정만큼 무섭고 소름끼치는 것이 또 있을까. 이 무서운 감정에 대해 스피노자도 냉정하게 진단했던 적이 있다.

> 복수심(vindicta)은 미움의 정서로 우리에게 해악을 가한 사람에게 똑같은 미움으로 해악을 가하게끔 우리를 자극하는 욕망이다.
> — 스피노자, 『에티카』에서

자신에게 씻을 수 없는 상처를 남긴 그녀가 밉다. 이것을 씻을 수 있는 방법은 당한 만큼 똑같이 돌려주는 것. 마침내 남자는 복수의 화신이 된 것이다. 복수심이란 스피노자의 말처럼 "우리에게 해악을 가한 사람에게 똑같이 해악을 가하고자" 하는 욕망이기 때문이다. 그러기 위해서는 먼저 "미움의 정서"가 영혼을 가득 채워야만 한다. 일체의 온기도 남아서는 안 된다. 얼음이 되지 않는다면, 복수는 생각할 수도 없고, 더군다나 실행할 수도 없는 일이니까. '빙점'에 이르러야만 하는 것이다. '빙점'은 액체가 고체로 결정되는 온도를 가리킨다. 그러니까 작가는 이 소설을 통해 언제 인간의 마음이 얼음처럼 차갑게 응결되는지를 보여 주고 싶

복수심

었던 것이다. 그것은 바로 복수심이다.

타인에게 해악을 가하기 위해서는 자신의 마음을 딱딱한 얼음처럼 만들어 놓는 것이 좋다. 부드러운 마음, 온기가 남아 있는 마음으로는 타인에게 상처를 줄 수 없기 때문이다. 딱딱한 얼음은 쇳덩어리처럼 타인에게 타격을 가할 수 있지만, 미지근한 물로는 타인의 옷깃만 적실 뿐이다. 그렇지만 돌아보면 복수심의 이면에는 더 심각한 상처를 받지 않기 위한 자기 보호의 본능도 읽힌다. 삽은 물렁물렁한 진흙에는 쉽게 들어가지만 딱딱하게 언 땅에서는 힘을 발휘할 수 없다. 이처럼 복수심의 이면에는 자신의 상처를 급속 냉각시키려는, 그래서 더 이상 상처를 받지 않겠다는 모종의 의지가 작동하고 있는 셈이다. 여기서 흥미로운 사실은 '빙점'이 동시에 '융점(融點)'이기도 하다는 점이다. 물이 0℃에서 냉각되어 얼음이 되듯이, 얼음도 0℃에 풀려서 물이 되는 법이니까. 그렇다면 복수심이라는 빙점이 동시에 융점이 되는 순간은 언제일까?

소설의 초반부 어느 한 대목에서 작가는 그 실마리를 넌지시 보여 주고 있다.

게이조는 "너의 원수를 사랑하라."는 말을 되새기고 있었다. 학생 시절이었다. 나쓰에의 아버지인 쓰가와 교수가 이렇게 말한 적이 있었다. "여러분은 독일어가 어렵다느니 진단이 어떻다느니 하고 불평들을 하지만 나는 너의 원수를 사랑하라는 예수의 말만큼 어려운 것은 이 세상에 없다고 생각하네. 웬만한 일은 노력하면 할 수 있지. 그러나 자기 원수를 사랑하는 것은 노력만으로는 할 수 없는 것이네. 노력만으로는……."

그렇다, 용서다. 배신한 아내를 용서하는 것, 그것만이 마음을 얼음처럼 굳어지지 않도록 하는 유일한 방법이다. 그러나 쓰가와 교수의 말처럼 그것은 '노력만으로는' 가능한 것이 아니다. 어쩌면 복수심이 어떤 파국을 가져오는지 하나하나 처절하게 경험해야만 빙점이 융점으로 변할 수 있는 건 아닐까? 소설 『빙점』이 복수심이 만드는 차갑고도 날카로운 상흔들을 차근차근 응시하려는 것도 이런 이유에서일 것이다.

배신한 아내를 용서하는 것, 그것만이 마음을 얼음처럼
굳어지지 않도록 하는 유일한 방법이다. 그러나 '노력만
으로는' 가능한 것이 아니다. 어쩌면 복수심이 어떤 파
국을 가져오는지 하나하나 처절하게 경험해야만 빙점이
융점으로 변할 수 있는 건 아닐까?

미우라 아야코

三浦綾子

1922-1999

7년 동안 초등학교 교사로 일하다가 국가의 기만성에 좌절하여 1946년에 교직을 그만두었다. 남편과 함께 운영하던 잡화점이 번창하여 이웃 가게에 지장을 주자 가게 규모를 줄이고 남는 시간에 글을 쓰기 시작했다. 그렇게 쓰게 된 소설 『빙점』이 1964년 《아사히신문》 현상공모에 당선되어 일본 최고의 베스트셀러가 되었다. 우리나라에서도 『빙점』은 해방 이후 가장 많이 번역되고 팔린 일본 소설이며, 최근까지도 영화, 드라마 등으로 각색되어 빙점 신드롬을 일으켰다. 작가는 이 작품에서 복수의 부질없음과 화해에 이르는 어려운 과정을 통해 용서의 위대함을 표현하고자 했다.

그날 루리코가 살해된 데 대한 책임을 느끼고 있다면 목덜미에 키스 자국을 남기는 짓은 두 번 다시 하지 않았을 것이다. 나쓰에, 그래도 당신이 루리코의 엄마란 말인가. 게이조는 이렇게 소리치고 싶었다. 갈기갈기 찢어진 가슴에서 피가 뚝뚝 떨어지는 것 같은 고통을 느꼈다. 나쓰에가 불을 껐다. 어둠 속에서 게이조는 아내가 있는 쪽을 노려본다. 아까 본 보랏빛 멍이 눈에 선하다. 나쓰에와 무라이의 온갖 자세가 멋대로 떠오른다. 그런 상상 속에서 아내의 모습은 음탕하기 짝이 없다. 게이조는 깊은 절망에 사로잡혔다. 루리코는 살해되었고 나쓰에는 간음을 했다. 대체 나는 지금껏 무엇을 위해 살아온 것일까? 갑자기 모든 것이 무의미해졌다. (⋯⋯) 오늘 밤 게이조는 자신이 고귀한 생명을 다루고 있다는 의사로서의 긍지도 더 이상 느낄 수 없었다. 그저 같은 일을 되풀이하고 있는 것만 같은 무력감만 남아 있다. 아내의 배신은 게이조의 희망을 완전히 꺾어 버렸다.

철학자의
어드바이스

함무라비 법전이 있다. "눈에는 눈, 이에는 이." 자신에게 잘해 주는 사람에게는 그만큼 잘해 주고, 지신에게 위해를 가한 사람에게는 그만큼 위해를 가해야 한다. 이것은 만고불변의 진리다. 그렇지만 우리는 사실 거꾸로 살고 있지는 않은가. 자신에게 잘해 주는 사람은 함부로 대하고, 자신에게 위해를 가한 사람에게는 비위를 맞추고 있지는 않은가 말이다. 일단 함무라비 법전을 관철시키려면 "원수를 사랑하라!"는 예수의 말이 노예 도덕을 상징한다는 사실을 간파해야만 한다. 강한 자에게 핍박을 받는 약자가 어떻게 강자에게 자신이 당한 것을 되돌려줄 수 있다는 말인가, 복수를 시행할 힘조차 없는데. 이럴 때 예수의 속삭임이 우리의 나약함을 정당화하며 찾아온다. "원수를 원수로 갚지 않고 사랑으로 갚는 것은 정말로 성스럽고 위대한 일이야." 이런 속삭임이 귀에 들어오는 순간, 마치 자신에게 원수를 갚을 수도 있고 갚지 않을 수도 있는 자유가 있는 양 스스로를 기만하게 된다. 약자가 복수를 포기하는 순간, 자신이 강자에게 복수할 수조차 없는 존재라는 자괴감에서 벗어나게 된다. 그러나 잊지 말자. 사랑이든 복수든 그것은 오직 자유로운 자, 혹은 강자만이 누릴 수 있는 욕망이라는 사실을. 약자는 원수를 용서할 자격조차 없다. 강자가 되었을 때에만 약자는 원수를 용서할 자격을 갖게 되니까 말이다. 그러니 해악을 당했지만 복수할 수 없을 정도로 약하다면, 아주 천천히 힘을 키워서 강해져야 한다. 5년이든 10년이든 치욕을 잊지 말고 가슴속에 새겨야 한다. 마침내 해악을 가한 사람보다 압도적인 우위에 있게 되는 날, 우리는 진정 결정할 수 있다. 계획대로 복수를 추진할 수도 있고, 아니면 용서할 수도 있다.

에필로그

'선과 악(Good and Evil)'을 넘어.
이것은 적어도 '좋음과 나쁨(good and bad)'을
넘어선다는 것을 의미하지는 않는다.
── 프리드리히 니체

I

편견, 그것도 아주 해묵은 편견이 하나 있다. "감정은 순간적이어서 맹목적으로 따르면 위험하다." 순간적이고 덧없는 것이어서 감정을 따르는 것은 정말로 위험한 것일까? 분명 감정은 순간적이고 덧없는 것이기는 하다. 하지만 그렇다고 해서 감정을 따르지 말아야 한다는 것은 잘못된 판단이다. 감정이야말로 충만한 삶의 정수니까 말이다. 간단한 예를 하나 들어 볼까. 역시 감정의 왕이라고 할 수 있는 사랑을 예로 드는 것이 좋을 듯하다. 누구나 한번쯤은 사랑에 빠지는 경험을 하니까.

한 여성이 한 남성을 사랑한다. 그런데 도대체 이유를 모르겠다. 그는 좋은 대학에서 훌륭한 교육을 받은 것도 아니다. 심지어 그는 보잘것없는 월급으로 노모와 동생들을 돌보기에도 벅찬 생활을 하고 있다. 근데 그와 함께 있으면 그냥 좋다. 기쁘다. 이것이 바로 사랑이라는 감정이 아니면 무엇이겠는가. 사랑하는 사람과 함께 있으려는 것, 이것이 바로 사랑에 빠진 사람의 욕망 아닌가.

결혼을 꿈꾸는 것도 이런 이유에서다. 결혼이라는 형식을 통하지 않으면 애인과 함께하는 삶은 항상 불완전할 수밖에 없는 시대에 살고 있으니까. 그렇지만 결혼은 혼자 하는 것이 아니다. 사랑하는 두 사람의 결정만으로 이루어질 수 없는 복잡한 사회 절차가 결혼 제도 아닌가. 당연히 부모나 친구들에게 결혼의 의지를 피력해야 한다. 곧 친구들에게 자신의 애인을 소개하고, 양가 부모들과 상견례를 가질 수밖에 없다. 그러나 부모나 친구들은 모두 결혼을 반대한다. "경제적으로나 여러모로 불안정한 사람과 결혼하려고 하다니. 너 미친 거 아니니. 순간의 감정에 휘둘리지 말고 너의 미래를 잘 생각해 봐. 지금은 아무래도 상관없다고 생각하지만, 사랑이라는 감정은 영원한 게 아니야. 서로 마음이 식을 때가 오고야 말거든. 그때 너는 분명 우리를 원망할 거야. 왜 결혼을 말리지 않았느냐고. 다시 한 번 진지하게 생각해 봐."

가족과 친구들의 반대로 결혼을 포기했다고 치자. 아무리 생각해도 그 사람과의 미래가 불안정하다고 판단했기 때문이다. 마침내 그녀는 사랑이라는 현재의 충만한 감정을 포기하고 미래의 안전한 삶을 선택한 것이다. 여기서 우리가 주목해야 할 것은 사랑의 감정은 바로 우리를 현재에 살도록 하고, 안전한 삶에 대한 생각은 우리를 미래에 살도록 만든다는 점이다. 안전한 삶을 위해 현재의 열정적인 감정을 교살하는 삶, 미래를 위해 현재를 희생하는 삶이 과연 행복할까? 절대 그럴 수 없다. 왜냐고? 지금은 미래로 보이는 때도 언젠가 우리에게 현재로 다가올 테니까. 그렇게 우리는 이미 현재가 된 미래에서도 또 다른 미래를 위해 '지금 이 순간'을 포기하게 될 것이다. 아이러니하게도 미래에 더 큰 가치를 두느라 현재를 부정하는 삶이 이르게 되는 종착역은 바로 죽음이다. 이것은 유한한 삶의 진실이다. 그러니 현재 누려야 할 행복과 기쁨을 미래로 미루지 말라!

이제 그녀의 생각이 얼마나 잘못되었는지 분명해졌다. 그녀는 사랑하는 사람과 결혼했어야 했다. 사랑이라는 감정이 현재로 지속되는 순간, 그 둘의 결혼 생활은 정당할 것이며, 충분히 행복할 것이다. 우리 인생에서 사랑하는 사람과 함께 잠들고 사랑하는 사람을 보면서 잠에서 깨는 것만큼 행복한 일이 또 어디 있겠는가. 화려하게 절정에 이르렀다가 언젠가 지게 되는 꽃처럼, 사랑이란 감정도 그렇게 지는 순간이 올 것이다. 이런 서글픈 순간에 그녀를 휘감고 있는 감정은 더 이상 사랑이 아닐 것이다. 미움이라는 감정일 수도 있고, 아니면 당황이라는 감정일 수도 있다. 미움이든 당황이든 사랑이 아닌 바로 그 감정이 현재를 사는 그녀를 규정하는 것이다.

미움의 대상이나 당황의 대상과 함께 결혼 생활을 유지하는 것은 의미가 없는 일이다. 단지 과거에 피었다가 져서 이제는 다시는 못 볼 꽃을 그리며 살아가는 것이 도대체 무슨 의미가 있겠

에필로그

는가. 미래만 꿈꾸며 사는 것도 문제지만, 과거에 머물러 있는 것도 삶을 피폐하게 만드는 결정적인 계기가 되기는 마찬가지다. 미움이나 당황이라는 감정에 부합되는 다른 삶의 방식을 도모해야만 할 것이다. 남들이 부러워하는 감정이든 아니면 남들이 안타깝게 여기는 감정이든 간에, 자신이 느끼고 있는 감정에 따라 살아야만 한다. 자신의 삶을 충만한 현재로 살아가려면 별다른 방법은 없기 때문이다. 그렇다, 자신의 감정에 어울리는 현실을 만들어 나가야만 한다. 그것이 자신의 감정을 지키는 방법이니까. 미움이나 당황의 감정이 들었다면 그에 부합하는 삶의 방식은 별거일 수도 있고, 아니면 이혼일 수도 있다. 어쨌든 미움이나 당황이라는 감정을 안겨 주는 사람과 함께 한 이불을 덮고 자고 한 테이블에서 밥을 먹는다는 것은 불행한 일이다. 행복과 기쁨을 추구할 힘을 잃어버리는 순간, 우리에게는 잿빛 삶만이 남겨지는 법이니까.

2

사실 '감정은 순간적이다.'라는 말만큼 감정을 모욕하는 표현은 없을 것이다. 분명 감정은 영원하지는 않지만, 그렇다고 해서 찰나적이고 순간적인 것만은 아니다. 감정은 지속적인 것이다. 오늘 내게 기쁨을 주는 사람이 내일이 되었다고 해서 갑자기 슬픔을 주는 경우는 없으니까. 오늘 미워하는 사람이 내일 사랑하는 사람으로 불쑥 탈바꿈하는 경우도 없다. 감정은 우리 삶의 속도만큼 충분히 지속적이다. 그러니 감정의 색채를 믿고 따르라! 자신의 심장 소리와 함께 지속되는 그 감정의 목소리를 존중하라! 그것만이 당신이 현재에서 충만한 삶을 누릴 수 있는 유일한 방법이니까. 물론 그러기 위해서 여러분은 주변의 평가에서 자유롭고 당당해져야만 한다. 주변 사람들은 자유로운 감정의 소유자와 당당한 인격을 무서워하는 법이다. 그건 자신들이 그렇게 살지 못하고 있다는 자괴감 때문이다. 자신의 비겁함 때문에 감히 손대지 못한 과일을 과감히 따먹는 사람을 보고 마음이 편할 사람이 어디에 있겠는가. 자신들의 비겁함이 폭로되는 광경을 가만히 두고 볼 사람은 아마 없을 것이다.

감정을 순간적이라고 저주하면서 현재를 부정하는 사람들, 그래서 현재에 살지만 과거나 미래에 사로잡힌 사람들의 행동 준칙은 '선(Good)과 악(Evil)'이다. 반면 내면에서 우러나오는 감정의 목소리에 충실한 사람들이 따르는 행동 준칙은 '좋음(good)과 나쁨(bad)'이다. 돌이켜 보면 경제적인 이유로 사랑하는 남자를 포기한 여성은 '좋음과 나쁨'의 기준이 아니라 '선과 악'의 기준을 따른 것이다. 여러 가지로 무능력해 보이는 남자와 결혼하는 것, 그것은 자본주의라는 공동체의 가치를 수용하고 있는 부모나 친구들에게는 악으로 보였던 것이다. 그들은 지금 그 여자의 감정을 전혀 고려하지 않고 있다. 얼마나 그녀가 지금 그 남자와 함께 있는 삶을 '좋다'라고 느끼는지 따위가 그들의 안중에 있을 리 없다. 진짜 비극은, 그녀가 자신의 '좋음'을 버리고 부모나 친지들이 '선'이라고 평가하는 가치관을 받아들였다는 데 있다. 이 순간 그녀는 스스로 자기 삶의 정수였던 감정을 포기한 거라는 진실을 알까?

간단히 말해 '선과 악'이 대다수 공동체 성원들이 내리는 평가 기준을 의미한다면, '좋음과 나쁨'은 다른 누구의 판단이나 평

에필로그

가가 아니라 스스로 내리는 평가 기준을 의미한다. 니체가 선과 악에 'Good'과 'Evil'이란 대문자를 사용했던 것도 이런 이유에서다. 선과 악은 사회의 안전이나 통념을 위해 어떤 개인이라도 반드시 따라야만 하는 절대적이고 유일한 규범을 상징하니까. 반면 니체는 좋음과 나쁨에 'good'과 'bad'라는 소문자를 붙인다. 사람마다 좋음과 나쁨의 기준이 다르고 동시에 좋음과 나쁨의 내용도 다르기 때문이다. 그래서 자신의 감정을 지키려는 사람들은 우선 선과 악이라는 규범을 버리고 좋음과 나쁨이라는 자기만의 기준에 따라 살아가도록 노력해야 한다. 다른 사람의 눈치를 볼 필요는 없다. 단지 지금 내가 마주하고 있는 대상이 삶을 향한 의지를 강화시켜 준다면, 다시 말해 내 삶에 경쾌함을 준다면, 그것은 '좋은' 것이다. 반대로 삶을 향한 의지를 약화시켜 내 삶을 우울하고 무겁게 만든다면, 그것은 '나쁜' 것이다.

'좋다'고 느끼는 것을 선택하고, '나쁘다'고 느끼는 것을 거부하라! 나의 삶을 유쾌하게 만들어 주는 것을 선택하고, 반대로 우울하게 만드는 것을 거부하라! 그것이 사람이든 일이든지 간에 상관없다. 간혹 '좋다'고 느끼는 것을 거부하고, '나쁘다'고 느끼는 것을 선택하는 경우가 발생하기도 한다. 자신의 감정과 삶을 교살시키는 이런 비극적인 사태가 발생하는 이유는 무엇일까? 이유는 두 가지다. 우선 '선과 악'이라는, 부모나 타인들의 가치 평가를 그대로 수용했기에 이런 비극이 발생한다. 하지만 감정의 중요성을 정확히 이해함으로써 이런 비극을 막을 수도 있다. 이제 우리는 너무나 잘 알고 있지 않은가. 다른 누구도 아닌 바로 자신의 감정을 따르지 않는다면 자기 삶을 행복하게 살아갈 수 없다는 진실을. 비극이 발생하는 두 번째 이유는 우리가 자신의 마음을 뒤흔드는 다양한 감정들에 너무나 서툴렀다는 데 있다. 두 번째 이유로 발생하는 비극을 막기 위해서, 지금 자신을 휘감고 있는 감정이 슬픈 것인지 아니면 기쁜 것인지 정확히 식별할 수 있어야만 한다.

　'좋음과 나쁨'이라는 자신만의 가치 기준을 배신하게 만드는 두 가지 이유 중 정말로 중요한 것은 바로 두 번째 이유다. 연민을 사랑이라고 착각해서 누군가와 결혼한 사람이 있다고 하자. 스피노자가 지적했던 것처럼 연민은 기본적으로 슬픈 감정이고, 당연히 그것은 '나쁜' 감정일 수밖에 없다. 연민의 대상, 즉 근본적으로 슬프고 나쁜 감정을 제공하는 사람과 어떻게 사랑의 기쁨을 일굴 수 있다는 말인가. 당연히 파국과 비극은 불가피하다. 이처럼 좋은 감정과 나쁜 감정을 제대로 식별하는 데 실패한 사람들은 자신의 감정에 불신의 시선을 보내기 마련이다. 이런 사람이 어떻게 부모나 사회의 통념을 거부할 수 있겠는가. 지금까지 우리가 좋은 감정들과 나쁜 감정들로 양분될 수 있는 48가지의 감정들을 조심스레 성찰했던 것도 이런 이유에서다. 나쁜 감정인데 좋은 감정이라고 착각하거나, 반대로 좋은 감정인데 나쁜 감정이라고 혼동하는 것을 막기 위해서다. 감정의 혼동은 삶의 혼돈을 낳고, 마침내 자신을 불신하는 것으로 막을 내리기 쉽기 때문이다. 48가지의 얼굴로 드러나는 인간의 감정에 능통해져야만 한다. 그만큼 우리는 자신의 감정에 확신을 가지게 될 것이고, 당연히 '좋음과 나쁨'이라는 행동 기준을 더 단호하게 삶에 관철시킬 수 있을 테니까 말이다.

3

감정수업을 끝내야 할 시간이 조금씩 다가오는 지금, 나는 서운하기보다는 매우 행복하다. 가르치는 사람이 배우는 사람보다 더 많은 것을 얻는 법이니까. 익숙하기도 하고 낯설기도 했던 48가지 감정들을 여러분에게 안내하느라, 나는 더 많이 읽어야 했고, 더 많은 고민을 해야만 했다. 하긴 수업에 참여한 학생들보다 더 많이 알아야 선생이나 가이드 노릇도 하는 것 아닌가. 그렇지만 나의 수업 준비는 외롭지만은 않았다. 내게는 가장 위대한 감정의 철학자 스피노자가 있었고, 48명의 위대한 작가와 그들의 작품이 있었기 때문이다. 특히 내게 고마웠던 것은 위대한 작품이란 어떤 특정한 감정의 아우라에서 펼쳐진다는 것을 가르쳐 준 48명의 위대한 문학자들이었다. 그래서 나는 배웠다. 위대한 문학은 하나의 감정을 깊게 파고들지 않고서는 아무것도 아니라는 사실을. 반대로 말해 위대한 작품은 하나의 감정이라는 자장에 모든 등장인물과 사건들을 포섭시킨다는 사실을.

48가지의 감정들에 서열과 우열을 매길 수는 없다. 어떤 감정이든 중요하지 않은 것이 하나도 없으니까. 그렇지만 독자들에 따라 주목하는 감정들은 사뭇 다를 것이다. 지금 당장 '질투'에 사로잡힌 독자도 있겠고, '절망'에 빠진 독자도 있겠고, 또 '복수심'에 붙들린 독자도 있을 수 있으니까. 혹시 이렇게 특정 감정에 강하게 빠져 있는 독자라면 우리의 감정수업이 다룬 해당 감정 부분이 조금 부족하다는 느낌을 받을 것이다. 그럴 때 독자는 여기에서 다루어진 소설을 찾아서 정독할 필요가 있다. 질투에 빠진 독자라면 알랭 로브그리예의 『질투』를, 절망에 힘들어하는 독자라면 베른하르트 슐링크의 『책 읽어주는 남자』를, 복수심으로 마음이 얼어붙었을 때는 미우라 아야코의 『빙점』을 꼼꼼히 읽는 식으로 말이다. 분명 자신이 사로잡힌 감정을 더 잘 이해할 수 있는 기회가 되리라 확신한다.

이제 마지막으로 감정수업이라는 책이 어떻게 탄생하게 되었는지 밝힐 차례가 되었다. 벌써 2년 전의 일이다. 당시 내게 전화 한 통이 걸려 왔다. 생면부지의 편집자가 만나고 싶다는 내용이었다. 바로 이 책의 편집자다. 그런데 정말 이상한 캐릭터의 편집자였다. 당시 마흔에 가까운 노처녀였지만, 내게는 거의 문학소녀로 느껴졌다. 심지어 패션 감각마저도 유치하고 순진했다! 이것이 양희정이라는 편집자를 처음 만났을 때 나의 느낌이었다. 당시 나는 간만에 설레는 마음이 들었던 것으로 기억된다. 철학자로서 그리고 인문 저자로서 나는 우리 이웃들을 위해 반드시 써야 할 책들을 쓰고 있거나, 이미 준비 중이었다. 그녀와 이야기를 나누는 순간, 나는 또 공부하고 쓸 것이 생겼다는 설렘이 생겼던 것이다. 누군가 근사한 곳을 알려 주었을 때 더 이상 여행할 곳이 없다고 심드렁해져 있는 여행가가 느끼게 되는 설렘과도 같은 것이었다. 당시 인문학과 예술의 동력은 감정일 수밖에 없다는 이야기, 감정이 억압되는 사회가 전체주의적 사회라는 이야기 등등이 오갔던 것으로 기억난다.

그렇다, 사랑에 빠진 사람만이 괴테의 『베르데르의 슬픔』을 제대로 이해할 수 있고, 반대로 괴테의 작품을 제대로 읽은 사람이라면 사랑의 환희와 실연의 아픔에 젖을 수 있다. 이것이 인문학과 예술이 존재하는 이유라고 나는 편집자와 대화를 나누었다.

그래서 인간이 품을 수 있는 다양한 감정들을 하나하나 점검하는 기획이 생긴 것이다. 물론 무질서하게 다룰 수는 없어서, 나는 스피노자에게서 도움을 얻자고 제안했다. 흥미진진할 뿐만 아니라, 나나 독자들에게도 많은 도움을 줄 수 있는 기획은 이렇게 무르익었다. 그녀의 도움은 내게 새로운 희망과 자극을 준 것에 그치지 않는다. 《중앙일보》의 주말판 신문이라고 할 수 있는 《중앙선데이》의 《S매거진》에 격주로 「강신주의 감정수업」이 연재되도록 주선한 것도 모두 그녀의 배려 탓이었다. 아마 집필이나 바쁜 강연 일정 때문에 출간이 미뤄지지나 않을까 하는 노처녀의 노파심 때문이었을 것이다. 어쨌든 그녀의 책략은 성공해서 얼마 전 무려 45회로, 한 번도 펑크 내지 않고 무사히 연재를 마쳤다.

연재를 하는 도중에, 48가지 감정들에 해당하는 작가와 작품을 고민하는 몫은 문학소녀였던 그녀가 전적으로 감당했다. 편집자 덕에 나는 격주로 한 번씩 위대한 작가들의 작품을 맛보는 호사를 누렸다. 고마운 일이다. 더 감사한 것은 자신이 고른 작품을 내가 잔혹하게 퇴짜를 놓았던 적도 있었지만, 그녀는 한 번도 싫은 내색을 하지 않았다는 점이다. 심지어 자신이 고른 작품을 내가 다른 감정과 연결시킬 때도 실망을 표하지 않았다. 아마 그녀가 진정으로 원했던 것은 나의 인정이 아니라 좋은 글, 나아가 좋은 책이었기 때문일 것이다. 이 글을 쓰는 지금도 그녀는 분명 48가지의 감정에 어울리는 근사한 그림을 고르느라, 그리고 감정수업에 어울리는 표지를 확정하느라 노심초사하고 있을 것이다. 양희정이라는 편집자는 바로 이런 여자다. 자신보다, 그리고 저자인 나보다 책을 더 좋아하는 편집자다. 그리고 책을 멋지게 만들어야 저자인 내가 빛이 난다는 것을 아는 편집자다. 이제 에필로그를 썼으니 저자로서 나의 마지막 임무는 다한 것 같다. 이미 나는 표지, 편집 등 일체의 일을 모두 그녀에게 맡겨 버렸으니까. 신뢰하는 편집자를 만났다는 것, 나나 나의 책 모두 운이 좋은 모양이다.

인간은 기쁨과 슬픔을 위해 태어났으며
우리가 이것을 제대로 알 때 비로소
우리는 세상을 안전하게 지나갈 수 있다.
섬세하게 직조된 기쁨과 슬픔은
신성한 영혼을 위한 안성맞춤의 옷,
모든 비탄과 갈망 아래로
비단으로 엮어진 기쁨이 흐른다.
— 윌리엄 블레이크, 「순수의 전조」에서

소설 리스트

	생존 작가	20세기 후반	20세기 초반	19세기	18세기
영국	**치욕** 이언 매큐언 「토요일」	**반감** 도리스 레싱 「풀잎은 노래한다」	**수치심** 제임스 조이스 「더블린 사람들」	**희망** 찰스 디킨스 「위대한 유산」	
		욕망 존 파울즈 「프랑스 중위의 여자」	**잔인** 서머싯 몸 「인생의 베일」	**후회** 토머스 하디 「캐스터브리지의 읍장」	
			당황 D. H. 로렌스 「채털리 부인의 연인」		
			확신 대프니 듀 모리에 「레베카」		
			대담함 조지 오웰 「1984」		
미국	**멸시** 에드워드 올비 「누가 버지니아 울프를 두려워하랴?」	**영광** 어니스트 헤밍웨이 「노인과 바다」	**슬픔** 시어도어 드라이저 「미국의 비극」	**경멸** 헨리 제임스 「여인의 초상」	
	경쟁심 토니 모리슨 「술라」	**동정** 트루먼 커포티 「티파니에서 아침을」	**탐욕** 피츠제럴드 「위대한 개츠비」		
		과대평가 솔 벨로 「허조그」	**사랑** 펄 벅 「동풍 서풍」		
			음주욕 유진 오닐 「밤으로의 긴 여로」		
프랑스	**경탄** 에릭 오르세나 「오래오래」	**질투** 알랭 로브그리예 「질투」	**겁** 시도니가브리엘 콜레트 「여명」	**박애** 빅토르 위고 「레 미제라블」	**오만** 쇼데를로 드 라클로 「위험한 관계」
		소심함 프랑수아 사강 「브람스를 좋아하세요…」	**회한** 알베르 카뮈 「전락」	**겸손** 에밀 졸라 「여인들의 행복 백화점」	
		끌림 마르그리트 뒤라스 「연인」		**야심** 기 드 모파상 「벨아미」	
독일	**절망** 베른하르트 슐링크 「책 읽어주는 남자」				

	생존 작가	20세기 후반	20세기 초반	19세기	18세기
오스트리아	미움 엘프리데 옐리네크 『피아노 치는 여자』		연민 슈테판 츠바이크 『초조한 마음』		
체코	자긍심 밀란 쿤데라 『정체성』		환희 프란츠 카프카 『판결』		
노르웨이				두려움 헨리크 입센 『유령』	
러시아				비루함 투르게네프 『무무』 분노 도스토예프스키 『죄와 벌』 욕정 톨스토이 『악마』	
일본	적의 오에 겐자부로 『개인적인 체험』 호의 무라카미 하루키 『노르웨이의 숲』	복수심 미우라 아야코 『빙점』	조롱 나쓰메 소세키 『나는 고양이로소이다』 공손 다자이 오사무 『인간 실격』		
중국	탐식 모옌 『먹는 일에 관한 이야기 둘』				
브라질		쾌감 조르지 아마두 『도나 플로르와 그녀의 두 남편』			
아르헨티나		감사 마누엘 푸익 『거미여인의 키스』			
멕시코		동경 카를로스 푸엔테스 『아우라』			

그림 리스트

강신주의
감정수업

1판 1쇄 펴냄 2013년 11월 20일
1판 56쇄 펴냄 2024년 1월 17일

지은이   강신주
발행인   박근섭·박상준
펴낸곳   (주)민음사

출판등록 1966. 5. 19. 제16-490호
주소   (우편번호 06027) 서울특별시 강남구 도산대로1길 62(신사동)
          강남출판문화센터 5층
대표전화 02-515-2000 | 팩시밀리 02-515-2007
홈페이지 www.minumsa.com

© 강신주, 2013. Printed in Seoul, Korea

ISBN   978-89-374-8835-1 (03100)